Joy Steigler-Herms

**Sprachprestige und Glaubwürdigkeitsattribution**

# Sprache und Wissen

Herausgegeben von
Ekkehard Felder



**Band 62**

Joy Steigler-Herms

# Sprachprestige und Glaubwürdigkeitsattribution

Zum Einfluss bildungssprachlicher Merkmale auf die Aussagenbeurteilung bei der Vernehmung auf dem Schriftweg

DE GRUYTER

D6 / zugl. Dissertation Universität Münster
Fachbereich 09 Philologie
Tag der Disputation: 14.07.2023

ISBN 978-3-11-137903-6
e-ISBN (PDF) 978-3-11-137928-9
e-ISBN (EPUB) 978-3-11-137977-7
ISSN 1864-2284

**Library of Congress Control Number: 2024937158**

**Bibliografische Information der Deutschen Nationalbibliothek**
Die Deutsche Nationalbibliothek verzeichnet diese Publikation in der Deutschen Nationalbibliografie; detaillierte bibliografische Daten sind im Internet über http://dnb.dnb.de abrufbar.



www.degruyter.com

# Danksagung

Bei der vorliegenden Studie handelt es sich um meine Dissertationsschrift, die ich im März 2023 eingereicht und im Juli 2023 an der Universität Münster verteidigt habe. Ihre Entstehung habe ich zahlreichen Unterstützerinnen und Unterstützern zu verdanken.

Mein erster Dank gilt meinem Doktorvater PD Dr. Lars Korten, der unzählbare Stunden in die exzellente Betreuung des Projekts investiert hat. Seine unermüdliche Hilfsbereitschaft, sein wertvolles Feedback und die vielen guten Gespräche haben nicht nur dieses Buch nachhaltig geprägt und werden nicht vergessen werden!

Herzlicher Dank gilt auch Dr. Yazgül Şimşek und Prof. Dr. Christine Dimroth, die mir die Türen in die Wissenschaft geöffnet hatten und deren reges Interesse an den Fragestellungen meiner Arbeit mich stets motiviert hat. Vielen Dank für den konstruktiven Input!

Sich als Sprachwissenschaftlerin in einen in der Linguistik bislang nur wenig untersuchten Gegenstand einzuarbeiten, brachte einige Herausforderungen mit sich, denen ich nur dank der Unterstützung von Experten auf dem Themengebiet begegnen konnte. Großer Dank gebührt insbesondere Kriminalhauptkommissar und Kommissariatsleiter Thomas Rühling für die Bereitschaft, mir meine vielen Fragen rund um die Praxis polizeilicher Vernehmungen zu beantworten. Polizeihauptkommissar Jürgen Bauland, Kriminaldirektor Uwe Klatt sowie ihren Kolleginnen und Kollegen der Verkehrskommissariate Kreis Steinfurt ist zu verdanken, dass so ein spannendes Untersuchungskorpus zusammengestellt werden konnte. Zu großem Dank verpflichtet bin ich in diesem Zusammenhang insbesondere auch Oberstaatsanwalt Martin Botzenhardt (Staatsanwaltschaft Münster), der keine Mühen gescheut hat, mich bei der Korpuszusammenstellung zu unterstützen.

Ohne die zahlreichen, hilfsbereiten Versuchspersonen wäre die Erhebung nicht möglich gewesen. Für die große Unterstützung bei der VPN-Akquise und die entsprechenden Rahmenbedingungen zur Durchführung der Studie danke ich Prof. Dr. Stefan Jarolimek und Nele Hingmann von der Deutschen Hochschule der Polizei.

Jenseits des Fachlichen möchte ich es mir nicht nehmen lassen, meinem Ehemann Julian zu danken! Sein Zuspruch hat mir die Arbeit an meiner Dissertation an so manch unmotiviertem Tag wesentlich erleichtert.

https://doi.org/10.1515/9783111379289-202

# Tabellen- und Abbildungsverzeichnis



https://doi.org/10.1515/9783111379289-203

# Tabellen- und Abbildungsverzeichnis

# Inhalt

# 1 Einleitung

Einem Zeugen, der von einem „Unfallfahrzeug“ berichtet, wird mehr Glauben geschenkt als einem Zeugen, der selbiges Fahrzeug als „Auto“ bezeichnet – dies legen die Ergebnisse der vorliegenden Dissertation zum Einfluss bildungssprachlicher Merkmale auf die Glaubwürdigkeitsattribution bei der Vernehmung auf dem Schriftweg nah.

Ob eine Person, ungeachtet dessen, ob sie tatsächlich lügt oder wahrheitsgetreu aussagt, als glaubwürdig empfunden wird, kann von vielen verschiedenen Einflussfaktoren abhängen. Das können außersprachliche Einflüsse wie die Attraktivität (Rieke/Sillars 1975: 155), die ethnische Zugehörigkeit (vgl. Prechtel 2017: 393) oder ein Expertentitel (Simon et al. 1970) sein, sowie auch sprachliche Einflussfaktoren. Zu den sprachlichen Einflüssen zählen u.a., wie im Beispiel zum „Unfallfahrzeug“, die Wortwahl (vgl. Thon/Jucks 2017), Stottern (Köhnken 1990) und akzentbedingte Ausspracheabweichungen (Frumkin 2007). Als einer der entscheidendsten Wirkmechanismen kristallisiert sich – sowohl auf sprachlicher als auch auf außersprachlicher Ebene – der Eindruck von Kompetenz heraus. Wer als kompetent empfunden wird, dem wird in der Regel eher geglaubt als einem inkompetent wirkenden Kommunikator.

Betrachtungen dieser Art sind Gegenstand der sogenannten quellenorientierten Glaubwürdigkeitsforschung. Die *quellenorientierte Glaubwürdigkeitsforschung* beschäftigt sich nicht mit der Analyse von Täuschungsabsichten, sondern mit der Analyse von Einflüssen auf die seitens des Rezipienten subjektiv angenommene Glaubwürdigkeit, sprich mit Glaubwürdigkeitsattributionen. Dabei fasst sie den Begriff der Quelle weit und untersucht nicht nur Zuschreibungsprozesse an Sprecher und Schreiber, sondern auch an sämtliche Kommunikate wie Texte und Medien (vgl. Nawratil 2006: 44–47).

Indikatoren von wahrheitsgemäßen und erlogenen Aussagen fallen demgegenüber in das von quellenorientierten Ansätzen abzugrenzende Interessengebiet der sogenannten *inhalts- und verhaltensorientierten Glaubwürdigkeitsbeurteilung*. Die inhaltsorientierte Glaubwürdigkeitsbeurteilung untersucht u.a., ob eine Schilderung delikttypische Inhalte enthält. Verhaltensorientierte Perspektiven teilen das Ziel der Glaubwürdigkeitsfeststellung, ziehen dazu jedoch nicht die Inhalte, sondern Verhaltenskorrelate (z.B. Steller/Köhnken 1989) heran. Auf Basis der These, dass sich das kognitiv aufwendige Lügen in spezifischen behavioralen Mustern niederschlägt, umfasst die verhaltensorientierte Glaubwürdigkeitsbeurteilung beispielsweise erhöhte Lidschlagfrequenzen und messbare Pupillendilatationen (siehe dazu auch Nawratil 2006: 27–29). In diesem Zusammenhang wertet sie, aus linguistischer Perspektive relevanter noch, auch Sprache als rezipierbares

https://doi.org/10.1515/9783111379289-001

Verhalten und untersucht u.a. die Veränderung der Sprechgeschwindigkeit, Veränderungen der Stimmhöhe und der Stimmqualität sowie das akute Auftreten von Sprechstörungen als Begleiterscheinungen des Lügens.

Der Einblick in die verschiedenen Forschungszweige zeigt, wie weit das Themenfeld der Glaubwürdigkeit ist. Obwohl es in seinen Ursprüngen in der Aussagepsychologie zu verorten ist, ist die Erforschung von Glaubwürdigkeit keineswegs mehr nur eine psychologische Angelegenheit. Sowohl die verhaltens- und die inhaltsorientierte Glaubwürdigkeitsfeststellung als auch die quellenorientierte Analyse von Glaubwürdigkeitszuschreibungen ziehen *Sprache* als Analysekriterium heran. An diesem Punkt setzt das linguistische Interesse an. Insgesamt handelt es sich bei der Glaubwürdigkeit um einen großen Themenkomplex, der sich ohne interdisziplinäre Anleihen nicht bearbeiten lässt. Das interdisziplinäre Vorgehen trifft im Grunde auf alle Fragestellungen der forensischen Linguistik zu, die in etablierter Weise auf Erkenntnisse der Psychologie, Soziologie und der Rechtswissenschaft zurückgreift. Dem Voranschreiten der forensisch-linguistischen Forschung ist es zu verdanken, dass die Behandlung des Themenkomplexes Glaubwürdigkeit Eingang in die Sprachwissenschaft gefunden hat (z.B. Fobbe 2011: 185–188). In ihrem Umriss zum Forschungsstand der forensischen Linguistik äußert sich Fobbe (2017: 287) dazu wie folgt:

> Jüngste Forschungsansätze befassen sich mit schriftlich realisierten Formen sprachlicher Täuschung sowie der Integration psychologischer Erkenntnisse in die Analyse inkriminierter Texte, so dass in der Zukunft möglicherweise auch auf Fragen nach der Glaubwürdigkeit einer Selbstpräsentation oder eines Textes fundierter geantwortet werden kann.

Zur weiteren Verbreitung der Themen ‚Glaubwürdigkeit' und ‚Lüge' in der Linguistik haben insbesondere die Arbeiten von Reinmuth zur Herstellung glaubwürdiger Unternehmenskommunikation (2006), von Schäfer zur Einführung in die linguistische Vertrauensforschung (2016) und von Meibauer zur Semantik und Pragmatik der Lüge (u.a. 2018) beigetragen. Linguistische Arbeiten zur Glaubwürdigkeit sind dennoch nach wie vor rar, wie Schäfer (2016: 25) in ihrer Zusammenfassung einschlägiger Studien feststellt:

> Doch die zitierten linguistischen Studien zu Vertrauen und Glaubwürdigkeit haben noch eine weitere Gemeinsamkeit: Sie verweisen alle darauf, dass Vertrauen und Glaubwürdigkeit aus linguistischer Perspektive bisher kaum untersucht worden sind und dass die Linguistik folglich bei der Untersuchung des Vertrauensphänomens auf die Ergebnisse der interdisziplinären Vertrauensforschung zurückgreifen muss.

Die linguistische Betrachtung von Glaubwürdigkeit kann daher keineswegs als etabliert gelten und basiert (noch) grundlegend auf der Rezeption bestehender u.a.

psychologischer Erkenntnisse. Dies gilt vor allem für die tatsächliche Entdeckung von Lügen, die nur unter Berücksichtigung psychologischer Prozesse des Sprechers oder Schreibers geleistet werden kann. Für das Interesse an sprachlichen Einflussfaktoren auf die Glaubwürdigkeitsattribution kann dagegen, so schlägt es die vorliegende Studie vor, auch das in der Soziolinguistik etablierte *Konzept der Spracheinstellungen* herangezogen werden.

Die Spracheinstellungsforschung setzt sich mit evaluativen Reaktionen, darunter etwa Meinungen und Gefühlen, dem Stimulusobjekt ‚Sprache' gegenüber auseinander. Sie untersucht den Einfluss der Sprache und der sprachlichen Charakteristika eines Kommunikators auf die Einstellung eines Rezipienten. Bei Spracheinstellungen handelt es sich nicht nur um individuelle Meinungen, Bewertungen und Gefühle einer Sprache gegenüber; sie werden oft kollektiv vertreten und können zur Erklärung sprachlichen Verhaltens herangezogen werden. So können beispielsweise Spracherwerbsmotivationen, Sprachgebrauchspräferenzen und ganze sprachpolitische Maßnahmen auf den Status einer Sprache zwischen Prestige und Stigma zurückgeführt werden (vgl. zum Beispiel Lev-Ari et al. 2014; Neuland 1993). Die beiden Einstellungsdimensionen Prestige und Stigma können im Themenkomplex der Spracheinstellungen als leitende Mechanismen gelten. Einzelsprachen wie auch Varietäten, die etwa von sozio-ökonomisch niedrig gestellten Sprechergruppen verwendet werden, kommen tendenziell negative Einstellungen zu. Sie werden stigmatisiert und führen so bei ihrer Verwendung zu Abwertungen ihrer Sprecher. Die Verwendung prestigereicher Sprachen und Varietäten verspricht einem Kommunikator indessen soziales Ansehen und Wertschätzung (Strasser/Brömmer 2004: 412). In der Regel wird dem Sprachgebrauch der Öffentlichkeit und öffentlicher Institutionen ein derartiges soziales Ansehen zugesprochen (Ammon 2004: 275).

Ein Register, für das in Anbetracht dessen von einem entsprechenden Prestige auszugehen ist, ist die *Bildungssprache*. Bildungssprache wurde bislang vornehmlich aus didaktischer Perspektive für die Domäne der Schule, d.h. als ‚Schulsprache' untersucht. Ein vergleichsweise weiter Ansatz, der Bildungssprache als „Sprache der Öffentlichkeit" (Habermas 1978: 330) definiert, ist dabei in den Hintergrund geraten. Zahlreiche Publikationen konzentrieren sich auf die Notwendigkeit bildungssprachlicher Merkmale als Schlüssel erfolgreichen Lernens und demgemäß auf ihre Förderungsmöglichkeiten. Bezogen auf das Lernen erfüllen bildungssprachliche Mittel in kommunikativ-funktionaler Hinsicht die Anforderungen an die Rezeption und Produktion bildungssprachlicher Kommunikate. Bildungssprachliche Formen wie etwa Junktionen, Attributionen, Nominalisierungen und der Verzicht auf Deiktika ermöglichen u.a. das Explizieren, das sprachlichökonomische Kondensieren sowie dekontextualisiert nachvollziehbare Darstellungen (Feilke 2012, siehe auch Feilke 2010).

Vergleichsweise weniger Beachtung hat die soziolinguistische Dimension des Beherrschens von Bildungssprache erfahren. Bildungssprache wird nicht nur zum Lernen und Lehren (ebda.) benötigt, sondern ist in sozialsymbolischer Hinsicht auch eine „Visitenkarte" (Morek/Heller 2012:70), mit der ein Kommunikator sich als bildungsnah und kompetent ausweisen kann. In dieser sozialen Dimension kommt den bildungssprachlichen Mitteln ein expressives Moment zu. Bildungssprache kann nicht nur zum Erfüllen von Registeranforderungen eingesetzt werden, sondern auch zu stilistischen Zwecken. Der Einsatz bildungssprachlicher Merkmale im Sinne eines Stils ermöglicht einem Kommunikator, kompetent zu wirken, um letztlich „Einfluss und Prestige" zu erlangen (Steinig 2016: 69). Mit dieser sozialsymbolischen Funktion als ‚Prestigeregister' ist zumindest aus theoretischer Perspektive unbestritten, dass Bildungssprache die Sprecher-Evaluation beeinflusst. Empirische Studien zum Einfluss bildungssprachlicher Merkmale auf Spracheinstellungen liegen bislang allerdings nicht vor. Als Mittel der Kompetenz-Signalisierung ist für Bildungssprache davon auszugehen, dass sie positive Sprecherbewertungen evoziert. Dies betrifft besonders auch die vorliegende Thematik der Glaubwürdigkeitsattribution, für die bereits dargestellt wurde, dass sie besonders vom Eindruck der Kompetenz abhängt. Auf Grundlage dessen basiert die folgende Studie auf der Hypothese, dass Bildungssprache den Eindruck von Kompetenz herbeiführt und dieser wiederum die Zuschreibung von Glaubwürdigkeit begünstigt.

In dem angenommenen Einfluss auf die Glaubwürdigkeitszuschreibung ist Bildungssprache für die in dieser Arbeit behandelte Textsorte der *schriftlichen Aussage* bei der polizeilichen Vernehmung unabdingbar. Die schriftliche Aussage kann auf Ebene polizeilicher Ermittlungen von sämtlichen Deliktbeteiligten – d.h. sowohl von Zeugen, als auch von Beschuldigten oder Geschädigten – als Alternative zur mündlichen Vernehmung angefordert werden. Typischerweise wird in sogenannten minderschweren Fällen (§ 163a Abs. 1 StPO), wie beispielsweise bei Unfallfluchten mit kleineren Sachschäden (vgl. § 142 StGB) oder bei Gefährdung des Straßenverkehrs durch Trunkenheit am Steuer (§ 315c StGB), eine Vernehmung auf dem Schriftweg durchgeführt. Bei der Anforderung einer schriftlichen Aussage handelt es sich um *einen* Vernehmungsschritt, auf den – bei Bedarf – weitere Ermittlungsschritte folgen können. Dieser Bedarf richtet sich nicht zuletzt nach der Glaubwürdigkeit der eingereichten Aussage: Während bei einer glaubwürdigen Aussage auf weitere Ermittlungsschritte verzichtet werden kann, da die Sachlage glaubwürdig aufgeklärt ist oder aufgeklärt zu sein scheint, können auf unglaubwürdige Aussagen weitere Ermittlungen folgen. Kurzum: Der Verlauf eines Verfahrens hängt unmittelbar mit dem Eindruck von Glaubwürdigkeit und damit unmittelbar von der Beschaffenheit der schriftlichen Aussage als Textprodukt zusammen.

Bis auf die Arbeiten Picornells zu schriftsprachlichen Lügensignalen (2013a & 2013b) wurde die schriftliche Aussage in Vernehmungskontexten in der Linguistik bisher noch nicht untersucht. Picornell definiert derartige Aussagen als auf ein konkretes Ereignis bezogene Narrationen. Darüberhinausgehende Ansätze, etwa zur *Textsortenbeschreibung* der Aussagen von Deliktbeteiligten bei der schriftlichen Vernehmung, bestehen bislang nicht. Die Textsortenbeschreibung zählt u.a. mit dem Ziel der Textsortenklassifikation zu den zentralen Forschungsanliegen der Textlinguistik. Dazu zieht sie je nach Erkenntnisinteresse unterschiedliche Beschreibungs- und Klassifikationskriterien heran, wie etwa die Funktionalität eines Textes oder die stilistische Beschaffenheit. Die Untersuchung von Bildungssprache in den Aussagen leistet einen Beitrag zu letzterem und ist damit *ein* Schritt in Richtung der textsortenklassifikatorischen Erfassung derartiger Aussagen. Die vorliegende Arbeit geht davon aus, dass die Aussagen bei der schriftlichen Vernehmung bildungssprachliche Merkmale enthalten. Begründet ist diese Annahme zum einen in der situativen Einbettung der kommunikativen Situation, die ein formelles Register und eine „Sprache der Öffentlichkeit" (Habermas 1978: 330) verlangt. Die Mittel der Bildungssprache werden in kommunikativ-funktionaler Hinsicht außerdem benötigt, um den Anforderungen an das Verfassen eines solchen Textes – etwa einer dekontextualisiert nachvollziehbaren Darstellung – gerecht zu werden. Zum anderen kann davon ausgegangen werden, dass Verfasser in derartigen Verfahren, die strafrechtliche Konsequenzen nach sich ziehen können, bestrebt sind, sich positiv darzustellen und den Eindruck von Glaubwürdigkeit zu erzeugen.

Vor dem Hintergrund der skizzierten Problemfelder und Forschungslücken lasst sich das Erkenntnisinteresse der vorliegenden Arbeit mit zwei Leitfragen auf den Punkt bringen:

1. Inwiefern lassen sich Aussagen bei der polizeilichen Vernehmung auf dem Schriftweg als bildungssprachlich charakterisieren?
2. Inwiefern beeinflussen bildungssprachliche Merkmale den Eindruck von Glaubwürdigkeit in den Aussagen bei der Vernehmung auf dem Schriftweg?

Mit diesen beiden Fragen kommt der Bildungssprache in der vorliegenden Arbeit eine doppelte Rolle zu. Erstens dienen ihre Merkmale als Inventar zur stilistischen Textsortenbeschreibung, zweitens werden die Merkmale als potenzielle Einflussfaktoren auf die Glaubwürdigkeitsattribution untersucht.

Zur Beantwortung der beiden Forschungsfragen ist der *theoretische Teil* der Studie wie folgt aufgebaut: *Kapitel 2* zu Spracheinstellungen führt zunächst in die Grundlagenforschung zur Theorie sprachlicher Einflüsse auf Sprecher- und

Sprach-Evaluationen ein. Dazu zählt u.a. eine nähere Auseinandersetzung mit dem Begriff des Sprachprestiges als Evaluationsmechanismus. Spracheinstellungen können sich auf sämtliche positive und negative Evaluationsdimensionen beziehen (z.B. Bewertung als gebildet – ungebildet, schön – hässlich, erfolgreich – unerfolgreich, glaubwürdig – unglaubwürdig). Das Kapitel zu Spracheinstellungen versteht sich dementsprechend als Rahmentheorie der bezüglich der Bewertungsdimensionen spezifischeren Glaubwürdigkeitsattribution, die Gegenstand des darauffolgenden Kapitels 3 ist.

*Kapitel 3* behandelt sowohl Attributionskriterien, d.h. Einflüsse auf den Eindruck von Glaubwürdigkeit, als auch Realkennzeichen zur Lügenanalyse. Dazu wird die terminologische Konfusion zwischen den Konzepten ‚Glaubwürdigkeit' und ‚Glaubhaftigkeit' thematisiert. Dem Terminus ‚Glaubwürdigkeit' kommen insofern zwei Bedeutungen zu, als er sich einerseits auf eine vom Rezipienten angenommenen Glaubwürdigkeit als Zuschreibungsprodukt und anderseits auf die Glaubwürdigkeit des Kommunikators als Abwesenheit von Täuschungsintentionen beziehen kann. Die vorliegende Arbeit beschäftigt sich in der empirischen Studie ausschließlich mit ersterem. Im Kontext der Identifikation von Lügen wird bisweilen auf die Notwendigkeit der Trennung von Glaubwürdigkeit und Glaubhaftigkeit hingewiesen: Die Aussagepsychologie und das Recht verstehen Glaubwürdigkeit als feststehende personale Eigenschaft im Sinne einer Wahrheitsliebe und beziehen Glaubhaftigkeit (auch spezielle Glaubwürdigkeit genannt) auf die Abwesenheit von Lügen in einer spezifischen Aussage. Dieser begrifflichen Trennung wird in der einschlägigen Forschung allerdings nicht konsequent gefolgt. Auch das Recht operiert – trotz der psychologischen Erkenntnis, dass die Idee von Glaubwürdigkeit als Persönlichkeitsmerkmal im Grunde obsolet ist – mit beiden Begriffen und zieht, je nach Verhandlungsgegenstand, sowohl die Glaubwürdigkeit einer Person als auch die Glaubhaftigkeit einer Aussage zur Fallentscheidung heranziehen. In dieser Arbeit wird der Begriff der Glaubwürdigkeit deshalb als Überbegriff verstanden, zu dem auch die Glaubhaftigkeit zählt.

Gegenstand von *Kapitel 4* ist die Bildungssprache. Wie bereits erwähnt, ist es Anliegen der vorliegenden Arbeit, sich von dem Fokus auf schulische Kontexte zu lösen und Bildungssprache für eine empirische soziolinguistische Fragestellung zu operationalisieren. Dazu ergänzt sie die sprachdidaktisch dominierte Perspektive auf Bildungssprache als kommunikativ-funktionales Register durch soziolinguistische Ansätze zu ihrem stilistischen Einsatz und ihrer sozialsymbolischen Dimension.

*Kapitel 5* behandelt rechtliche und linguistische Ansätze zur schriftlichen Aussage bei der polizeilichen Vernehmung (im Folgenden zu Vereinfachungszwecken auch abgekürzt mit ‚sVA' für die im Rahmen einer schriftlichen Vernehmung eingereichte Aussage) und macht Vorschläge für anwendbare textsortenklassifikatorische Kriterien. Die rechtliche Perspektive auf die sVA beschreibt zunächst Grundlagen zur Entscheidung zwischen mündlichen und schriftlichen Vernehmungsformen und erörtert in diesem Zusammenhang auch potenzielle Einflüsse auf das Textprodukt der schriftlichen Aussage (z.B. variable Schreibaufträge seitens der Polizei). Die linguistische Perspektive versteht sich als Identifikation von Forschungslücken im Bereich der sVA und als Vertiefung von Picornells Definition der Aussage als Narration (2013a & 2013b). Da die Beschreibung als Narration keine weiterführenden Hinweise auf die sprachliche Beschaffenheit der Aussagen zulässt, werden weitere textlinguistische Beschreibungskriterien vorgeschlagen. Anwendung finden in der vorliegenden Arbeit nur textstilistische Merkmale; weitere Klassifikationskriterien wie die Situativität, das Textthema und die Textfunktion werden in einem Exkurs vorgestellt.

Der *empirische Teil* der Arbeit ist als multimethodisch zu bezeichnen, da er zur Erforschung der Themenkomplexe Glaubwürdigkeit und Bildungssprache in Aussagen bei der schriftlichen Vernehmung drei Methoden kombiniert (*mixed methods*-Ansatz). Die Analyse beinhaltet 1. ein Experteninterview, 2. eine Bestandsaufnahme bildungssprachlicher Merkmale in authentischen sVA und 3. den Einsatz eines Semantischen Differentials zur Messung der Glaubwürdigkeitsattribution in authentischen wie in sprachoberflächlich manipulierten Aussagen.

Das auf einem Frageleitfaden basierende Experteninterview in *Kapitel 6* dient der Überleitung zwischen theoretischem und empirischem Teil und ergänzt die in Kapitel 5 gewonnenen Erkenntnisse zur sVA als Textsorte mit einer Perspektive auf den Status der schriftlichen Aussage in der Praxis polizeilicher Ermittlungen. Bei dem interviewten Experten handelt es sich um den Leiter eines Verkehrskommissariates mit mehreren Liegenschaften in Westfalen. Inhaltlich behandelt das Interview u.a. seine Erfahrungen in der Beurteilung der Glaubwürdigkeit, eine Gegenüberstellung der mündlichen und der schriftlichen Vernehmungsform sowie potenzielle Einflüsse auf die Glaubwürdigkeitszuschreibung.

Die darauffolgende empirische Studie I in *Kapitel 7* folgt einem deskriptiven Anspruch und erfasst bildungssprachliche Merkmale in einem Korpus bestehend aus 57 authentischen Aussagen zu minderschweren Verkehrsdelikten. Diesem Analyseschritt kommen zwei Aufgaben zu. Zum einen dient die Bestandsaufnahme der bildungssprachlichen Merkmale in den Aussagen einer textsortenklassifikatorischen, genauer stilistischen, Beschreibung der sprachlichen Oberfläche. Zum anderen handelt es sich auf um eine Vorstudie zur Hauptuntersuchung mit thematischem Schwerpunkt auf der Glaubwürdigkeitsattribution: Der Messung des Einflusses bildungssprachlicher Merkmale auf die Glaubwürdigkeitszuschreibung kann vor allem dann eine praktische Relevanz zugesprochen werden, wenn die

Merkmale tatsächlich in den authentischen Texten verwendet werden. Zur Inventarisierung der sprachlichen Mittel in den Aussagen werden das Gesamtvorkommen bildungssprachlicher Merkmale und die Verteilung der einzelnen Merkmale berechnet; in diesem Zusammenhang wird die Ermittlung einer bildungssprachlichen Dichte vorgeschlagen. Wie in der Studie zu problematisieren sein wird, handelt es sich bei der empirischen Beschreibung eines theoretisch angenommenen Registers um ein schwieriges Unterfangen. Da kein Merkmal isoliert Aufschluss über ein Register geben kann und sich Register erst in der Häufigkeit und Kombinatorik der sprachlichen Merkmale ergeben, stellen sich u.a. Fragen nach Festlegung aussagekräftiger Frequenzen, etwa wie viele bildungssprachlichen Merkmale ein Text aufweisen muss, um ihm das Etikett ‚Bildungssprache' zuzuweisen. Untersuchung 1 kommt zu dem Ergebnis, dass die sVA durchaus frequent von bildungssprachlichen Merkmalen Gebrauch machen, deren Einfluss auf Spracheinstellungen in Untersuchung 2 gemessen wird.

Die Hauptstudie in *Kapitel 8* behandelt die Forschungsfrage, inwiefern bildungssprachliche Merkmale zum Eindruck von Glaubwürdigkeit in schriftlichen Aussagen bei Vernehmungen beitragen. Die Messung operiert im Vergleich zu Studie 1 mit einer reduzierten Korpusgröße und umfasst ein zweischrittiges Verfahren: Im ersten Schritt wurden zehn der authentischen sVA hinsichtlich ihrer bildungssprachlichen Merkmale manipuliert. Im Rahmen dieser sprachoberflächlichen Manipulation werden nicht-bildungssprachliche Merkmale durch vom einschlägigen Forschungskanon als bildungssprachlich bezeichnete Merkmale ersetzt (z.B. helfen vs. Hilfe leisten). Aus dieser Textmanipulation gehen zehn inhaltliche Pendants hervor, d.h. zu jedem Vorfall liegt jeweils eine bildungssprachliche und eine vergleichsweise weniger bildungssprachliche Aussageversion vor. Die inhaltliche Identität der Textpendants bei divergierenden Sprachoberflächen stellt sicher, dass der daraufhin gemessene Einfluss auf die Glaubwürdigkeitsattribution auch tatsächlich auf die zu untersuchenden Einflussfaktoren zurückzuführen ist. Die Messung der Glaubwürdigkeitsattribution im zweiten Schritt wird mittels eines Semantischen Differentials in zwei Online-Fragebögen vorgenommen. In den Fragebögen lesen die Versuchspersonen *entweder* die authentische *oder* die manipulierte Version. Für alle Aussagen werden die Versuchspersonen um eine skalare Verortung der Aussagen auf einem Semantischen Differential, u.a. zwischen den Polen ‚glaubwürdig' und ‚unglaubwürdig', gebeten. Diese Verortung erlaubt eine Quantifizierung des Eindrucks von Glaubwürdigkeit. Zur qualitativen Ergänzung enthält der Fragebogen daneben die Bitte um eine stichpunktartige Begründung des Eindrucks. Insgesamt nahmen 207 Versuchspersonen an der Studie teil, darunter 143 Polizistinnen und Polizisten als Experten und 64 Studierende als Laien hinsichtlich der Vernehmungsauswertung. Untersuchung 2 kommt zu dem

Ergebnis, dass die bildungssprachlichen Aussageversionen tendenziell im Durchschnitt höhere Glaubwürdigkeitsbewertungen erhalten als die weniger bildungssprachlichen Aussageversionen.

# 2 Einstellungen und Spracheinstellungen

Die Analyse von Einflussfaktoren auf subjektive Evaluationsprozesse erfolgt im Rahmen der *Einstellungsforschung*. Erfolgt die Einschätzung *auf Basis außersprachlicher Faktoren*, ist das sozialpsychologische Konzept der *Einstellungen (attitudes)* heranzuziehen. Basiert die Einschätzung auf *sprachlichen Merkmalen*, handelt es sich um das spezifischere Konzept der *Spracheinstellungen (language attitudes)*. Die Analyse von Spracheinstellungen stellt ein Hauptaugenmerk der soziolinguistischen Forschung dar, denn Einstellungen sind zwar subjektiv, aber nicht individuell. Sie werden oft individuen-übergreifend von sozio-kulturellen Gemeinschaften vertreten und werden in der soziolinguistischen Forschung darum u.a. zur Erklärung von sprachpolitischen Maßnahmen und von Spracherwerbsmotivationen herangezogen (vgl. etwa Müller et al. 2018).

Bereits die aristotelischen Ausführungen zum rhetorischen Ethos, u.a. zur Demonstration von Glaubwürdigkeit zu Persuasionszwecken, können als Beleg eines weit zurückreichenden Interesses an Spracheinstellungen gelten (vgl. Cargile et al. 1994: 212). Einstellungen beinhalten nicht nur die für diese Arbeit relevanten Dimensionen Glaubwürdigkeit und Unglaubwürdigkeit, sondern können sich auf sämtliche als positiv oder negativ abstrahierbare Bewertungsdimensionen beziehen (gut-schlecht, schön-hässlich, kompetent-inkompetent etc.). Die Einstellungsforschung ist dementsprechend als Rahmentheorie der demgegenüber spezifischeren Glaubwürdigkeitsattribution zu verstehen. Um aufzuzeigen, dass die Einstellungstheorie wertvolle Erkenntnisse zur Analyse von Glaubwürdigkeitsattributionen bietet, widmet sich das vorliegende Kapitel der einschlägigen – sowohl sozialpsychologischen als auch soziolinguistischen – Grundlagenforschung. Dazu folgt es dem nachstehenden Aufbau: Einstellungen bestehen aus verschiedenen Komponenten und Strukturen, mit denen sich das Kapitel 2.1. befasst. Als zentraler einstellungslenkender Bewertungsmechanismus erweist sich das Prestige von Sprachen und Sprechern[1], das in Kapitel 2.2 zu diskutieren sein wird. Es besteht Konsens darüber, dass Einstellungen bestehen, weil sie wichtige Funktionen für den Einstellungsträger erfüllen; u.a. erleichtern sie dem Einstellungsträger kognitiv-entlastende Kategorisierungen zur Orientierung in einer komplexen Umwelt. Eine Vorstellung der Einstellungsfunktionen findet sich in Kapitel 2.3. Wie in Kapitel 2.4 zu erläutern sein wird, schlagen sich Einstellungen nicht zwangsläufig im Verhalten nieder; eine Verhaltenssteuerung tritt u.a. nur bei stark ausgeprägten

1 Ist im Folgendem von einem Sprecher die Rede, handelt es sich um eine weite Begriffsverwendung im Sinne eines Kommunikators, unter dem auch Schreiber zu verstehen sind.

https://doi.org/10.1515/9783111379289-002

Einstellungen ein. Eine grundlegende Herausforderung der Einstellungsanalyse besteht in der Erfassung des nur indirekt messbaren Konzeptes. Mit einer entsprechenden Methodik, dem sogenannten Semantischen Differential, das auch im empirischen Teil dieser Arbeit angewandt wird, setzt sich Kapitel 2.5, zunächst aus theoretischer Perspektive, auseinander.

## 2.1 Definitionen & Forschungsgrundlagen

Gegenstände von Einstellungen, sogenannte Einstellungs- oder Stimulusobjekte, in der englischsprachigen Forschung auch *attitude objects*, können sowohl Personen als auch Objekte sowie Abstrakta sein. *Sprach*einstellungen beziehen sich auf das Stimulusobjekt *Sprache*. Bei Spracheinstellungen handelt es sich also um eine spezifische Form von Einstellungen. Einstellungen und Spracheinstellungen unterscheiden sich zwar hinsichtlich des Stimulusobjektes, sie sind in ihrem strukturellen Aufbau jedoch identisch; die Charakterisierung von Einstellungen ist folglich auch auf Spracheinstellungen übertragbar.

### 2.1.1 Einstellungen

Von den zahlreichen Definitionen, die das Konzept der Einstellungen seit dem Beginn der Einstellungsforschung im Jahre 1918 erfahren hat, gilt der Ansatz des Psychologen Gordon Allports – wie es u.a. in der sozio- und kulturanalytischen Linguistik heißt – „verdientermaßen und glücklicherweise“ als „Klassiker der attitude-Literatur“ (Hermanns 2012: 211):

> An attitude is a mental and neural state of readiness organised through experience, exerting a directive or dynamic influence upon the individual's response to all objects and situations to which it is related. (Allport 1935: 810)

Mit dieser Definition vertritt Allport eine mentalistische – einer behavioristischen Perspektive entgegenstehende – Auffassung, die in sozialpsychologischen und soziolinguistischen Studien gemeinhin geteilt wird, da Einstellungen sich nicht zwingend in Verhalten niederschlagen (siehe Kapitel 2.4). Der Vorzug dieser Definition liegt vor allem darin, dass sie drei maßgebliche Forschungsperspektiven auf Einstellungen benennt: ihre Organisation, ihren Einfluss auf die „response“ des Einstellungsträger sowie verschiedene mögliche Einstellungsreferenzen („objects and situations“). Ein Defizit besteht demgegenüber in der Vernachlässigung eines relevanten einstellungs-konstituierenden Aspektes, der sogenannten *Valenz*.

Der Begriff der Valenz bezeichnet die Wertigkeit einer Einstellung im Sinne einer positiven oder negativen Ausrichtung. In Bezug auf Glaubwürdigkeitszuschreibungen kann Glaubwürdigkeit als positive Valenz, der Eindruck von Unglaubwürdigkeit als negative Valenz bezeichnet werden. Da die Verortung zwischen diesen beiden Bewertungspolen für Glaubwürdigkeitseinstufungen entscheidend ist, wird dieser Studie eine valenzfokussierende, bezüglich möglicher Einstellungsobjekte und Verhaltensbeeinflussung vergleichsweise wiederum reduzierte, Arbeitsdefinition zugrunde gelegt: Einstellungen können als Gesamtevaluation eines Stimulusobjekts definiert werden (vgl. Haddock/Maio 2014: 199). Sie sind eine „disposition to react favourably or unfavourably to a class of objects" (Sarnoff 1970: 279). Das Attribut der *favourability* gilt in diesem Zusammenhang als Sammelbegriff aller positiven (z.B. interessant, schön, glaubhaft) oder negativen (z.B. uninteressant, hässlich, unglaubhaft) Bewertungspole. Dass es sich bei den beiden Polen nicht um dichotome Entweder-Oder-Kategorien, sondern vielmehr um Orientierungspunkte multidimensionaler Bewertungskontinuen handelt, veranschaulichen die folgenden *dimensionalen* und *strukturellen* Einstellungsdefinitionen.

**Ein-Dimensionalität vs. Zwei-Dimensionalität**

Die eindimensionale Perspektive (Forschungsüberblick zur „one-dimensional perspective" bei Haddock/Maio 2014: 199) geht davon aus, dass Einstellungen auf einer einzigen Skala zwischen diametralen Endpunkten – einer davon positiv, der andere negativ – verortet sind. Daraus resultiert, dass ein Einstellungsgegenstand entweder positiv, negativ, eher positiv, eher negativ oder neutral bewertet werden kann und schließt das parallele Vorhandensein positiver und negativer Bewertungen und situativ bedingte Einstellungsvariabilitäten gegenüber demselben Gegenstand aus. Veranschaulicht werden kann diese Skala mit der Imagination eines Punkte-Kontingents, das Einstellungsträgern zur Verfügung steht. Man stelle sich also vor, auf einer Skala von 0 (sehr negativ) bis 10 (sehr positiv), würde ein Einstellungsträger sein Wohlgefallen etwa eines Dialektes gegenüber eher positiv mit 7 Punkten bewerten. Entsprechend dem Paradigma der eindimensionalen Sichtweise folgt daraus zwangsläufig, dass diese Person den Dialekt mit 3 Punkten negativ bewertet, und ausgeschlossen wird, dass der Sprecher bei Wohlgefallen unter Umständen auch gleichzeitig eine Ablehnung empfinden kann. Damit klammert die eindimensionale Perspektive mögliche Einstellungsambivalenzen und situative Einflüsse auf Einstellungen aus, die mit der Registertheorie und der Feststellung situativ variabler Bewertungen von Sprachvarietäten allerdings als relevante Einflussfaktoren gelten können (siehe Kapitel 4.1.1 zur Registertheorie).

Die Möglichkeit des parallelen Vorhandenseins von Wohlgefallen und Abneigung beschreibt, der eindimensionalen Skala gegenüberstehend, die *two-dimensional perspective*. Die zweidimensionale Perspektive separiert Positivität und Negativität einem Einstellungsobjekt gegenüber in zwei unabhängige Skalen und eliminiert damit den problematischen Ausschluss möglicher Einstellungsambivalenzen der eindimensionalen Perspektive. Ein Einstellungsobjekt kann damit positiv wie auch negativ eingestuft werden. Dies kann als Voraussetzung des Bestehens von Registern erachtet werden. Wäre eine Sprache *immer* entweder angemessen oder immer unangemessen, bestünde kein Bedürfnis nach sprachlicher Variation. Als eines der vielen Beispiele linguistischer Einstellungsambivalenzen kann Moosmüllers Studie (1991) zur Evaluation österreichischer Dialekte herangezogen werden: Dialekt „wird gesprochen und gleichzeitig verleugnet, romantisiert und gleichzeitig stigmatisiert" (Moosmüller 1991: 149).

**Dreikomponentenmodell**

Dafür, dass Einstellungen in ihrer Struktur noch differenzierter betrachtet werden müssen, plädiert das Dreikomponentenmodell (Katz/Stotland 1959; Rosenberg/Hovland 1960). Die für den einschlägigen Forschungskanon einflussreiche Dreiteilung beschreibt Einstellungsstrukturen als Summe einer *affektiven*, einer *kognitiven* und einer konativ*en* (verhaltensbasierten) Komponente. Die strukturelle Differenzierung wird als derart fundamental erachtet, dass sie auch zur Begriffserklärung herangezogen wird. Maio/Haddock (2010: 4) definieren Einstellungen dementsprechend als „eine Gesamtbewertung eines Objektes, die auf kognitiven, affektiven und verhaltensbezogenen Informationen beruht."

Die *affektive Komponente* beschreibt eine emotionale Reaktion (wie beispielsweise Angst) nach der Konfrontation mit einem Einstellungsobjekt. Diese Emotion kann auf einer tatsächlichen Erfahrung beruhen, aber auch auf vom Einstellungsträger irrational und rein hypothetisch angenommenen Eigenschaften des Einstellungsobjektes. Den Mechanismen der affektiven Komponente gegenüber reflektierter, oder zumindest dem Bewusstsein zugänglicher, ist die *kognitive Komponente*. Die kognitive Komponente umfasst Meinungen, Gedanken und Überzeugungen, die auf Basis einer Abwägung gebildet werden (Maio/Haddock 2014: 192). Der Akt des Abwägens mag den Anschein von Objektivität und Rationalität in der Bildung der kognitiven Komponente erwecken. Ajzen und Fishbein (1975) heben deshalb hervor, dass neben der Abwägung tatsächlicher Fakten auch Erwartungen kognitionsprägend wirken. Da Erwartungen selbst wiederum „Überzeugungen oder subjektive Wahrscheinlichkeiten [sind], dass einem Gegenstand eine bestimmte Eigenschaft zukommt" (Maio/Haddock 2014: 201), können aus einer kognitiv-basierten Einstellung auch Stereotype und Vorurteile entstehen, von denen ein Einstellungsträger glaubt, sie seien begründet.

Der dritte Bestandteil von Einstellungen, die sogenannte konative Komponente, ist verhaltensbasiert. Obwohl sich der Begriff der Konation zu Deutsch als Tendenz, Intention oder Antrieb übersetzen lässt, werden in der Sozialpsychologie nicht nur Handlungsintentionen, sondern auch vergangenes Verhalten unter den Begriff gefasst. Unter einer Handlungsintention wird die (z.B. verbal geäußerte) Absicht verstanden, einstellungskonforme Handlungen umzusetzen. Vergangenes Verhalten wiederum kann besonders im Falle uneindeutiger, schwach ausgeprägter Einstellungen relevant sein. Ist ein Einstellungsträger sich seiner Einstellung unsicher, versucht er sie sich gemäß der *self-perception theory* (Bem 1972) anhand seines Verhaltens zu erschließen und attribuiert sich aus dieser Selbstbeobachtung eine verhaltenskonforme Einstellung. In diesem Zusammenhang können Einstellungen auch –als eine Art Rechtfertigung für das eigene Verhalten – modifiziert werden: Bei dem Mechanismus der sogenannten *Rationalisierung* werden die eigentlichen, beispielsweise affektiven Hintergründe eines Verhaltens verkannt und der Einstellungsträger attribuiert sich selbst für ihn vertretbare, vermeintlich rationale Beweggründe (Schmitt/Altstötter-Gleich 2010: 21). Dieser Mechanismus greift in der Regel, wenn Einstellungen und Verhalten nicht kongruent sind und dadurch kognitive Dissonanzen entstehen.[2]

Das Dreikomponentenmodell erfasst *potenzielle* Komponenten von Einstellungen, die nicht in jeder spezifischen Einstellung und nicht zu gleichen Anteilen miteinander interagieren. Je nach Einstellungsobjekt kann eine der Komponenten dominieren – so ist die Ablehnung einer ungefährlichen, ungiftigen Spinne eher auf affektive Reaktionen als auf die kognitive Abwägung der tatsächlichen Eigenschaften zurückzuführen (Maio/Haddock 2014: 201). Die faktische Unbegründetheit und der hauptsächlich affektive Ursprung dieser Einstellung kann dem Einstellungsträgers durchaus bewusst sein. Auf das bereits genannte Beispiel des Dialekts bezogen, könnten die drei Komponenten beispielsweise bedeuten, dass ein Sprecher einem Dialekt auf affektiver Ebene aus Heimatliebe positiv gegenübersteht, auf kognitiver Ebene aber soziale Stigmatisierung fürchtet und auf konativer Ebene eine Unterdrückung seines Dialekts von Vorteil hält.

Insgesamt unterstützt die Unterteilung in Komponenten differenziertere Einstellungsmessungen. So ist in der Interpretation von Einstellungsmessungen – je nach Untersuchungsgegenstand und -setting – etwa zu berücksichtigen, dass Einstellungen eine affektive Komponente beinhalten und affektive Zustände (wie die

2 Der Begriff der kognitiven Dissonanz bezeichnet einen aversiven Zustand, bei der die Inkongruenz von eigenem Verhalten und eigenen Einstellung u.a. zu Einstellungsänderungen führen kann (Maio/Haddock 2014: 204).

Laune einer Versuchsperson) dementsprechend auf Einstellungen einwirken können (siehe Cargile et al. 1994). Die Trennschärfe zwischen den drei Komponenten kann in Messungen bisweilen allerdings problembehaftet sein kann. Diese Problematik zeigt sich an einem Beispiel eines Items in einer Spracheinstellungsmessung von Eßer (1983), an dem Casper (2002: 30f.) mögliche Uneindeutigkeiten bei der Zuordnung demonstriert. Der Satz „Dialekt ist eine Sprache, die man möglichst selten sprechen sollte" kann nebst einer Äußerung der kognitiven Meinung ebenso als Ausdruck der Absicht, also als konative Einstellungskomponente, gedeutet werden.

### 2.1.2 Spracheinstellungen

Spracheinstellungen beziehen sich auf das Stimulusobjekt Sprache. Der Sprachbegriff ist dabei in einem weiten Sinn zu verstehen; nicht nur die Einstellung gegenüber Einzelsprachen, sondern auch gegenüber Varietäten und Einzelkomponenten (z.B. Stimme, Intonation) fallen in das Interessengebiet der Spracheinstellungsforschung.[3]

Die Betrachtung von Sprache als Einstellungsobjekt setzt ihr Verständnis als „Medium der Widerspiegelung soziokultureller Systeme" (Weber 2001: 7) voraus. Diesem für die Soziolinguistik fundamentalen Verständnis folgend ist Sprache nicht nur Mittel zur Kommunikation referentieller Informationen, sondern sie liefert auch „Socially Diagnostic Language Cues for Social Evaluation" (Giles/Rakic

3 Die Spracheinstellungsforschung untersucht sprachliche Charakteristika zur Messung ihres Einflusses auf die Bewertung isoliert; in Realität liegen jedoch meist parallel mehrere einstellungsbeeinflussende Sprecherattribute vor (wie z.B. Aussehen und Kleidung). Besonders in der jüngeren Forschung werden Begriffe der Linguistik allerdings auch auf nicht-sprachliche Eigenschaften ausgeweitet. Bahlo et al. (2019: 49) nehmen eine solche Ausweitung exemplarisch für den Stilbegriff vor: „Im Unterschied zu varietätenlinguistischen Beschreibungen, die oftmals grammatische, phonologische oder lexikalische Aspekte isoliert betrachten, weisen Stile als Ausdrucksformen sprachlichen und nichtsprachlichen Handelns Merkmale verschiedener Betrachtungsebenen auf (z. B. auch nonverbale Merkmale wie Gestik, Mimik, Kleidung [...]), die im situativen Kontext möglichst gesamtheitlich untersucht werden [...]. Sprach- und Lebensstile stehen in einem engen Zusammenhang zueinander [...]." In der Tradition der Einstellungsanalyse werden Einstellungen zu Attributen wie Kleidung etc. jedoch in der Sozialpsychologie und nicht in der linguistischen Spracheinstellungsforschung vorgenommen.

2014: 214). Anhand dieser *cues*[4], im Sinne evaluierter sprachlicher Perzepte, werden mutmaßliche Charakteristika eines Sprechers inferiert (vgl. 2014: ebda.). Es ist fester Bestandteil einschlägiger Definitionen, dass Spracheinstellungen auch über Sprache selbst hinaus ihre Sprecher zum Gegenstand haben können. So lautet Dragojevics (2017: o. S.) umfassende Erläuterung von Spracheinstellungen, die auch dieser Studie als Arbeitsgrundlage dient, wie folgt:

> Language attitudes are evaluative reactions to different language varieties. They reflect, at least in part, two sequential cognitive processes: social categorization and stereotyping. First, listeners use linguistic cues (e.g., accent) to infer speakers' social group membership(s). Second, based on that categorization, they attribute to speakers stereotypic traits associated with those inferred group membership(s). Language attitudes are organized along two evaluative dimensions: status (e.g., intelligent, educated) and solidarity (e.g., friendly, pleasant).

Mit der Unterteilung in die beiden evaluativen Dimensionen *Status* und *Solidarität* konzentriert sich die Definition vor allem auf *Einstellungen zu Sprechern*. Dabei schließen Rezipienten anhand von Sprache entweder auf individuelle Sprechereigenschaften oder auf Gruppenzugehörigkeiten: „language may trigger an inference about personality directly (language → speaker personality), or may lead only to an inference regarding group affiliation (language → group membership)" (Cargile et al. 1994: 221). Ähnlich wie Dragojevics Zweiteilung der Sprecherevaluationen können auch *Einstellungen zu Sprache* strukturell – in diesem Fall dreidimensional – betrachtet werden: „Beliefs about language coalesce along three main evaluative dimensions: *structure* (e.g., logical), *value* (e.g., pleasant), and *sound* (e.g., soft)" (Dragojevic et al. 2021: 61). Anders als in den beiden strukturellen Ansätzen thematisieren Spracheinstellungsdefinitionen daneben – wie auch die allgemeinen Einstellungsdefinitionen selbst – die Relation zwischen Einstellung und Verhalten. Vandermeeren (2005: 1319) versteht Spracheinstellungen demgemäß als „predispositions to respond to (speakers of) specific language/speech styles and language

---

4 Der Begriff ‚cues' wird nicht nur in der soziolinguistischen Spracheinstellungsforschung verwendet, die davon ausgeht, dass Rezipienten cues zur Einstufung von Sprache und Sprechern verwenden, sondern u.a. auch in der interaktionalen Linguistik, die grundlegend feststellt, dass cues zur Einschätzung der Situation etwa zur Wahl des angemessenen Registers herangezogen werden. Das Konzept der ‚cues', auch ‚contextualization cues', geht auf Gumperz (1992: 230) zurück: „I use the term ‚contextualization' to refer to speakers' and listeners' use of verbal and nonverbal signs to relate what is said to any one time and in any one place to knowledge acquired through past experience, in order to retrieve the presuppositions they must rely on to maintain conversational involvement and assess what is intented." Als Beispiele für Kontextualisierungshinweise nennt Gumpertz (ebda.: 231) die Prosodie, paralinguistische Merkmale wie das Tempo, die Wahl des codes und die Wahl von Formulierungen.

situations with a certain type of (language) behavior". Die Problematik behavioraler Ansätze wurde bereits erwähnt – nicht jede Einstellung schlägt sich tatsächlich in entsprechenden Handlungen nieder. Versteht man Sprache selbst jedoch als soziales Handeln, so kann auch bereits die Wahl sprachlicher Merkmale als konativer Ausdruck von Einstellung verstanden werden (Ziegler 2021).

Einen Überblick darüber, welche Themenkomplexe und Fragestellungen sich in der bisherigen Spracheinstellungsforschung herauskristallisiert haben, geben Dragojevic et al. (2021: 63–69). In ihrer Bestandsaufnahme identifizieren sie fünf Tendenzen innerhalb der Spracheinstellungsforschung: *documentation*, *explanation*, *development*, *consequences* und *change*. Hauptaugenmerk der einschlägigen Forschung bildet die *deskriptive Dokumentation bzw. Erfassung von Einstellungen* zu Sprache und Sprechern. Ein Ergebnis, das ein Gros der dokumentierenden Studien teilt, ist die Rolle des Prestiges:

> Collectively, this research shows that language varieties within a given society can be ordered on a hierarchy of prestige, typically corresponding to the socioeconomic status of the social group they are associated in (ebda., 63).

In die Reihe von Forschungsarbeiten mit dokumentierendem Anspruch reiht sich auch die vorliegende Studie ein. Dokumentierende Arbeiten setzen sich die Erfassung von subjektiven Spracheinstellungsäußerungen zum Ziel. Spracheinstellungsäußerungen sind „sozial-interaktiv motivierte und funktionalisierte Positionierungshandlungen" (Ziegler 2021: 471), die einen „Einblick in metasprachliche Wissensbestände" (ebda., 475) geben. Spracheinstellungen werden bisweilen als Bestandteile des Sprachwissens aufgefasst (Ziegler 2021: 472), das im Laufe der Sozialisation aufgebaut wird. Eine solche Zuordnung von Einstellungen zu Wissensbeständen mag insofern einerseits sinnvoll sein, als Einstellungen u.a. Wissen über die situative Angemessenheit sprachlicher Strategien beinhalten (ebda., 475). Andererseits birgt der Begriff des Wissens jedoch auch das Risiko, subjektive Evaluationen als faktisches Wissen zu maskieren. Vor diesem Hintergrund ist eine terminologische Trennung von Spracheinstellungen und Sprachwissen zu favorisieren:

> Die Erhebung von Spracheinstellungen verfolgt einen anderen Ansatz und ein anderes Ziel als die von Sprachwissen. Während Sprachwissen sich idealerweise in die dichotome Kategorie Wahrheit einordnen lässt, geht es bei den Spracheinstellungen um individuelle oder soziale Vorlieben in Bezug auf bestimmte sprachliche Phänomene. (Hoffmeister et al. 2021: IX)

Positionierungen dieser Art werden in der Spracheinstellungsforschung u.a. mithilfe von Interviews und Fragebögen erbeten und erfasst (siehe Kapitel 2.5 zum Semantischen Differential).

Ein zweites Anliegen der Spracheinstellungsforschung stellt die *Erklärung von Einflussfaktoren* auf die Einstellungsbildung dar. Im spezifischen Fall der Glaubwürdigkeitsattribution als Spracheinstellungen zählen zu diesen Faktoren beispielsweise Sprechstörungen und die Stimmhöhe. Mit einer Vorstellung einstellungsbeeinflussender Mechanismen allgemein – darunter vor allem mit dem Effekt des Prestiges – beschäftigt sich das nach-folgende Kapitel 2.2; eine Besprechung von Einflüssen auf die Glaubwürdigkeitszuschreibung findet sich in Kapitel 3.3.

Unter das Themenfeld *development* werden Studien gefasst, die sich mit dem Erwerb und der Entwicklung von Einstellungen befassen. Wie das Experiment von Kinzler et al. (2009) belegt, bilden sich die Kategorien sprachlicher Präferenz und Ablehnung schon im jungen Kindesalter heraus. Selbst im Alter von einem Jahr präferieren Kinder „linguistic ingroup members" (Dragojevic et al. 2021: 66) und akzeptieren mit einer höheren Wahrscheinlichkeit Spielzeuge, die von Personen derselben L1 angeboten werden als die von anderssprachigen Personen angebotenen. Wie dieses Resultat zeigt, ziehen Einstellungen individuelle und gesellschaftliche *Konsequenzen* nach sich. Sie beeinflussen, um nur einige wenige Beispiele zu nennen, die Motivation eine Sprache zu erlernen oder die Bereitschaft, eine Person einzustellen (vgl. Dragojevic et al. 2021: 67). In Anbetracht des realen Konsequenzenreichtums mag es daher wenig verwundern, dass die Forschung sich auch mit Möglichkeiten der Einstellungsmodifikation befasst hat.

Bei Spracheinstellungen handelt es sich zwar um subjektive Evaluationen, die trotz Subjektivität jedoch (meist) nicht als individuell gelten können. Vielmehr scheint in Bezug auf die Beurteilung von Sprachen und Sprechern ein kollektiver Konsens zu bestehen, denn „language attitudes occur in nonrandom ways" (Dragojevic et al. 2021: 64). Der Begriff des Prestiges als einer der ausschlaggebenden Einflussfaktoren ist in diesem Zusammenhang bereits gefallen – einer näheren Bestimmung widmet sich das nachfolgende Kapitel.

## 2.2 Sprachprestige

Die Bewertungsdimension ‚Prestige' beansprucht innerhalb der Spracheinstellungsforschung eine zentrale Rolle. Prestige ist

> einer der wichtigsten Kernbegriffe im Wertungskomplex [...], der allgemein positive Konnotationen beinhaltet. Es ist bemerkenswert, daß sich die Beziehung zwischen Sprache und Sprecher (oder der Sprachgemeinschaft als Sprecherkollektiv) in vielen Sachverhalten auf Prestige gründet. (Haarmann 1990: 2)

Als zentraler Wertungskomplex kann Prestige sprachbezogenes Handeln entscheidend lenken. Ein anschauliches Beispiel für diesen Mechanismus sind Lehnwörter, für die die Studie von Lev-Ari et al. (2014: 662) eine Relation zwischen der Verwendungswahrscheinlichkeit und dem Prestige der Spendersprache feststellt:

> One of the main incentives for borrowing words is the prestige of the donor culture [...]. That is, words are borrowed not (only) for lack of the term in the borrowing language but in order to express expertise, educational standing, modernity, economic success, cultural superiority and so on. Through the use of loanwords the speaker identifies herself with the donor culture and thus shares its prestige.

Wie auch Spracheinstellungen allgemein, kann Prestige sich sowohl auf Sprecher und Schreiber als auch auf Einzelsprachen, Varietäten und vereinzelte sprachliche Merkmale beziehen. Die Eigenschaft des Prestiges ist dabei als übergeordnete Bewertungsdimension zu verstehen, unter die verschiedene Eigenschaften fallen können. An einer Konkretisierung der Erfassung von Prestige versuchen sich Ansätze, die Prestige vor allem auf sozioökonomische Faktoren wie Status und Erfolg zurückbeziehen (vgl. Edwards 2008: 703f.). Laut Strasser/Brömmer (2004: 412) ist „Prestige [...] gewöhnlich gleichbedeutend mit sozialem Ansehen, sozialer Geltung oder Wertschätzung". Mit der Rückkopplung an die gesellschaftliche Stellung entspricht Prestige der von Dragojevic (2017) identifizierten Spracheinstellungsdimension ‚Status'. Auf Status beruhendes Prestige wird auch als *open prestige* gefasst und wiederum von dem sogenannten *covert prestige* abgegrenzt. Das *open prestige* ist von einer Sprechergemeinschaft *kollektiv* anerkannt – meist kommt es in diesem Sinne der jeweiligen Standardvarietät zu:

> Because standard varieties tend to be associated with dominant socioeconomic groups within a given society, standard speakers are typically attributed more status than nonstandard speakers (Dragojevic 2017: o. S.).

Bei derart generierten Prestigezuschreibungen wird die Abweichung vom Standard stigmatisiert (zum Begriff der sprachlichen Stigmatisierung siehe Edwards 2008); der Sprachgebrauch der Öffentlichkeit und öffentlicher Institutionen wiederum idealisiert (vgl. Ammon 2004: 275). Auf Grundlage dessen kann auch der in Kapitel 4 ausführlicher vorgestellten Bildungssprache als bildungssignalisierender Sprache der Öffentlichkeit ein *open prestige* zugeschrieben werden.

Im Umkehrschluss kann dennoch nicht ohne Weiteres darauf geschlossen werden, dass vom Standard abweichende Varietäten ausnahmslos als prestigefern erachtet werden. U.a. aufgrund von Zugehörigkeit zu und Loyalität gegenüber einer Sprechergemeinschaft können auch *nonstandard varieties* oder ‚open prestigeferne' Sprachen im Rahmen des *covert prestige* positiv konnotiert sein. Als Beispiel führen Auer/Dirim „das versteckte Prestige des Türkischen" (2000, Titel) an. Dieses ‚versteckte' Prestige offenbart sich darin, dass auch nicht-türkischsprachige Jugendliche in spezifischen sozialen Milieus das Türkische zumindest wort- und phrasenweise zur Integration im Freundeskreis verwenden. Dieses sogenannte *covert prestige* korrespondiert mit der Spracheinstellungsdimension ‚Solidarität'. Die Evaluation derartiger Varietäten ist meist von der Situation abhängig und lässt sich erst mithilfe kontextabhängiger Angemessenheit erschließen (vgl. Meier 2015 zu pragmatischen Perspektiven auf Angemessenheit). Infolgedessen können pragmatische Faktoren als prestigefördernd oder -schmälernd gelten. Prestige ist somit keine Eigenschaften, die Sprachen und Sprechern inhärent ist. Erklärungen wie jene der dargestellten Ansätze fallen unter die Normdekrethypothese, im Englischen *social connotation hypothesis.* Die Normdekrethypothese besagt, dass die Evaluation einer Sprache nicht von sprachinternen, sondern von sprachexternen, sozialen Faktoren abhängt. Die konfligierende Gegenhypothese des Eigenwerts, auch *inherent value hypothesis*, geht indes von sprachinternen ‚Wohlgefallen' begünstigenden Kriterien aus (vgl. Giles et. al 1979). Wird das Französische etwa als lernenswerte Sprache empfunden, würde die Normdekrethypothese dies auf das soziale Ansehen zurückführen, die Eigenwert-Hypothese demgegenüber auf den gemeinhin als schön bezeichneten Klang der Sprache. Empirische Studien legen allerdings die Gültigkeit der Normdekrethypothese nah (vgl. Giles et. al 1974) und bescheinigen so die Rolle des Prestiges.

## 2.3 Einstellungs- und Spracheinstellungsfunktionen

Einstellungstheorien begründen das Bestehen von Einstellungen damit, dass sie sowohl intra- als auch interindividuelle Funktionen erfüllen (vgl. Maio/Haddock 2014: 208). Analysen der sogenannten *attitude functions* beschäftigen sich dementsprechend primär damit, welche Bedürfnisse des Einstellungsträgers durch Einstellungen befriedigt werden. Eine Zweiteilung von Einstellungsfunktionen, die die Unterscheidung zwischen der inter- und intraindividuellen Bedürfnisebene aufgreift, nimmt Baker (1992) mit der Differenzierung zwischen instrumentalen und integrativen Einstellungen vor. *Instrumentale* Einstellungen sind Ich-bezogen und dienen dem Wohl des Einstellungsträgers selbst. Das können Vorteile materieller, wie beispielsweise finanzieller Natur sein, aber auch immaterielle Bedürfnisse wie der Wunsch nach Erfolg oder sozialer Anerkennung. Letzteres Beispiel zeigt, dass sich selbst eigentlich ego-bezogene, intraindividuelle, bzw. in der Terminologie Bakers instrumentale, Einstellungen nicht unabhängig von interindividuellen Relationen betrachten lassen. Auch instrumentale Einstellungen sind hochgradig sozial, denn Einstellungen, die soziale Anerkennung versprechen können zwar individuell modifiziert werden, sie können jedoch nicht ohne in gesellschaftlicher Interaktion gewonnene Erfahrungen entstehen. Als *integrativ* bezeichnet Baker alle Einstellungen, die explizit auf dem Wunsch nach gesellschaftlicher Integration oder dem Wunsch nach der Zugehörigkeit zu einer Gemeinschaft basieren.

Die Fruchtbarkeit einer Übertragung dieser theoretischen Differenzierung auf den Realfall ist zweifelhaft. Ob jemand instrumental des Erfolges selbst wegen nach Erfolg strebt oder letztlich aus einer integrativen Motivation heraus erfolgreich sein möchte, um sich den Zugang zu einer gesellschaftlichen Gruppe zu verschaffen, kann nicht trennscharf rekonstruiert werden. Kaufmann (1997) schlägt deshalb vor, beide Dimensionen als ein Zusammenspiel zu betrachten. Jede Einstellung hat ihm zufolge immer sowohl einen instrumentalen als auch einen integrativen Hintergrund, der mit stärkerer oder schwächerer Gewichtung auftreten kann.

Die Auffassung, dass Einstellungen multifunktional erfasst werden müssen, vertritt auch Katz (1967) in seinem Funktionsmodell. Mit der *ego-defensive*, der *value expressive*, der *instrumental utalitarian* und der *cognitive orientation function* benennt Katz vier mögliche funktionale Ursache(n) der Einstellungsentstehung.

1. Die *ego-defensive function* dient als Abwehrmechanismus der Wahrung eines positiven Selbstbildes. Ein Beispiel dafür ist die Schuldzuweisung an ethnische Minderheiten im Kontext sozialer Missstände oder auch persönlicher misslicher Situationen wie Arbeitslosigkeit. Die Ich-Verteidigungsfunktion kann so auch zur Entstehung von Vorurteilen führen.
2. *Die instrumental ultilitarian function* bewertet Einstellungsobjekte nach dem Kriterium des Nutzens für einen Einstellungsträger. Grundlage für die Evaluation, welche Einstellungen nützlich und erfolgsversprechend sind und welche nicht, sind normative gesellschaftliche Werte. Gesellschaftlich verpönte Einstellungen schlagen sich daher weniger offen im Verhalten nieder als Einstellungen, die in irgendeiner Form – sei es Lob, Erfolg oder Ansehen – Positives zur Folge haben.
3. Die *value expressive function* dient dem Schutz und der Verwirklichung individuell als relevant und erstrebenswert eingestufter Werte. Sie ist der Grund dafür, dass auch gesellschaftlich non-konforme Einstellungen Bestand haben können.
4. Die *cognitive orientation function* dient einer Strukturierung der Umwelt. Sie erleichtert dem Einstellungsträger die Orientierung in einer komplexen Umwelt und vor allem auch kognitiv anspruchsvolle Entscheidungsprozesse, die ohne das Bestehen von Einstellungen immer wieder neu ausgehandelt werden müssten. Sie wird deshalb auch als Ökonomie- und Wissensfunktion bezeichnet.

Die vorgestellten Funktionen lassen sich auch auf das Einstellungsobjekt Sprache, sprich auf Spracheinstellungen beziehen. Mithilfe der Einstellungsfunktionen lässt sich u.a. die Präferenz und Ablehnung bestimmter Varietäten erklären. So sieht Casper (2002: 39) die instrumentale Einstellungsfunktion als einen der Hauptgründe für die Entstehung von Sprachbewertungen: „Eine Sprache, deren Gebrauch berufliches oder soziales Vorankommen verspricht, wird meist positiv bewertet". Dies schließt eine positive Bewertung von Sprachen, die kein ‚Vorankommen' versprechen, allerdings nicht aus. Die *value expressive function* kann als einer der Gründe dafür gelten, dass einige Varietäten trotz Wissens um die sozial niedrige Bewertung im Kreis der Familie gewahrt werden. Giles et al. (1983) benennen in diesem Zusammenhang die vergleichbare *identity maintance function* von Spracheinstellungen, die der positiven Abgrenzung der eigenen Sprechergruppe diene. Erfolgt die Abgrenzung einer Sprachgemeinschaft wiederum bei gleichzeitiger Abwertung der Fremdgruppe, kann dies in der Terminologie nach Katz (1967) auf die *ego-defensive function* zurückzuführen sein. Werden sprachliche *cues* daneben zur Kategorisierung eines Sprechers herangezogen, handelt es sich um die *cognitive orientation function*. Mithilfe linguistischer Merkmale versuchen Rezipienten auf diese Weise etwa, die soziale Stellung eines Sprechers zu identifizieren (Giles et al. 1983). Dabei handelt es sich nicht um eine Sprecher-individuelle Bewertung, sondern um einen übergeneralisierenden Transfer angenommener Attribute durch den Einstellungsträger. Die angenommenen Attribute können entweder auf tatsächlich gemachten Erfahrungen mit einem Sprecher einer Sprechergruppe beruhen, aber auch vorurteilshaft, unabhängig von Erlebnissen, auf Annahmen beruhen. Konkret kann das beispielsweise bedeuten, dass jemand negative Erfahrungen mit einem Sprecher des Sächsischen gemacht hat und daher eine Antipathie gegenüber der gesamten Sächsisch sprechenden Gemeinschaft entwickelt hat. Die Einstellungen der Wissens- und Ökonomiefunktion müssen allerdings nicht negativ sein, sondern können ganz gegenteilig auch die Übertragung positiver Merkmale bedeuten: Wer einen hilfsbereiten und herzlichen Sprecher des Sächsischen kennengelernt hat, wird diese Merkmale wahrscheinlich auch von anderen Mitgliedern dieser Sprechergemeinschaft erwarten.

## 2.4 Einstellungs-Verhaltens-(In-)Konsistenz

Das Bestreben nach der Erfassung von Einstellungen beruht auf der Grundannahme, dass sie das menschliche Verhalten beeinflussen und so als Verhaltensprädikatoren herangezogen werden können. So bestimmt das vorgestellte Dreikomponentenmodell etwa eine konative Komponente, die auch bereits in Allports (1935) Definition von Einstellungen als „readiness" und als „directive [...] response" enthalten ist. Die Charakterisierung von Einstellungen als Verhaltensabsicht bzw. als Verhaltensbereitschaft ist allerdings nicht unproblematisch, denn eine Einstellung *kann*, *muss* sich allerdings nicht in tatsächlichem Verhalten äußern. Eine solche Inkonsistenz kann naheliegender Weise etwa auftreten, wenn das (ausagierende oder verbale) Äußern einer Einstellung zu einem gesellschaftlich inakzeptablen Verhalten und somit zu negativen (z.B. rechtlichen) Konsequenzen für den Einstellungsträger führen würde. Die Unterdrückung von einstellungskonformem Verhalten ist allerdings nicht nur auf die Vermeidung von Negativkonsequenzen zurückzuführen; selbst wenn dem Einstellungsträger keinerlei Konsequenzen drohen, können Inkonsistenzen zwischen Einstellungen und Verhalten auftreten.

Das wahrscheinlich bezeichnendste Experiment, das die Kongruenz von Einstellung und Verhalten erstmals in Frage stellte, stammt aus dem Jahre 1934 vom Soziologen LaPiere. Während seiner Reise in Begleitung eines chinesischen Paares durch das asiatischen Personen gegenüber voreingenommene Amerika stellte LaPiere entgegen seinen Befürchtungen fest, dass keines der Hotels dem asiatischen Paar den Aufenthalt verwehrte. Nach der Reise stellte er den Hotels deshalb die schriftliche Anfrage, ob sie – rein hypothetisch – denn auch asiatische Gäste beherbergen würden. Konträr zu seiner Reiseerfahrung verneinten 90% der Hotels die Anfrage. Einstellung und Verhalten gehen in dieser Studie also gänzlich auseinander, sodass ersteres kein treffsicherer Prädikator für letzteres zu sein scheint. Ein Vergleich mit anderen konativ-orientierten Einstellungsstudien offenbart (gegenteilig zu LaPiere) wiederum, dass Einstellungen unter bestimmten Umständen durchaus als Verhaltensprädikatoren herangezogen werden können. Fazio/Williams (1986) errechnen mit einer Korrelation von r=0.78 einen engen Zusammenhang zwischen Einstellungsäußerungen bezüglich der Wahlabsicht in einer Präsidentschaftswahl und tatsächlichem Wahlverhalten (zu einem weiterführenden Überblick statistischer Ergebnisse zur Einstellungs-Verhaltens-Korrelation siehe Bechler et al. 2021).

Die extreme Korrelationsvariation, die der Vergleich der Studien von LaPiere und Fazio/Williams illustriert hat, wirft die Frage nach Faktoren auf, die das Umsetzen von Einstellungen begünstigen bzw. verhindern; die Konsistenz von Einstellung und Verhalten scheint spezifischen Einflussfaktoren zu unterliegen. Als maßgebliche Einflüsse auf die *attitude-behavior-relationship* hat die Einstellungsforschung die folgenden vier Faktoren benannt: die Persönlichkeit des Einstellungsträgers, die Beschaffenheit der Einstellung, die Situation bzw. Umsetzbarkeit der Einstellung, sowie im Kontext von Einstellungsmessungen die Formulierung des Erfassungsitems.

Im Rahmen von *persönlichkeitsabhängigen Einflussfaktoren* können die Eigenschaft der Selbstüberwachung sowie auch das *Alter* wesentlich sein. Menschen mit einer stärkeren Tendenz zum *self monitoring* orientieren sich in ihrem Verhalten an ihrem Gegenüber und zeichnen sich durch die Anpassung ihres Verhaltens in sozialen Situationen aus. Diese auf einem Anpassungsbedürfnis basierende Verhaltensvariabilität kann dazu führen, dass sie entgegen ihrer eigentlichen Einstellung handeln. Individuen mit einer geringen Selbstüberwachung, die ihr Verhalten weniger an Situationen und darin involvierte Personen anpassen, zeigen eine erhöhte Einstellungs-Verhaltens-Korrespondenz (Snyder 1974). Ferner spielt auch das Alter der Einstellungsträger eine Rolle. Einstellungsmessungen älterer Probanden seien deshalb besser geeignet zur Verhaltensprognose als Messungen mit Studierenden, deren Einstellungen weniger stabil sind, da sie sich noch in einem Festigungsprozess befänden (Visser/Krossnick 1998).

Bezüglich der Beschaffenheit einer Einstellung verzeichnen Fazio/Williams (1986) in ihrer bereits erwähnten Studie zur Präsidentschaftswahl eine signifikante Korrelation zwischen starken und zugänglichen Einstellungen einerseits und der Wahrscheinlichkeit ihrer Realisierung andererseits. Je stärker ein Einstellungsträger einem Stimulus zugetan oder abgeneigt ist, desto zugänglicher ist ihm selbst seine Einstellung und desto wahrscheinlicher ist es wiederum, dass diese in seinem Handeln Ausdruck findet. Im Umkehrschluss gilt dementsprechend, dass neutrale und schwache Einstellungen schlechte Indikatoren für Verhalten sind (vgl. auch Verplanken et al. 2002; Glasman/Albarracin 2006). Ferner spielen auch die Situation und die Umsetzbarkeit einer Einstellung eine Rolle (Fazio/Williams 1986). Je nach Handlungsdomäne lässt sich eine einstellungskonforme Handlung leichter oder schwerer realisieren. Während der Akt des Wählens für gewöhnlich wenig Aufwand und Ressourcen bedarf, können Einstellungen in anderen Handlungsbereichen aufgrund externer Faktoren schwer oder zumindest subjektiv empfunden schwer umsetzbar sein. So mag in einer Erfassung von Einstellungen zum Thema Sprachenlernen zwar das Interesse am Erwerb einer Fremdsprache bekundet werden, das aufgrund der hohen Kosten für einen Sprachlehrer, eines weiten Wegs zur Sprachschule und wegen Zeitmangels o.Ä. aber trotzdem supprimiert wird. Für die verhaltensorientierte Einstellungsmessung ist in diesem Zusammenhang auch die Formulierung der Einstellungsabfrage von Bedeutung. Davidson/Jaccard (1979) verzeichnen eine Zunahme der Vorhersagekraft von Einstellungsmessungen, in welchen explizit nach Handlungsintentionen gefragt wird, im Vergleich zu Messungen, die mithilfe allgemeinerer Formulierungen Einstellungen erfragen. Durch die Konkretisierung der Frage zur Einstellungserhebung konnte die Wahrscheinlichkeit des Verhaltenseintritts gemäß der von den Probanden gemachten Angaben mehr als sechsfach erhöht werden. Für die unspezifische Frageformulierung errechneten Davidson/Jaccard eine Einstellungs-Verhaltens-Korrespondenz von geringen r=0.08, während die Spezifizierung und Konkretisierung der Frage eine Erhöhung auf r=0.52 herbeiführen konnte.

## 2.5 Einstellungs- und Spracheinstellungsmessung: Das Semantische Differential

Einstellungen können nicht direkt, sondern nur mittelbar, wie beispielsweise durch ihre Verbalisierung, gemessen werden. Zur Empirisierung des schwer greifbaren mentalen Konzeptes haben sich seit den ersten Erfassungsversuchen von Thurstone/Chave (1929) und Likert (1932) zahlreiche Methoden etabliert. Grundlegend können Spracheinstellungen mit denselben Methoden erfasst werden wie Einstellungen anderen Stimulusobjekten gegenüber.[5] Die Erfasssungsmethoden lassen sich in die Kategorien *quantitativ vs. qualitativ*, sowie *implizit vs. explizit* unterteilen (kritische Zusammenfassung etablierter Erfassungsmethoden bei Casper 2002: 150–222).

Explizite Messmethoden fragen Versuchspersonen direkt nach einstellungsrelevanten Aspekten, wie ihrer Meinung und ihrer Handlungsintention. Ein klassisches Beispiel expliziter Methoden ist das Interview, das gleichzeitig auch als Repräsentant qualitativer Ansätze gilt. Eine weitere in der Soziolinguistik verbreitete Methodik sind quantitative Skalierungsverfahren, zu welchen auch das in dieser Studie verwendete *Semantische Differential* gehört. Das 1952 von Charles Osgood konzipierte Semantische Differential – auch als Eindrucksdifferential und als Polaritätenprofil bezeichnet – zählt als „combination of associational and scaling procederes“ (Osgood 1952: 222) zum Standard-Repertoire der skalaren Einstellungsmessung und ist in der quellenorientierten Glaubwürdigkeitsforschung besonders verbreitet (Infante 1980). Das *Grundprinzip der Methodik* ist simpel: Ein Einstellungsobjekt wird durch eine Versuchsperson (VPN) auf einer bipolaren Skala verortet. Die Endpole einer solchen Skala bilden (meist, aber nicht ausschließlich in Form von Adjektiven) Antonyme, deren assoziative Nähe oder Distanz zum Einstellungsobjekt subjektiv durch eine VPN eingestuft wird. Neben der methodischen Simplizität besteht ein weiterer Vorteil in der Freiheit der Wahl des zu beurteilenden Einstellungsobjekts als Stimulus der Assoziationsevokation: Gemessen werden

5 Eine Ausnahme bildet die Matched-Guise-Technik, die von Lambert et al. (1960) eigens für die Messung von Spracheinstellungen konzipiert wurde. Bei der MGT werden den Versuchspersonen einzustufende auditive Inputs dargeboten. Die Technik eignet sich daher nur zur Messung gesprochener Sprache gegenüber und nicht zur Messung von Schriftsprache.

kann „nearly anything“ (Rosenberg 2018: 2). Zur universalen Anwendbarkeit der Skala fasst Osgood (1952: 200) selbst den Stimulusbegriff unspezifisch weit: Einstellungsobjekte sind ihm zufolge „any pattern of stimulation which evokes reaction on the part of an organism […].“ Diese Charakterisierung mag auch die disziplinenübergreifende Verwendung des eigentlich psychologischen Instruments erklären. Das Semantische Differential stellt in allen Forschungsrichtungen mit soziologischer Ausrichtung eine etablierte Messmethode dar.

Ein Beispiel für ein Semantisches Differential im Rahmen soziolinguistischer Forschung findet sich in der Studie von Linn und Pichè (1986), in welcher Jugendliche um eine Verortung ihrer Assoziationen zur Varietät Black English gebeten wurden.

**Tab. 1:** Beispiel für ein Semantisches Differential nach Linn/Pichè (1982: 59, gekürzt durch J.S.)

| **Do you think the speaker is…** | | | | | | | | |
|---|---|---|---|---|---|---|---|---|
| Dumb | ---- | ---- | ---- | ---- | ---- | ---- | ---- | Smart |
| Well educated | ---- | ---- | ---- | ---- | ---- | ---- | ---- | Poorly educated |
| Ugly | ---- | ---- | ---- | ---- | ---- | ---- | ---- | Good looking |
| Poor | ---- | ---- | ---- | ---- | ---- | ---- | ---- | Rich |
| Black | ---- | ---- | ---- | ---- | ---- | ---- | ---- | White |
| **Do you think the speaker is** | | | | | | | | |
| Mean | ---- | ---- | ---- | ---- | ---- | ---- | ---- | Nice |
| Ugly | ---- | ---- | ---- | ---- | ---- | ---- | ---- | Good looking |
| Prejudiced | ---- | ---- | ---- | ---- | ---- | ---- | ---- | Unprejudiced |
| Has few friends | ---- | ---- | ---- | ---- | ---- | ---- | ---- | Has many friends |
| **Do you think you would…** | | | | | | | | |
| Like him | ---- | ---- | ---- | ---- | ---- | ---- | ---- | Dislike him |

Das Beispiel zeigt, dass die Entwicklung eines Semantischen Differentials grundlegend auf der Festlegung geeigneter Bewertungsdimensionen basiert. Die Festsetzung dieser *Antonyme* kann nebst der Festlegung des *Skalenniveaus* durchaus komplex sein. Als reliabel und valide anwendbar haben sich in der ursprünglichen Konzeption u.a. die folgenden Adjektivpaare bewährt: *Bad-good, foolish-wise, dishonest-honest, weak-strong, impotent-potent, lazy-industrious* (Beispiele nach Rosenberg/Navarro 2017: 3). Alle diese Adjektive lassen sich drei Dimensionen zuordnen, auf die sich Bewertungen beziehen können: Evaluation, Aktivität und Potenz.

Zur verbalen Definition der Skalen-Endpunkte sind sämtliche Begriffspaare geeignet, die sich einer dieser Dimensionen zuschreiben lassen. Den größten Aufschluss über die Gesamteinstellung von Personen geben jedoch evaluative Einordnungen; für mehr als 500 Studien fassen Rosenberg/Navarro einen Einfluss der Evaluation auf die Einstufung in den beiden anderen Kategorien, Aktivität und Potenz, zusammen. Ein Vorteil der Methodik, der auch zur Beliebtheit des Semantischen Differentials in Glaubwürdigkeitszuschreibungsmessungen geführt haben mag, ist ferner, dass durch die Kombination verschiedener Evaluationsdimensionen auch Korrelationen zwischen den einzelnen Attributen berechnet werden können.

Auch wenn die in der ursprünglichen Konzeption verwendeten Adjektive sich auf eine Reihe möglicher Einstellungsobjekte beziehen lassen, können je nach spezifischem Interesse einer Studie Modifikationen der Sklalen-Endpole notwendig sein. Einerseits liegt in der Möglichkeit einer flexiblen Skalenkonstruktion der große methodische Vorteil einer universalen Anwendbarkeit, andererseits birgt die Flexibilität auch die Gefahr, verschiedene methodische Problemstellungen zu übergehen (Hofstätter 1955: 59). Bei der Festlegung geeigneter Begriffspaare gibt es keine verbindliche Methodik. Die Subjektivität von Assoziationen kann sich dabei als Herausforderung erweisen. Konstruiert ein Wissenschaftler das Semantische Differential und assoziiert Begriffe mit einem Stimulus, so ist es keineswegs selbstverständlich, dass diese Begriffe gleichermaßen von der VPN assoziiert worden wären. Einen entgegengesetzten Weg gehen Linn/Pichè (1986), die eigene Assoziationen in ihrer Skalenkonstruktion außen vor lassen. Die Auswahl der Begriffspolaritäten erfolgt nach dem sogenannten Assoziationstest, einer Voruntersuchung, in der die VPN selbst um eine freie und ungelenkte Beschreibung des Einstellungsobjektes gebeten werden. Für die Benennung der Endpunkte werden anschließend ausschließlich Attribute verwendet, die die VPN selbst geäußert haben. Diese Methode tilgt zwar die Gefahr, dass die VPN möglicherweise gar keine Relation zwischen den von der Studie vorgegebenen Attributen und dem Stimulusobjekt sehen, engt allerdings gleichzeitig auch vorab stark die zu testenden Attribute ein. Nachteilig kann sich die Voruntersuchung auch auf die Ehrlichkeit der VPN auswirken. Ein großer Vorteil des Semantischen Differentials als anonym durchführbarer indirekter Messmethode liegt darin, dass die Wahrscheinlichkeit einer ehrlichen Einstufung auch bei sozial weniger akzeptierten Einstellungen im Vergleich zu direkten Methoden weitaus höher ist. Die direkte Befragung im Assoziationstest beseitigt die Anonymität und begünstig so Antworten gemäß einer „sozialen Erwünschtheit“ (Kolde 1981: 385). Hard (1970) schätzt die intuitive Vorauswahl möglicher Bewertungspolaritäten als unproblematisch ein. Durch eine „Auskalkulation des Sprachgefühls“ könnten so probandenunabhängig Bewertungspaare gefunden werden, deren Zusammenhang zum Einstellungsobjekt trotz Subjektivität interindividuell akzeptiert würde. Diese Methodik eignet sich besonders für Studien (wie auch die vorliegende), in denen nicht untersucht werden soll, welche Assoziationen, sondern welche Relation zwischen dem Stimulus und einem vorab hypothetisch angenommenen Bewertungsattribut besteht.

Neben den Schwierigkeiten der Adjektivfindung bedarf auch die *Festlegung der numerischen Skalierung* einiger Überlegungen. Das klassische Semantische Differential nach Osgood umfasst *7 Antwortmöglichkeiten* zwischen den beiden Endpolen. Diese Anzahl befindet sich laut Studien zum Einfluss numerischer Festlegungen auf die Einstufung der VPN im Idealbereich. Eine Sieben-Punkte-Skala verspreche den Berechnungen von Cox (1980) zufolge eine optimale Reliabilität, sowie eine hohe Diskriminationsqualität der einzelnen Skalenwerte. Jedoch lässt die Methodik des Semantischen Differentials auch in dieser Hinsicht einen Freiraum zur studienspezifischen Variabilität. Nach der Empfehlung von Cox sind neben der siebenfachen Skalierung auch Einteilung zwischen einem Minimum von 5 und einem Maximum von 9 Antwortmöglichkeiten möglich.

Eine weitere Entscheidung betrifft die *Wahl des Zahlenbereichs (‚range')*. Hippler et al. (1991: 55) kritisieren diesbezüglich, „dass die Forscher ohne weitere Problematisierung annehmen, daß eine Sieben-Punkte-Skala, die von ‚1' bis ‚7' reicht, gleichzusetzen sei, mit einer Sieben-Punkte-Skala, die von ‚-3' bis ‚+3' reicht." Am Beispiel einer Umfrage des Institutes für Demoskopie Allensbach demonstrieren sie, ihre Kritik empirisch stützend, den Einfluss des ausgewählten Zahlenbereichs. Eine Gegenüberstellung der jeweiligen Antworten einer negativen kodierten Skala und einer ausschließlich positiv kodierten Skala demonstriert Verzerrungseffekte und nicht-äquivalente Mittelwerte (Hippler et al. 1991: 56–59) – würden Versuchspersonen beide Zahlenbereiche äquivalent interpretieren, müsste ein auf einer positiven Skala exemplarischer erreichter Mittelwert von 4 auf einer Negativskala dem Mittelwert 0 entsprechen; negative Werte werden von den VPN allerdings vermieden.

Ungeachtet der *range* mag bereits aufgefallen sein, dass die vorgeschlagene Anzahl an Antwortkategorien stets ungerade ist. Eine derartige Einteilung zwingt unter Ausschluss einer symmetrischen Skalenmitte zur Positionierung und verhindert die Auswahl der Mittelkategorie zur Reduktion kognitiven Aufwands seitens unmotivierter Probanden (zur Diskussion von Mittelkategorie und sogenanntem *Satisficing*-Verhalten siehe Menold/Bogner 2015). Die Frage nach dem Angebot oder dem Ausschluss einer Mittelkategorie als ‚Kompromiss' ist nicht unproblematisch und geht einher mit der Berücksichtigung von Versuchspersonen ohne Meinung zu einem Stimulus: Einerseits bieten sogenannte DK-(Don't know)-Kategorien die Sicherheit, dass Personen ohne relevante Einstellungen sich nicht zu einer Positionierung gezwungen sehen, andererseits können DK-Kategorien auch als Fluchtweg dienen, um die Äußerung sozial unerwünschter Meinungen zu umgehen (Diskussion beider Positionen bei Menold/Bogner 2015).

## 2.6 Zwischenfazit I

Essenzielle Erkenntnisse der Einstellungsforschung, die einer Betrachtung von Glaubwürdigkeitszuschreibungen als Spracheinstellungen dienen, lassen sich wie folgt zusammenfassen.

- Einstellungen können gemäß dem Dreikomponentenmodell – ungeachtet des Stimulusobjektes – aus einer kognitiven, einer affektiven und einer konativen Komponente bestehen. Diese drei Komponenten müssen nicht kongruent sein. Ein Sprecher könnte einem Dialekt beispielsweise auf affektiver Ebene positiv gegenüberstehen; die Verwendung des Dialekts auf konativer Ebene aber trotzdem vermeiden wollen.
- Als Begründung dafür können die in Spracheinstellungsdefinitionen identifizierten Mechanismen herangezogen werden: Die Einstellungen Sprache und ihren Sprechern gegenüber orientieren sich an den Dimensionen ‚Status' und ‚Solidarität'. Die Vermeidung eines Dialekts könnte in diesem Sinne etwa auf Status-Bestrebungen beruhen; der positive Affekt wiederum auf der Dimension Solidarität.
- Die Bewertungsdimensionen ‚Status' und ‚Solidarität' lassen sich mithilfe des Prestige-Begriffs näher erläutern: Der Begriff des Prestiges in der üblichen Verwendung des Wortes ist eng mit der Statusdimension verknüpft und bezieht sich auf Attribute des (hohen) sozio-ökonomischen Status. Dies bezeichnet die Soziolinguistik als *open prestige*, das vornehmlich Standardvarietäten zukommt. Zusätzlich benennt sie allerdings auch ein sogenanntes *covert prestige*, das auch standardfernen Sprachen und Varietäten aufgrund von Solidarität zugeschrieben werden kann.
- Ob einer Sprache, d.h. einer Einzelsprache in ihrer Gesamtheit oder den unterschiedlichen Sprachvarietäten innerhalb einer Einzelsprache, ein *open prestige*, ein *covert prestige* oder wiederum gar kein Prestige zukommt, lässt sich wiederum auf Basis der Einstellungsfunktionen ergründen. Einstellungen können dem Einstellungsträger zur Wahrung eines positiven Selbstbildes, zur Verwirklichung eigener Werte, zur Navigation zwischen erstrebenswerten gesellschaftlichen Werten und zur Strukturierung der Umwelt dienen. Wird ein stigmatisierter Dialekt etwa trotz Risiken gesellschaftlicher Benachteiligung gesprochen, könnte eine selbstbildwahrende und Werte verwirklichende Funktion dahinterstehen; vermeidet ein Sprecher wiederum die Nutzung desselben

Dialekts steht dahinter ggf. eine Orientierung an gesellschaftlich als erstrebenswert erachteten Verhalten.

- Einstellungen zur Verhaltensprognose nutzen zu können, ist eine grundlegende Motivation der Einstellungs- und Spracheinstellungsforschung. Es wurde dargestellt, dass sich Einstellungen allerdings nur bedingt als Verhaltensprädikatoren erweisen; u.a., wenn eine starke ausgeprägte, saliente Einstellung vorliegt. Die Vorhersagekraft von Einstellungsmessungen kann daneben durch explizites Fragen nach Handlungsintentionen erhöht werden.
- Explizite Fragen nach Handlungsintentionen beinhaltet die vorgestellte Methodik des Semantischen Differentials in der Regel nicht. In seiner standardmäßigen Konstruktion, bei der ein Stimulus zwischen zwei Antonymen verortet wird, konzentriert es sich auf die kognitive und affektive Komponente von Einstellungen. Es gehört zum Standard-Repertoire der quellenorientierten Glaubwürdigkeitsforschung, u.a. da es die Korrelationsberechnung zwischen verschiedenen Attributen ermöglicht und so Rückschlüsse darauf erlaubt, welche Eigenschaften einen glaubwürdigkeitsfördernden oder -schmälernden Einfluss haben.

Wie im folgenden Kapitel 3 aufzuzeigen sein wird, unterliegen Glaubwürdigkeitszuschreibungen vergleichbaren Evaluationsmechanismen wie Spracheinstellungen allgemein; auch Glaubwürdigkeit kann u.a. mithilfe der Dimension ‚Status‘ bzw. ‚Prestige‘ gewonnen werden.

# 3 Glaubwürdigkeit: Feststellung und Attribution

Die Frage nach der Glaubwürdigkeit stellt sich „[i]mmer dann, wenn Informationen entscheidungs- oder handlungsrelevant werden, die uns nicht aus eigener Wahrnehmung bekannt sind [...]" (Köhnken 1990: 1). Glaubwürdigkeit nimmt nicht nur im persönlichen moralischen Wertesystem einen hohen Stellenwert ein; auch aus linguistischer Perspektive handelt es sich um ein interaktionsbestimmendes Phänomen: „Glaubwürdigkeit ist sozusagen die Basis, auf der Kommunikation funktioniert; sie ist das kommunikative Urvertrauen, ohne das nichts geht" (Heringer 2019: 32). Ob jemand als glaubwürdig oder unglaubwürdig eingestuft wird, bleibt für gewöhnlich nicht ohne Konsequenzen. In diesem Konsequenzenreichtum – sei es auf rechtlicher, öffentlicher oder privater Ebene – mag das rege disziplinenübergreifende Interesse an der Thematik begründet liegen. So haben sich beispielsweise Philosophie und Ethik ausgiebig mit dem moralischen Status von Lügen befasst (zur Beschäftigung versch. Disziplinen mit dem Themenkomplex Glaubwürdigkeit/Täuschung/Lüge siehe auch Köhnken 1990: 5f.). In der sogenannten ‚schönen Literatur' finden sich Beispiele, die das Spiel mit der Unsicherheit zwischen Glaubwürdigkeit und Unglaubwürdigkeit als Erzählform einsetzen. Der sogenannte ‚unzuverlässige Erzähler' sendet Signale, die die Leserschaft an seiner Glaubwürdigkeit zweifeln lassen (sollen).[6] Quasi mit dem Gegenteil – dem Senden glaubwürdigkeitssuggerierender Signale – beschäftigt sich die Rhetorik. Dies sind nur einige wenige Beispiele für die vielen verschiedenen disziplinären Zugänge zum Thema.

Es wurde in der Einleitung bereits erwähnt, dass es sich bei der Glaubwürdigkeit um ein weites Themenfeld handelt. Um die weite Extension des Glaubwürdigkeitsbegriffs systematisieren zu können, bietet es sich an, die einschlägige Forschung und die einschlägigen Fragestellungen in zwei unterschiedliche Erkenntnisinteressen zu unterteilen. Es ist grundlegend zu unterscheiden zwischen dem Erkenntnisinteresse der *Glaubwürdigkeitsfeststellung* und dem Erkenntnisinteresse der *Glaubwürdigkeitsattributionsanalyse*. Die Glaubwürdigkeitsfestellung, wie sie die inhalts- und verhaltensorientierte Glaubwürdigkeitsforschung vornimmt, analysiert sogenannte *Realkennzeichen* und fokussiert die Entdeckung intentional unwahrer bzw. erlogener Aussagen. Dazu zieht sie sowohl sprachliche als auch (im Folgenden zu vernachlässigende) physiologische Merkmale sein. Demgegenüber befasst die Glaubwürdigkeitsattributionsforschung, wie sie etwa im

6 Siehe weiterführend Allrath/Nünning (2005). In ihrem literaturwissenschaftlichen/ narratologischen Ansatz beschäftigen sie sich u.a. mit dem großen Ausweitungspotential des Konzeptes des unzuverlässigen Erzählers auf nichtfiktionale Texte.

https://doi.org/10.1515/9783111379289-003

Rahmen der quellenorientierten Glaubwürdigkeitsanalyse vorgenommen wird, sich nicht mit Indikatoren des Lügens, sondern mit sprachlichen wie außersprachlichen *Einflüssen auf die Zuschreibung von Glaubwürdigkeit.* Bei diesem Attributionsprozess handelt es sich um einen rezipientenseitigen, subjektiven Eindruck im Sinne einer Einstellungsbildung (vgl. Einstellungen und Spracheinstellungen in Kapitel 2). Das folgende Kapitel nimmt beide Perspektiven ein und orientiert sich an zwei Leitfragen:

1. Welche sprachlichen Merkmale können zur Analyse der tatsächlichen Glaubwürdigkeitsfeststellung, im Sinne einer Abwesenheit von Lügen, herangezogen werden?
2. Welche sprachlichen Merkmale führen – ungeachtet des tatsächlichen Wahrheitsgehalts seiner Aussage – zur Einschätzung eines Kommunikators als glaubwürdig?

Zur Bearbeitung der beiden Perspektiven führt das Kapitel 3.1 zunächst in terminologisch-definitorische Anmerkungen ein, denn dem Begriff der Glaubwürdigkeit kommen, wie bereits die Differenzierung zwischen Realkennzeichen und Attributionskriterien zeigt, unterschiedliche Auslegungen zu. Das darauffolgende Kapitel 3.2 behandelt Leitfrage 1 zur Glaubwürdigkeitsfestellung. Die Glaubwürdigkeitsfeststellung zieht als Definiens des Begriffs die Abwesenheit von Täuschungsabsichten bzw. von Lügen heran; Kapitel 3.2.1 nimmt deshalb eine eingehende Erklärung des Phänomens der Lüge vor. Das Definiens der Lüge ist auch für die rechtliche Perspektive auf Glaubwürdigkeit (Kapitel 3.2.2) sowie in Kriterienkatalogen zur Identifikation von Täuschungsabsichten (Kapitel 3.2.3) maßgeblich; sowohl für die rechtliche als auch für die aussagepsychologische Glaubwürdigkeitsanalyse kann die Entdeckung von Lügen als essenzielles Ziel gelten.

Hauptaugenmerk des vorliegenden Kapitels liegt, dem Erkenntnissinteresse der Arbeit entsprechend, auf Leitfrage 2, d.h. auf der Glaubwürdigkeitsattributionsforschung (Kapitel 3.3). Als zentrale Evaluationsmechanismen des Eindrucks von Glaubwürdigkeit identifiziert die attributionsorientierte Forschung die Dimensionen und Kompetenz und Vertrauenswürdigkeit (Kapitel 3.3.1). Eine Konkretisierung von diesen Dimensionen entsprechenden außersprachlichen wie sprachlichen Einflussfaktoren findet sich in den Kapiteln 3.3.2 und 3.3.3. Wie aus den beiden Kapiteln hervorgeht, sind mögliche Einflussfaktoren auf die empfundene Glaubwürdigkeit etwa das Geschlecht und die Attraktivität eines Sprechers sowie die Sprechgeschwindigkeit und die Verwendung von Fachbegriffen.

## 3.1 Definitorische Annäherung: Glaubwürdigkeit und Glaubhaftigkeit

Der Titel des vorliegenden Kapitels weist bereits auf eine Differenzierung hin, die grundlegend vorzunehmen ist. Sie betrifft zum einen die terminologische Relation zwischen den im alltäglichen Gebrauch oft synonym verwendeten Begriffen ‚Glaubwürdigkeit' und ‚Glaubhaftigkeit' und damit einhergehend, zum anderen, die eingangs vorgestellte Unterscheidung zwischen Realkennzeichen und Attributionskriterien. Bei der Glaubwürdigkeit handelt es sich um den vergleichsweise weiteren Begriff, der je nach Forschungsschwerpunkt und Erkenntnisinteresse unterschiedliche Definitionen erfahren hat: Aus Perspektive der aussage- und inhaltsorientieren Glaubwürdigkeitsfeststellung wird *Glaubwürdigkeit als Abwesenheit eines intentionalen Täuschungsversuches* verstanden (Köhnken 1990). Glaubwürdigkeit steht hierbei im engen Zusammenhang mit dem Lügen (Kapitel 3.2). Über das Definiens der Täuschungsintention besteht mittlerweile zwar Einigkeit; frühere Glaubwürdigkeitsdefinitionen ziehen allerdings noch das Kriterium der Wahrheit heran: „Bei Glaubwürdigkeit stimmen die Aussagen mit den wesentlichen Einzelheiten erlebter Tathergänge überein, auf die sie sich gründen, im anderen Fall handelt es sich um Falschaussagen" (Clauß 1981: 239). Folgt man dieser Definition, würde es sich also bei sämtlichen Abweichungen von der objektiven Wahrheit, zum Beispiel auch bei der Wiedergabe falscher Erinnerungen, um unglaubwürdige Aussagen handeln. Wer etwas sagt, das objektiv falsch ist, ist der Definition zufolge unglaubwürdig – auch wenn er selbst es für richtig hält. Gegen eine solche Auslegung des Begriffs sprechen sich aus psychologischer Sicht Köhnken (1990: 2–4) und aus linguistischer Sicht Meibauer (2015) aus. Berücksichtigt man die Tatsache, dass Erlebtes durch verschiedenste mentale und sprachliche Verzerrungsprozesse in den seltensten Fällen völlig wahrheitsgetreu (im Sinne einer objektiven Wahrheit) wiedergegeben werden kann, erweist sich das Definitionskriterium ‚Wahrheit' als unbrauchbar und es ist das Definitionskriterium der Intentionalität eines Kommunikators zu bevorzugen:

> Glaubwürdigkeit liegt vor, wenn ein Kommunikator an einen Rezipienten eine Information vermittelt, von der er glaubt, daß sie zutreffend ist, wenn also der Kommunikator keine Täuschungsabsicht hat. Entscheidendes Bestimmungsstück ist hierbei die Intentionalität. Dies impliziert, daß der Kommunikator irrtümlich, d.h. ohne Vorsatz, eine falsche Information vermitteln kann, ohne unglaubwürdig zu sein. Ebenso kann er irrtümlich eine richtige Information vermitteln und dennoch unglaubwürdig sein, nämlich dann, wenn er die richtige Information für falsch hält. (Köhnken 1990: 4)

In der vorangegangenen Definition bezieht Köhnken sich auf die Glaubwürdigkeit einer spezifischen Information bzw. auf die Glaubwürdigkeit eines einzelnen

Kommunikats. Die Glaubwürdigkeit einer Aussage ist wiederum von der Glaubwürdigkeit eines Kommunikators als personale Eigenschaft der ‚Wahrheitsliebe' abzugrenzen und wird zu Differenzierungszwecken auch als Glaubhaftigkeit (bzw. als spezielle Glaubwürdigkeit bezeichnet, siehe Schneider et al. 2010: 320, vgl. auch Undeutsch 1967) bezeichnet. Der begrifflichen Trennung folgend kann also auch ein insgesamt eigentlich unglaubwürdiger Sprecher eine glaubhafte Aussage machen oder ein eigentlich glaubwürdiger Sprecher eine unglaubhafte Aussage. Einerseits ist die Glaubhaftigkeit insofern das zu bevorzugende Konzept, als man „sicher nie auf jemanden treffen wird, der immer die Wahrheit sagt, und ebenso selten jemanden vorfindet, der ständig lügt" (Schneider et al. 2010: 320). Andererseits wird dieser terminologischen Trennung zwischen der Glaubwürdigkeit als Sprecher-Eigenschaft und der Glaubhaftigkeit als Eigenschaft einer spezifischen Information nicht in allen Arbeiten strikt gefolgt. Obwohl die Annahme, Glaubwürdigkeit sei ein stabiles Persönlichkeitsmerkmal, nicht mehr vertreten wird, wird der Begriff auch in jüngeren Studien zuhauf verwendet. Das mag daran liegen, dass die Glaubhaftigkeit und Glaubwürdigkeit eines Sprechers in Realität nicht immer voneinander zu trennen sind. Die Einstufung eines Kommunikators bemisst sich selten nur anhand einer Aussage. Auf die Einstufung wirkt regulär ein Zusammenspiel verschiedenster Merkmale ein, darunter auch Merkmale wie z.B. mögliche Vorstrafen. Dies spiegelt sich auch in der rechtlichen Handhabung des Begriffs wider. Die Beweiswürdigung im Recht fokussiert zwar die Glaubhaftigkeit der Aussage, operiert aber letztlich mit beiden Konzepten und zieht in einigen Fällen auch die Glaubwürdigkeit eines Aussagenden heran (siehe Kapitel 3.2.2 zur Glaubwürdigkeit und Glaubhaftigkeit im Recht). Zur Analyse der Glaubhaftigkeit einzelner Aussagen können sogenannte *Realkennzeichen* (siehe Kapitel 3.2.3) verwendet werden, für die die Aussagepsychologie davon ausgeht, dass Täuschungsintentionen von spezifischen (sprachlichen) Verhaltenskorrelaten begleitet werden.
Das Kriterium der Intentionalität konzentriert sich auf die Produzentenperspektive; ob etwas glaubwürdig ist oder nicht hängt einzig von dem Aussagenden ab. Mit Fokus auf den Kommunikator ist Glaubwürdigkeit, zusammenfassend also, bei der Abwesenheit eines Täuschungsversuches und bei (zumindest subjektiv) wahrem Aussagen gegeben

In Studien, die, wie die vorliegende, an Glaubwürdigkeitszuschreibung interessiert sind, weicht die produzentenorientierte Perspektive einer rezipientenorientierten Perspektive. In der attributionsorientierten Glaubwürdigkeitsforschung wird *Glaubwürdigkeit – ungeachtet sprecherseitiger Täuschungsabsichten – als Zuschreibungsprodukt* definiert und bezeichnet den glaubwürdigen oder unglaubwürdigen Gesamteindruck einer Quelle. Als ‚Quelle' werden in diesem Zusammenhang unspezifisch sowohl Personen als auch Texte oder etwa Institutionen verstanden (Bentele 1988). Glaubwürdigkeit ist in diesem Kontext als *Aushandlungs- oder Zuschreibungsprozess* zu verstehen:

> Glaubwürdigkeit kann als eine Eigenschaft bestimmt werden, die Menschen, Institutionen oder deren kommunikativen Produkten (mündliche oder schriftliche Texte, audiovisuelle Darstellungen) von jemandem (Rezipienten) in Bezug auf etwas (Ereignisse, Sachverhalte etc.) *zugeschrieben* wird. (Bentele 1988: 408; Kursivierung durch J.S)

Ein Kommunikator, der in seiner Schilderung intentional von der Wahrheit abweicht, kann dieser Definition zufolge von einem Rezipienten trotzdem als glaubwürdig bezeichnet werden, wenn letzterer die Abweichungen von der Wahrheit nicht als solche erkennt oder einstuft. Aus der Erweiterung um die Rezipientenperspektive resultiert eine mehrstellige Relation (vgl. Bentele 1988: 40; siehe auch Bentele/Seidenglanz 2005a sowie Bentele/Seidenglanz 2005b) zwischen dem Kommunikator, seiner Aussage, dem Rezipienten und der Einschätzung der Aussage. (Sprachliche) Merkmale, die von einem Rezipienten zur Bestimmung von Glaubwürdigkeit herangezogen werden (zu Attributionskriterien siehe Kapitel 3.3), geben dabei nicht zwingend Aufschluss über die tatsächliche Glaubwürdigkeit im Sinne einer Wahrhaftigkeit; es kann zu Fehlzuschreibungen kommen. Ob ein Rezipient ein kommunikatives Produkt für glaubwürdig hält, muss weder mit der objektiven Wahrheit noch mit der Intentionalität des Kommunikators in Zusammenhang stehen. Letztlich führen aber sowohl die ‚diagnostischen‘ und wissenschaftlich fundierten Realkennzeichen als auch die teils ‚ungerechtfertigten‘ sozio-kulturell gewachsenen Attributionskriterien zur Einschätzung eines Aussagenden. Im Folgenden werden daher beide Perspektiven behandelt. Der Begriff der Glaubwürdigkeit wird dabei als Überbegriff verwendet, der sich sowohl auf das Zuschreibungsprodukt als auch als auf die Abwesenheit von Täuschungsintentionen beziehen kann; bei letzterem ist terminologisch wiederum zwischen der Glaubwürdigkeit einer Person und der Glaubhaftigkeit einer Aussage zu unterscheiden.

## 3.2 Glaubwürdigkeit als Abwesenheit eines Täuschungsversuchs

Die nachfolgenden Ausführungen verstehen sich als Vertiefung jener Ansätze, die Glaubwürdigkeit als Abwesenheit von Täuschungsintentionen verstehen. Essenziell sind dabei erstens die Lüge als sprachlich realisierte Täuschungsform, zweitens die rechtliche Handhabung der Unterscheidung zwischen Glaubwürdigkeit und Glaubhaftigkeit sowie, drittens, mögliche Realkennzeichen, die zur systematischen Identifikation von Täuschungsabsichten verwendet werden können.

### 3.2.1 Die Lüge als verbale Form der Täuschung

Wenn einer Aussage keine Glaubwürdigkeit zugesprochen wird, dann wird ihr – zieht man das Kriterium der intentionalen Täuschung als Bestimmungsmerkmal heran – unterstellt, dass sie erlogen ist. Der Begriff der Lüge steht in engem Zusammenhang mit dem der Glaubhaftigkeit und Glaubwürdigkeit, unterscheidet sich aber in seiner Extension: Glaubwürdigkeit liegt bei der Abwesenheit sämtlicher Täuschungsabsichten vor. Der Phänomenbereich der Täuschung ist als Überbegriff sämtlicher Handlungen zu verstehen, die der Verschleierung oder Irreführung dienen. Das können verbale wie non-verbale Handlungen sein. Die Lüge wird demgegenüber spezifischer als *verbale Täuschungsform* definiert; es handelt es sich um ein rein sprachliches Phänomen (Hopper/Bell 1984). Eine Aussage, von der angenommen wird, ggf. eine Lüge zu enthalten, kann im Großen und Ganzen trotzdem als glaubwürdig gewertet werden. Rein strukturell ist daraus ein grundlegender Unterschied abzuleiten: Die Lüge als Einzelhandlung ist im Gegensatz zum ‚Gesamtprodukt' Glaubwürdigkeit zählbar.

Die Lüge kann wie die Glaubwürdigkeit in verschiedensten Disziplinen auf eine langjährige Forschungstradition zurückblicken. Besonders in der Rechtsprechung, wo Akteure für eine Fallentscheidung in ihrem Sinne geneigt sein können, „die Wahrheit zu verschleiern" (Meibauer 2018a: 339), ist das Aufdecken von Lügen von großer Relevanz. Viel diskutiert ist Lüge daneben auch in der Ethik und in der Philosophie, die u.a. die moralische Tadelhaftigkeit der Lüge reflektieren. Meibauer (2015: 175) beschreibt daher den „multidisziplinären Zugang", den die Lüge erfahren hat. Lipmann und Plaut (1927, zitiert nach Meibauer 2015: 175f.) skizzieren schon früh die Notwendigkeit „psychologischer, philosophischer, juristischer, pädagogischer, historischer, soziologischer, sprach- und literaturwissenschaftlicher und entwicklungsgeschichtlicher Betrachtung[en]."

In der Linguistik stellt die Lüge ein vergleichsweise wenig untersuchtes Phänomen dar. Trotz ihrer sprachlichen Verfasstheit wurden in älteren Arbeiten Zweifel über die Eignung linguistischer Instrumentarien zur Behandlung der Lüge geäußert:

> Meine Frage an die Linguistik ist: Hat sie überhaupt Mittel zur Hand, die Negation von Sachverhalten weiterreichend als bloß logisch oder formal zu interpretieren und sie etwa als Lüge, Verleugnung, Verdrängung oder Verfälschung kenntlich zu machen? Oder liegt hier eine Kompetenzgrenze der Linguistik vor? (Wellershoff 1975: 437)

Diese Skepsis kann spätestens seit der Arbeit Falkenbergs (1982) über eine Theorie sprachlicher Täuschung sowie den zahlreichen Arbeiten Meibauers (u.a. 2015, 2018b, 2018c, 2019) als unberechtigt gelten. Meibauer verortet das linguistische

Interesse an der Lüge vornehmlich (aber nicht ausschließlich) an der Schnittstelle zwischen Semantik und Pragmatik. Vor allem letzteres liegt insofern nahe, als die Lüge ein Paradebeispiel interaktional gebundener Phänomene darstellt. Der interaktionale Charakter wird – neben anderen Eigenschaften – besonders in der Beschreibung Falkenbergs deutlich:

1. Lügen sind personal: sie sind immer jemandes Lügen.
2. Lügen sind sozial (oder fremdpersonal): sie richten sich an andere.
3. Lügen sind temporal: sie können datiert werden.
4. Lügen sind intentional: sie geschehen absichtlich.
5. Lügen sind verbal: sie bestehen in der Äusserung von Worten. (Falkenberg 1982: 14; Sperrungen des Originals durch Kursivierungen ersetzt & Nummerierung geändert durch J.S.)

Ebenfalls zu den pragmatischen Ansätzen zählt die Anwendung der Grice'schen Konversationsmaximen auf den Phänomenbereich der Lüge. Redebeiträge sind den Konversationsmaximen zufolge kooperativ zu gestalten. Diesen Grundsatz der Kooperativität aufgreifend, kann Lügen als Verletzung der sogenannten *Qualitätsmaxime* („Do not say what you believe to be false" Grice 1989: 27) verstanden werden (vgl. Fallis 2012).[7] Wer lügt, kommuniziert etwas, dass er für unwahr hält und verhält sich seinem Kommunikationspartner gegenüber insofern unkooperativ, als er seine kommunikativen Absichten und Ziele über die des Dialogpartners stellt.

Prominent ist daneben eine, für die angewandte Linguistik besonders gewinnbringende, Verortung im Rahmen der Sprechakttheorie: „lying is primarily seen as a speech act, i.e. an utterance with a certain grammatical structure used to convey the speaker's meaning, in the standard case an insincere assertion" (Meibauer 2019: 24). Ein solcher Theorie-Rahmen bietet den Vorteil, kontextspezifische Funktionalisierungen der Assertionen in den Vordergrund rücken zu können. Mit einem Fokus auf Funktionalisierungen und Intentionen kann differenzierter bestimmt werden, was als Definiens der Lüge gelten kann. Der Blick auf die Funktion von Sprechakten dient als Grundlage der Feststellung, dass es sich bei unwahrem Sprechen nicht immer um eine Lüge handelt. Ein Kriterium zur Unterscheidung von Lüge und anderen nicht-wahrheitsgemäßen Äußerungen ist, wie auch in der Glaubwürdigkeitsdefinition nach Köhnken (1990), die *Intentionalität*: Der Fakt allein, etwas Unwahres – wenn auch wider besseres Wissen – zu äußern, kann nicht

7 Neben der Maxime der Qualität beinhaltet das Kooperationsprinzip nach Grice (1989) die Maxime der Quantität (Anpassung des Informationsgehalts an den Zweck des Dialogs), die Maxime der Relevanz (Anpassung der thematischen Aspekte an den Zweck des Dialogs) und die Maxime der Modalität (Anpassung des Stils zur Vermeidung von Uneindeutigkeiten).

Bestimmungsmerkmal von ‚Lüge' sein: „Etwas, was nicht der Fall ist, könnte man auch zum Spaß, gedankenlos oder aus Verrücktheit zu sagen beabsichtigen. Das Motiv ist das Ausschlaggebende" (Wittgenstein 1991: 498). Beispiele für derart intendierte Äußerungen von Unwahrheiten finden sich in Weinrichs *Linguistik der Lüge,* einer der ersten grundlegenden Arbeiten der linguistischen Lügenforschung. Auch rhetorische Stilmittel seien Weinrich zufolge intendierte verzerrte Darstellungen der Wahrheit. Aufgrund der Abwesenheit von Täuschungsabsichten können sie jedoch nicht als Lügen gelten (vgl. Diskussion bei Weinrich 1966: 12).

Bei der Täuschungsabsicht handelt es sich vermutlich um das verbreitetste Definitionskriterium des Lügens. Meibauer (2018a: 334) bezeichnet dies als „traditionelle Sicht", die in „jüngster Zeit mehrere Kritiken oder Weiterungen erfahren" hat. Die traditionelle Sicht, das Lager der sogenannten *deceptionists,* hält an der Täuschungsabsicht als Definiens fest. Die *nondeceptionists* halten Täuschungsabsicht demgegenüber für ein ungeeignetes Kriterium, um alle Typen von Lügen erfassen zu können. Als Argument gegen das Täuschungskriterium werden die sogenannten *bald-faced lies* – zu Deutsch auch ‚jemandem ins Gesicht lügen' – angeführt (Meibauer 2018a: 334): Ein filmisches Beispiel für eine solche Lüge findet sich in einer bekannten Szene aus *Forrest Gump,* in der der gleichnamige Protagonist in einem Bus nach einem freien Sitzplatz sucht. Wann er immer er sich setzen möchte, wird ihm entgegnet, der Platz sei belegt. Die ‚Lügner' wissen, dass Forrest Gump bewusst ist, dass er gerade dreist belogen wird (Beispiel nach Meibauer 2016: 111). In diesem Fall scheint vermutlich eher eine Provokations- als eine Täuschungsintention vorzuliegen.

Der Einwand der *nondeceptionists* scheint in Anbetracht des Beispiels durchaus berechtigt; nicht jede Form der Lüge beinhaltet zwingend eine Täuschungsabsicht. Wenn im Folgenden der Begriff der Lüge verwendet, ist dennoch der traditionelle Standpunkt der *deceptionists* gemeint: Lügen ohne Täuschungsabsicht werden nicht geglaubt und sollen auch nicht geglaubt werden – damit fallen sie nicht unter den Phänomenbereich der Glaubwürdigkeit.

### 3.2.2 Glaubwürdigkeit und Glaubhaftigkeit im Recht

Der Ausgang polizeilicher sowie gerichtlicher Vorgänge hängt zu einem Großteil von einer Evaluation der Beweise ab. Während Sachbeweise dabei – zumindest im Hinblick auf ihre objektive Erfassbarkeit – vergleichsweise unproblematisch sind, verhält es sich mit Personalbeweisen gegenteilig. Sie eröffnen das komplizierte Feld der rechtlichen Glaubhaftigkeits- und Glaubwürdigkeitsfeststellung von Aussagen und Aussagenden, d.h. von Beschuldigten, Geschädigten und von Zeugen: „Das häufigste, bekanntermaßen aber auch unsicherste Beweismittel in einem Straf- oder Zivilprozess sind Zeugen. [...] Die hauptsächliche Fehlerquelle beim Zeugenbeweis stellt nach dem Irrtum die Lüge dar"[8] (Prechtel 2017: 381). Um diese Fehlerquelle zu eliminieren, besteht eine der zentralsten Aufgaben im Umgang mit Deliktbeteiligten seitens der Polizei und der Richterinnen und Richter in der Identifikation von Lügen. Die Begrifflichkeit des Lügens findet sich zwar exemplarisch in der Literatur zu Befragungstechniken wieder, das Gesetz selbst verwendet den Terminus allerdings nicht. Auch wenn sie terminologisch nicht explizit benannt wird, zählt die Lüge zum Vorsatzbereich der Aussagedelikte § 153 StGB, sprich u.a. der falschen uneidlichen Aussage und des Meineids sowie zur arglistigen Täuschung § 123 BGB und der Irreführung § 5 UWG. Die Handlung des Lügens „als bewusste eindeutige Falschbehauptung" wird unter den Tatbestand der Täuschung gefasst, der wiederum nicht nur sprachliches, sondern auch nicht-sprachliches konkludentes Verhalten beinhaltet (Wendler et al. 2021: 86). Täuschung kann – nicht nur im Recht – als eine Art Überbegriff des Themenkomplexes rund um die Lüge gelten (siehe auch Zuckerman et al. 1981). Bei der Lüge handelt es sich allerdings stets um eine verbale Handlung; Täuschungen anderer Art können auch ohne Sprache vollzogen werden (zum Beispiel durch ein bejahendes Kopfnicken als Reaktion auf eine Frage, die wahrheitsgemäß mit einem Nein zu beantworten wäre). Diesen vielfältigen Erscheinungsformen der Täuschung trägt das Recht mit der Vermeidung des Lügenbegriffs Rechnung.

Die Feststellung, ob ein Aussagender möglicherweise lügt, wird im Recht vor dem Hintergrund der Glaubwürdigkeits- und Glaubhaftigkeitsbeurteilung vollzogen. Die beiden Termini werden dabei theoretisch zwar getrennt; dieser Trennung wird in der Praxis jedoch nur inkonsequent gefolgt. Der BGH unterscheidet – wie auch die bereits dargestellte aussagepsychologische Forschungsliteratur – zwischen der „Glaubhaftigkeit der Aussage", die sich auf die konkrete Sachdarstellung in einer spezifischen Aussage bezieht, und der „Glaubwürdigkeit des Zeugen" als Persönlichkeitsmerkmal (Prechtel 2017: 381, 383): „Es können zwar beide Gegebenheiten zusammenfallen, es kann aber auch ein Zeuge glaubwürdig sein, seine Aussage dennoch nicht glaubhaft und umgekehrt" (Prechtel 2017: 382). In der gerichtlichen Beweiswürdigung ist die Glaubhaftigkeit insgesamt über die Glaubwürdigkeit zu stellen:

8 Definiert man Glaubhaftigkeit nach Köhnken (1990) mithilfe des Intentionalitätskriteriums (siehe auch 3.1), so kann eine aufgrund eines Irrtums falsch aussagende Person trotzdem als glaubwürdig gelten; eine lügende Person allerdings nicht.

> Die gerichtliche Beweiswürdigung *fokussiert die Beurteilung einer konkreten Aussage* als wahr oder unwahr (Glaubhaftigkeit oder auch spezielle Glaubwürdigkeit). Dabei geht es nicht um die Beurteilung der Glaubwürdigkeit des Zeugen oder Beschuldigten im Sinne einer dauerhaften personalen Eigenschaft (die auch als allgemeine Glaubwürdigkeit bezeichnet wird), da man sicher nie auf jemanden treffen wird, der immer die Wahrheit sagt, und ebenso selten jemanden vorfindet, der ständig lügt. *Der Glaubwürdigkeit als Teil der persönlichen Zuverlässigkeit der aussagenden Person kommt daher nur die Bedeutung einer Hilfstatsache für die Glaubhaftigkeit der Aussage zu* [...]. Mit der Glaubhaftigkeit ist nicht die Persönlichkeitseigenschaft eines Zeugen gemeint, sondern die im Rahmen der psychologischen Glaubhaftigkeitsanalyse vorgenommene Beurteilung der Erlebnisgestütztheit einer Aussage in der Wirklichkeit. (Scheider/Frister/Olzen 2010: 320 mit Hinweis auf Eisenberg 2002: 468, Rn. 1426)

Dies gilt nicht nur für die gerichtliche Beweiswürdigung, sondern auch die Ausbildungsliteratur der Polizei zur Vernehmungstechnik und Vernehmungsauswertung weist darauf hin: „Die Persönlichkeit der Auskunftsperson ist nur sehr beschränkt zu berücksichtigen“ (Wendler et al. 2021: Rn. 106).

Auch wenn das Konstrukt der Glaubwürdigkeit zur Entscheidungsfindung nur unterstützend herangezogen werden soll, wird der persönliche Eindruck (nicht zwingend jedoch im polizeilichen Vorgang, siehe dazu Kapitel 5.1 zur Vernehmung auf dem Schriftwege) vor Gericht berücksichtigt. Zwar geht man in der heutigen Prozessentscheidung nicht mehr davon aus, „dass Gastwirte, Kaffeehausbesitzer, Droschkenkutscher gewohnheitsmäßig eine Neigung zur Lüge haben und Prostituierte noch stärker als Berufsverbrecher zum Lügen geneigt sind“ (Prechtel 2017: 386); dennoch spielt der sogenannte ‚Leumund‘ nach wie vor eine gewichtige Rolle in der richterlichen Eindrucksbildung. Die gerichtliche Berücksichtigung von Faktoren außerhalb einer Einzelaussage zeigt sich u.a. darin, dass ein Zeuge zur Aussage vor Gericht grundsätzlich persönlich zu erscheinen hat. Das Einreichen schriftlicher Aussagen als Alternative zur persönlichen Aussage ist, sobald sich ein Gericht eines Falles annimmt, grundsätzlich nicht zulässig: „Man muss persönlich vor Gericht erscheinen, damit die Richterin oder der Richter sich selbst ein Bild von den Zeugen und ihren Aussagen machen kann. Dies gilt auch, wenn man bereits eine Aussage gemacht hat (z.B. bei der Polizei) oder meint gar nichts zu dem Vorfall sagen zu können.“[9] Obwohl dies die Notwendigkeit der persönlichen Eindrucksbildung im Sinne einer aussagenunabhängigen Wahrheitsliebe bescheinigt, werden Zeugen vor nicht zwingend sachrelevanten Fragen geschützt. So sind Fragen nach Vorstrafen etwa, von denen man naheliegenderweise durchaus meinen könnte, dass sie Aufschluss über rechtlich relevante Persönlichkeitsmerkmale geben könnten, nur bedingt zulässig: „Der Zeuge soll nach Vorstrafen nur gefragt werden,

9 Landgericht Münster: https://www.lg-muenster.nrw.de/infos/Zeugen/index.php, letzter Zugriff 01.05.2024.

wenn ihre Feststellung notwendig ist, über das Vorliegen der Voraussetzungen des §60 Nr. 2 zu entscheiden oder um seine Glaubwürdigkeit zu beurteilen" (§ 68a StPO zur Beschränkung des Fragerechts aus Gründen des Persönlichkeitsschutzes). Aus dieser Einzelnorm geht die Schwierigkeit im Umgang mit der allgemeinen Glaubwürdigkeit hervor: Eine Vorstrafe scheint *unter Umständen* Aufschluss über die Glaubwürdigkeit eines Zeugen geben zu können. Ob Vorstrafen zur Glaubwürdigkeitsbeurteilung herangezogen werden, liegt letztlich also im persönlichen Ermessen des Befragenden. Eine intersubjektiv deckungsgleiche Glaubwürdigkeitsbeurteilung kann damit nicht gewährleistet werden. Zwar geht der BGH davon aus, „dass Berufsrichter über diejenige Sachkunde bei der Anwendung aussagepsychologischer Glaubwürdigkeitskriterien verfügen, die für die Beurteilung von Aussagen auch bei schwieriger Beweislage erforderlich ist" (BGH, Urt. v. 18.8.2009 – 1 StR 155/09; OLG Saarbrücken, Urt. v. 13.7.2011 – 1 U 32/08 -9, 1 U 32/08); psychologische Studien wiederum liefern Gegenbeweise für diese vermeintliche Gabe u.a. in einer „informal survey about judges' beliefs about credibility assessment" (Porter/Brinke 2009: 123f.). Das Ergebnis dieser Umfrage offenbart höchst unterschiedliche Beurteilungskriterien der Richter; sechs von sechzehn Richtern gaben beispielweise an, dass lügende Zeugen mehr Details als wahraussagende Zeugen schildern. Das stellt insofern einen Gegensatz zur Forschungsliteratur dar, als Detailreichtum in den meisten Kriterienkatalogen als Indiz für eine wahrhafte Aussage gedeutet wird (siehe ‚Realkennzeichen' in Kapitel 3.2.3). Daneben merkten knapp die Hälfte (sieben) der befragten Richter an, dass die Enttarnung einer erlogenen Aussage auf schriftlicher Basis (beispielsweise in Form eines Aussagetranskripts) schwieriger sei als bei einer persönlich vorgetragenen Aussage. Dies ist als starkes Indiz dafür zu deuten, dass die Glaubwürdigkeit vor Gericht doch stärker zur Meinungsbildung herangezogen wird als es die Forschungsliteratur vorgibt.

Auch in der rechtswissenschaftlichen Forschung ist man sich dieses Problems bewusst. Dies demonstriert u.a. Günter Prechtel (2017), Vorsitzender Richter einer Berufungs- und erstinstanzlichen Zivilkammer am Landgericht München I, mit seiner Rezeption der verschiedenen Einflüsse auf die Glaubwürdigkeitsattribution. Auch in der rechtswissenschaftlichen Literatur werden die Beurteilenden durchaus für mögliche Einflüsse und stereotyp-basierte Meinungsbildungen sensibilisiert. Wendler/Hoffmann (2015: Rn. 102) zufolge sei es „blauäugig" anzunehmen, dass die Persönlichkeit eines Aussagenden nicht in die Überzeugungsbildung miteinfließe. Unter weitere mögliche Einflussfaktoren werden, neben der Persönlichkeit, Sympathie, Attraktivität, ein fremdländisches Erscheinungsbild sowie die Emotionalität des Zeugen gefasst (Prechtel 2017: 393).

Abgesehen von diesen unter Umständen eindrucksverzerrenden Einflüssen auf die Glaubwürdigkeitsfeststellung, stützen Gerichte sich in ihrer Begutachtung u.a. auf vermeintliche Realkennzeichen (sprachlicher und nicht-sprachlicher Art). Obwohl die Aussagekraft der Realkennzeichen besonders in Anbetracht interindividueller Unterschiede nicht als gesichert gelten kann, ist ihre Erwägung rechtens:

> Der BGH hat es ausdrücklich als zulässig erachtet, dass solche, vom Willen nicht steuerbare Ausdrucksvorgänge, die man ohne technische Hilfsmittel wahrnehmen kann, wie z.B. starke Schweißbildung, Erröten, Sprechstörungen oder andere Orientierungs-, Anstrengungs- und Verlegenheitsreaktionen vom Gericht verwertet werden dürfen sogar jenseits der protokollierten Bekundungen. (Prechtel 2017: 389, BGH, Urt. v. 17.12.1998 – 1 StR 156/98, 1 StR 258/98)

Ansätze zur Erklärung, warum sich das Lügen in „nicht steuerbare[n] Ausdrucksvorgängen“ niederschlagen kann, sowie weitere Kriterien, die nebst Sprechstörungen, als Indikatoren erlogenen Aussagens herangezogen werden, finden sich in den im nachfolgenden Kapitel vorzustellenden aussagepsychologischen Kriterienkatalogen zu den Realkennzeichen der Glaubhaftigkeitsfeststellung.

### 3.2.3 Glaubhaftigkeitsfeststellung: Realkennzeichen

Sogenannte Realkennzeichen (Köhnken/Steller 1989; siehe auch Fobbe 2011: 130, 195) oder auch Verhaltenskorrelate der Glaubhaftigkeit dienen der Identifikation intentional falscher bzw. erlogener Aussagen. Aus diesen, zu einem Großteil aber nicht ausschließlich, sprachlichen Merkmalen der Schilderungsweise und des Aussageinhalts werden Rückschlüsse auf die Glaubhaftigkeit im Sinne des tatsächlichen Wahrheitsgehaltes einer konkreten Aussage gezogen.[10] Auch wenn die vorliegende Arbeit Zuschreibungsprozesse und nicht die tatsächliche Entdeckung von Lügen fokussiert, sind auch die Realkennzeichen zu berücksichtigen: Die Kenntnis der Realkennzeichen ermöglicht Rückschlüsse darauf, ob eine Aussage mithilfe der Realkennzeichen zutreffend als unglaubhaft eingestuft wird oder stereotypisierende Attributionskriterien die Einschätzung beeinflussen. Daneben entsprechen die wissenschaftlich fundierten, in der Aussagepsychologie angewandten Realkennzeichen, wie im Folgenden aufgezeigt werden wird, teilweise auch den von Laien herangezogenen Attributionskriterien, von denen das diagnostische Potential zur Lügenentdeckung angenommen wird.

---

10 Zur Feststellung der Glaubwürdigkeit einer Person als grundlegende Eigenschaft und unabhängig von einer einzelnen Aussage werden u.a. personale Eigenschaften wie beispielsweise die psychische Stabilität oder Labilität herangezogen. Kriterien dieser Art können sind außersprachlicher Natur und können in dieser Darstellung daher vernachlässigt werden.

Die Grundannahme bei den Bemühungen, Glaubhaftigkeit durch Sprache identifizieren zu können, ist, dass Lügen sich in rezipierbaren Verhaltenskorrelaten u.a. in Form von spezifischem verbalem Verhalten widerspiegeln. Mögliche Erklärungen dafür liefern die *Stress- und die Kognitionshypothese*. Erstere geht davon aus, dass sich Entdeckungsängste Aussagender, die intentional Unwahres schildern, in physiologischen Reaktionen zeigen und diese Stressadaption u.a. auch zu Veränderungen vokaler Charakteristika, wie exemplarisch der Stimmhöhe, führen kann. Der Kognitionshypothese zufolge bedeutet die Konzeption und Produktion eines nicht erlebten Sachverhaltes kognitiv eine höhere Belastung als die bloße reproduzierende Wiedergabe; es komme zu einem *cognitive load*, der aufgrund der hohen Belastung z.B. die Eloquenz eines Aussagenden beeinträchtige (siehe auch Frumkin 2007, Arciuli et al. 2010).

Je nach Art der für die Lügenanalyse herangezogenen Merkmale lassen sich die ‚Lügenindizien' traditionellerweise in zwei Kategorien unterteilen: Die *inhaltsorientierte Glaubhaftigkeitsbeurteilung* zieht die inhaltliche Beschaffenheit von Aussagen heran, und prüft beispielsweise, ob die Schilderung delikttypische Merkmale enthält. Die *verhaltensorientierte Glaubhaftigkeitsbeurteilung* geht davon aus, dass sich mit dem Lügen einhergehende kognitive Prozesse in rezipierbaren Verhaltenskorrelaten offenbaren. Die Trennung der beiden Ansätze ist eher theoretischer Natur und dient einer Definition von Realkennzeichen – in praktischen Analyseversuchen werden inhalts- und verhaltensorientierte Merkmale meist gemeinsam angewandt. Dies zeigen auch die im Folgenden vorgestellten Kriterienkataloge.

Der breit rezipierte psychologische Katalog der Glaubwürdigkeitskriterien nach Arntzen (1970: 43) soll im Folgenden als Beispiel und einführende Grundlage in die Problematisierung der Realkennzeichen dienen. In vier Kategorien – Verlauf der Aussagenentwicklung, Aussageinhalt, Aussageweise und externe Faktoren – unterteilt, hält Arntzen die folgenden Kriterien fest.

- Glaubwürdigkeitskriterien, die sich aus dem Verlauf der Aussageentwicklung ergeben:
- Konstanz der Aussage über mehrere, zeitlich auseinanderliegende Befragungen
- Art und Entstehungsweise späterer Ergänzungen
- Glaubwürdigkeitskriterien, die sich aus dem Aussageinhalt ergeben:
- Detaillierungsgrad und inhaltliche Besonderheiten – u.a. vom Zeugen wiedergegebene: Gespräche, eigenseelische Vorgänge, Phänomenmäßiges und Nichtverstandenes, vielgestaltige Verflechtungen mit äußeren Umständen, Komplikationen, Reaktionsketten, inhaltliche Verschachtelungen, ausgefallene Einzelheiten

– delikttypische Inhalte
– Glaubwürdigkeitskriterien, die sich aus der Aussageweise ergeben:
– nacherlebende Gefühlsbeteiligung
– Inkonsistenz
– ungesteuerte Aussageweise
– Kriterien aus dem „engeren Umfeld“ der Aussage:
– erschließbare Motivationen

Aus der Formulierung einiger Kriterien wird eine grundlegende Schwachstelle des Kriterienkatalogs nach Arntzen (stellvertretend für die zahlreichen ähnlichen Kriterienkataloge, ausführliche Zusammenfassung und Gegenüberstellung bei Köhnken 1982) ersichtlich: Während ein Kriterium wie die Gesprächswiedergabe problemlos als vorhanden oder nicht-vorhanden zu bestimmen ist, leiden andere sehr unspezifisch formulierte Kriterien, wie besonders die Aussageweise, unter einer mangelnden Operationalisierung. Ob eine Schilderung als ungesteuert zu bewerten ist, würde wahrscheinlich eine jede vernehmende Person unterschiedlich bewerten. Damit ist „zu befürchten, daß die von Arntzen zusammengestellten Glaubwürdigkeitskriterien [...] nur eine unzureichende Inter-Rater-Reliabilität erreichen“ (Köhnken 1982: 33).

Ferner ist für die linguistische Rezeption eines solchen psychologischen Kriterienkataloges festzuhalten, dass nicht alle Kriterien linguistisch behandelt werden können – um zu entscheiden, ob die Inhalte delikttypisch oder -untypisch sind, bietet die Linguistik nicht das geeignete Instrumentarium. Sprachbasierte Kriterien des Kataloges wie etwa die „ausgefallenen Einzelheiten“ könnten wiederum stark von linguistischen Operationalisierungen profitieren. Exemplarisch könnte das Kriterium der ‚Ausgefallenheit‘ vor dem Hintergrund der Prototypensemantik-Theorie[11] analysiert werden. Damit wäre der mangelnden empirischen Greifbarkeit Abhilfe getan. Je weiter also eine Entität von einem Prototyp entfernt ist, desto stärker würde ihre Nennung für die Glaubhaftigkeit eines Zeugen sprechen. Eine Aussage, in der ein Zeuge behauptet, einen bronzefarbenen Wagen gesehen zu haben, wäre dementsprechend glaubhafter als ein Zeuge, der von einen ‚prototypischen‘ schwarzen Fahrzeug berichtet; bzw. könnte das Benennen der nicht prototypischen Farbe ‚Bronze‘ zumindest ein Indiz für eine glaubhafte Schilderung sein.

---

11 Die Theorie der Prototypensemantik besagt, dass Wörter und Konzepte in Form repräsentativer Prototypen organisiert sind. Ein Prototyp ist ein typischer Vertreter einer Kategorie; beispielsweise ist der Apfel für die Kategorie ‚Obst‘ prototypischer als die Olive (weiterführend zur Prototypen-Theorie Mangasser-Wahl 2019).

Als vergleichsweise differenzierter operationalisiert als Arntzens Zusammenstellung erweist sich der Kriterienkatalog nach Undeutsch (1967). Aus linguistischer Perspektive sind vor allem zwei seiner Kriterien interessant: die Ausdruckserscheinung (im Sinne einer Sprechweise) und die Sprachverwendung. Das diagnostische Potential der Ausdruckserscheinungen definiert Undeutsch wie folgt:

> Bei wahrheitsgemäßen Aussagen pflegt die Sprechweise freier, ungezwungener, schwingender und modulationsreicher zu sein. Die Stimme ist kräftiger und frischer, der Atem fließend. Bei unwahrer Aussage ist die Stimme gepreßt, sind Tonhöhe und Lautstärke gleichmäßiger, im Klang farblos und matt oder aber künstlich übersteigert. Bei verhaltener oder stoßweise verlaufender Atemführung findet sich einerseits leise wie andererseits übertrieben lautstarke Sprechweise. (Undeutsch 1967: 118)

Die Analyse des Kriteriums ‚Sprachverwendung' soll Undeutsch zufolge daneben offenbaren, „ob die Aussage in Darstellungsform und Wortgebrauch dem Alter, dem Intelligenzniveau und dem Bildungsstand der aussagenden Person entspricht" (Undeutsch 1967: 118).

Mit dieser Operationalisierung bereitet Undeutsch dem Potential u.a. lexikalischer Analysen den Weg – da allerdings nicht weiter ausgeführt wird, was unter einem angemessenen Wortgebrauch zu verstehen ist, handelt es sich letztlich um eine Pseudo-Operationalisierung, die der subjektiven Einschätzung des Beurteilenden noch immer (zu) viel Raum lässt. Obwohl dadurch nur eine sehr eingeschränkte linguistische Verwertung der psychologischen Kriterienkataloge möglich ist, werden sie in linguistischen Arbeiten als Grundlagenforschung rezipiert (Reinmuth 2006, Fobbe 2011).

Vor dem Hintergrund der dargestellten Problematik bemühen sich später erschienene Kriterienkataloge um empirische Konkretisierung ihrer Analysekriterien. Ein Beispiel, das extralinguistische bzw. prosodische Merkmale vernachlässigt und sich aufgrund dessen besonders zur Analyse schriftlicher Korpora eignet, ist die *Scientific Content Analysis* nach Sapir (2005). Sapir identifiziert insgesamt 13 Indizien zum Erkennen erlogener Aussagen im Ermittlungsprozess (Zusammenfassung der Kriterien und Beispiele in Anlehnung an Kang/Lee 2014: 2–5).

**Tab. 2:** Linguistische Lügenindikatoren nach der Scientific Content Analysis (Sapir 2005)

| Kriterium | Erklärung |
|---|---|
| 1. Change in language | Auffälliger Wechsel im verwendeten Vokabular im Sinne von Inkonsistenzen oder Distanzierungen in der Benennung (bspw. wird die eigene Ehefrau im Verlauf der Aussage als ‚diese Frau' bezeichnet) |
| 2. Placing of emotions within the statement | Keine Kommunikation von vorfallsbedingt erwartbaren Emotionen |
| 3. Improper use of pronouns | Vermeidung ich-bezogener Pronomina zur Distanzierung von der eigenen Schilderung |
| 4. Lack of conviction | Abschwächung der Aussage durch Hedges (z.B. „kind of", siehe Kang/Lee 2014: 3) |
| 5. No denial of allegations | Keine oder ausweichende Reaktion auf Anschuldigungen |
| 6. Out of sequence information | Abweichungen von der logischen und chronologischen Progression eines Ereignisses |
| 7. Social introduction | mangelnde Einführung involvierter Personen, vage Pronomenverwendung ohne Antezedens |
| 8. Spontaneous corrections | Beispielsweise durchgestrichene Passagen, Einfügungen als Indikator des Lügens |
| 9. Structure of the statement | Ausgewogenheit von Einleitung (20%) Hauptteil (50%) und Schluss (30%); kurzer Hauptteil als Vermeidungsstrategie und Hinweis des Verbergens |
| 10. Tense change | Faktisch unbegründete Wechsel zwischen Präsens und Vergangenheitszeiten |
| 11. Time | Schreiben von weniger als drei Zeilen pro Stunde erzählter Zeit als Indiz für eine falsche Schilderung |
| 12.Unimportant information becomes important | Thematisierung von für die Ermittlungen irrelevanter Informationen |
| 13. Unnecessary connections/ missing information | Logisch falsche oder unangebrachte Kohäsionsmittel |

Vor allem das Kriterium der spontanen Korrekturen zeigt, dass die Gültigkeit der SCAN-Kriterien durchaus bestritten werden kann – Selbstkorrekturen sind nach Szewczyk (1973) als Hinweise auf glaubhaftes Schildern zu werten. So könnten auch die Komplikationen auf Ebene der Kohäsionsherstellung ggf. einer mangelnden Schreibkompetenz geschuldet sein und nicht dem kognitiven Aufwand durch das Lügen. Trotz dieser Einwände scheint SCAN ein geeignetes Analyseinstrument zur Lügenerkennung zu sein, denn Kang/Lee (2014) bescheinigen dem Kriterienkatalog in einer Anwendung auf schriftliche Aussage eine hohe Trefferquote von 81,6%. Dieser Wert liegt mehr als 20% über der ‚intuitiven' Urteilsgüte von Personen.[12] Ihr koreanisches Korpus wirft daneben weiterführende Fragen zur cross-linguistischen Anwendbarkeit von SCAN auf. Das Kriterium der Pronomenverwendung ist auf die Pro-Drop-Sprache Koreanisch nicht anwendbar (vgl. Kang/Lee 2014: 8).

Eine besonders ausführliche Sammlung möglicher sprachlicher Hinweise auf Glaubhaftigkeit legt Burgoon (2018) in ‚*Predicting Veracity From Linguistic Indicators*' vor. Der Ansatz Burgoons sticht aus der Vielzahl der Kriterienkataloge insofern heraus, als jeder einzelne Indikator quantitativ, lexikalisch oder grammatikalisch messbar operationalisiert wird. Anders als beispielsweise bei Arntzen werden ausschließlich linguistische Kriterien herangezogen, die sowohl auf mündliche als auch auf schriftliche Aussagen angewendet werden können. Burgoon stellt insgesamt neun verschiedene Klassen zur Diskriminierung von wahren und lügnerischen Aussagen vor, die eine Trefferquote zwischen 76% und 78% erreichen.

**12** Untersuchungen zur Urteilsgüte von Personen berichten zwar von statistisch signifikanten Werten in der Unterscheidung von Lüge und Wahrheit, die Werte liegen allerdings nur marginal über einer Zufallserwartung (Köhnken 1990: 58).

**Tab. 3:** Linguistische Lügenindikatoren nach Burgoon (2018: 606f.)

| **Linguistic class** | **Definition** | **Operational indicators** |
|---|---|---|
| Quantity | Refers to the length of an oral or written utterance, expressed at the lowest level in terms of morphemes and at the highest levels in terms of entire utterances or turns at talk | *Words* (units of spoken or written language, consisting of one or more morphemes and their affixes, that function as a principal carrier of meaning)<br>*Verbs* (words that are typically the grammatical center of a predicate and express an act, occurrence, or mode of being)<br>*Sentences* (collection of spoken or written words that consist of a subject and predicate and express a complete statement, question, exclamation, or command |
| Specificity | Refers to the degree of precision and contextual amount of detail in an utterance | *Specificity index* (combination of determiners, cardinal numbers, subordinating conjunctions, and prepositions)<br>*Spatiotemporal terms (*references to locations of people and objects, when an event happened, or sequence of events)<br>*Sensory terms ratio* (references to sensorial experiences such as sounds, smells, physical sensations, and visual details)<br>*Modifiers* (adjectives and adverbs that describe words or make the meaning of the words more specific) |
| Complexity | The degree to which a lexical item has few or many syllables (lexical complexity) or a sentence has few or many phrases and clauses (syntactic complexity) | *Average word length* (bigger words with six or more characters)<br>*Polysyllabic words* (words with three or more syllables)<br>*Average sentence length* (number of words per sentence)<br>*Pausality* (amount of punctuation, indicative of number of phrases and clauses present) |

| **Linguistic class** | **Definition** | **Operational indicators** |
|---|---|---|
| Diversity | Degree to which a segment of text uses many unique words and phrases relative to the total number of words or phrases in it | *Lexical diversity* (total number of different words divided by total number of words, i.e., percentage of unique words out of all words in a segment of speech; also known as type-token ratio)<br>*Content word diversity* (same as type-token ratio but with function words omitted)<br>*Redundancy* (repetition of same words or phrases) |
| Hedging/uncertainity | Degree to which words, phrases, and constructions are noncommittal or introduce ambiguity, abstruseness, or vagueness in a statement, or conversely, are concrete and definitive | *Hedging words* (verbs, adjectives, and adverbs that are semantically uncertain (e.g., „approximately“, „variable“, „maybe, „I guess“)<br>*Indefinite pronouns* (e.g., „it“)<br>*Demonstratives* (e.g., „this or that one“) that point to ambiguous referents<br>*Weak modal verbs* vs. strong modalverbs (e.g. „might“ vs. „must“)<br>*Strong modal verbs* (terms that convey confidence in one's utterance, e.g., „must, „will“) |
| Linguistic class | Definition | Operational indicators |
| Immediacy | Language that creates psychological closeness or distance | *Active voice* (sentence in which the subject performs the action stated by the verb) versus *passive voice* (when subject is being acted on by the verb)<br>*Present tense* versus *future or past tense verbs*<br>*Temporal immediacy* (dictionaries of terms referring to here and now or noncurrent time)<br>*Spatial immediacy* (dictionaries of terms referring to close or distant locales) |

| Linguistic class | Definition | Operational indicators |
|---|---|---|
| Personalism | Language that signals ownership by the speaker and personalizes an utterance by increasing the specificity of reference to self and others or depersonalizes it | *Self-references* (first-person singular pronouns that refer to the speaker, e.g., „I", „me", „my")<br>*First-person plural pronouns* (pronouns that refer to multiple people including the speaker, e.g., „we", „us")<br>*Second-person pronouns* (pronouns that refer to single or multiple addressees (e.g., „you", „your")<br>*Third-person pronouns* (pronouns referencing persons other than the addressee, e.g., „he", „she" "they") |
| Affect | Language that conveys specific emotional states or general hedonic tone | *Affect terms* (dictionary-based terms expressing emotions, mood, and feeling states)<br>*Pleasantness* (prescaled positive and negative terms from Whissell dictionary) |
| Vividness/dominance | Degree to which language is assertive, animated and powerful or weak, passive, submissive, and powerless | *Expressivity* (a measure of vividness, quantified as the relationship of number of adjectives; number of adverbs divided by number of nouns + number of verbs)<br>*Activation* (prescaled terms from the Whissell dictionary) |

Einige der Kriterien nach Burgoon wurden – zumindest in ähnlicher Form – bereits mit dem Kriterienkatalog Sapirs eingeführt, darunter die Rolle sowie quantitativer Betrachtungen, sowie von *Hedging/uncertainty, immediacy* und *personalism.* Anders als Sapir analysiert Burgoon unter quantitativen Gesichtspunkten allerdings nicht die Relation der Textteile zueinander. Die Messung *quantitativer Aspekte* kann sich, wie aus der Tabelle hervorgeht, auf alle zählbaren Einheiten von Sprache beziehen, darunter u.a. die Anzahl der Silben, die Gesamtwortzahl oder die Länge der Sprechzeit. Ob Länge für glaubhaftes oder unglaubhaftes Aussagen spricht, ist allerdings stark umstritten – einige Studien (z.B. Brinke/Porter 2012) gehen von tendenziell kürzeren Aussagen von Lügnern aus, andere (Burgoon et al. 2015) stellen eine Zunahme der Äußerungslänge fest. Burgoon (2018: 608) weist daher auf die notwendige Berücksichtigung der kommunikativen Umstände hin. Ferner bringen alle quantitativen Kriterien das Problem genereller interindividueller Unterschiede mit sich – die habituelle Antwortlänge etwa unterscheidet sich von Person zu Person. Um also aussagekräftige Abweichungen von der gewöhnlichen Sprechzeit einer Person identifizieren zu können, müssten intraindividuelle Schwankungen ermittelt werden; es können keine interindividuell gültigen Werte für auffällig hohe oder auffällig kurze Antwortlängen benannt werden.

Für die Verwendung von *Hedges* verweist Burgoon zunächst auf die vielfältigen möglichen Ausprägungsformen wie Modalverben oder Adverbien (2018: 609f.). Der Begriff *Hedging* (zu Deutsch: Heckenausdrücke) bezeichnet sprachliche Abschwächungs- und Distanzierungsstrategien. In vielen Studien (neben Burgoon und Sapir z.B. auch Duran et al. 2010) werden sie als Signal des Lügens aufgefasst: „Deceivers may use such language to evade detection by signalising indecision or lack of commitment to what they are saying and by failing to give definitive, verifiable responses“ (Burgoon 2018: 609). Eine solche Hypothese mag insofern überraschen, als das Eingestehen von Unsicherheiten (etwa im Falle von Erinnerungslücken) in anderen Kriterienkatalogen als Merkmal ehrlicher Aussagen gedeutet wird (vgl. Steller et al. 1992).

Daneben haben auch die von Burgoon und Sapir benannten Personalpronomen in der Glaubhaftigkeitsfeststellung insgesamt viel Aufmerksamkeit erfahren. Es wird angenommen, dass Lügner impersonale Strategien (z.B. durch Passiv) verwenden und Personalpronomen vermeiden, um sich von den Inhalten zu dissoziieren. Die Vermeidung von Personalpronomen ist einer der wenigen Lügenindikatoren, über den Konsens zu bestehen scheint (z.B. Picornell 2013a).

Ferner beschreibt Burgoon drei Kategorien, deren Analyse vornehmlich auf Ebene der Lexik vorgenommen wird: *diversity, affect* und *vividness/dominance.*

Die *Diversität* wird üblicherweise als *type-token-ratio, auch Diversifikationsquotient genannt,* berechnet (Anzahl der *types* geteilt durch die Anzahl der *token*). Eine bezüglich des Wortschatzes variationslose Sprache kann als Indiz des Lügens gewertet werden:

> As with complexity, repetitive language may be indicative of deception diminishing the mental resources needed to access more advanced vocabulary and to construct more complex sentence structure, leading a communicator to default to overlearned and frequently used language choices. (Burgoon 2018: 609)

Forschungsergebnisse, die den Zusammenhang von *affektreicher Sprache* und Lügen beschreiben, sind uneinheitlich. Ob sich in erlogenen Äußerungen mehr emotional positiv oder emotional negativ gefärbte Vokabeln finden, ist umstritten (vgl. Burgoon 2018: 611). Hauch et al. (2015) unterscheiden daher nicht zwischen positiven und negativen Emotionen und gehen für Lügen von einer allgemeinen Zunahme eines emotionalen Vokabulars aus.

Nicht nur (emotionale) Konnotationen, sondern auch Wortarten sollen letztlich Aufschluss über den Wahrheitsgehalt einer Aussage geben: Unter der Kategorie *vividness/dominance* fasst Burgoon die explizite Berechnung sprachlicher Expressivität als Quotient der Wortarten (Summe von Adjektiven und Adverbien geteilt durch die Summe von Nomen und Verben). Ergänzend dazu merkt Burgoon (2018: 611) an, dass der Anspruch eines ‚Lügners' an seine Darstellung variieren kann:

> Deceivers attempting to 'fly under the radar' might be expected to use nondominant language, whereas those attempting to be forceful and persuasive might instead adopt more vivid and dominant language.

Durch die mehrfach erwähnte Variabilität handelt es sich bei der Feststellung von Glaubhaftigkeit durch Sprache um ein hochkomplexes Unterfangen. Die gesendeten Indikatoren, die zur Analyse herangezogen werden, können je nach Kommunikationsmedium (Picornell 2013 b), je nach persönlicher Sprachkompetenz (Da Silva/Leach 2013) und je nach Motivation (Hancock et al. 2008) variieren.

## 3.3 Glaubwürdigkeitsattribution: Einflüsse auf die Zuschreibung von Glaubwürdigkeit

Der Begriff der Glaubwürdigkeitsattribution benennt „ein[en] Prozess der Eindrucksbildung, bei dem eine subjektive Zuschreibung von Glaubwürdigkeit der Aussage eines Senders durch einen Empfänger erfolgt, welche nicht auf einer systematischen Verhaltensanalyse beruht" (Niehaus 2008: 497, in Anlehnung an Köhnken 1990). Hierbei können auch Informationen herangezogen werden, die aus wissenschaftlicher Perspektive keinerlei Aussage über die tatsächliche Glaubwürdigkeit geben, und es kann zu Fehlzuschreibungen kommen.

Unter mögliche Informationsquellen, von denen Rezipienten *annehmen*, Aufschluss über die Glaubwürdigkeit eines Kommunikators erhalten zu können, fallen etwa die verbale Darstellung, das non- und paraverbale Verhalten, Kontextinformationen, Vorinformationen zu einer Person und ihr Erscheinungsbild (Köhnken 1990). Je nach Kommunikationsform sind mehr oder weniger bzw. unterschiedliche dieser potenziellen Informationsquellen vorhanden: Bei der *mündlichen* Aussage bei der Polizei oder vor Gericht werden sowohl Eindrücke von der Aussage als auch von der aussagenden Person vom Vernehmenden rezipiert. Es handelt sich um einen komplexen Interaktionsprozess, in dem die Glaubwürdigkeit als Summe verschiedenster Eindrücke ‚ausgehandelt' wird (siehe auch Niehaus 2008). Im Falle der *schriftlichen* Aussage, wie in der vorliegenden Studie, sind andere potenzielle Einflussfaktoren auf die Glaubwürdigkeitsattribution vorhanden wie beispielsweise die orthographische Korrektheit. Eindrücke wie das extralinguistische Verhalten (darunter z.B. die Prosodie) werden dem Medium entsprechend nicht übermittelt. Die schriftliche Aussage ist dennoch nicht gänzlich frei von paraverbalen Informationen – auch u.a. das Charakteristikum ‚Schriftbild' kann die Eindrucksbildung beeinflussen. Welche Charakteristika den Eindruck von Glaubwürdigkeit befördern oder schmälern können, ist Thema der nachfolgenden Darstellung.

### 3.3.1 Faktorielle Definition: Die Rolle von Kompetenz und Vertrauenswürdigkeit

In der quellenorientierten, auf Zuschreibungsprozesse fokussierten Glaubwürdigkeitsforschung wird Glaubwürdigkeit als *Summe von Kompetenz und Vertrauenswürdigkeit* definiert („credibility", „competency" und „trustworthiness" in der englischen Original-Terminologie nach Hovland et al.1953). Wie ein Kommunikator entlang dieser beiden Dimensionen eingestuft wird, beeinflusst wiederum, für wie glaubwürdig er gehalten wird: „An individuals tendency to accept a conclusion advocated by a given communicator will depend in part upon how well informed and intelligent he believes the communicator to be" (Hovland et al. 1953: 21). Kompetent und vertrauenswürdig wirkende Sprecher werden als glaubwürdig eingeschätzt. Insgesamt greift das Faktormodell damit die Komponenten auf, die schon Aristoteles als Bestandteile der Glaubwürdigkeit bzw. der Persuasion in der Rhetorik definiert hat; das sind neben den Beweisen zum Sachinhalt der Rede auch der wohlwollende, tugendhafte Charakter des Redners (vgl. Rapp 2002: 39 in einer Erläuterung der aristotelischen Rhetorik).

Die beiden Dimensionen Kompetenz und Vertrauenswürdigkeit sind wiederum selbst Summen verschiedener Subfaktoren. Unter die Vertrauenswürdigkeit fallen Eigenschaften wie Ehrlichkeit, unter die Kompetenz beispielsweise angenommene Intelligenz:

> Merkmale, die die Wahrnehmung und Zuschreibung von Kompetenz beeinflussen, sind vor allem Alter, Status und sozialer Hintergrund, Hinweise auf Qualifikationen wie formelle Titel, Erfahrungen, Leistungen, Intelligenz, das Innehaben von Führungspositionen und das Ausmaß an Wissen um ein bestimmtes Fachgebiet. Für die Zuschreibung von Vertrauenswürdigkeit sind Hinweise auf Ehrlichkeit, Aufrichtigkeit, Neutralität, Unparteilichkeit, Unabhängigkeit und Selbstlosigkeit einer Quelle, die Zuverlässigkeit, Beständigkeit, Seriosität, Widerspruchsfreiheit, aber auch der Kommunikationskontext entscheidende Einflussgrößen. (Eisend 2003: 105–106)

In dieser Struktur erinnert das Faktormodell stark an die auch für Spracheinstellungen im Allgemeinen als relevant identifizierten Evaluationsdimensionen ‚Status' und ‚Solidarität'; die Eigenschaft der Kompetenz ist dem Status zuzuordnen, Vertrauenswürdigkeit wiederum der Solidarität.

Das Faktormodell, das Vertrauenswürdigkeit und Kompetenz als Komponenten der Glaubwürdigkeit definiert, wird in der einschlägigen Forschung nicht (mehr) durchgängig vertreten; jüngere Ansätze differenzieren es u.a. weiter aus. Ein solcher dem Faktormodell ähnlicher, aber ausdifferenzierterer Ansatz, der Glaubwürdigkeit ebenfalls als Summe mehrerer Bewertungsmechanismen versteht, findet sich bei Reinmuth (2009: 31). Als vier essenzielle Glaubwürdigkeitsfaktoren benennt Reinmuth die Rezeptionsfreundlichkeit bzw. Verständlichkeit, die Kompetenz, die Objektivität und die Sympathie, die auch einem Text im Sinne einer Text-Attraktivität zugesprochen werden könne.

Andere Ansätze wiederum verkehren die begriffliche Hierarchie des Faktormodells und definieren Glaubwürdigkeit als Subkomponente von Vertrauenswürdigkeit. Ein solcher Ansatz findet sich in Schäfers Einführung in die linguistische Vertrauensforschung (2016), wo zunächst auf die Nähe der Begriffe hingewiesen wird:

> Der Begriff Vertrauen hängt engt [sic!] mit anderen Begriffen zusammen wie z.B. *Glaubwürdigkeit, Vertrautheit, Zuversicht, Zuverlässigkeit, Glaube, Treue* u.a. Diese Begriffe trennscharf voneinander abzugrenzen ist nicht einfach und wird in der Forschungsliteratur unterschiedlich gehandhabt. (Schäfer 2016: 68, Hervorhebungen im Original).

Als relevantes Abgrenzungskriterium zwischen Glaubwürdigkeit und Vertrauenswürdigkeit kann der zeitliche Bezug gelten. Während Vertrauen sich auf zukünftiges Handeln bezieht und aus auf vergangenem Verhalten basierenden Erfahrungen gebildet wird, bezieht sich Glaubwürdigkeit auf die Gegenwart (vgl.

Eisend 2003: 47, siehe auch Schäfer 2006: 76). Zur näheren Bestimmung des Begriffs ‚Vertrauen' werden vier vertrauensbegünstigende Faktoren vorgeschlagen; das sind die Kompetenz auf einem relevanten Gebiet, die Konsistenz der Inhalte und der Selbstdarstellung, das Interesse am Partner sowie die Koordination des eigenen Handelns mit dem des Partners (Schäfer 2016: 93).

Die Verkehrung der begrifflichen Hierarchie in diesem Ansatz setzt voraus, dass man Vertrauen von den (u.a. bei Eisend 2003) genannten Attributen Ehrlichkeit, Zuverlässigkeit und Neutralität loslöst, denn andernfalls wäre gemäß der Operationalisierung Schäfers Kompetenz etwa ein begünstigender Faktor für Ehrlichkeit. Eine nähere Begründung für die Abkehr von der faktoriellen Glaubwürdigkeitsdefinition geht aus den theoretischen Ausführungen Schäfers nicht hervor. Empirische Studien halten demgegenüber auch jüngst an der faktoriellen Definition fest und operationalisieren Glaubwürdigkeit u.a. in Fragebögen in mithilfe der Dimensionen Kompetenz und Vertrauenswürdigkeit (z.B. Thon/Jucks 2017). Ungeachtet der begrifflichen Hierarchie liefern Studien dieser Art empirische Belege für die Korrelation der Dimensionen Kompetenz, Vertrauenswürdigkeit und Glaubwürdigkeit.

### 3.3.2 Außersprachliche Einflüsse auf die Glaubwürdigkeitsattribution

Kombiniert man die Ergebnisse der Studien zu außersprachlichen Einflüssen vorab, so würde ein männlicher, nicht-lächelnder, attraktiver, dem Hörer ähnlicher Professor – der Theorie zufolge – als glaubwürdiger eingestuft werden als eine unattraktive nicht-lächelnde Frau ohne Expertenstatus – und das bei identischem Aussageinhalt. Mögliche Einflüsse auf die Glaubwürdigkeitsattribution, die die vorangegangene Gegenüberstellung demonstrieren soll, sind also die Faktoren *Ähnlichkeit, Attraktivität, Geschlecht, Verhalten* und *Kompetenz.*

Hovland et al. (1953: 22) gehen davon aus, dass *Ähnlichkeiten* zwischen einem Kommunikator und einem Rezipienten einen positiven Einfluss auf die Glaubwürdigkeitsattribution haben: „[A]n individual is likely to believe that persons with status, values, interests and needs similar to his own sees things as he does and judges them from this point of view." Die Einschätzungen von Ähnlichkeiten und Unterschieden geschieht im Rahmen sozialer Orientierung. Bewertende Rezipienten verwenden Informationen u.a. über Interessen und Werte des Kommunikators zu seiner Zuordnung in die sogenannte *In-* oder *Out-Group.* Personen, die der Eigengruppe angehören, werden dabei als glaubwürdiger empfunden als Mitglieder einer Fremdgruppe. Einen solchen Effekt belegen auch Mills/Jellison (1967). Am Beispiel von Musikern und Ingenieuren demonstrieren sie, dass ein kommunizierter Inhalt auf größere Zustimmung trifft, wenn Kommunikator und Rezipient wissen, dass sie derselben Fachrichtung angehören. Dementsprechend schenke ein Musiker beispielweise einem anderen Musiker mehr Glauben als einem Ingenieur (zur Begünstigung der Glaubwürdigkeitskeitsattribution durch Ähnlichkeit siehe auch Phua 2016). Simons et al. (1970) stehen dem Effekt von Ähnlichkeitsbeziehungen indessen skeptisch gegenüber. Ähnlichkeiten führten ihnen zufolge nicht in allen Konstellationen zwingend zu höheren Glaubwürdigkeitszuschreibung. Dies verdeutlichen sie an folgendem Beispiel: Spricht ein renommierter Ökonomie-Professor vor einem Laienpublikum über internationalen Handel, so wird diesem mehr Glauben entgegengebracht als einem Sprecher, der als Laie über dasselbe Thema vortragend betont, dem Publikum in seinem Unwissen über das Thema ähnlich zu sein. Der Einfluss der Ähnlichkeit wird in diesem Fall also vom Einfluss der attribuierten Kompetenz überzeichnet.

Der *Rolle der Kompetenz* scheint – wie strukturelle Definitionen nahelegen, die Kompetenz als einen Faktor der Glaubwürdigkeit beschreiben (vgl. Kapitel 3.3.1) – besonders groß. Tendenziell wirken sich alle Merkmale eines Kommunikators, die von Rezipienten als Hinweise auf seine Kompetenz verwertet werden können, begünstigend auf seine Glaubwürdigkeitseinschätzung aus (vgl. Nawratil 2006: 62). In diesem Zusammenhang wird Kompetenz auch unter dem Schlagwort des ‚Prestiges' diskutiert. Dem Prestige kommt ein gewichtiger Einfluss zu: „The extent of agreement is usually higher when the statements are attributed to high prestige sources" (Hovland/Weiss 1951: 635). Welche Eigenschaften exakt unter dem Prestige eines Sprechers zu verstehen sind, ist besonders in den anfänglichen Studien der quellenorientierten Glaubwürdigkeitsforschung ungenügend definiert (siehe auch Kapitel 2.2 & Nawratil 2006: 45ff. zum Prestige von Quellen[13]).

Weitere Einflussfaktoren, die nicht unmittelbar ersichtlich in Relation zu Kompetenz und Glaubwürdigkeit stehen, sind die Attraktivität und das Geschlecht eines

13 Prestige wird in der quellenorientierten Glaubwürdigkeitsforschung nicht nur als glaubwürdigkeitsfördernd bezeichnet, sondern grundlegender noch mit Persuasion und Überzeugungskraft in Zusammenhang gebracht: „Ausgangspunkt früher Forschungsüberlegungen war die Beobachtung, daß Personen Sachverhalte unterschiedlichster Art in Abhängigkeit davon bewerten, wie diese Sachverhalte von anderen Personen oder Personengruppen beurteilt werden. [...] Seit den 30er Jahren setzte man sich daher - nicht zuletzt im Rahmen der Erforschung der Wirkung von Propaganda – damit auseinander, daß manche Quellen mit ihren Aussagen eher in der Lage waren, Meinungsänderungen herbeizuführen als andere. Dieses Phänomen wurde unter dem Schlagwort ‚*Prestige*' diskutiert. In relativ einfachen experimentellen Versuchsanordnungen wurde nachgewiesen, daß sich die Akzeptanz einer Mitteilung verändert, je nachdem, ob diese Mitteilung von einer Person mit hohem oder niedrigem ‚Prestige' stammt." (Nawratil 2006: 45, Hervorhebung im Original)

Sprechers. Von einem direkten Einfluss *physischer Attraktivität* auf die attribuierte Glaubwürdigkeit gehen Rieke/Sillars (1975: 155) aus: „Physically attractive persons are more credible than less physically attractive ones.“ Während der insgesamt positive Einfluss physischer Attraktivität auf die Beurteilung einer Person und die Zuschreibung positiver Eigenschaften weitestgehend unumstritten ist, besteht Uneinigkeit über die Unmittelbarkeit bzw. Mittelbarkeit der Einflussnahme auf die Glaubwürdigkeitseinstufung. Positionen, die – im Gegensatz zur Rieke/Sillars – von einem lediglich mittelbaren Einfluss ausgehen, begründen den Effekt physischer Attraktivität mit einem erhöhten Sympathieempfinden, das attraktiven Kommunikatoren entgegengebracht werde (siehe Nawratil 2006: 74–76). Chaiken (1979) zufolge trage Attraktivität wiederum zu Kompetenzzuschreibungen bei, denn attraktiven Sprechern wird ein flüssiger Vortragsstil zugesprochen.

Den *Einfluss des Geschlechts* untersuchen Weibel et al. (2008) am Beispiel der Glaubwürdigkeit von Nachrichtensprechern. Dabei kommen sie zu einem sehr differenzierten Ergebnis: Nachrichten, die von weiblichen Nachrichtensprecherinnen vorgetragen werden, werden als glaubwürdiger bewertet als die von ihren männlichen Kollegen präsentierten Inhalte. Wurden die Probanden allerdings allgemeiner gebeten die Glaubwürdigkeit der berichterstattenden Person und nicht die der Nachricht zu bewerten, schnitten männliche Nachrichtensprecher besser ab. Von einer höheren Glaubwürdigkeitszuschreibung an Männer gehen auch Nagle et al. (2014) aus. Am Beispiel gerichtlicher Verhandlungen untersuchen sie sowohl die Rolle des Geschlechts als auch im Besonderen die Rolle des Lächelns als geschlechtsabhängiges Verhalten.[14] Kulturell und sozialisierungsbedingt würden Männer als zur Zeugenrolle passender empfunden. Tendenziell werden männliche Zeugen als vertrauenswürdiger eingestuft als weibliche Zeuginnen (Weibel et al. 2008: 204). Ferner können gesellschaftlich geprägte Vorstellungen über *geschlechtskonformes Verhalten* maßgeblichen Einfluss auf die Bewertung des Zeugenverhaltens haben (ebda.). Es konnte gezeigt werden, dass Lächeln von Frauen zur Erhöhung der Sympathiewerte führt, was wiederum eine Erhöhung der zugeschriebenen Glaubwürdigkeit begünstigen kann. Nicht-lächelnde weibliche Zeuginnen „who do not conform gender norm expectations“ (Weibel et al. 2008: 204) erhielten geringe Sympathiewerte auf der Ratingskala der Probanden[15]; für die Beurteilung von Männern wirkt sich das Lächeln gegenteilig dazu negativ und glaubwürdigkeitsschmälernd aus.

---

14 „As a product of gender role socialization, women tend to exhibit more smiling behaviors than men“ (Nagle et al. 2014: 196).

15 Die Beschreibung der Ratingprobanden (Weibel et al. 2008: 199) enthält keine Information über ihr Geschlecht.

Die Studie von Nagle et al. kann als repräsentativ für die Rolle sämtlicher Einflüsse auf die Glaubwürdigkeitsattribution gelten. Jeder Einflussfaktor steht immer in Wechselwirkung mit anderen Einflussfaktoren: Während Lächeln die Bewertung einer Zeugin positiv beeinflussen kann, führt Lächeln bei einem männlichen Zeugen zur Abnahme der Glaubwürdigkeit. Ähnlich verhält es sich mit der Ähnlichkeit und den anderen Einflussfaktoren. So kann eine In-Group-Zugehörigkeit etwa zur Glaubwürdigkeitszuschreibung führen, je nach Kontext und Thema kann jedoch auch eine Out-Group-Zugehörigkeit eine solche Einschätzung begünstigen (z.B. Expertenstatus). Die Wirkung der Einflussfaktoren wird nicht nur vom Kommunikator, sondern auch von den spezifischen Erfordernissen des jeweiligen Diskurses bestimmt – viele Kriterien der Glaubwürdigkeitsattribution sind damit höchst kontextabhängig.

### 3.3.3 Sprachliche Einflüsse auf die Glaubwürdigkeitsattribution

Neben dem Verhalten und dem Erscheinungsbild nehmen auch sprachliche Charakteristika Einfluss auf die Glaubwürdigkeitszuschreibung an einen Kommunikator. In kommunikativer Hinsicht als glaubwürdig zu erscheinen, kann als grundlegendes *Kommunikationsziel* gelten. In der Selbstdarstellungstheorie gilt das Bedürfnis, als glaubwürdig eingestuft zu werden, als einer der relevantesten Selbstdarstellungsansprüche (Deppermann 2005: 31f.). Aus dieser Perspektive kann Glaubwürdigkeitsattribution nicht nur als Zuschreibungsprozess, sondern auch als *Intention* verstanden werden.

Das Moment dieser Wirkungsintention spiegelt sich u.a. in der Zielsetzung der antiken Rhetorik wider: „Die Rhetorik stellt also das Vermögen dar, bei jedem Gegenstand das möglicherweise Glaubenerweckende zu erkennen. Denn dies ist die Funktion keiner anderen Theorie“ (Aristoteles 1980: 12). Vor diesem Hintergrund beschreibt Deppermann (2005: 33) die Rhetorik auch als u.a. „zweckrationale Persuasionstechnik“. Intentionen wie das Hervorrufen von Affekten, in der *argumentatio* im Sinne einer argumentativen Beweisführung sowie der *narratio* im Sinne einer veranschaulichenden Erzählung zur Evidenzverbürgung, sind dem Anspruch, als glaubwürdig zu gelten, untergeordnet. Während die antike Rhetorik theoretisch reflektiert, welche sprachlichen Mittel einen Sprecher und seine Rede glaubwürdig wirken lassen, verfolgen jüngere Studien meist das Ziel, die Wirkung von Sprache auf die Einschätzung eines Kommunikators durch Einstellungsmessungen empirisch nachzuweisen. In diesem Zusammenhang wird das Glaubwürdig-Wirken auch als Stil bezeichnet: „Glaubwürdigkeit als eine Zuschreibung auf

Grundlage der Kommunikation kann somit als ein Stileffekt aufgefasst werden" (Schäfer 2016: 76, ebenso Reinmuth 2006 und Kuhnhenn 2014).

#### 3.3.3.1 Attributionskriterien der gesprochenen Sprache

Auch wenn das Korpus der vorliegenden Studie keine Daten der gesprochenen Sprache beinhaltet, ist eine Sichtung entsprechender Studien insofern fruchtbar, als sie vergleichende Reflexionen über die Attributionsmechanismen in Schriftlichkeit und Mündlichkeit, sowie möglicherweise zumindest hypothetische, wechselseitige Übertragungen der Ergebnisse zulassen. Einige der glaubwürdigkeitsbeeinflussenden Merkmale der gesprochenen Sprache sind, wie im Folgenden zu vertiefen sein wird, Pitch, die Sprechgeschwindigkeit, das Pausenverhalten, Akzente, sowie generell Abweichungen von der Standardvarietät.

Es besteht – zumindest in Domänen, in denen die Bewertung von Kompetenz eine Rolle spielt – Konsens über eine allgemeine „low pitch preference" (Tsantani et al. 2016: 957). Gregory und Gallagher (2002) belegen mit ihrer Analyse von Aufzeichnungen der Präsidentschaftsdebatten in den USA, dass eine solche Präferenz gravierende Konsequenzen für die Bewertung von Sprechern hat: In öffentlichen Meinungsumfragen wurden Präsidentschaftskandidaten mit einem niedrigen *Pitch* zu einer signifikanten Quote besser bewertet als ihre tonhöheren Opponenten. Ferner scheint Pitch nicht nur die Wahrnehmung von Kompetenz, sondern auch das Empfinden von Vertrauenswürdigkeit zu beeinflussen. Zu einem solchen Ergebnis kommen Oleszkiewicz et al. (2017) mithilfe einer Pitch-Manipulation auditiver Inputs. Die Höhe der Stimme scheint sich unabhängig von visuellen Inputs auf die Einstufung eines Sprechers auszuwirken, denn Oleszkiewicz et al. stellen den Effekt sowohl wie sehende als auch für blinde Versuchspersonen fest (2017: 860). Mit dem Einfluss von Pitch auf die Dimensionen ‚Kompetenz' und ‚Vertrauenswürdigkeit' liegt sein Effekt auf Glaubwürdigkeitsbeurteilungen auf der Hand. Diese Ableitung bestätigen auch Ekman et al. (1976), die davon ausgehen, dass Sprechen mit hoher Stimme mit Lügen assoziiert wird.

Einen weiteren paraverbalen Einflussfaktor stellt die *Sprechrate* dar. In einem Probandenrating bescheinigen Guyer et al. (2019) einem Monolog, dessen Sprechgeschwindigkeit mithilfe des Programms PRAAT von durchschnittlich 173,63 Wörtern pro Minute um 10% auf 191 Wörter pro Minute erhöht wurde, eine gesteigerte Persuasionskraft. ‚Schnelle' Sprecher werden tendenziell als glaubwürdiger eingeschätzt als ‚langsame' Sprecher (siehe auch Miller et al. 1976).

Während die Sprechgeschwindigkeit zumindest teilweise durch den Sprecher kontrolliert werden kann und diese mit dem Wissen um ihre Bedeutung für die Glaubwürdigkeitsattribution adaptiert werden könnte, können auch wenig kontrollierbare Charakteristika, wie Akzente, die Sprecherbewertung beeinflussen.

*Akzente* können, wie Frumkin (2007) feststellt, zur Verringerung der zugeschriebenen Glaubwürdigkeit beitragen. In ihrer Studie zu den Konsequenzen von Akzent und Ethnie für die Beurteilung mündlicher Zeugenaussagen verzeichnet sie eine beträchtliche Relation zwischen akzentbedingten Ausspracheabweichungen vom amerikanischen Standardenglisch und einer Verringerung der zugeschriebenen Glaubwürdigkeit. Aufbauend auf empirischen Ergebnissen zu akzentbedingter Diskriminierung und sozialer Degradierung testet Frumkin mithilfe elizitierter englischer Aussagen die Auswirkungen von unterschiedlichen Akzenten auf die vier abhängigen Variablen Glaubwürdigkeit, Akkuratheit, Täuschungsabsicht und Prestige des Zeugen. Neben dem glaubwürdigkeitsschmälernden Einfluss von Akzent zeichnet sich darüber hinaus die Notwendigkeit einer hierarchischen Binnendifferenzierung der getesteten Akzente ab: Während ein auf Englisch mit deutschem Akzent aussagender Zeuge zwar als unglaubwürdiger bewertet wird als ein *native speaker* des Englischen, gilt erster dennoch wiederum als glaubwürdiger als ein Zeuge mit libanesischem Akzent. Zur Erklärung der unterschiedlichen Bewertungen führt Frumkin zum einen das Kriterium der Verständlichkeit an. Anstrengungen, die zur Rezeption einer Rede aufgebracht werden müssen, führen möglicherweise zu einer Ablehnung des Sprechers. Zum anderen muss ebenfalls das unterschiedliche Prestige der Sprecher herangezogen werden. Je nach gesellschaftlichem Ansehen, das eine Einzelsprache und ihre Sprecher genießen, muss eine Einteilung in prestigereiche und prestigearme Akzente vorgenommen werden. Demzufolge ist es nicht zwingend das Vorhandensein eines Akzents, das sich per se negativ auf die Glaubwürdigkeitsattribution auswirkt; vielmehr ist zu berücksichtigen, welcher Akzent die Beurteilung herbeiführt. Die Rolle des akzentbedingten Prestiges auf die Gesamtwahrnehmung und Einstufung eines Sprechers belegen zahlreiche Studien. Tendenziell führen ausländische Akzente aufgrund von Stigmatisierungen zu negativen Stereotypisierungen (Gluszek/Dovidio 2010). Sprechen mit Akzent wird von Rezipienten als ein vermeintlicher Indikator geringerer Intelligenz, geringerer Kompetenz und folglich geringerer Glaubwürdigkeit verwendet. Die Stigmatisierung von Akzenten ist als höchst problematisch einzustufen (Lev-Ari & Keysar 2010: 1093): „Such reduction of credibility may have an insidious impact on millions of people, who routinely communicate in a language which is not their native tongue." Interessanterweise scheinen auch bei Akzentsprechern selbst ähnliche Mechanismen zu greifen. Sie stufen Sprecher ihrer zu erlernenden Zielsprache (meist die Sprache der Mehrheitsgesellschaft) ebenfalls als glaubwürdiger ein als andere Akzentsprecher (Podlipský et al. 2016) – es scheint kein Solidarisierungseffekt durch Ähnlichkeit (in diesem Fall in der Gemeinsamkeit, einen Akzent zu haben) zu greifen.

Tendenziell begünstigen nicht nur Akzente, sondern sämtliche *Abweichungen von der Standardvarietät* Negativeinschätzungen.[16] Dies gilt nicht nur für Varietäten, sondern auch für Abweichungen im Sinne von *Sprechstörungen*, die dazu führen können, dass Sprecher für unglaubwürdig gehalten werden. Unter diese einflussnehmenden (akuten und nicht pathologischen, etwa aufgrund von Nervosität auftretenden) Sprechstörungen fallen exemplarisch Räuspern, Versprecher, ein auffälliges Pausenverhalten und Stottern. Die Einstufung durch Sprechstörungen unterscheidet sich von der Einstufung durch Akzente vor allem hinsichtlich ihres Bewusstheitsgrades. Während aufgrund von sozialer Missbilligung offener Diskriminierung vermutlich die wenigsten Rezipienten explizit äußern würden, dass sie einen Akzent mit Unglaubwürdigkeit assoziieren, verhält es sich mit Sprechstörungen gegenteilig: In einem Fragebogen, in dem um die Auswahl der Begleiterscheinungen des Lügens gebeten wurde (Köhnken 1990), schreiben Probanden Sprechstörungen eine besonders hohe Aussagekraft über lügenhaftes Aussagen zu. Das Auftreten von Sprechstörungen wird – nebst einer verzögerten Reaktionslatenz der Antworten und dem Einsatz von Floskeln – stereo-typerweise als unmittelbar akutes Verhaltenskorrelat des intentionalen Lügens interpretiert. Während die Forschung den Zusammenhang von Sprechstörungen und Lügen mit dem *cognitive load* begründet, würden Laien Sprechstörungen vermutlich eher als Ausdruck der Verunsicherung und Entdeckungsangst des Lügners interpretieren.

Die Einflussstärke von Sprechstörungen auf die Glaubwürdigkeitsattribution variiert je nach Typus und Quantität: Die Relation beider Aspekte untersuchen Miller/Hewgill (1964) am Beispiel von (nicht rhetorisch intendierten) Wortwiederholungen und gefüllten Pausen, phonetisch operationalisiert als [ə] und [ʌ]. Die skalare Einstufung durch Ratingprobanden in den Glaubwürdigkeitsdimensionen Kompetenz, Vertrauenswürdigkeit und Dynamik bestätigt die Hypothese einer *Glaubwürdigkeitsabnahme bei Erhöhung der Störungsanzahl.* Diese Relation werde verstärkt, wenn es sich bei den Störungen um gefüllte Pausen handelt (Miller/Hewgill 1964: 40–42). Ferner unterscheiden sich die Ergebnisse in ihrem Einfluss auf die faktoriellen Glaubwürdigkeitsdimensionen: Sprechstörungen und ihre Frequenz beeinflussen vornehmlich den Aspekt der Kompetenz; die Dimension der Vertrauenswürdigkeit bleibt davon vergleichsweise unberührt. Der Mechanismus, dass Abweichungen vom Standard – sei es in Form von Akzenten oder

16 Das kann – u.a. je nach kommunikativer Situation – auch für Dialekte gelten. Soziolinguistische Betrachtungen zu Einstellungen gegenüber Dialekten nimmt das Teilgebiet der Wahrnehmungsdialektologie vor. Es gibt zahlreiche Studien, die sich mit dem Einfluss von Dialekten auf Spracheinstellungen befassen (z.B. Jakob 2010); Analysen zum Einfluss von Dialekten auf Glaubwürdigkeitszuschreibungen stellen jedoch noch ein Forschungsdesiderat dar.

Sprechstörungen – zur Abnahme der zugeschriebenen Glaubwürdigkeit führen, könnte auch in der Schriftsprache greifen. Denkbar wäre in diesem Zusammenhang beispielsweise ein glaubwürdigkeitsschmälernder Effekt orthographischer Fehler. Diese sind nicht nur Abweichungen, sondern könnten ggf. auch als Zeichen mangelnder Kompetenz gedeutet werden.

Einen weiteren relevanten Untersuchungsgegenstand stellen *speech styles* dar: Zwei *speech styles,* deren Rolle und Wirkung vor allem auch im Kontext der Zeugenvernehmung getestet wurde, sind die sogenannte *powerless & powerful language.* Der Begriff *powerless language* bezieht sich auf die frequente Verwendung sprachlicher Merkmale wie „tag questions, hesitations, […], hedges, polite forms" (Blankenship/Holtgraves 2005: 4) sowie auf Intensivierungen, „bookish grammar" und Frageintonation in Deklarativsätzen – kurz auf alle sprachlichen Formen „that convey a lack of forcefulness in speaking" (O'Barr et al. 1979: 1380). Die Operationalisierung von Merkmalen der *powerless language* unterscheidet sich allerdings von Studie zu Studie. Während besonders Hedges ein feststehendes Charakteristikum der Definitionen sind, werden andere der Merkmale, wie die Intonation, bisweilen ausgeklammert. Der Begriff umfasst also keine statische Merkmalskombination. Die *powerful language* wird als gegenteilige Sprechweise durch die Abwesenheit der genannten abschwächenden Formen definiert. Eine wegbereitende Arbeit zur Betrachtung dieser beiden *speech styles* im Kontext der Zeugenbeurteilung stellt die Untersuchung von O'Barr et al. (1979) dar. In ihrer „Discovery of Witness Styles" stellen sie eine Relation zwischen der ‚power' eines Zeugen – im Sinne eines niedrigen sozialen Status und der niedrigen Stellung in der Hierarchie des Gerichtssaals – und seiner Sprechweise, dem *powerless style*, fest. Mit der Zunahme der sozialen Macht vor Gericht verzichten Zeugen zunehmend auf abschwächende Formen und verwenden den *powerful style.* Dieser gilt dementsprechend auch als Duktus von Sprechern mit „relatively high social power in court (e.g. parole officers, physicians, and other professionals) […] speaking in a more straightforward manner" (Erickson et al. 1978: 268).

Der folgende Ausschnitt eines Vernehmungsskripts (O'Barr et a. 1978: 1381) illustriert beide Stile durch die Gegenüberstellung der Äußerungen zweier Zeugen zu ein und demselben Sachverhalt.

Q. Approximately how long do you stay there before the ambulance arrived?
A. (Powerless): Oh, it seems like it was about, uh, twenty minutes. Just long enough to help my friend, Mrs. Davis, you know, get straightened out.
(Powerful): Twenty minutes. Long enough to help get Mrs. Davis straightened out.
[...]
Q. You know your way round?
A. (Powerless): Yes, I guess I do.
(Powerful): Yes.

Zeugen, die die *powerful language* verwenden, werden als signifikant überzeugender, glaubwürdiger, kompetenter, intelligenter und vertrauenswürdiger empfunden (O'Barr et a. 1978: 1385; siehe auch Bradac/Mulac 1984).

Eine soziolinguistische Erklärung des Effekts wäre, dass der Sprechstil Rückschlüsse auf den sozialen Status zulässt und somit letztlich die angenommene gesellschaftliche Stellung die Bewertung herbeiführt. Ferner gilt die *powerful language* bisweilen auch als männlicher, die *powerless language* als weiblicher Sprechstil (Baird 1976, Lakoff 1975). Auch wenn die Abhängigkeit kommunikativer Stile vom Geschlecht umstritten ist (vgl. Grob et al. 1997), kann der Einfluss der beiden *speech styles* womöglich als sprachliche Widerspiegelung des unter nicht-sprachlichen Merkmalen erläuterten Vorteils des männlichen Geschlechts im Zeugenstand interpretiert werden. Die psychologische Interpretation führt eine derartige Einflussnahme demgegenüber – den soziolinguistischen Erklärungsansatz keineswegs gänzlich ausschließend – auf die kognitiven Anstrengungen zurück, die beim Decodieren der *powerless*-Sprache entfallen; abschwächende Merkmale lenken von eigentlichen Inhalten ab, erschweren so Verarbeitung und schwächen Argumente (Blankenship/Holtgraves 2005: 19).

Ein Merkmal der *powerful* bzw. *powerless language* findet auch in der Schriftsprache Verwendung: Überträgt man die Ergebnisse, könnte für *Hedges* auch im schriftsprachlichen Kontext von einem negativen Effekt ausgegangen werden. Für das Merkmal der ‚bookish grammar', das in der gesprochenen Sprache zur Glaubwürdigkeitsabnahme führt, ist in der Schriftsprache hingegen nicht von einem vergleichbaren Effekt auszugehen. Konzeptionell schriftliche Grammatik mag in der mündlichen Sprachproduktion zwar als befremdlich und als vom ‚Normalduktus' abweichend empfunden werden, in tatsächlich medial schriftlichen Textprodukten bricht sie jedoch nicht mit den Erwartungen des Rezipienten (siehe Kapitel 3.3.4 zur *Language Expectancy Theory*).

#### 3.3.3.2 Attributionskriterien der Schriftsprache

Studien, die sich glaubwürdigkeitsbeeinflussenden Sprachmerkmalen in geschriebenen Texten widmen, sind im Vergleich zur Analyse von Einflusskriterien in der gesprochenen Sprache deutlich in der Unterzahl. Den Fokus von paraverbalen auf schriftsprachliche Charakteristika zu verlagern, ist jedoch insofern sehr ertragreich, als besonders Manipulationen auf lexikalischer Ebene erhebliche Unterschiede in der Glaubwürdigkeits-bewertung herbeiführen können.

Zu einem solchen Resultat kommen u.a. Thon/Jucks (2017), die Autoren von Gesundheitsinformationen (z.B. in Gesundheitsforen) eine höhere Glaubwürdigkeitsattribution bei der Verwendung alltäglicher und allgemein verständlicher Begrifflichkeiten (z.B. „heart attack") bescheinigen; technische Fachbegriffe (z.B. „myocardial infarction") führten in ihrer Rating-Studie demgegenüber zu einer Glaubwürdigkeitsabnahme. Ein solches Ergebnis verwundert insofern, als sprachliche Merkmale, die dem Schreiber vermeintliche (in diesem Fall medizinische) Kompetenz und Expertise attestieren, tendenziell zur Glaubwürdigkeitsabnahme führen – gemäß diesem bereits identifizierten Einfluss von Kompetenz wäre von einer höheren Glaubwürdigkeit des von einem „Myokardinfarkt" Sprechenden auszugehen. Eine mögliche Erklärung wäre, dass der Kommunikator durch eine solche Sprachverwendung wenig kooperativ wirkt – er verletzt die kommunikativen Bedürfnisse des Laienrezipienten und wirkt so ggf. kommunikativ weniger kooperativ und dadurch letztlich weniger vertrauenswürdig.

Ebenfalls am Beispiel von Gesundheitsforen untersuchen König/Jucks den Effekt enthusiastischer (2019) und positiver (2020) Sprache, die in der Terminologie Burgoons (2018) als *vivid* bezeichnet werden kann (vgl. dazu Burgoons Kriterienkatalog in Kapitel 3.2.3). Gesundheitstipps, die vom Verfasser als „genius" oder als „amazing" (2020: 2) beworben werden, werden als wenig glaubwürdig eingestuft – Rezipienten unterstellen dem Verfasser persuasive und manipulative Absichten (siehe 2020: 5f.). Die Ergebnisse der Studien von König/Jucks leisten einen großen Beitrag zur Erschließung einer bisher vernachlässigten Sprachebene – der Ebene der Lexik. Es sei jedoch darauf hingewiesen, dass die Resultate, wie sie für Texte in Gesundheitsforen festgehalten worden sind, sich nicht nahtlos auf andere Textsorten übertragen lassen. Enthusiastische Sprache kann in manchen Textsorten durchaus dazu beitragen, kommunikative Ziele zu erreichen (siehe König/Jucks 2019: 2, zur enthusiastischen Sprache als Persuasionstaktik). In Kontexten, in denen eine neutrale Sprache erwartet wird, kommt es zur gegenteiligen Wirkung. Entscheidend sind das Empfinden von Angemessenheit und die Erwartungen an den Kommunikator und an die kommunikative Situation. Die Rolle von Erwartungen erfasst die im Folgenden unter Kapitel 3.3.4 dargestellte *Language Expectancy Theory*.

Unabhängig von Textsorten verhält es sich mit quantitativen Faktoren der Glaubwürdigkeitszuschreibung, darunter exemplarisch das Kriterium der Textlänge. Für Texte verschiedenster Plattformen – wie Datingprofile (Toma/Hancock

2012), Facebook-Profile (Toma 2014) und Verkaufswebsites (Flanagin 2007) – konnte eine vergleichsweise erhöhte Textlänge bzw. eine vergleichsweise höhere Wortanzahl als ein entscheidendes Glaubwürdigkeitskriterium bestätigt werden. Quantitative Erhöhungen führen – da sie, wenn auch ggf. nur vermeintlich mit einem höheren Informationsgehalt einhergehen – zu einer Reduktion von Unsicherheit. Auf psychologischer Ebene führe Unsicherheit zu einem Vertrauensverlust: „Uncertainty reduction theory […] proposes that people dislike uncertainity, because it implies that they lack control over a given situation. Consequently, they feel more comfortable and trusting once uncertainty has been reduced" (D'Angelo/Toma 2015: 28, in Anlehnung an Berger/Calabrese 1975). Auf linguistischer Ebene könne die Unsicherheit durch längere Texte gemindert werden (D'Angelo/Toma 2015).

Ein letztes potenzielles Zuschreibungskriterium sei mit der Quote der lexikalischen Diversität angeführt. Ihr direkter Einfluss auf die Glaubwürdigkeitsattribution wurde bisher zwar nicht empirisch gemessen; dennoch ist durch ihren Effekt auf die Dimension der Kompetenz- und Statuseinschätzung zumindest von einer mittelbaren Einflussnahme auszugehen. Als ein Aspekt des Stils können „the ‚manifest of ‚vocabulary range', ‚lexical diversity level' or degree of ‚vocabulary richness' of communicators" (Bradac et al. 1988: 213), d.h. eine abwechslungsreiche Wortwahl Statuseinschätzungen begünstigen.

### 3.3.4 Die Rolle von Erwartungen: Language Expectancy Theory

Neben dem Eindruck von Kompetenz und Vertrauenswürdigkeit nehmen auch Erwartungen an ein sprachliches Verhalten Einfluss auf die Einschätzung eines Sprechers und auf die Glaubwürdigkeitsattribution. Während ein sprachliches Mittel, wie u.a. am Beispiel der enthusiastischen Sprache gezeigt wurde, die Glaubwürdigkeit in einem Kontext mindern kann, kann dasselbe Mittel in einem anderen Kontext wiederum eine positive Evaluation herbeiführen. Die starke Abhängigkeit vom jeweiligen Kommunikationskontext und die sich daraus ergebenden Wechselwirkungen erschweren die Einordnung sprachlicher Merkmale als glaubwürdigkeitsbegünstigend oder -abschwächend erheblich. Die Förderung bzw. Abschwächung der Glaubwürdigkeitszuschreibung haftet sprachlichen Merkmalen nicht als inhärente Eigenschaft an, sondern ergibt sich erst in Wechselwirkung mit situationsspezifischen Erwartungen an das sprachliche Verhalten eines Kommunikators. Um als glaubwürdig eingestuft zu werden, muss dieser sprachlich angemessen, d.h. den Erfordernissen der kommunikativen Situation entsprechend kommunizieren.

Einen theoretischen Rahmen für diesen Attributionsmechanismus der Erwartungen an Sprache und kommunikative Situationen bietet die sogenannte *Language*

*Expectancy Theory* (LET). Zentral für diese Theorie ist die auf sprachlichem Wissen und Stereotypen basierende Antizipation sprachlichen Verhaltens. Wie ein Kommunikator bewertet wird, hängt maßgeblich damit zusammen, ob er die Erwartungen des Rezipienten erfüllt oder nicht:

> Language expectancy theory assumes that language is a rule-governed system and that people develop macro-sociological expectations and preferences concerning the language or message strategies employed by others in persuasive attempts. These expectations are primarily a function of cultural and sociological norms. Preferences, according to this sociological perspective, are usually a function of cultural values and societal standards or ideals for what is competent communication performance. (M. Burgoon et al. 2002: 119)

Sozial und kulturell geprägte Normen entscheiden damit über Anforderungen, Spielräume und Restriktionen in der Wahl sprachlicher Mittel, die nicht per se als gut oder schlecht bewertet werden. So kann beispielweise auch das tendenziell eher glaubwürdigkeitsschmälernde Sprechen mit Akzent gewinnbringend persuasiv eingesetzt werden: Für Lebensmittelwerbungen verzeichnen Hendriks et al. (2015) eine Relation zwischen Einstellungen zum beworbenen Produkt und dem Akzent der werbenden Stimme. Besteht eine Kongruenz zwischen der stereotypen Produktherkunft und dem Akzent (z.B. ein französischer Akzent in der Weinwerbung, siehe Hendriks et al. 2015: 124), verstärkt dies die persuasive Kraft der Werbung. Bei einer vermeintlichen Inkongruenz (Französisch-Akzent in einer Bierwerbung) tritt der gegenteilige Effekt ein und die Werbung wird vergleichsweise schlechter bewertet. Dieser Mechanismus greift nicht nur bei Erwartungen an das sprachliche Verhalten, sondern auch bei außersprachlichen Kontexten. Ist ein Ratingproband etwa der Meinung, dass Vergewaltigungsopfer den Tathergang in der Regel emotional schildern – d.h. weinend oder mit zittriger Stimme – und dieses Verhalten tritt nicht ein, so sinkt die Glaubwürdigkeitszuschreibung an das aussagende Tatopfer (Hackett et al. 2008).

Eine Erweiterung der LET stellt die *Expectancy Violations Theory* (EVT) dar (J. Burgoon 2015). Nicht jeder Bruch mit den Erwartungen des Rezipienten führt zu einer negativen Evaluation des Kommunikators. Es ist zwischen *positive* und *negative violations* zu unterscheiden (siehe auch M. Burgoon 2002: 119). Erstere liegt vor, wenn das tatsächlich rezipierte Sprachverhalten eines Kommunikators als positiver empfunden wird als das aufgrund stereotyper Erwartungen antizipierte. Von einer negativen Abweichung ist die Rede, wenn das (sprachliche) Verhalten ‚unter' der Erwartung liegt. Einen empirischen Beleg dafür liefern Hansen et al. (2017), die Wechselwirkungen zwischen visuellen und auditiven *cues* untersuchen: Vor der Bewertung eines Audio-Stimulus wurde die Erwartung von Probanden mithilfe zweier Fotos, eines einer deutsch- und eines einer türkisch-aussehenden Person, gelenkt. Sprach die deutsch-aussehende Person wider Erwarten mit einem stigmatisierten Türkisch-Akzent wurde diese im Sinne einer *negative violation* als weniger kompetent bewertet als die türkischstämmig aussehende Person mit gleichem Akzent (Kongruenz von Aussehen und Sprache). Sprach die türkischstämmig aussehende Person demgegenüber Hochdeutsch wurde diese wiederum als kompetenter bewertet als die deutsch aussehende und Hochdeutsch sprechende Person (*positive violation*). Insgesamt kommt die Studie zu dem Ergebnis, dass auditive cues einen größeren Effekt auf die Einstellungsbildung haben als das Aussehen einer Person. Ferner demonstriert sie, dass LET und EVT nicht nur im Rahmen der Glaubwürdigkeits- und Persuasionsforschung relevant sind; sie sind grundlegend für das Verständnis sämtlicher Einstellungsbildungen Sprache und sprachlichem Verhalten gegenüber.

## 3.4 Zwischenfazit II

Wie gezeigt wurde, handelt es sich bei der Glaubwürdigkeit um einen Themenkomplex, der von sehr verschiedenen Disziplinen wissenschaftlich beforscht wird. Die vorangegangene Darstellung hat daher sowohl rechtliche und aussagepsychologische als auch linguistische Adaptionen des Begriffes vorgestellt. Mit Fokus auf den Themenkomplex ‚Glaubwürdigkeit und Sprache' erweisen sich vor allem die folgenden Gesichtspunkte als relevant.

- Grundlegend ist zwischen der Glaubwürdigkeit als produzentenseitige Abwesenheit einer Täuschungsintention und der Glaubwürdigkeit als rezipientenseitiges Zuschreibungsprodukt zu unterscheiden. Bei ersterem ist wiederum eine Subdifferenzierung zwischen der aussagespezifischen Glaubhaftigkeit und der allgemeinen personalen Glaubwürdigkeit vorzunehmen. Eine Trennung der beiden Subkategorien kann jedoch insofern nicht immer gewährleistet werden, als Einschätzungen im Realfall, wie etwa vor Gericht, auf Basis von Inhalten der Aussage und auf Basis des Eindrucks vom Aussagenden als Person getätigt werden (vgl. Kapitel 3.2.2. zur rechtlichen Handhabung der Glaubwürdigkeitsbeurteilung). Ähnlich verhält es sich mit der Glaubwürdigkeit als subjektiv empfundenes Zuschreibungsprodukt. Wie gezeigt wurde, erfolgt die Einschätzung der Glaubwürdigkeit auch hierbei nicht nur auf Basis einer Aussage, sondern auch auf Basis von Sprecher-Eigenschaften. Die Ausführungen haben den Begriff der Glaubwürdigkeit deshalb als sehr weiten Überbegriff eingeführt.
- Sprache nimmt im Themenkomplex der Glaubwürdigkeit zwei Rollen ein: Einerseits kann sie als Analyseinstrument zur Entdeckung der tatsächlichen Aussagenglaubhaftigkeit herangezogen werden (Glaubhaftigkeitsbegutachtung, Identifikation von Lügen), andererseits wird Sprache auch bisweilen

stereotypisierend als Indiz verwendet, um Rückschlüsse auf vermeintliche Eigenschaften von Kommunikatoren zu ziehen (Glaubwürdigkeitsattribution). Als Analyseinstrument für ersteres dienen die sogenannten Realkennzeichen, die dank einer hohen Trefferquote Aufschluss über den Wahrheitsgehalt einer Aussage geben können. Der Vergleich verschiedener Kriterienkataloge zeigt zwei Tendenzen: Genuin psychologische Ansätze bedienen sich nur teilweise linguistischer Kriterien und berücksichtigen daneben auch Gesichtspunkte, die nicht anhand von Sprache zu analysieren sind. Vergleichsweise jüngere Kriterienkataloge bedienen sich wiederum eines genuin sprachbasierten Analyseinstrumentariums und begründen sein Distinktionspotential zwischen Wahrheit und Lüge anhand psychologischer Erkenntnisse. Sprachliche Merkmale wie die Verwendung von Pronomen, Hedges sowie die Diversität der Wortwahl würden sich – wie u.a. Burgoon (2018) darstellt – zur Distinktion zwischen wahren Aussagen und Lügen eignen. Die spezifische Anwendbarkeit einzelner Kriterien ist aufgrund der Variabilität kommunikativer Voraussetzungen und Anforderungen für jedes kommunikative Produkt individuell zu prüfen. Merkmale, von denen (Laien-)Rezipienten lediglich glauben, sie würden Hinweise auf die Glaubwürdigkeit geben, sind keine Realkennzeichen, sondern Attributionskriterien, so etwa das Sprechen mit einem stigmatisierten Akzent.

– In der Bestandsaufnahme der Attributionskriterien haben sich einige Mechanismen abgezeichnet, die sowohl in von sprachlichen als auch in von außersprachlichen Faktoren gelenkten Glaubwürdigkeitsattribution greifen; die Kompetenz, die Vertrauenswürdigkeit, die Objektivität und die Rezeptionsfreundlichkeit. Gemäß dem vorgestellten Faktormodell (Hovland et al. 1953) beruht der Eindruck von Glaubwürdigkeit auf den Dimensionen Vertrauenswürdigkeit und Kompetenz. Alles, was einen Kommunikator kompetent wirken lässt, sei es auf sprachlicher Ebene die lexikalische Diversität oder auf nichtsprachlicher Ebene ein universitärer Titel, begünstigt seine Einschätzung als glaubwürdig – so lässt sich zumindest die Tendenz der meisten vorgestellten empirischen Ergebnisse zusammenfassen. Dies gilt jedoch nicht uneingeschränkt, denn Merkmale der Ähnlichkeit (als Signalisierung der In-Group-Zugehörigkeit) können einen Eindruck von Vertrauenswürdigkeit herbeiführen und so die Attributionseffekte der Kompetenz überzeichnen. Der Effekt von Kompetenzmerkmalen kann zudem ins Gegenteil umschlagen. Dies zeigt sich beispielsweise bei dem Effekt der Verwendung allgemein unverständlicher Fachbegriffe. Der Kommunikator wirkt dadurch zwar kompetent; durch die mangelnde Berücksichtigung der Bedürfnisse des Gesprächspartners und die somit mangelhafte kommunikative Kooperativität kann ihm aber ein

‚schlechter Wille' unterstellt werden, sodass der Faktor der Vertrauenswürdigkeit reduziert wird. Letztlich ist es stark von den Ansprüchen der kommunikativen Situation abhängig, ob Glaubwürdig-keit eher mithilfe vertrauensfördernder Merkmale oder eher mittels kompetenzsignalisierender Merkmale generiert werden kann. Die situative Angemessenheit kann, neben dem Eindruck von Vertrauenswürdigkeit und dem Eindruck von Kompetenz, daher als weiterer Einstufungsmechanismus benannt werden. Mit Reinmuth (2009) wurde das Faktormodell Hovlands um die Attributionsmechanismen Objektivität und Rezeptionsfreundlichkeit ergänzt. Als glaubwürdig wird ein Sprecher dann eingestuft, wenn der Rezipient von der Abwesenheit persuasiver Absichten und einer objektiven Darstellung ausgeht. Rezeptionsfreundlichkeit ist insofern relevant, als kognitive Anstrengungen beim Verständnis zur Ablehnung eines Sprechers und damit zur Abnahme der Glaubwürdigkeit führt. Dies zeigt auch die Studie von Frumkin (2007), die den glaubwürdigkeitsschmälernden Effekt von Akzenten nicht (nur) auf die soziale Stigmatisierung zurückführt, sondern (auch) auf den kognitiven Aufwand, den ein Rezeption zum Decodieren der Ausspracheabweichungen aufbringen muss.

- Unter Berücksichtigung der identifizierten Attributionsmechanismen (vor allem dem der Signalisierung von Kompetenz, der Rezeptionsfreundlichkeit durch eine dekontextualisierte Nachvollziehbarkeit und der Demonstration des Wissens um die situtativ angemessene Sprachwahl) ist von einem glaubwürdigkeitsfördernden Effekt von bildungssprachlichen Mitteln in Aussagen bei der schriftlichen Vernehmung auszugehen. Das nachfolgende Kapitel bietet daher eine Einführung in die Bildungssprache.
- Es hat sich insgesamt gezeigt, dass Studien zu Merkmalen der Glaubwürdigkeitsattribution bisher vornehmlich Merkmale der gesprochenen Sprache analysiert haben. Ergebnisse zu schriftsprachlichen Merkmalen liegen nur wenige vor. Auf diese Forschungslücke reagiert die vorliegende Arbeit mit der Untersuchung des Einflusses von Bildungssprache als konzeptionell schriftsprachliches Register in einem medial ebenfalls schriftlichen Korpus. Da bisher wenige spezifisch schriftsprachliche Einflussfaktoren identifiziert worden sind, liegt es nahe, die identifizierten Einstufungsmechanismen zu abstrahieren und Hypothesen zum Einfluss schriftsprachlicher Merkmale zu ziehen. Dies funktioniert nur unter der Berücksichtigung der unterschiedlichen Anforderungen an mündliche und schriftliche Kommunikate. Dass Abweichungen vom Standard (z.B. in Form von Akzenten) den Eindruck von Glaubwürdigkeit schmälern, könnte sich etwa in Form lernersprachlicher Fehler in der Schriftsprache widerspiegeln.

Die vorangegangene Darstellung lässt insgesamt eine nicht unproblematische Schnittmenge zwischen den Realkennzeichen, die Aufschluss über die tatsächliche Glaubhaftigkeit geben und Attributionsfaktoren, die ‚ungerechtfertigterweise' als Indizien der Glaubwürdigkeit herangezogen werden, erkennen. Viele Realkennzeichen entsprechen den Attributionskriterien. Diese Schnittmenge spricht dabei nicht für eine Urteilsgüte der Realkennzeichen, sondern offenbart primär ein hohes Risiko falscher Unglaubwürdigkeitszuschreibungen. Das heißt eine hohe lexikalische Diversität etwa kann gemäß den Kriterienkatalogen zur Glaubhaftigkeitsfeststellung tatsächlich ein Indiz auf wahrheitsgemäßes Aussagen; unabhängig davon wird eine hohe lexikalische Diversität auch bei inhaltlich identischem Aussageinhalt ohnehin auch als glaubwürdiger empfunden. Die sprachlichen Merkmale, denen ein doppelter Status als Realkennzeichen und Attributionsfaktor zukommt, illustriert das folgende Diagramm:

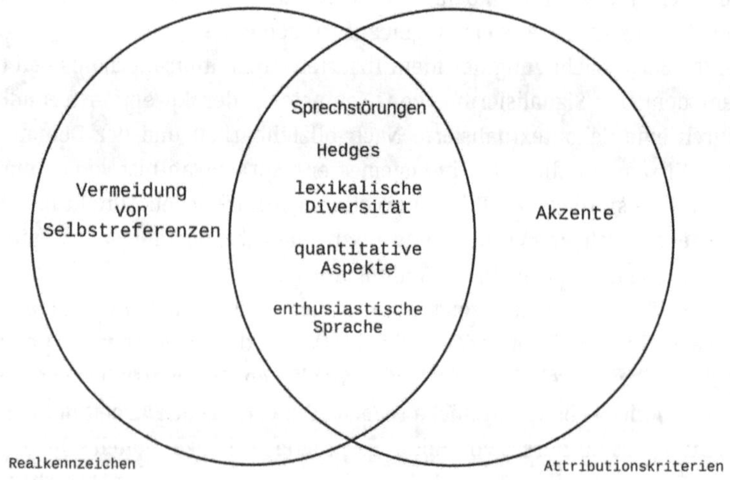


**Abb. 1:** Schnittmenge von Realkennzeichnen & Glaubwürdigkeitsattributionskriterien

Im Endeffekt führen alle dargestellten Sprachmerkmale zum selben Resultat: Jemand wird als glaubwürdig oder unglaubwürdig beurteilt. Der Unterschied besteht vielmehr in der Berechtigung des Urteils. Laut Forschungsstand wäre es gerechtfertigt, eine Aussagenden aufgrund der Vermeidung von ich-Referenzen als unglaubwürdig zu bezeichnen, und es ist, selbstverständlich, ungerechtfertigt, selbiges Urteil aufgrund eines Akzentes zu fällen – für alle weiteren Merkmale kann dies nicht eindeutig entschieden werden. Wie die Abbildung zeigt, gibt es weitaus mehr sprachliche Merkmale mit doppeltem Status als eindeutige – dies erschwert die Unterscheidung von der Glaubwürdigkeit als Abwesenheit und Glaubwürdigkeit als stereotypisierendes Zuschreibungsprodukt erheblich.

# 4 Bildungssprache

„Bildungssprache in aller Munde" – mit dieser Zwischenüberschrift leiten Morek/Heller (2012: 67) ihre Ausführungen zur Karriere des Begriffes ein. Bildungssprache gilt spätestens seit den Arbeiten Gogolins (z.B. 2007, 2009) als zentral für die Erklärung schulischer (Miss-)Erfolge. Um sich zu bilden, müssen Schülerinnen und Schüler sowohl über rezeptive als auch über produktive bildungssprachliche Kompetenzen verfügen. Diese Kompetenzen sind nicht nur „Grundlage für erfolgreiches Lernen in Schule, in beruflicher Aus- und Weiterbildung oder im Studium", sondern darüber hinaus auch „Schlüssel zur gesellschaftlichen Teilhabe" (Beschluss der Kultusministerkonferenz vom 05.012.2019[17].

Ohne die hohe Relevanz bildungssprachlicher Kompetenzen in schulischen und universitären Kontexten bestreiten zu wollen, strebt die folgende Darstellung an, sich von der Fokussierung auf Bildungsinstitutionen, die die einschlägige Forschung dominiert, zu lösen und Bildungssprache in ihrer gesamten sozialsymbolischen Relevanz zu betrachten. Bildungssprache dient nicht nur dem Erwerb und der Kommunikation von Wissen, sondern ist auch ein Kriterium der Sprecherevaluation sowie ein Mittel der Selbstdarstellung. Sie bringt einem Sprecher auch Prestige ein und fungiert als Visitenkarte, mit der ein Sprecher sich als bildungsnah ausweisen kann (Feilke 2019: 1; Morek/Heller 2012: 70). Aus theoretischer Perspektive steht damit außer Frage, dass Bildungssprache *mehr* als ein aus kommunikativ-funktionalen Ansprüchen gewachsenes Register ist und einen Einfluss auf die Wahrnehmung von Sprechern hat. Demgegenüber können empirische Ansätze zur Messung des Einflusses von Bildungssprache auf die Sprecherevaluation noch als Forschungsdesiderat gelten. Die vorliegende Arbeit versteht sich daher als Anstoß, das Konzept Bildungssprache für Spracheinstellungsmessungen zu operationalisieren, um so die Konsequenzen des Beherrschens von Bildungssprache auch außerhalb von Bildungsinstitutionen empirisch zu erfassen und zu untersuchen.

Zur Erfassung und Diskussion der im Kontext von Sprecherevaluationen relevanten Aspekte von Bildungssprache erfolgt in Kapitel 4.1 zunächst eine terminologische Klärung, denn im Zuge der hier angestrebten Ausweitung des Begriffs auf außerschulische Kontexte ist ein weites Verständnis von Bildungssprache notwendig. Die anschließende Bestandaufnahme der bildungssprachlichen Charakteristika in Kapitel 4.2 zeigt, dass sich diese auf allen sprachlichen Ebenen manifestieren. Diese Bestandsaufnahme der Merkmale ist unverzichtbar für die empirische

17 Abrufbar unter: https://www.kmk.org/fileadmin/Dateien/veroeffentlichungen_beschluesse/2019/2019_12_05-Beschluss-Bildungssprachl-Kompetenzen.pdf, letzter Zugriff 01.05.2024.

https://doi.org/10.1515/9783111379289-004

Untersuchung, da sie einerseits der Vorbereitung der Manipulationsitems für die Glaubwürdigkeitsmessung dient und andererseits auch als Instrumentarium der deskriptiven Erfassung der schriftlichen Vernehmungsaussagen eingesetzt werden. Es wird gemeinhin davon ausgegangen, dass die Genese bildungssprachlicher Merkmale primär funktional zu begründen ist. Die Merkmale der Bildungssprache dienen spezifischen sprachlichen Prozeduren wie beispielsweise dem Diskutieren, der Aneignung von Wissen und der bereits erwähnten Funktion der „Visitenkarte". Eine nähere Auseinandersetzung mit diesen drei Funktionen findet sich in Kapitel 4.3. Besonders die sozial-symbolische Funktion sowie die kommunikative Funktion sind für die Bewertung von Vernehmungsaussagen relevant, da Glaubwürdigkeit, wie bereits vorgestellt, u.a. von den Faktoren Verständlichkeit, Eindruck von Kompetenz und von Prestige abhängt. Inwiefern das Konzept der Bildungssprache für die linguistische Erfassung schriftlicher Aussagen und, spezifischer noch, für die Messung von Glaubwürdigkeitsattributionen fruchtbar gemacht werden kann, ist Thema des Zwischenfazits III in Kapitel 4.4.

## 4.1 Definitionen und Einordnung von Bildungssprache

In seiner heutigen Auslegung ist der Begriff der Bildungssprache „das Resultat einer eklektischen Genesis, die sich in unterschiedlichen Forschungsdisziplinen vollzog und sich verschiedener Perspektiven und Forschungsergebnisse bedient hat" (Gogolin/Duarte 2016: 480). Zu diesen Perspektiven und Disziplinen zählen u.a. die Erziehungswissenschaften, die Soziologie und die Linguistik.

Bei der Festlegung auf *eine* Definition handelt es sich insofern um ein schwieriges Unterfangen, als der Begriff stetige Wandel erfahren hat (Beyer 2015: 15). Während Bildungssprache in den späten siebziger Jahren noch vergleichsweise weit als *Sprache der Öffentlichkeit* verstanden wurde, wird der Begriff im gegenwärtigen erziehungswissenschaftlich und vor allem didaktisch dominierten Diskurs enger und spezifischer im Sinne einer *Sprache der Schule* definiert. Einführende Beispiele zur Illustration dieses großen Auslegungsspektrums seien mit einer Gegenüberstellung dreier Definitionen gegeben.

Habermas (1978: 330) definiert Bildungssprache u.a. mithilfe der *Domäne ihrer Verwendung* wie folgt:

> In der Öffentlichkeit verständigt sich ein Publikum über Angelegenheiten allgemeinen Interesses. Dabei bedient es sich weitgehend der *Bildungssprache*. Die Bildungssprache ist die Sprache, die überwiegend in den Massenmedien, in Fernsehen, Rundfunk, Tages- und Wochenzeitungen benutzt wird. Sie unterscheidet sich von der Umgangssprache durch die Disziplin des schriftlichen Ausdrucks und durch einen differenzierteren, Fachliches einbeziehenden Wortschatz; andererseits unterscheidet sie sich von Fachsprachen dadurch, daß sie grundsätzlich für alle offensteht, die sich mit den Mitteln der allgemeinen Schulbildung ein Orientierungswissen verschaffen können.

Auch wenn die Definition nach Habermas in jüngeren Arbeiten, vor allem hinsichtlich des „Orientierungswissens", noch rezipiert wird, ist die Referenz des Begriffes ‚Bildungssprache' in einem Großteil der Ansätze mittlerweile auf den Kontext der Schule reduziert. Als für diese engere Definition wegbereitend können die Arbeiten der Erziehungswissenschaftlerin Gogolin[18] (2010: 29) gelten:

> Der Begriff B. [Bildungssprache] wurde entwickelt im Anschluss an englischsprachige Forschung über ‚academic language' (→ CALP) als das sprachliche Register, das benötigt wird, um kognitiv anspruchsvolle Lernangebote und Aufgabenstellungen des Unterrichts zu bewältigen (→ Textkompetenz). Der Begriff B. wurde im Anschluss an Habermas (1977) gewählt, um das sprachliche Register zu bezeichnen, mit dessen Hilfe man sich mit den Mitteln der Schulbildung ein Orientierungswissen verschaffen kann. B. differenziert sich im Laufe einer Bildungsbiographie zunehmend in die Register der Fächergruppen aus. Sie ist für Bildungserfolg relevant, weil sie das Medium ist, in dem schulisches Wissen vermittelt und angeeignet wird, und zugleich das Medium, in dem der Nachweis einer erfolgreichen Aneignung des Wissens und Könnens erbracht wird.

Bildungssprache benötigt man, der vorangegangenen Definition zufolge, um Wissen zu vermitteln und um sich erfolgreich Wissen anzueignen (siehe auch Ortner 2009). Damit benennt Gogolin eine funktionale Dimension des Beherrschens von Bildungssprache als ein Definitionskriterium.

Eine dritte Definition, die weder Kommunikationsdomänen noch Funktionen heranzieht und sich demgegenüber aus soziolinguistischer Perspektive auf gesellschaftliche Schichten beruft, nimmt Ammon (2010: 105) vor. Unter Bildungssprache fasst er „Sprachformen, die überwiegend von Bevölkerungsgruppen mit hohem Bildungsniveau verwendet werden oder von denen dies zumindest weithin angenommen wird." Diese Definition kann als Grundlage weiterer sozialsymbolischer Relationen, wie sie in dieser Arbeit entscheidend sind, betrachtet werden. Bildungssprache

---

18 Gogolin wird bisweilen auch als Begründerin des Begriffes genannt („Der Begriff Bildungssprache wurde von Gogolin im Jahr 2006 eingeführt" Pöhlmann-Lang 2015: 105). Sie weist in ihren Arbeiten allerdings selbst aber auf die lange Tradition hin, auf die der Begriff der Bildungssprache zurückblicken kann.

fungiert einer solchen Perspektive zufolge als „soziales Distinktionsmittel“ (Gogolin/Duarte 2016: 483).
Sämtliche Definitionsversuche stellt Steinig (2016: 69) in Frage,

> denn er [der Begriff ‚Bildungssprache‘] setzt voraus, dass es eine gut beschreibbare sprachliche Wirklichkeit gäbe, die sich dahinter verbirgt. [...] Die Bildungssprache gibt es nicht, aber es lassen sich Phänomene beobachten, die man, abhängig vom jeweiligen Kontext als bildungssprachlich bezeichnen kann.

Es handelt sich bei Bildungssprache also nicht um *eine* Sprache, sondern um einen Sammelbegriff für eine situationsspezifische Kombination aus als bildungssprachlich geltenden Merkmalen in Kommunikationssituationen, in denen Wissen angezeigt, vermittelt oder angeeignet werden soll.

Neben diesen funktionalen Kriterien ist Bildungssprache zu charakterisieren über die Domänen ihres Vorkommens (wie bei Habermas 1978), denn sie ist „wesentlich für den schulischen Kontext, kommt aber auch außerhalb der Schule in Form der Wissenschafts- und Institutionensprache in Büchern, Vorträgen, öffentlichen Bekanntmachungen und den Medien vor“ (Beyer 2015: 16). Diese verschiedenen Domänen sind insofern prägend für das Konstrukt der Bildungssprache, als die bildungssprachlichen Mittel aus ihnen entstammen:

> Ihre Mittel und Verfahren übernimmt die Bildungssprache vor allem aus der Mediensprache, der Institutionensprache und aus den thematisch enger ausgerichteten Fach- bzw. Wissenschaftssprachen. (Ortner 2009: 2227)

In diesem Zusammenhang kann sie als übergeordnete Verkehrssprache gelten, die – in der Schule wie in der Wissenschaft – unabhängig von Disziplinen und Fächern verwendet wird. Wie im Folgenden zu darzustellen ist, wird Bildungssprache vor diesem Hintergrund auch verstanden als Register (Kapitel 4.1.1), das gemeinhin als konzeptionell-schriftsprachlich charakterisiert werden (Kapitel 4.1.2) und darüber hinaus auch zu stilistischen Zwecken (Kapitel 4.1.3) eingesetzt werden kann. Zur Genese dieser vorzustellenden Perspektiven auf Bildungssprache haben zwei Konzepte – Bersteins *elaborierter vs. restringierter Code* (1964) sowie Cummins Gegenüberstellung der *cognitive language profiency* und der *basic interpersonal communications skills* (1979) – in besonderem Maße beigetragen. Mit einer Vorstellung dieser verwandten, dennoch allerdings abzugrenzenden Konzepte beschäftigt sich Kapitel 4.1.4.

### 4.1.1 Bildungssprache als Register

Eine Einordnung der Bildungssprache als konzeptionell schriftsprachliches Register kann als weit verbreitet gelten (vgl. die Gegenüberstellung verschiedener Definitionen bei Beyer 2015). Der Begriff des Registers geht auf Halliday (1978: 111) zurück. Bei Registern handelt sich um Varietäten des Sprachgebrauchs:

> A register can be defined as the configuration of semantic resources that a member of a culture typically associates with the situation type. It is the meaning potential that is accessible in a given social context. Both the situation and the register associated with it can be described to varying degrees of specificity; but the existence of registers is a fact of everyday experience – speakers have no difficulty in recognizing the semantic options and combinations that are ‚at risk' under particular environmental conditions. Since these options are realized in the form of grammar and vocabulary, the register is recognizable as a particular selection of words and structures.

Die Einflüsse, die diese Konzeption auf die Erschließung von ‚Bildungssprache' in den vorgestellten Definitionen genommen hat, sind unverkennbar; „environmental conditions" – das können Einflüsse des öffentlichen Lebens wie Institutionen und Medien aber auch Einflüsse des Privatlebens wie der *peer group* sein – prägen Entscheidungen über die Angemessenheit und Unangemessenheit sprachlicher Merkmale. Die Wahl unpassender Merkmale würde die Kommunikationssituation gefährden. Zur näheren Charakterisierung von Registern schlägt Halliday drei Parameter vor, das *field*, den *mode* und den *tenor* (siehe auch Zusammenfassung nach Dittmar 2008: 217): Das *field* bezeichnet das Themenfeld der Kommunikation. Es entscheidet darüber, *was* mit *welchen Mittel* ohne „risk" thematisiert werden kann. Der *mode* bezieht sich auf die Einordnung eines Registers im Kontinuum von Mündlichkeit und Schriftlichkeit. Gemeint ist damit die schriftliche oder mündliche Konzeptualisierung, ungeachtet der tatsächlichen medialen Realisierung. Der *tenor* entsteht aus Rollenverhältnissen zwischen den einzelnen Akteuren; diese sozialen und hierarchischen Rollenverhältnisse bestimmen Stilausprägungen maßgeblich (z.B. formell vs. informell[19]).

---

19 Bei der Gegenüberstellung formeller und informeller Register handelt es sich um eine nützliche Basisdifferenzierung. Obwohl aufgrund der faktischen Variabilität innerhalb der vorgestellten Parameter *field, mode* und *tenor* von zahlreichen, verschiedenen Registern gesprochen werden kann und muss, kristallisieren sich drei Basis-Register heraus. Maas (2016: 98) unterscheidet hierzu das intime Register, das informell öffentliche Register und das formelle Register. Letzterem kann insofern die Bildungssprache zugeordnet werden, als das formelle Register anders als das intime und informelle Register unabhängig von situativen Faktoren interpretierbar ist. Das formelle

Eine Einordnung von Bildungssprache zu diesen drei Register-Parametern findet sich bei Gogolin/Duarte (2016: 485). Demnach sei das *field* des bildungssprachlichen Registers die schulische Bildung, der *mode* tendenziell schriftsprachlich und monologisch. Der *tenor* kann (ebda., Ortner 2009 aufgreifend) als distanziert, fremd und hierarchisch strukturiert bezeichnet werden. Eine derartige Bestimmung des *tenor* ist in Anbetracht der Kommunikationsdomänen (z.B. bei der institutionellen Kommunikation), in denen Bildungssprache verwendet wird, äußerst zutreffend. Eine Beschreibung des *mode* als konzeptionell schriftsprachlich ist weit verbreitet; Vollmer/Thürmann (2013: 44) beschreiben das Register als „stark von Schriftsprachlichkeit geprägt."

Eine Einschränkung des *field* auf schulische Kontexte ist aus Gogolins/Duartes erziehungswissenschaftlicher Perspektive mit Sicherheit sinnvoll; für soziolinguistische Zwecke sowie die Zwecke dieser Arbeit ist das *field* jedoch darüber hinaus auch auf nicht bildungsorientierte Institutionen und Domänen zu erweitern. Potenzielle *fields* bildungssprachlicher Kommunikation sind gemäß der Definition nach Habermas (1978) vielfältig. Morek/Heller (2019: o.S.) stellen die Einordnung von Bildungssprache vor diesem Hintergrund in Frage:

> Der Begriff [der Bildungssprache] legt nahe, es gäbe ein abgrenzbares, kontextspezifisches Repertoire sprachlicher Mittel auf Ebene des Sprachsystems (ein sog. „Register"), das sich vor allem durch spezifische lexikalische und syntaktische Strukturen auszeichnet. Empirisch zeigt sich jedoch, dass die zumeist fokussierten Merkmale (z.B. Konnektoren, Präfixverben, Passiv), wie sie zuerst vor allem an Schulbuchtexten herausgearbeitet wurden, keineswegs auf die Verwendung in Bildungskontexten beschränkt sind.

Alternativ zum Register-Begriff schlagen Morek/Heller den Begriff der bildungssprachlichen Praktiken vor (2019, siehe auch Morek/Heller 2012). Darunter verstehen sie „gesellschaftlich verfestigte, sprachlich-kommunikative Verfahren", die „der Lösung wiederkehrender Probleme der Wissenskonstruktion, -absicherung und -vermittlung dienen" (Morek/Heller 2019: o.S.). Probleme bzw. kommunikative Herausforderungen dieser Art treten auch in außerschulischen Domänen auf; das *field* der Bildungssprache ist dementsprechend nicht die nur die Schule.

Möchte man Bildungssprache trotz der berechtigten Einwände von Morek/Heller als Register bezeichnen – und das ist mit Blick auf die Register-Parameter *tenor* und *mode*, wie gezeigt wurde, durchaus sinnvoll – so, ist eine Anerkennung der Variabilität innerhalb des Register-Parameters *field* unerlässlich.

---

Register ist zu definieren anhand der „Überschreitung des situativ [...] beschränkten Horizontes" (Maas (2016: 98)

### 4.1.2 Bildungssprache als konzeptionell schriftsprachlich

Die Terminologie der konzeptionellen Schriftlichkeit, die zur Beschreibung des *modes* von Bildungssprache verwendet wurde, geht auf das breit rezipierte *Modell zur ‚Nähe und Distanz' von Koch/Österreicher* (1994) zurück. Das Nähe-/Distanz-Modell wird u.a. zur Klassifikation von Textsorten herangezogen, ist aber auch in vielen weiteren linguistischen Teildisziplinen wie der Gesprächsanalyse anschlussfähig (vgl. Hennig/ Feilke 2016). Diese Anschlussfähigkeit demonstriert u.a. der Sammelband zur Karriere des Nähe-Distanz-Modells, in dem einleitend auf die „Erfolgsgeschichte" des Modells hingewiesen wird, „die in der Sprachwissenschaft ihresgleichen sucht" (Hennig/ Feilke 2016: 1). Den Ausgangspunkt des Nähe-/Distanz-Modells von Koch/Österreicher bildet die Unterscheidung zwischen Mündlichkeit und Schriftlichkeit und die Erkenntnis, dass auch mündlich realisierte Äußerungen den „Duktus der Schriftlichkeit" und andersherum auch schriftlich fixierte Äußerungen den „Duktus der Mündlichkeit" aufweisen können (Schlieben-Lange 1983: 81). Dieser Erkenntnis Rechnung tragend differenzieren Koch/Österreicher (1994) die Gegenüberstellung von Mündlichkeit und Schriftlichkeit weiter aus und operieren mit den Begriffen medial und konzeptionell. Der Begriff der Medialität bezieht sich dabei auf die Übermittlungsform einer Äußerung (verbal oder schriftlich) und der Begriff des Konzepts auf die verwendete Versprachlichungsstrategie. Ein Beispiel für ein medial und konzeptionell kongruentes Kommunikat ist der gerichtliche Beschluss, der medial wie konzeptionell schriftlich ist; demgegenüber liegt bei Whatsapp-Nachrichten unter Freunden etwa (in der Regel) eine konzeptionelle Mündlichkeit bei medialer Schriftlichkeit vor. Die Wahl der Konzeptualisierung und der Versprachlichungsstrategien hängt, wie die beiden Beispiele zeigen, nicht von dem Kommunikationsmedium, sondern von den Kriterien der Kommunikationsbedingungen ab. In einer seit 1985 viel rezipierten Gegenüberstellung vergleichen Koch/Österreicher die Kommunikationsbedingungen der sogenannten „Sprache der Nähe" und der sogenannten „Sprache der Distanz".

**Tab. 4:** Merkmale der kommunikativen Nähe und Distanz nach Koch/Österreicher (1994)

| **Kommunikative Nähe** | **Kommunikative Distanz** |
|---|---|
| Privatheit | Öffentlichkeit |
| Vertrautheit der Kommunikationspartner | Fremdheit der Kommunikationspartner |
| Starke emotionale Beteiligung | Geringe emotionale Beteiligung |
| Situations- und Handlungseinbindung | Situations- und Handlungseinbindung |
| Referenzielle Nähe | Referenzielle Distanz |
| Raum-zeitliche Nähe | Raum-zeitliche Distanz |
| Kommunikative Kooperation | Keine kommunikative Kooperation |
| Dialogizität | Monologizität |
| Spontanität | Reflektiertheit |
| Freie Themenentwicklung | Themenfixierung |

Abgesehen von der Opposition der raum-zeitlichen Nähe bzw. Distanz sind die Charakteristika keine Entweder-Oder-Kategorien, sondern Rahmenpunkte eines Kontinuums: „Grundsätzlich ist für alle Dimensionen ein kontinuales Verständnis mit den Ausprägungen der Parameterwerte definitorisch“ (Koch/Österreicher 2016: 24). Die Parameter können der Vorhersage von Versprachlichungsstrategien dienen und werden von Sprechern als Auswahlkriterien für ein situativ register-angemessenes Sprachrepertoire herangezogen. Als Kommunikationsstrategie unter den Bedingungen der kommunikativen Nähe benennen Koch/Österreicher (1994: 26) beispielhaft die Präferenz für nichtsprachliche Kontexte und den Einsatz von Mimik; unter den Bedingungen der kommunikativen Distanz wiederum müssen Inhalte – ohne Mimik und Gestik als Kommunikationskanäle – verbalisiert werden.

Eine der für die Thematik ‚Bildungssprache‘ relevanten Kernaussagen des Modells ist, dass Duktus und mediale Realisierungsform nicht in allen Kommunikaten ‚übereinstimmen‘. Ein geschriebener Text enthält nicht immer konzeptionell schriftsprachliche Merkmale, sondern kann auch Merkmale aufweisen, die eher für mündliche Kommunikation charakteristisch sind. Gleiches gilt für mündliche Kommunikation, die ebenso von ‚typisch‘ schriftsprachlichen Merkmalen geprägt sein kann. Bezieht man diese Differenzierung auf Bildungssprache, kann sie als tendenziell[20] *konzeptionell schriftsprachlich, medial aber sowohl mündlich als auch schriftlich* realisiertes Register bezeichnet werden. Bildungssprache wird nicht nur

**20** Nähesprachliche Prozeduren, sprich Merkmale der gesprochenen Sprache, sind zwar selten, aber nicht ausgeschlossen (vgl. Feilke 2010: 213; zu konzeptionell mündlichen bildungssprachlichen Merkmalen in Schülertexten siehe auch Fornol 2017).

geschrieben, sondern auch gesprochen und variiert demgemäß in ihren spezifischen Realisierungsformen.[21]

### 4.1.3 Bildungssprache als Stil

Während die Definition von Bildungssprache als Register als etabliert gelten kann, sind Ansätze zur Bildungssprache als Stil und zu ihren stilistischen Eigenschaften rar (z.B. Ortner 2009 zu rhetorisch-stilistischen Eigenschaften der Bildungssprache). Grund dafür ist möglicherweise, dass Bildungssprache bisher hauptsächlich in ihrem situativ-funktionalen Potential betrachtet wurde und weniger in ihrer sozialen Dimension. Mit der Eröffnung soziolinguistischer Perspektiven auf die Bildungssprache und der soziolinguistischen Definition von Bildungssprache als „Visiten- und Eintrittskarte" (Morek/Heller 2012: 70, siehe ausführlicher dazu Kapitel 4.3.3) gilt es allerdings auch, das expressive Moment in der Wahl bildungssprachlicher Mittel zu betrachten. Einen geeigneten theoretischen Rahmen dafür bietet der Stilbegriff.

Die Definition von Stilen unterscheidet sich innerhalb der Linguistik, je nach Forschungsschwerpunkt, stark. In der Soziolinguistik wird Stil als „variable Menge alternierender Formen (Varianten) für funktionale Bedeutungsäquivalente" (Dittmar 1997: 225) definiert. Die Wahl der sprachlichen Mittel innerhalb dieser bedeutungsäquivalenten Optionen orientiert sich u.a. an der intendierten Wirkung. Stil ist zu verstehen als „ein auf Wirkung und Expressivität ausgerichtetes System tendenzieller Gebrauchspräferenzen (von Sprechern), die kontextgebunden und gefiltert durch Registeranforderungen aus den verschiedenen Ebenen des einzelsprachlichen Varietätenraumes Ausdrucksformen selektieren" (Dittmar 1997: 225). Die Definition Dittmars zeigt die engen Verknüpfungen von Registern und Stilen; die beiden Konzepte sind nur schwer voneinander abzugrenzen. Das zentrale Abgrenzungskriterium ist, *woran* sich die Wahl der sprachlichen Mittel orientiert. Die Wahl sprachlicher Mittel im Rahmen von Registern orientiert sich an der Kommunikations-situation und den damit verbundenen situativen Anforderungen. Das Wissen um diese situativen sprachlichen Anforderungen entstammt dem durch Sozialisation erworbenen Sprachwissen; Registeranforderungen können in diesem Sinne als gesellschaftlich implizit normiert gelten. Register sind als Varietäten „stark verfestigte[...] ‚Spielarten der Sprache' [...], die über längere Zeit unverändert bleiben" (Bahlo et al. 2019: 50). Die Wahl sprachlicher Mittel im Rahmen von

21 Auf eine eingehende Charakterisierung letzterer Realisierungsform kann im Hinblick auf das medial schriftlich realisierte Korpus dieser Arbeit verzichtet werden.

Stilen orientiert sich als expressive Kategorie wiederum am Sprecher in einer konkreten Situation. Die folgende Definition bringt den Unterschied zwischen Varietäten – verstanden als Oberkategorie von Registern – und Stilen auf den Punkt:

> Im Unterschied zu regionalen, sozialen, situativen und z. B. gruppenspezifischen Varietäten, die man isoliert voneinander und aus der klassifizierenden Perspektive des Wissenschaftlers als linguistische Subsysteme idealisiert und losgelöst von der konkreten Verwendungssituation beschreiben kann, werden Stile in konkreten Situationen/Einheiten/Merkmalbündeln erfaßt bzw. als sich konstituierend aus sozial und interaktiv interpretierten Merkmalen. (Selting/Hinnenkamp 1989: 5)

In der Regel sagen die Anforderungen eines Registers den Stil voraus. Dittmar (1997: 212) schlägt in Anbetracht dessen den Begriff des ‚Registerstils' vor. Register und Stil sind meist insofern kongruent, als Sprecher sich in der Wahl sprachlicher Mittel an der Situation orientieren. Dennoch müssen Registeranforderungen und tatsächliche Ausgestaltung einer kommunikativen Situation nicht immer deckungsgleich sein. So können selbst-expressive Bestrebungen das Bedürfnis, Registeranforderungen zu erfüllen, überschreiben, sodass Stil und Register voneinander abweichen. Denkbar wäre beispielsweise, dass ein Jugendlicher vor Gericht ungeachtet der registergemäß sehr formellen Situation Jugendsprache verwendet, um seinem Trotz der Situation gegenüber Ausdruck zu verleihen. In konkreten Fällen ist allerdings schwierig zu bestimmen, ob ein Registerbruch aufgrund expressiver Intentionen vorliegt, oder ob das Erfüllen der Registeranforderungen nicht-intendiert am Mangel registeradäquater Sprachkompetenzen scheitert, denn stilistisch markierte Ausdrucksformen sind „teils strategischer, teils habitueller Natur" (Dittmar 1197: 226). Sie offenbaren, was ein Sprecher aus einer kommunikativen Situation machen *will* oder *kann*. Bei Stil handelt es sich um eine – habituell oder expressiv bedingte – Individuierung, die sich in der Wahl der sprachlichen Mittel niederschlägt (Sandig 1995: 3). Das Moment der Individuierung bedeutet jedoch nicht, dass Stile gänzlich individuell sind – Stile können auch in Form von gruppenübergreifenden Merkmalen vorkommen (Beispiel der Jugendsprache als Gruppenstil bei Bahlo et al. 2019: 49-51)[22]. Bei der Bildungssprache handelt es sich um einen „bereichsübergreifenden Stil" (Ortner 2009: 2229). Sie kann im soziolinguistischen Sinn

22 Bahlo et. al weisen in dem Zusammenhang daraufhin, dass Stile auch außersprachliche Merkmale wie Gestik und Kleidung beinhalten können; das vorliegende Kapitel behandelt ausschließlich Sprachstile. Zahlreiche Beispiele für über den Invididualstil hinausgehende Stile finden sich ferner in der literaturwissenschaftlichen Forschung zu Epochenstilen: „Unter E. [Epochenstil] wird die Gesamtheit der beobachtbaren Stilerscheinungen einer Epoche verstanden, die nicht allein auf die individuellen Stilmerkmale eines Autors oder die generellen Stileigenheiten einer Textsorte bzw. Gattung zurückzuführen, also zeittypisch sind" (Lindner/Sowinski 2013: Sp. 1319).

insofern als Stil bezeichnet werden, als sie nicht nur zur Erfüllung situativer Kommunikationsanforderungen dient, sondern im Kontext von Selbstdarstellungsbestrebungen auch ein expressives Moment beinhalten kann. Wird Bildungssprache etwa in einem informellen Kontext zum Austausch über Alltägliches verwendet, wofür es aus kommunikativ-funktionalen Gesichtspunkten eigentlich keiner bildungssprachlichen Merkmale bedürfen würde, so handelt es sich bei ihrem Einsatz nicht mehr um die Erfüllung eines Registers, sondern es ist von einem stilistischen Einsatz auszugehen.

### 4.1.4 Verwandte Konzepte und Begriffsabgrenzung

Zur Genese des Begriffes ‚Bildungssprache' haben zwei Konzepte in besonderem Maße beigetragen – Bernsteins *elaborated vs. restricted code* (1968) und Cummins (ursprünglich 1979, hier zusammengefasst nach 2008) *cognitive academic language proficiency* (CALP) vs. *basic interpersonal communcations skills* (BICS). Auch in gegenwärtigen Definitionen von Bildungssprache werden diese beiden Differenzierungen zur Identifikation bildungssprachlicher Merkmale und Funktionen noch rezipiert (so z.B. bei Beyer 2015).

Die von Bernstein eingeführten Begrifflichkeiten *elaborated* und *restricted* eröffnen eine Opposition zwischen elaborierter, zur Lösung komplexerer kommunikativer Aufgaben geeigneter Sprache und einer komplexitätsreduzierten, eingeschränkten Sprache. Die beiden *codes* werden daneben nicht nur mit Sprachkompetenzen, sondern auch mit gesellschaftlichen Schichten verbunden. Die *working class* bediene sich des eingeschränkten Codes, die *middle class* demgegenüber der elaborierten Variante (Bernstein 1968). Eine vergleichbare Gegenüberstellung stellt Cummins mit den Sprachkompetenzen *BICS* und *CALP* auf. Dabei bezieht er sich, anders als Bernstein, nicht auf soziale Schichten, sondern auf die schulsprachlichen Kompetenzen von L2-Lernern. Die je nach Kommunikationssituationen variierende Sprachkompetenz von Sprachlernen begründet er zum einen mit unterschiedlichen kommunikativen Anforderungen (z.B. akademische vs. private Kontexte). Zum anderen zieht er auch Verbindungen zwischen sprachlichem Ausdruck und kognitiver Leistungsfähigkeit. Mit der Feststellung derartiger Verknüpfungen zwischen Sprecher und Sprache – sei es in Bezug auf soziale Stellungen oder Intelligenz – ebnen die beiden Modelle den Weg für eine stigmatisierende Sichtweise auf Sprecher und einer Hierarchisierung ihrer Varietäten (siehe auch Kapitel 4.3.3).

Des Weiteren offenbaren die Konzepte *elaborated vs. restricted code* und *cognitive academic language vs. basic interpersonal communication skills* auch ein leitendes Vorgehen in der Begriffsbestimmung von Bildungssprache: Die Konzepte basieren auf einer Antonymie und stellen Varietäten gegenüber, von der jeweils einer Varietät positive und der anderen Varietät negative Evalutionsdimensionen zukommen. In diesem Zusammenhang fällt auch der Begriff der *Umgangssprache*, der zur Abgrenzung der Bildungssprache herangezogen wird. Die Nutzung des schwer definierbaren Begriffes Umgangssprache führt Menge (1982: 54) auf ein grundlegendes Bedürfnis nach einem Gegenpol zurück:

> Daß ‚Umgangssprache' so verschiedenartige Bedeutung hat, hängt im übrigen wohl damit zusammen, daß in verschiedenen sprachwissenschaftlichen Bereichen das Bedürfnis nach einem Antonym entstand. [...] Wo z.B. neben die alten Dialekte eine Varietät des Hochdeutschen trat bzw. diese ablöste, ergab sich die Notwendigkeit, diese Varietät zu benennen. [...] Als in Wörterbücher nicht mehr nur der als vorbildlich empfundene Sprachgebrauch von Dichtern und Schriftstellern aufgenommen werden sollte, bedurfte es der Bezeichnung von Stilschichten. Auch da, wo betont werden soll, daß sich eine Grammatik auf die moderne deutsche Gegenwartssprache bezieht, schien ein Benennungsbedürfnis zu entstehen. In diesen und anderen Fällen dürfte der Begriff ‚Umgangssprache' deshalb gewählt worden sein, weil er aufgrund seiner Vagheit und vermeintlichen Bekanntheit die neu entstandene Leerstelle so bequem ausfüllte.

Den Versuch, Umgangssprache näher zu bestimmen, bezeichnet Menge in seinem theoretischen Annäherungsversuch als „lästige Frage" (Menge 1982, so im Titel), die mangels empirischer Daten zu jenen sprachlichen Merkmalen, die gemeinhin als umgangssprachlich bezeichnet werden, nicht zufriedenstellend beantwortet werden kann. Auch empirische Studien vermeiden z.T. eine nähere Operationalisierung und verwenden den Begriff der Umgangssprache „als vorwissenschaftliche[n], quasi intuitive[n] Begriff" (Selting 1983: 30).
Habermas (1978: 328), dessen Definition von Bildungssprache als Sprache der Öffentlichkeit bereits vorgestellt wurde, definiert die Umgangssprache wie folgt:

> Unter Umgangssprache verstehen wir die Sprache, die der Angehörige einer Sprachgemeinschaft ‚im Alltag' nutzt. Mindestens eine natürliche Sprache bildet die Umgebung, in der das Kind sprechen lernt. Die Umgangssprache wird ‚naturwüchsig' gelernt.

In diesem Zusammenhang hebt er hervor, dass es sich bei der Bildungssprache und der Umgangssprache nicht um oppositionelle Konzepte handelt, sondern sie beeinflussen und bedingen sich gegenseitig, indem bildungssprachliche „theoretische Begriffe in die Umgangssprache einwandern" und mindestens eine Sprachvarietät (meist Umgangssprache) beherrscht werden muss, bevor die Bildungssprache erworben werden kann. Eine nähere Beschreibung des Inventars von Umgangssprache beinhaltet Habermas' Ansatz nicht.

Die jüngere Forschung hat sich darauf verständigt, dass es *die eine* Beschreibung von Umgangssprache ohnehin nicht geben kann, da sie sowohl diastratischen wie diatopischen als auch diaphasischen Variationen unterliegt. Die Umgangssprache ist „als Grauzone" eine Varietät *zwischen* Dialekt und Standardsprache und beinhaltet Merkmale von beidem (Weisgerber 2008: 261). Sie umfasst alle sprachlichen Ebenen wie die lexikalische Ebene („irre"), die syntaktische Ebene („der Mann, wo") und die Ebene der Aussprache („is" anstatt „ist", alle Beispiele nach Wawra 2016: 733).[23]

Auch wenn die Umgangssprache die „verbreitetste Form des heutigen Sprachgebrauchs, eben die Alltagssprache" darstellt, wird ihr Gebrauch häufig kritisiert:

> Die Kennzeichnung von Wörtern und Wendungen als ‚umgangssprachlich' (ugs.) in Texten (besonders Schulaufsätzen) und Wörterbüchern enthält bis heute in den meisten Fällen eine negative (stilistische) Wertung. (Weisgerber 2008: 261)

Im Hinblick auf die stilistische Bewertung ist die Umgangssprache – trotz der von Habermas beschriebenen wechselseitigen Einflüsse – durchaus ein Antonym zur Bildungssprache: Während Bildungssprache als stilistisch wertvolles sprachliches Ziel erachtet wird (vgl. Ortner 2009), gilt die Verwendung von Umgangssprache – besonders in formellen Situationen und im Schriftlichen – als unangemessen.

## 4.2 Merkmale von Bildungssprache

Bildungssprachliche Merkmale finden sich sowohl auf lexikalischer und semantischer als auch auf syntaktischer und morphologischer Ebene. Auch wenn die Merkmale in unterschiedlichen Einzelsprachen u.a. aufgrund unterschiedlicher grammatischer Repertoires nicht vollkommen identisch sind, gelten sie nicht als sprachgebunden (vgl. Stahns 2016: 47). Bei der Bildungssprache handelt es sich nicht nur um ein Phänomen des Deutschen, vielmehr ist sie als spezifische, funktional orientierte Selektion sprachlicher Merkmale zu verstehen, die in verschiedenen Sprachen zu verzeichnen ist. Folglich wird von einer Übertragbarkeit (beispielsweise) englischsprachiger Forschung zur *academic language* auf die Beschaffenheit der ‚deutschen Bildungssprache' ausgegangen (vgl. Stahns 2016). Linguistische Bestandsaufnahmen bildungssprachlicher Charakteristika sind primär rein deskriptiv motiviert. Bezüglich der didaktischen Verwertung dieser

23 Versuche zu systematischen Inventarisierungen der umgangssprachlichen Merkmale werden vor allem in der Lexikographie vorgenommen (ein älteres Beispiel dafür ist Küppers Wörterbuch der deutschen Umgangssprache 1963).

Inventarisierungen lassen sich präskriptive Züge jedoch kaum von der Hand weisen (wie zahlreiche Publikationen zur Förderung von Bildungssprache nahelegen, z.B. Feilke 2012). Im Spannungsfeld zwischen deskriptiven und präskriptiven Ansprüchen mag in der einschlägigen Forschung zwar Uneinigkeit über die (didaktische) Verwertung der Merkmalskataloge herrschen. Darüber, welche Merkmale als charakteristisch gelten können, besteht aber (wenn auch teilweise in unterschiedlichen Unterteilungskriterien und leicht variierender Terminologie) weitestgehend Einigkeit.[24]

Auf *lexikalischer Ebene* gelten Fachbegriffe als markantestes Aushängeschild der Bildungssprache. Daneben zählen Präfixverben und Komposita zu ihren Eigenschaften. Auf *syntaktischer Ebene* sind u.a. Kohärenzmarkierungen (wie Junktionen), Funktionsverbgefüge und komplexe Attributionen kennzeichnend. Als *diskursive Merkmale*, die vielmehr *externe Einflüsse* auf die sprachliche Beschaffenheit von Bildungssprache beschreiben als Charakteristika der Sprachoberfläche selbst, werden u.a. die Dominanz monologischer Formen und die eindeutige Verteilung von Sprecherrollen bezeichnet (Zusammenfassung der Merkmale nach Morek/Heller 2012: 73[25]).

Der Versuch einer integrativen Darstellung einschlägiger Merkmalskataloge wird in Tabelle 4 unternommen (in Anlehnung an Morek/Heller 2012, Gogolin/Duarte 2016, Feilke 2012, Heppt et al. 2015).

24 Allerdings ist mitunter wenig transparent, wie und auf Basis welcher Korpora diese Merkmale identifiziert worden sind. Es liegt daher der Verdacht nah, dass es sich um *top-down* bzw. deduktiv benannte Charakteristika handelt, die eines empirischen Fundaments entbehren.

25 Sie selbst haben die Merkmale nach Schleppegrell (2001, 2010), Reich (2008, zit. bei Gogolin/Lange (2010) und Gantefort/Roth (2010) zusammengefasst.

**Tab. 5:** Übersicht bildungssprachlicher Merkmale

| | Sprachliches Merkmal | Beispiel[26] |
|---|---|---|
| Lexikalische und semantische Merkmale | | |
| | Fachbegriffe | onomatopoetisch |
| | nicht-fachliche Fremdwörter | interaktiv |
| | nominale Komposita | Verkehrsbeleuchtung |
| | Präfixverben, reflexive Verben | befahren, sich befinden |
| | Partizipien | überschreitend |
| | Präfix-/Suffixadjektive | problemlos |
| | erweiterte Nominalphrasen | zu den gegen ihn erhobenen Vorwürfen |
| Grammatische Merkmale | | |
| | Funktionsverbgefüge | Hilfe leisten |
| | Satzgefüge bzw. subordinierende Sätze | …, links abbiegen zu können |
| | Junktionen | weil |
| | Konjunktiv | Er sei gefahren. |
| | Passiv & Passiversatzformen | wurde hervorgerufen |
| | Nominalisierungen | aufgrund |
| Diskursive Merkmale | | |
| | hoher Anteil monologischer Formen | |
| | Erfüllen von Textsorten- und stilistischen Konventionen | |
| | eindeutige Verteilung der Sprecherrollen | |
| Quantitative Merkmale | | |
| | drei oder mehrsilbige Wörter | |
| | mittlere bis hohe Satzlänge | |
| | niedrig frequentierte Wörter (hohe Type-Token-Ratio) | |

Bei der Zuordnung der Merkmale in die Kategorien ‚Lexik und Semantik' und ‚Grammatik' als Sammelbegriff für Syntax und Morphologie, handelt es sich um eine theoretische Distinktion, die in der Beschreibung authentischer Bildungssprache nicht konsequent eingehalten werden kann. Nominalphrasen sind hinsichtlich

25 Alle Beispiele sind dem Textkorpus dieser Arbeit entnommen.

der Wahl des Lexems zwar Teil der lexikalischen Ebene, sobald sie allerdings durch Attribute komplex erweitert werden, zählt die erweiterte Nominalphrase auch zu den syntaktischen Phänomenen.

Ferner treten die Merkmale in Kombination auf, d.h. das Auftreten eines Merkmals allein hat kein distinktives Potential, um Bildungssprache von anderen Registern zu unterscheiden. Auch in der Alltagssprache kommen bspw. Konjunktive vor und, andersherum, enthält nicht jeder bildungssprachliche Text den Konjunktiv. Kein Merkmal steht exklusiv nur dem einen oder dem anderen Register zur Verfügung. Bildungssprache kann dementsprechend als spezifische Merkmalskombinationen bezeichnet werden, in der die identifizierten Merkmale und Strukturen im Vergleich zu anderen Registern frequenter auftreten. Die Merkmale werden gemäß den diskursiven Gegebenheiten in Abhängigkeit zur jeweiligen Angemessenheit eingesetzt; nicht jedes Merkmal eignet sich zu jeder bildungssprachlichen Handlung. Grund dafür ist die starke *Normgebundenheit* von Bildungssprache (zur Normativität von Bildungssprache siehe auch Ortner 2019: 1; Beyer 2015: 22). Welches Merkmal, wann und wie verwendet wird (oder zu verwenden ist), entspringt einer normierten Angemessenheit.

Bisweilen werden in Merkmalsbeschreibungen der Bildungssprache auch die Tempora Futur und Präsens benannt (Gogolin/Duarte 2016: 490)[27]. Präsens mag zwar ein frequentes Tempus der Schulsprache darstellen; darüber hinaus ist die temporale Ausrichtung bildungssprachlicher Kommunikate aber nicht auf die Gegenwart beschränkt (z.B. Bericht von Vergangenem in der Tagesschau). Die Kategorie Tempus wurde in der obenstehenden Tabelle daher nicht angeführt.

Die integrative Tabelle weist zwei grundlegende Unterschiede zu anderen Merkmalskatalogen auf, erstens in der Wahl der Beispiele und zweitens in einer Integration quantitativer Ausprägungen. Die Beispiele sind den Aussagen des Arbeitskorpus und nicht schulischen Textprodukten entnommen, um zu illustrieren, dass Bildungssprache keine reine Schulsprache ist. Quantitative Aspekte wurden in der bisherigen Forschung vernachlässigt. Dazu zählt u.a. die *Type-Token-Ratio*, die auch als lexikalischer Diversifikationsquotient bezeichnet wird. Die Type-Token-Ratio gilt nicht nur für Bildungssprache als charakteristisch, sondern ist vielmehr ein universales Merkmal der ‚Sprache der Distanz' und wird deshalb mit der Bildungssprache in Zusammenhang gebracht (vgl. auch Fornol 2020: 29). Ein hoher TTR-Wert zeigt an, dass ein Text wenige Wortwiederholungen und eine große

---

**26** In der Merkmalsübersicht von Gogolin/Duarte wird der Kategorie des Tempus fälschlicherweise auch der häufig in Aufgabenstellungen verwendete Modus des Imperativs zugeordnet. Der Imperativ kann für Bildungssprache allenfalls insofern als charakteristisch gelten, als er in schulischen Aufgabenstellungen verwendet wird.

Variation im Wortschatz aufweist; der maximale Wert liegt bei 1 (d.h. keine Wortwiederholungen). Hohe TTR-Werte können als Indikatoren für ein distanzsprachliches Register als Hinweis auf Bildungssprachlichkeit herangezogen werden. Die Aussagekraft dieses Maßes wird jedoch stark kritisiert, da die TTR durch Textlängen verzerrt wird – je länger ein Text ist, desto größer ist die Wahrscheinlichkeit von Wortiterationen (vgl. das ‚Zipfsche Gesetz', diskutiert u.a. von Köhler 2005) und desto geringer fällt die TTR in der Regel aus.

Weitere quantitative Merkmale der Bildungssprache sind die Wort- und die Satzlänge. Ein Beispiel für eine der wenigen Studien zu Wort- und Satzlängen bildungssprachlicher Texte und ihrem Einfluss auf Lesbarkeit und Textverständlichkeit ist die Untersuchung von Heppt et al. (2015). Überhaupt sind empirische Studien zur Wirkung bildungssprachlicher Merkmale auf die Rezeption (von Texten und Sprechern) eher noch ein Forschungsdesiderat. Einschlägige Arbeiten mit empirischem Fokus beschäftigen sich vornehmlich mit Sprachstandserhebungen (z.B. Ratingskala RaBi von Tietze et al. 2016) Dies ist insofern bedauerlich, als ein zentraler Begriff, der über den Merkmalen und über dem gesamten Konstrukt ‚Bildungssprache' schwebt, daher nur theoretisch erfasst werden kann: *Komplexität.* Wie Heppt et al. (2015) belegen, hat die erhöhte Länge von Wörtern und Sätzen Auswirkungen auf die Textrezeption. Derartige Ergebnisse werfen die Frage nach der Notwendigkeit und Ersatzbarkeit dieser Merkmale auf. Die Komplexität ist vor allem der Funktion geschuldet – so eignet sich eine mit mehreren Attributen komplex erweiterte Nominalphrase zwar hervorragend zur präzisen, ökonomischen und detaillierten Vermittlung von Inhalten, die Rezeption kann aber, besonders etwa im Falle hierarchisch verschachtelter Attribute, erschwert sein. Die in den gängigen Merkmalskatalogen fehlende Rückkopplung an das funktionale Moment der bildungssprachlichen Merkmale muss insofern als Versäumnis bezeichnet werden, als besonders die funktionale Dimension zu erklären vermag, welchen kommunikativen Bedürfnissen die Verwendung bildungssprachlicher Merkmale entspringt. Eine funktionale Perspektive auf die einzelnen Merkmale und die Entsprechung von Form und Funktion behandelt Kapitel 4.3.1.

## 4.3 Funktionen von Bildungssprache

Moreks und Hellers (2012) heuristischer Subdifferenzierung zufolge lassen sich drei Funktionen für die Verwendung von Bildungssprache identifizieren: Eine sozialsymbolische Funktion als „Eintritts- und Visitenkarte", eine kommunikative Funktion als „Medium des Wissenstransfers" sowie eine epistemische Funktion als „Medium des Denkens" (Morek/Heller 2012: 70). Damit erweitern sie die hauptsächlich didaktischen Betrachtungen des Registers ertragreich auf u.a. soziolinguistische

Fragestellungen. Ihr Beitrag ist daher essenziell für die nachstehenden Ausführungen.

### 4.3.1 Bildungssprache als Mittel des Wissenstransfers: Kommunikative Funktion

Die Relevanz des Beherrschens von Bildungssprache, die die zahlreichen Publikationen zur Förderung bildungssprachlicher Kompetenzen und die Verankerung im Lehrplan der Bildungsministerien[28] belegen, lässt sich aus funktionaler Perspektive begründen. Eine hohe Gewichtung funktionaler Aspekte (vor formalen) nimmt Feilke (2019: o.S.) vor, indem er seiner enzyklopädischen Erfassung der ‚Bildungssprache' u.a. das Schlagwort „Handlungsbezug" voranstellt:

> Für den Versuch einer Begriffsbestimmung von Bildungssprache ist es sinnvoll, zunächst bei den Funktionen und erst nachgeordnet bei den sprachlichen Strukturen anzusetzen. Wichtige Stichworte für die Definition sind: Handlungsbezug, Schriftlichkeitsbezug und Dekontextualisierung, Reflexivität, kognitive Funktionalität, soziokulturelle Funktion, bildungssprachliche Praktiken.

Bildungssprachliche Merkmale sind nicht nur status-einbringende Accessoires, sondern vor allem unabdingbare *Prozeduren verschiedener Texthandlungen*. Die Merkmale von Bildungssprache ermöglichen Texthandlungen und -prozeduren – darunter das „Beschreiben, Vergleichen, Erklären, Analysieren, Erörtern usw." (ebda.) sowie die Verallgemeinerung, Verdichtung, Diskussion und das Explizieren von Aussagen (siehe auch Feilke 2012). *Explizieren* bedeutet laut Feilke (ebda.: 8) „Sachverhalte und ihre Zusammenhänge für den Leser möglichst nachvollziehbar, d.h. explizit darstellen und fokussieren" zu können und beispielsweise kausale Zusammenhänge zu benennen und sichtbar zu machen (vgl. auch Siebert-Ott 2017). Der Unterschied zwischen impliziten (1) und expliziten (2) Relationen sei an folgendem Beispiel einer Aussage (Bsp. 2 authentisch) verdeutlicht:

> (1) Ich wollte die Polizei nicht rufen. Bei einem Smart handelt es sich hauptsächlich um Plastik.
> (2) Ich wollte die Polizei nicht rufen, [...], weil es sich bei einem Smart hauptsächlich um Plastik handelt.

27 Vgl. u.a. Ministerium für Schule und Bildung des Landes Nordrhein-Westfalen: „Die Grundvoraussetzung, Bildungsbiographien erfolgreich zu gestalten, ist das Beherrschen der deutschen Bildungssprache", https://www.schulministerium.nrw/schule-bildung/bildungsthemen/integration-durch-bildung, letzter Zugriff: 01.05.2024.

Während die beiden Informationen in Beispiel 1 parataktisch und ohne explizite Versprachlichung der logischen Relation zwischen den beiden Sätzen nebeneinanderstehen, stellt die Hypotaxe in Beispiel 2 eine kausale Relation her; der Zusammenhang wird explizit benannt.

Als weitere Merkmale bildungssprachlicher Textexplizitheit führen Morek/Heller (2012: 71) *textstrukturelle Transparenz* und *referenzielle Eindeutigkeit* an. Wer oder was gemeint ist, wird besonders in schriftlich realisierten Texten konkret benannt, da der Rezipient (anders als in der mündlich realisierten Alltagssprache) keine Hinweise, wie z.B. Zeigegesten, zur Unterstützung der Referenzinterpretation heranziehen kann. Um Inhalte auch für außenstehende Leser nachvollziehbar darstellen zu können, bedarf es also *Dekontextualisierungen*, mithin der „Unabhängigkeit des Textverständnisses von der unmittelbaren Kommunikationssituation" (ebda). Diesem Anspruch wird ein Schreiber vor allem durch eine weitestgehende Origo-Exklusivität gerecht; die Referenz deiktischer Begriffe (beispielsweise temporale oder lokale Deiktika) kann für eine außenstehende Leserschaft in dekontextualisierten Darstellungen nicht oder nur schwer rekonstruierbar sein. Weniger dem Verständnis als der Ökonomie der Kommunikation (im Sinne einer Sparsamkeit des Wort- und Textmaterials) dient die *Kondensiertheit* bildungssprachlicher Kommunikate (vgl. Morek/Heller 2012: 71). Eine Zuordnung der kommunikativen Funktionen zu bildungssprachlichen Realisierungsformen nimmt die folgende Tabelle vor.

**Tab. 6:** Form und Funktion bildungssprachlicher Mittel[29]

| **Bildungssprachliche Funktionen** | **Bildungssprachliche Formen** |
|---|---|
| Explizieren | Junktion, komplexe Sätze & Phrasen |
| Verallgemeinern, dekontextualisieren & depersonalisieren | Passiv, Verzicht auf Deiktika, Generizität |
| Präzisieren | Attribution, Verzicht auf Deiktika |
| Verdichten, kondensieren | Nominalisierungen, Nominalstil |
| Diskutieren | Konjunktiv, modale Konstruktionen/ Modalisierungsprozeduren |

28 Zusammenfassung zur Entsprechung von Form und Funktion in Anlehnung an die Zuordnungen von Feilke (2012), Morek/Heller (2012), Schleppegrell (2001)

Wie in der Tabelle ersichtlich, kann ein einzelnes sprachliches Merkmal mehrere Funktionen realisieren. So führt beispielsweise der Verzicht auf (personale, temporale und lokale) Deiktika sowohl zu Dekontextualisierungen (und damit zu einer Nachvollziehbarkeit für ‚Außenstehende') als auch zur Präzision. Eine derartige Multifunktionalität lässt sich auch für den Nominalstil verzeichnen (Morek/Heller 2016: 72, vgl. auch Schleppegrell 2010 & Feilke 2012). Erweiterte Nominalphrasen transportieren kondensiert viele Informationen, sind damit ökonomisch und garantieren daneben auch referenzielle Eindeutigkeit.

In den erläuterten Texthandlungen wird Bildungssprache auch für die Aussagen bei der Vernehmung auf dem Schriftweg relevant. In den Vernehmungsaussagen müssen Inhalte vermittelt werden, die sich ein Rezipient nicht ohne eine nachvollziehbare Darstellung (wie z.B. durch Weltwissen) erschließen kann. Dazu müssen die Inhalte dekontextualisiert und vor allem auch expliziert geschildert werden. Die Leserschaft (in diesem speziellen Fall die Polizei) muss zur umfänglichen Rekonstruktion eines Tatgeschehens Sinnzusammenhänge zwischen den einzelnen geschilderten Fakten verstehen können. Im Falle mangelnder Rekonstruierbarkeit könnte es zum Empfinden von Unglaubwürdigkeit kommen. Der Effekt der Verständlichkeit eines Kommunikats auf die Glaubwürdigkeitszuschreibung wurde bereits am Beispiel der Ablehnung von schwer verständlichen Akzenten erläutert (Studie von Frumkin 2007). Unverständliches, was – der mangelnden sprachlichen Kompetenz eines Kommunikators geschuldet – erst durch die Investition kognitiver Energie seitens des Rezipienten rekonstruiert werden muss, führt zu Ablehnungen. Überträgt man diesen anhand mündlicher Kommunikation festgestellten Mechanismus auf schriftliche Textprodukte, ist davon auszugehen, dass eine nicht oder schwer nachvollziehbare Darstellung durch Aussagende einen ähnlichen Effekt auf seine Bewertung hat. Aussagende, die aufgrund mangelnder bildungssprachlicher Kompetenzen an der dekontextualisierten Darstellung eines Tathergangs scheitern – so lautet eine Hypothese dieser Arbeit – unterliegen dem Risiko einer Negativbewertung.

Nicht alle kommunikativen Funktionen von Bildungssprache können indes als Texthandlungsansprüche von Aussagen in Vernehmungskontexten gelten. Während sich Dekontextualisierungen, der Hypothese zufolge, positiv auf die Aussagendenbewertung auswirken, ist die Funktion von Depersonalisierungen vor einem anderen Hintergrund zu diskutieren: Mit u.a. dem Ziel der Täteridentifikation sind explizite personale Benennungen in sVA unerlässlich – es sei denn, das Agens, sprich ein Täter, Opfer oder ein Beteiligter ist unbekannt. Das Beispiel der Aussagen zeigt, dass bildungssprachliche Texthandlungsfunktionen den jeweiligen Funktionen des Textes selbst unterliegen.

### 4.3.2 Bildungssprache als Mittel der Wissensaneignung: Epistemische Funktion

Bildungssprache dient nicht nur dem Transfer von Wissen, sondern – vor allem im Kontext der Schule – auch dem Wissenserwerb. Sie ist die „Sprache des Lernens und Lehrens“ (Feilke 2012), „Werkzeug des Denkens“ (Morek/Heller 2012: 75) und ihre Merkmale werden für epistemische Prozeduren der Wissensaneignung benötigt: „Wer Bildungssprache adäquat verwenden kann, der ist auch in der Lage zu den damit in Zusammenhang stehenden komplexen kognitiven Operationen“ (Morek/Heller 2012: ebda.). Als Beispiele für diese epistemisch-relevanten Operationen führen Morek/Heller (ebda.) das Vermögen zur Abstraktion, zur Verallgemeinerung und zum Erkennen von Kausalität an. Das Verständnis dieser Operationen ist wiederum fundamental, um etwa die sogenannten ‚Operatoren‘ in schulischen Aufgabenstellungen (bspw. „Erläutern Sie!“, „Beschreiben Sie…!“) anforderungsgemäß umzusetzen. Die epistemische Funktion von Bildungssprache ist damit erforderlich für erfolgreiches Lernen, und dies nicht nur bei der eigenen Textproduktion, sondern, grundlegender noch, zur gewinnbringenden Erschließung von Texten (siehe Niemann 2015 zu Bildungssprache und intertextuellen Kompetenzen).

Bildungssprachliche Kompetenzen werden vor diesem Hintergrund auch als Indikatoren des Durchdringens von Inhalten verstanden. Der bildungssprachliche „Novize“ (Ortner 2009: 2231) macht bisweilen von sprachlichen Merkmalen Gebrauch, die zwar bildungssprachlich assoziiert werden, die für die spezifische kommunikative Situation in funktionaler Hinsicht allerdings unpassend sind (vgl. auch Morek/Heller 2012: 76). Diese ‚bildungssprachlichen Versuche‘ könnten als Hinweis darauf gedeutet werden, dass Sprecher noch vor der Aneignung kommunikativ-funktionaler Zusammenhänge um den Mehrwert assoziativer Attribute von Bildungssprache – wie im folgenden Kapitel 4.3.3 vorzustellen sein wird – wissen.

### 4.3.3 Bildungssprache als Prestigeregister: Sozialsymbolische Funktion

Aus soziolinguistischer Perspektive interessiert Bildungssprache vor allem im Kontext von Selbstdarstellungen und Sprechereinschätzungen, denn sie ist „ein Mittel, mit dem man Bildung signalisieren kann, um Einfluss und Prestige zu erlangen“ (Steinig 2016: 69). In dieser Funktion wirkt Bildungssprache identitätsstiftend (vgl. Morek/Heller 2012: 79). Welcher sprachlichen Merkmale man sich bedient, offenbart den gesellschaftlichen Status eines Individuums – erstens, wer man ist, zweitens, wer man sein kann und drittens, wer man sein möchte. Der erste Gedanke, dass bildungssprachliches Vermögen tatsächlich Aufschluss über

Eigenschaften eines Kommunikators gibt, ist besonders in den bereits dargestellten Ausführungen Bernsteins (1968: 259) und Cummins (2008) leitend. In seinen Ausführungen zum *elaborated* und *restricted code* beschreibt Bernstein Relationen zwischen Sprachvermögen und gesellschaftlichem Status:

> Children socialized within middle class and associated strata can be expected to possess both an elaborated and a restricted code: while children socialized within some sections of the working class strata, particularly the lower working class, can be expected to be limited to a restricted code.

Eine vergleichbare Verknüpfung zwischen Kommunikatoren und ihren Charakteristika findet sich (wenn auch nicht bezogen auf gesellschaftlichen Status) im Begriffspaar der *cognitive academic language proficiency* und den *basic interpersonal skills* nach Cummins (2008). Die Verwendung von CALP sei mit höheren kognitiven Leistungen verbunden. Derartige Annahmen sind aus soziologischer bzw. soziolinguistischer Perspektive nicht unproblematisch, denn sie verleiten „zu einer Hierarchisierung zwischen literaten und nicht-literaten Sprechern und zu einer defizitorientierten Sichtweise auf Menschen“ (Gogolin 2016: 483, Kritik von Rolstad 2005 wiedergebend). Diese Kritik scheint in Anbetracht von Benachteiligungen z.B. in Sachen Bildungschancen einerseits berechtigt, andererseits hat die Vorstellung der kommunikativen und epistemischen Funktionen gezeigt, dass die Merkmale von Bildungssprache zur Wissensweitergabe und -aneignung benötigt werden. Dieses Dilemma zwischen funktionaler Notwendigkeit und der Reproduktion ungleicher Chancen versucht Gogolin (2016: ebda.) aufzulösen:

> Die ethisch begründete Anerkennung der prinzipiellen Gleichwertigkeit von Sprachen und Varietäten steht deshalb in keinerlei Widerspruch dazu, dass es jungen Menschen ermöglicht wird, sich verschiedene, funktional differenzierte und in ihrer Form unterschiedliche Varietäten anzueignen.

Gogolin betont, dass „der Zugang zu möglichst vielen Varianten von Sprache auch gesellschaftliche Teilhabechancen mit sich bringt“ (2016: 483). Bildungssprache gilt in diesem Zusammenhang auch als „kulturelles Kapital“ (Feilke 2019: o.S., siehe auch Bourdieu 1979) zur gesellschaftlichen Partizipation, als „Eintrittskarte“ (Morek/Heller 2012: 77) und zugleich als „Geheimsprache“ der Bildungsinstitutionen (Vollmer/Thürmann 2010: 109). Diese Funktion lässt sich besonders am Beispiel der Schule illustrieren: Da Bildungssprache als Voraussetzung für schulischen Erfolg gilt, müssen Kinder sie beherrschen – ohne dass sie in der Schule explizit gelehrt wird. Sie werde hauptsächlich in der „familialen Sozialisation vererbt“ (Feilke 2019: o.S.) und so bietet sich Kindern, die bildungssprachlich sozialisiert sind, ein Vorsprung gegenüber Kindern, die die Merkmale nachträglich erwerben müssen. Dass bildungssprachliche Merkmale stillschweigend vorausgesetzt und wenn überhaupt beiläufig und mit mangelnder expliziter Gewichtung gelehrt werden, wirft Fragen nach der Gleichheit von Bildungsvoraussetzungen auf (vgl. Gogolin/Duarte 2016: 479). In diesem Zusammenhang identifizieren Morek/Heller (2016: 77) die „ungleichheitsreproduzierende Funktion". Vergleichbar betrachtet Habscheid (2018: 184) Bildungssprache im Kontext von Inklusion und Exklusion – auch im außerschulischen Kontext:

> Auch außerhalb der Schule weist ‚bildungssprachliche' Kommunikation einen exklusiven Charakter auf [...]. In Wohlfahrtstaaten, die programmatisch allen Bürgerinnen und Bürgern die umfassende Teilhabe an öffentlichen Institutionen ermöglichen sollen, stellt eine derartige ‚Exklusion' ein beträchtliches Legitimationsproblem dar.

Mit dieser, wenn auch knappen, Ausführung zur außerschulischen Relevanz, gibt Habscheid einen wertvollen Impuls zu Perspektiven, die in der einschlägigen Forschung noch ein Desiderat darstellen: Bildung zu signalisieren, ist nicht nur der Schule wichtig. Der angenommene Bildungsgrad eines Sprechers beeinflusst gemäß der Spracheinstellungsforschung grundlegende Evaluationsdimensionen – wie etwa die in dieser Arbeit untersuchten Glaubwürdigkeitszuschreibungen. Als institutionalisiertes Register sind die Merkmale von Bildungssprache daneben hochgradig normiert und legitimiert. Sie ist eine ‚legitime' Sprachvarietät. Die legitime Sprache als symbolische Macht führt wiederum zu Akzeptabilität und Glaubwürdigkeit:

> Sprache ist Medium, also die Gewalt(-form) und zugleich Gegenstand dieser symbolischen Kämpfe, die folglich auch um die legitime Sprache und Sprechweise ausgetragen werden, um deren Form, d. h. wie man ‚richtig', korrekt, distinguierend, sozial akzeptabel, wahrgenommen und glaubwürdig spricht. (Schendzielorz 2011: 40)

Mindestens implizit besteht ein Wissen um die ‚türenöffnende' Funktion des Beherrschens von Bildungssprache, denn sie ist gleichzeitig auch eine ‚Visitenkarte' (Morek/Heller 2016: 78f.), die als Mittel der Selbstdarstellung eingesetzt wird. Wer bildungssprachliche Formulierungen verwendet, definiert und positioniert sich nicht nur selbst als bildungsnah, sondern offenbart gleichzeitig auch seine Interpretation von den Anforderungen der Kommunikationssituation (vgl. Morek/Heller 2016: 78f.). Das Bedürfnis, als bildungsnah wahrgenommen zu werden, kann wiederum unterschiedlich motiviert sein. Sprachliche Bildungssignale verleihen einem Kommunikator und seiner Äußerung „mehr Gewicht, Autorität und Ansehen" (Steinig 2016: 69). Autoritätsgenerierung sieht auch Schleppegrell (2001) als eine mögliche Funktionalisierung bildungssprachlicher Merkmale. Durch die Verwendung letzterer positionieren Schreiber sich als „assertive author who presents

him/herself as a knowledgable expert providing information“ (Schleppegrell 2001: 444).
Mit der Wahl der bildungssprachlichen Selbstdarstellungsmittel zeigt ein Sprecher vor allem auch seine Antizipation potenzieller ‚Evaluationsclues‘, die ein Rezipient heranziehen könnte und somit auch ein mindestens implizites Bewusstsein für die in der Spracheinstellungsforschung identifizierte Wechselwirkung zwischen Sprachprestige und Sprecherprestige.

Bei dem Einfluss von (Bildungs-)Sprache auf gesellschaftlich relevante Evaluationen handelt es sich bei Weitem nicht um ein ausschließlich zeitgenössisches Phänomen. So formuliert schon ein Anstandsbuch aus dem Jahre 1878 die folgende Maxime: „Durch die Sprache allein verrät [...] sich [...] ein gebildeter Mann“ (Ettl, zitiert nach Mattheier 2019: 41). Am Beispiel des 19. Jahrhunderts zeichnet Mattheier – die soeben zitierte Maxime als soziolinguistischen Topos bezeichnend – die historische Entwicklung der Standardsprache als Sozialsymbol nach. Die Sprache des Bildungsbürgers diente als Mittel sozialer Distinktion (ebda.). Im 19. Jahrhundert verortet Mattheier den Ursprung der gelenkten Pädagogisierung der Standardsprache des Bildungsbürgertums; der Popularisierung der ‚Bildungsbürger-Sprache‘ zum Sozialsymbol war damit der Weg geebnet (ebda.: 42, von Polenz 1983 aufgreifend).

Auch wenn die sprachlichen Merkmale des damaligen Bildungsbürgers aufgrund stetigen Sprachwandels natürlich nicht denjenigen Charakteristika entsprechen, die in der gegenwärtigen Forschung unter den Begriff der Bildungssprache gefasst werden, so enthüllt der Vergleich doch einen entscheidenden Mechanismus: Bildungsnähe zu signalisieren, scheinen Gesellschaften damals wie heute als erstrebenswert zu erachten.

## 4.4 Zwischenfazit III

Das vorangegangene Kapitel hat sich mit der Definition, den Merkmalen und den Funktionen von Bildungssprache befasst. Die einschlägige, meist didaktische, Forschung zur Bildungssprache untersucht, was sie ausmacht, warum man sie braucht und wie man sie fördern kann. Weniger prominent sind demgegenüber soziolinguistische Perspektiven. Das Prestige von Bildungssprache wurde zwar theoretisch diskutiert, empirische Messungen im Rahmen der Spracheinstellungsforschung haben sich allerdings noch nicht den Effekten der Merkmale von Bildungssprache gewidmet. Um die theoretischen Beschreibungen von Bildungssprache für die in dieser Arbeit vorgenommene Einstellungsmessung anzuwenden, wurden, die folgenden Aspekte diskutiert.

- In der definitorischen Einführung des Begriffes haben sich unterschiedliche Festsetzungen bezüglich der Domänen, in denen Bildungssprache verwendet wird, gezeigt. Die vorliegende Studie versteht Bildungssprache weit und nicht nur als schulische Varietät, nämlich auch als Sprache der Öffentlichkeit und der Institutionen.
- Die weit verbreitete Auffassung von Bildungssprache als Register wurde durch eine stilistische Perspektive ergänzt. Dies trägt dem Fakt Rechnung, dass Bildungssprache, gemäß der sozial-symbolischen Funktion, auch ein expressives Moment beinhaltet. Sie ist nicht nur ein aus situativen Anforderungen gewachsenes Register, sondern ermöglicht einem Sprecher in ihrem stilistischen Einsatz auch eine gezielte Selbstdarstellung als bildungsnah. Eine Auffassung von Bildungssprache als Stil ermöglicht ferner eine Adaption des Konzepts für stilistisch orientierte Textsortenklassifikationen. Bildungssprachliche Merkmale können so für die Beschreibung der sprachlichen Oberfläche der schriftlichen Aussagen in Vernehmungskontexten herangezogen werden. Dies ist, aus theoretischer Perspektive, Thema des nachfolgenden Kapitels zur schriftlichen Aussage als Textsorte und, aus empirischer Perspektive, Thema der Studie in Kapitel 7 zur Bestandsaufnahme bildungssprachlicher Merkmale in schriftlichen Aussagen.
- Die Merkmale von Bildungssprache sind – so unterteilt es die Mehrheit der Merkmalskataloge – auf lexikalischer, grammatischer und diskursiver Ebene angesiedelt und gelten als komplex. Ergänzend dazu wurden auch quantitative Merkmale vorgestellt, die in einschlägigen Merkmalskatalogen vergleichsweise selten berücksichtigt werden. Es ist hervorzuheben, dass die Merkmale von Bildungssprache nicht per se und Kontext-isoliert als bildungssprachlich gelten können; vielmehr handelt es sich bei der Sprachoberfläche von Bildungssprache um eine spezifische Merkmalskombinatorik. Diese Variabilität erschwert, wie in der empirischen Bestandsaufnahme von Bildungssprache in den Aussagen zu problematisieren sein wird, die Erfassung des Registers.
- Mit der Analyse bildungssprachlicher Handlungen lässt sich die Komplexität besagter Merkmale erklären. Die Verwendung der sprachlichen Formen ist – im Rahmen der kommunikativen Funktion – zum einen dem Anspruch einer dekontextualisiert nachvollziehbaren, präzisen und ökonomischen Darstellung von Wissen geschuldet. Zum anderen ist sie in ihrer epistemischen Funktion auch grundlegend für kognitiv anspruchsvolle Operationen. Wie die Betrachtung der sozialsymbolischen Zusammenhänge gezeigt hat, geht die Funktion über die Ebene einzelner Kommunikate hinaus. Bildungssprachliche Merkmale werden auch zur Selbstdarstellung und Einstufung eines Sprechers

herangezogen. In diesem Zusammenhang kann Bildungssprache als Statussymbol oder Prestigeregister bezeichnet werden.

– In den drei Funktionen von Bildungssprache – der kommunikativen, der epistemischen und der sozialsymbolischen Funktion – liegt ihre Relevanz für die Produktion und die Rezeption von sVA begründet. Das Verfassen einer schriftlichen Aussage setzt die Erfassung eines seitens der Polizei formulierten Schreibauftrages voraus (meist „Beschreiben Sie...!“, „Schildern Sie...!“, siehe auch Kapitel 5). Dazu wird Bildungssprache in ihrer epistemischen Funktion als kognitives Werkzeug benötigt. Für das Thema der vorliegenden Arbeit zu Einflüssen auf die Glaubwürdigkeitsattribution sind allerdings vor allem die kommunikative und die sozialsymbolische Funktion von Interesse. Es wurde bereits vorgestellt, dass die Zuschreibung von Glaubwürdigkeit von dem Einflussmechanismus ‚Verständlichkeit‘ begünstigt werden kann; kognitive Anstrengungen während des Decodierens eines Inhalts können den Eindruck von Glaubwürdigkeit schmälern. Mittel für eine dekontextualisiert nachvollziehbare Schilderung bietet die Bildungssprache in ihrer kommunikativen Funktion. Des Weiteren hängt der Eindruck von Glaubwürdigkeit vom Prestige des Sprechers ab. Es wurde gezeigt, dass Bildungssprache insofern als prestigereiches Register bezeichnet werden kann, als sie die legitime Sprache darstellt, die einem Sprecher den Eindruck von Autorität, Status und damit letztlich von Glaubwürdigkeit einbringt.

# 5 Die Vernehmung auf dem Schriftweg und die schriftliche Aussage als Textsorte

Eine Vernehmung auf dem Schriftweg kann von der Polizei in minderschweren Fällen alternativ zur mündlichen Vernehmung durchgeführt werden. Die im Kontext einer schriftlichen Vernehmung eingesendete Aussage, sprich das Textprodukt (im Folgenden auch mit der Abkürzung sVA bezeichnet), kann erhebliche Konsequenzen für den weiteren Verlauf eines Ermittlungsverfahrens haben. Wird ein Vorfall etwa nicht nachvollziehbar oder sogar unglaubwürdig geschildert, sodass der Ermittler den Eindruck einer erlogenen Darstellung gewinnt, können weitere Ermittlungen eingeleitet werden; wird ein Fall demgegenüber rekonstruierbar und glaubwürdig geschildert, kann entsprechend auf weitere Ermittlungsschritte verzichtet werden.

Im Folgenden wird dieser *eine* Ermittlungsschritt der schriftlichen Vernehmung *isoliert* von anderen Ermittlungsschritten behandelt. Die isolierte Betrachtung einer Ermittlungsform ist zu Untersuchungszwecken notwendig, entspricht aber keinesfalls der Realität, in der in der Regel *mehrere* Ermittlungsschritte über den Verlauf eines Falles entscheiden. Dazu zählen nicht nur die Aussage von Deliktbeteiligten als Personalbeweis, sondern auch die Auswertung von Sachbeweisen wie beispielsweise in Form von Spurensicherungsfolien, die u.a. im Falle einer Unfallflucht eingesetzt werden können. Dennoch kann die schriftliche Aussage als Paradebeispiel für die Relevanz von Glaubwürdigkeitseinschätzungen (und ferner auch für die Relevanz entsprechender Textproduktionskompetenzen) gelten, denn nicht in jedem Fall stehen Sachbeweise zur Verfügung, sodass in manchen Fällen ausschließlich auf den Personalbeweis in Form von Aussagen zurückgegriffen werden kann.

Unter einer sVA wird im Folgenden dasjenige Textprodukt verstanden, das der Polizei als Antwort auf den Erhalt eines sogenannten Anhörungsbogens zugesendet wird. Texte dieser Art können von Beschuldigten, von Geschädigten und von – parteiischen wie unparteiischen und mehr oder minder involvierten – Zeugen eingefordert werden; es handelt sich also um schriftliche Zeugen-, Geschädigten-, oder Beschuldigtenaussagen, die bisweilen allerdings ohne nähere Differenzierung unter dem Begriff ‚Zeugenaussage' zusammengefasst werden (z.B. bei Picornell 2013a & 2013b).

Aus linguistischer Perspektive ist die sVA in vielerlei Hinsicht interessant: Bei dem Anliegen, einen Tathergang zu verschriftlichen, handelt es sich nicht um eine alltägliche Textproduktionsaufgabe. Im Alltag gibt es mit Texten dieser Art in der Regel keine Berührungspunkte. Die sVA stellt den Verfasser daher vor die

https://doi.org/10.1515/9783111379289-005

besondere Herausforderung, eine Textsorte zu produzieren, die vor Eintreffen der polizeilichen Anfrage mit hoher Wahrscheinlichkeit weder rezipiert noch in irgendeiner Form reflektiert wurde. Es kann infolgedessen vermutet werden, dass die angefragten Deliktbeteiligten sich an ihnen (etwa aus dem Schulunterricht) bekannten Textsorten orientieren. Die Sichtung einiger Beispiele aus dem Untersuchungskorpus dieser Arbeit zeigt schnell, wie unterschiedlich die Textprodukte gestaltet werden können (siehe weiterführend Kapitel 7.1 zur Zusammenstellung des Korpus sowie zu den Transkriptionsregeln).

Beispiel 1 – Aussage einer Geschädigten:

> Wir waren am 19.02.2020 auf der [Straßenname 1] unterwegs, als plötzlich ein Auto von links einer Tankstelle kurz vor der Ampel noch unbedingt vor uns herrasen musste. Als die Fahrerin die Lichthupe betätigt hatte, hat der Fahrer vor uns extra nochmal 2-mal stark abgebremst, der Fahrer hat noch gewartet.

Beispiel 2 – Aussage eines Beschuldigten:

> So lange wie die Sache nicht geklärt ist, werde ich mein Fahrzeug nicht fahren. Mir ist unerklärlich daß ich nie einen Fahrzeugschein besessen habe. Habe persönlich auch mit der Führerscheinstelle gesprochen. Hoffe es nimmt ein positiven Ausgang.

Einer der vielen Unterschiede zwischen diesen beiden sVA besteht in der Thematisierung des Vorfalls: Während die Zeugin den Vorfall, nach Art eines Berichts, chronologisch schildert, äußert der Beschuldigte sich weniger zum Tathergang als zur Konsequenz, die er aus dem Ereignis zieht und bekundet seine subjektive Perspektive auf die Situation. Der Vergleich der beiden Texte lässt durchaus daran zweifeln, ob eine textsortentypologische Definition aufgestellt werden kann, die die potenziell sehr unterschiedlichen Ausprägungen der sVA umfasst. Mögliche Einflussfaktoren auf die Beschaffenheit des Textproduktes – darunter etwa nicht nur die unterschiedlichen Schreibkompetenzen der Aussagenden, sondern auch unterschiedliche Involviertheitsgrade im Delikt – erschweren eine die Frage nach der Textsortenhaftigkeit der sVA.

Die sVA wurde als Textsorte bisher noch nicht klassifiziert. Um dennoch eine theoretische Beschreibung des Korpus leisten zu können, geht das Kapitel wie folgt vor: Unter Kapitel 5.1 wird zunächst der Status der sVA im Recht vorgestellt, sowohl im polizeilichen als auch im gerichtlichen Verfahren. Das anschließende Kapitel 5.2 behandelt den Status der sVA in der Linguistik. Wie bereits erwähnt, wurde die sVA linguistisch bisher wenig untersucht. Bis auf einige wenige Einordnungsversuche der schriftlichen Aussagen in Vernehmungskontexten als Narration liegen keine weiteren Klassifikationsversuche vor. Einen geeigneten theoretischen Rahmen zur näheren Bestimmung der sVA als Textsorte bieten die in Kapitel 5.3 vorgestellten Textsortenklassifikationskriterien. Etablierte Klassifikationskriterien der Textsortenlinguistik sind der Stil eines Textes, bei dem seine sprachlichen Oberflächenmerkmale beschrieben werden, die Funktionalität, die Situativität und das Thema. Der Schwerpunkt der Darstellung liegt insofern auf ersterem, sprich auf den stilistischen Klassifikationskriterien, als die empirische Bestandsaufnahme bildungssprachlicher Merkmale in den schriftlichen Aussagen, wie sie in Kapitel 7 vorgenommen wird, ausschließlich einen Beitrag zur Erfassung des Textsortenklassifikationskriteriums ‚Textstil' leistet. Im Rahmen dieser Studie kann keine multikriteriale Textsortenklassifikation der sVA geleistet werden; die Klassifikationskriterien Funktionalität, Situativität und Thema werden in der empirischen Studie nicht angewandt. Eine Anwendung dieser Klassifikationskriterien stellt allerdings ein Forschungsdesiderat dar, weshalb ein Exkurs in Kapitel 5.3.3 in den Nutzen dieser Kriterien einführt.

## 5.1 Die schriftliche Aussage im Recht

Der Begriff der schriftlichen Aussage kann insofern uneindeutig sein, als er sich auf einen Aussagentext der vorgerichtlichen bzw. polizeilichen Vernehmung als auch auf einen Aussagentext als Alternative zur mündlichen Aussage vor Gericht beziehen kann. Beide Formen dienen einer Erforschung der Wahrheit (vgl. auch § 244 StPO) und zählen zum Akt der *Vernehmung*. Dieser wiederum soll nicht nur den Behörden bei den Ermittlungen behilflich sein, sondern (besonders im Falle einer Beschuldigung) auch rechtliches Gehör gewährleisten (§ 136 StPO Abs. 2):

Die Vernehmung soll dem Beschuldigten Gelegenheit geben, die gegen ihn vorliegenden Verdachtsgründe zu beseitigen und die zu seinen Gunsten sprechenden Tatsachen geltend zu machen.

Ferner unterscheidet die Strafprozessordnung (ohne das weiter zu explizieren) zwischen ungeeigneten und „geeigneten" Anlässen zur schriftlichen Äußerung, denn „in geeigneten Fällen soll der Beschuldigte auch darauf, dass er sich schriftlich äußern kann, [...] hingewiesen werden" (§ 136 StPO Abs. 1). In polizeilichen Ermittlungen kann die Vernehmung auf dem Schriftweg als etablierte Vernehmungsmethode gelten; vor Gericht stellt sie eher die Ausnahme dar. Grund dafür ist der Unmittelbarkeitsgrundsatz der persönlichen Vernehmung vor Gericht gemäß § 250 StPO. Sofern nicht triftige Gründe entgegenstehen, ist die Anwesenheit der Aussagenden bei der Hauptverhandlung im Rahmen von Personalbeweisen erforderlich:

> Beruht der Beweis einer Tatsache auf der Wahrnehmung einer Person, so ist diese in der Hauptverhandlung zu vernehmen. Die Vernehmung darf nicht durch Verlesung des über eine frühere Vernehmung aufgenommenen Protokolls oder einer Erklärung ersetzt werden. (§ 250 StPO)

Möglichkeiten zur Abweichung von diesem Grundsatz (wie etwa Krankheit oder Unzumutbarkeit der Anreise aufgrund hoher Entfernung zwischen Gericht und Wohnort) regelt § 251 StPO (siehe dazu auch § 377 ZPO). Auch wenn das Korpus der vorliegenden Studie ausschließlich aus von der Polizei angeforderten sVA besteht (Kapitel 5.1.1), sollen im Folgenden auch einige Grundlagen der schriftlichen Aussage vor Gericht vorgestellt werden (Kapitel 5.1.2), denn diese liefern weiterführende Erkenntnisse zum Status der Schriftlichkeit in der Glaubwürdigkeits- und Glaubhaftigkeitsfeststellung und zur Relevanz bildungssprachlicher Kompetenzen bei der Produktion derartiger Aussagen.

### 5.1.1 Die schriftliche Aussage in der polizeilichen Ermittlung

Die Aufgabe der Polizei im Ermittlungsverfahren besteht u.a. in der Erforschung von Straftaten. Zu diesem Zweck können verschiedene Ermittlungsformen angewandt werden:

> Die Behörden und Beamten des Polizeidienstes haben Straftaten zu erforschen und alle keinen Aufschub gestattenden Anordnungen zu treffen, um die Verdunklung der Sache zu verhüten. Zu diesem Zweck sind sie befugt, [...] Ermittlungen jeder Art vorzunehmen [...]. (§ 163 StPO Abs. 1)

Zu den entsprechenden Ermittlungen können etwa ein Auskunftsersuch bei anderen Behörden oder die Vernehmung von Deliktbeteiligten zählen. Grundsätzlich kann die Polizei sich dabei mündlicher oder schriftlicher Aussagen bedienen. Ein ausschlaggebendes Kriterium, das zur Auswahl einer Variante herangezogen wird, ist der Schweregrad des Delikts. Dies regelt § 163a Abs. 1 der StPO (vgl. auch § 136 Abs. 1 StPO):

> Der Beschuldigte ist spätestens vor dem Abschluß der Ermittlungen zu vernehmen, es sei denn, daß das Verfahren zur Einstellung führt. In *einfachen Sachen* genügt es, daß ihm Gelegenheit gegeben wird, sich *schriftlich* zu äußern. [Hervorhebungen durch J.S.]

Die Vorschrift kann insofern als unterbestimmt gelten, als nicht weiter ausgeführt wird, welche Fälle ‚einfach' sind. Paragraf § 163 StPO legt dies grundlegend in das Ermessen der Ermittlungsleitung (zur Entscheidung zwischen mündlicher und schriftlicher Variante in der Praxis siehe auch Kapitel 6): „Im Übrigen trifft die erforderlichen Entscheidungen die die Vernehmung leitende Person" (§ 163 Abs. 4 StPO).

Entscheidet sich die Ermittlungsleitung für eine Vernehmung auf dem Schriftweg, wird postalisch ein Anhörungsbogen versandt. Bei dem Anhörungsbogen zum Erbitten der schriftlichen Schilderung handelt es sich um einen Fragebogen, der zur Erfüllung der Vernehmungsvorschriften semi-standardisiert ist; standardisiert ist die rechtliche Belehrung, nicht standardisiert die Formulierung des Schreibauftrages. So müssen im Falle einer Beschuldigung etwa eine Darlegung des Tatvorwurfes sowie ein Hinweis auf das Zeugnisverweigerungsrecht enthalten sein. Bereits der Betreff zeigt an, ob es sich um eine Äußerung als Zeuge oder als Beschuldigter handelt. Standardisierungen dieser Art erfüllen die Vernehmungsvorschriften gemäß § 136 Abs. 1 StPO:

> Bei Beginn der Vernehmung ist dem Beschuldigten zu eröffnen, welche Tat ihm zur Last gelegt wird und welche Strafvorschriften in Betracht kommen. Er ist darauf hinzuweisen, daß es ihm nach dem Gesetz freistehe, sich zu der Beschuldigung zu äußern oder nicht zur Sache auszusagen […].

Nicht standardisiert ist demgegenüber das Ergänzen konkreter Fragestellungen seitens der bearbeitenden Person. Gestaltungsfreiheit bleibt dem ermittelnden Polizisten im Hinblick auf die Formulierung einer konkreten Fragestellung bzw. in der Formulierung des Schreibauftrages, der an das konkrete Erkenntnisinteresse angepasst werden kann. Dies sei an den nachstehenden Beispielen demonstriert.

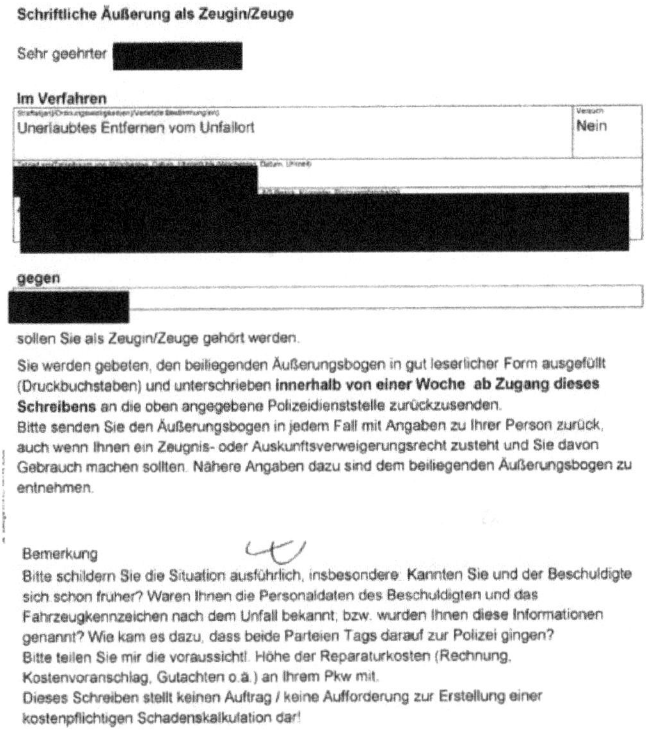

**Schriftliche Äußerung als Zeugin/Zeuge**

Sehr geehrter [geschwärzt]

**Im Verfahren**

| | Versuch |
|---|---|
| Unerlaubtes Entfernen vom Unfallort | Nein |

**gegen**

soll Sie als Zeugin/Zeuge gehört werden.

Sie werden gebeten, den beiliegenden Äußerungsbogen in gut leserlicher Form ausgefüllt (Druckbuchstaben) und unterschrieben **innerhalb von einer Woche ab Zugang dieses Schreibens** an die oben angegebene Polizeidienststelle zurückzusenden.
Bitte senden Sie den Äußerungsbogen in jedem Fall mit Angaben zu Ihrer Person zurück, auch wenn Ihnen ein Zeugnis- oder Auskunftsverweigerungsrecht zusteht und Sie davon Gebrauch machen sollten. Nähere Angaben dazu sind dem beiliegenden Äußerungsbogen zu entnehmen.

Bemerkung
Bitte schildern Sie die Situation ausführlich, insbesondere: Kannten Sie und der Beschuldigte sich schon früher? Waren Ihnen die Personaldaten des Beschuldigten und das Fahrzeugkennzeichen nach dem Unfall bekannt; bzw. wurden Ihnen diese Informationen genannt? Wie kam es dazu, dass beide Parteien Tags darauf zur Polizei gingen?
Bitte teilen Sie mir die voraussichtl. Höhe der Reparaturkosten (Rechnung, Kostenvoranschlag, Gutachten o.ä.) an Ihrem Pkw mit.
Dieses Schreiben stellt keinen Auftrag / keine Aufforderung zur Erstellung einer kostenpflichtigen Schadenskalkulation dar!

**Abb. 2:** Ausschnitt einer Aussageanforderung mit konkreten Fragestellungen

Die Abbildung zeigt einen Schreibauftrag, der mehrere spezifische Fragestellungen enthält:

> Bitte schildern Sie die Situation ausführlich, insbesondere: Kannten Sie und der Beschuldigte sich schon früher? Waren Ihnen die Personaldaten des Beschuldigten und das Fahrzeugkennzeichen nach dem Unfall bekannt; bzw. wurden Ihnen diese Informationen genannt? Wie kam es dazu, dass beide Parteien Tags darauf zur Polizei gingen? Bitte teilen Sie mir die voraussichtl. Höhe der Reparaturkosten (Rechnung, Kostenvoranschlag o.ä.) an Ihrem Pkw mit. Dieses Schreiben stellt keinen Auftrag / keine Aufforderung zur Erstellung einer kostenpflichtigen Schadenskalkulation dar!

Durch die Fragen wird der Schreiber in seiner Textproduktion entlastet; er muss nicht antizipieren, welche Informationen für den Ermittelnden von Interesse sein könnten. Der Ermittelnde formuliert selbst, welche Aspekte des Sachverhalts er zur Bearbeitung des Falles benötigt (z.B. das Kennverhältnis zwischen beiden Parteien).

Der Operator „schildern" gibt dem Aussagenden zusätzlich Hinweise auf gewünschte Vertextungsmuster.

Der Schreibauftrag in der folgenden Abbildung 5 ist demgegenüber weitaus freier und unspezifischer gestaltet und lautet: „Bitte schildern sie aus ihrer Sicht den genauen Unfallhergang."

**Schriftliche Äußerung als Beschuldigte(r)**

Ihnen wird vorgeworfen, folgende Straftat(en) begangen zu haben:

| Straftat(en)/Verletzte Bestimmung(en) | Versuch |
| --- | --- |
| VU-S mit Flucht (§ 142 StGB) | **Nein** |
| Unerlaubtes Entfernen vom Unfallort | **Nein** |

Tatzeit am/Tatzeitraum von (Wochentag, Datum, Uhrzeit) bis (Wochentag, Datum, Uhrzeit)

Ihnen wird hiermit nach § 163a Abs. 1 Satz 2 Strafprozessordnung (StPO) Gelegenheit gegeben, sich zu der/den Beschuldigung(en) zu äußern.

Sie werden gebeten, den beiliegenden Äußerungsbogen in gut leserlicher Form ausgefüllt (Block- oder Maschinenschrift) und unterschrieben **innerhalb von zwei Wochen ab Zugang dieses Schreibens** an die angegebene Polizeidienststelle zurück zu senden.

Bemerkungen
**Bitte schildern sie aus ihrer Sicht den genauen Unfallhergang.**
***Auf eine persönliche Vernehmung wird zur Zeit aufgrund des Corona-Virus verzichtet.***

**Abb. 3:** Aussageanforderung mit unspezifischem Schreibauftrag

Einer der wesentlichen Unterschiede dieses Schreibauftrages zum ersten Beispiel besteht in der Abwesenheit konkreter Fragestellungen. Der bearbeitende Polizist formuliert den Schreibauftrag offen und bittet um eine Schilderung. Was genau diese Schilderung zu enthalten hat, – denkbar wären zum Beispiel auch ein Geständnis oder eine Stellungnahme zur Beschuldigung – obliegt der Gestaltung bzw. der Schwerpunktsetzung des aussagenden Beschuldigten.

Bei dem Versuch, die sVA als Textsorte zu erfassen, muss zwingend berücksichtigt werden, dass die Textprodukte situativ zwar einer vergleichbaren Situation entstammen, im konkreten Fall, wie die Beispiele zeigen, jedoch unterschiedliche Vorgaben, im Sinne unterschiedlicher Schreibaufträge haben können. Erschwerend dazu kommt, dass die Aussagen von sämtlichen Deliktbeteiligten angefordert werden können, d.h. beispielsweise sowohl von unbeteiligten Augenzeugen als auch von Beschuldigten. Denkbar wären in diesem Zusammenhang auch Unterschiede in den vollzogenen Texthandlungen, etwa das Beschuldigen in Aussagen von Zeugen und wiederum das Gestehen und Entschuldigen in Aussagen von Beschuldigten (siehe auch Kapitel 5.5).

### 5.1.2 Die schriftliche Aussage als Alternative zur mündlichen Aussage in der gerichtlichen Vernehmung

Die Vernehmung von Deliktbeteiligten im gerichtlichen Verfahren ist, einschließlich der Rechte und Pflichten, im sechsten Abschnitt der StPO (§ 48–§ 71) geregelt. Als Alternative zur mündlichen Aussage vor Gericht ist die schriftliche Variante rechtlich unter bestimmten Umständen zwar zulässig, stellt jedoch einen Ausnahmefall dar (vgl. Ahrens 2014: 862). So weist beispielsweise das Landgericht Münster in einer Informationsrubrik für geladene Zeugen auf eine grundsätzliche Unzulässigkeit hin:

> Kann ich eine schriftliche Aussage einreichen?
> Das ist grundsätzlich ***nicht*** möglich. Man muss persönlich vor Gericht erscheinen, damit die Richterin oder der Richter sich selbst ein Bild von den Zeugen und ihren Aussagen machen kann. Dies gilt auch, wenn man bereits eine Aussage gemacht hat (z. B. bei der Polizei) oder meint, gar nichts zu dem Vorfall sagen zu können.[29]

§ 377 Abs. 4 der ZPO[30] ermöglicht allerdings eine Durchbrechung des Unmittelbarkeitsgrundsatzes in der Beweisaufnahme, sodass Zeugen alternativ zur mündlichen Aussage (vgl. auch § 251 StPO und Ahrens 2014: 862) auch zur schriftlichen Stellungnahme aufgefordert werden können. Die Wahl zwischen der mündlichen und schriftlichen Variante obliegt dabei zunächst nicht dem Zeugen, Geschädigten oder Beschuldigten, sondern muss gerichtlich festgesetzt werden. Indes kann kein Zwang zur schriftlichen Beantwortung ausgeübt werden, zur mündlichen Beantwortung demgegenüber schon. § 380 ZPO setzt Folgen für den ausbleibenden Deliktbeteiligten fest, dem u.a. die die durch das Ausbleiben verursachten Kosten auferlegt werden können (§ 380 ZPO Abs. 1). Bei wiederholtem Ausbleiben kann auch „die zwangsweise Vorführung des Zeugen angeordnet werden" (§ 380 ZPO Abs. 2).

---

**29** https://www.lg-muenster.nrw.de/infos/Zeugen/index.php, letzter Zugriff: 01.05.2024.

**30** Eine strikte Trennung straf- und zivilrechtlicher Angelegenheiten ist für die Zwecke dieser Arbeit nicht notwendig.

Diese Konsequenzen sind jedoch nicht auf die schriftliche Aussageaufforderung übertragbar.

Das Gericht soll eine schriftliche Aussage nur in solchen Fällen anfordern, in denen zu erwarten ist, dass sie einen „vollwertige[n] Ersatz" darstellt (Ahrens 2014: 862). Grundsätzlich wird aber davon ausgegangen, dass das Gericht die Glaubwürdigkeit eines Aussagenden anhand einer sVA *nicht* beurteilen kann (Ahrens 2014: 865f.). Begründet wird dies u.a. mit dem Fragerecht der Parteien nach § 397 ZPO, das aufgrund der (der Briefkommunikation geschuldeten) zerdehnten Kommunikationssituation nicht oder zumindest nicht vollumfänglich wahrgenommen werden kann. Wenn ein Zeuge nicht persönlich erscheint und der Richter sich dadurch keinen persönlichen Eindruck bilden kann, sollen keine Glaubwürdigkeitserwägungen vorgenommen werden. Trotz der in diesem Fall ausbleibenden Glaubwürdigkeitserwägungen wird der Beweiswert einer schriftlichen Aussage nicht geringfügiger angesetzt (Ahrens 2014: 863, vgl. auch McDermott 2013).

In der Entscheidung, eine schriftliche Aussage der mündlichen vorzuziehen, sind mehrere Kriterien zu berücksichtigen. Diese Kriterien lassen sich in fallabhängige und personenabhängige Aspekte unterteilen. Fallabhängig sind der Beweisgegenstand und die Eignung der Beweisfrage. Von der Person des zu Vernehmenden abhängig ist seine angenommene Textproduktionskompetenz, die mithilfe seines Berufes und seines Bildungsgrades bestimmt werden können:

> Wie leicht sich die Beweisfrage schriftlich beantworten lässt, hängt aber auch vom Bildungsgrad und sprachlichen Ausdrucksvermögen des Zeugen ab. Schon die Schilderung eines scheinbar einfachen Sachverhaltes kann Schwierigkeiten bereiten. Der Zeuge muss daher so gut lesen und schreiben können, dass die Schriftlichkeit seine Wiedergabefähigkeit nicht beeinträchtigt. Ist zu erwarten, dass der Zeuge seine Wahrnehmungen mündlich besser vermitteln kann, ist von einer schriftlichen Aussage abzusehen, weil dadurch nur eine unnötige Fehlerquelle geschaffen würde. Die Fähigkeit zu einer schriftlichen Aussage kann in Korrelation zur Berufstätigkeit des Zeugen stehen. Gehört das Abfassen von Schriftstücken zu seinem Berufsbereich, sind ihm auch schriftliche Zeugenaussagen über komplexere Sachverhalte zuzutrauen. (Ahrens 2014: 864f.)

Die rechtliche Feststellung, dass die Schilderung eines Falles eine komplexe kommunikative Aufgabe darstellt und ein Zeuge zu diesem Zweck über eine geeignete Sprache verfügen muss, stützt die linguistische Hypothese, dass Bildungssprache zur Produktion einer solchen Aussage benötigt wird oder sie zumindest erleichtert.

In gerichtlichen Kontexten sind, vor dem Beschluss, eine sVA einzuholen, zahlreiche Abwägungen durchzuführen.[31] *Eine* davon ist die Eignung eines Aussagenden zur Textproduktion. Hervorzuheben ist allerdings erneut, dass die schriftliche Variante – selbst bei Eignung der zu vernehmenden Person – eine Ausnahme darstellt.

## 5.2 Die Aussage bei der schriftlichen Vernehmung in der Linguistik

Die schriftliche Aussage in Vernehmungskontexten kann in der Linguistik nicht als etabliertes Forschungsobjekt gelten. Das betrifft vor allem für deutschsprachige Forschung, in der in Bezug auf rechtslinguistisch und forensisch-linguistisch relevante Textsorten ein eklatantes Ungleichgewicht in der Erfassung zu verzeichnen ist. Während rechtsrelevante Texte, die seitens einer Institution verfasst werden (Gesetzestexte, Erlasse etc.) als vergleichsweise umfassend untersucht gelten können (z.B. Textsorten im Bereich der Justiz bei Busse 2008), sind von rechtlich involvierten Laien verfasste Texte selten Gegenstand linguistischer Untersuchung (Beispiele für solche Untersuchungen sind Brinker 2002 zum Erpresserbrief und Hövel 2018 zum Suizid-Abschiedsbrief). Dies liegt vermutlich nicht zuletzt an der Zugänglichkeit der Texte.

In der englischsprachigen forensischen Linguistik wird die schriftliche Aussage, wie auch die mündliche Variante, vordergründig mit dem Ziel der Identifikation von Lügenindikatoren untersucht. Grundlage solcher Arbeiten ist die These, dass schriftlich realisiertes Lügen sich aufgrund anderer Produktionsbedingungen von verbal realisiertem Lügen unterscheiden muss (Picornell 2013a & 2013b). Weitestgehend ausgeklammert wird in diesen Studien die Frage danach, was eine schriftliche Aussage im Kontext der Vernehmung überhaupt ist und wie sie mithilfe linguistischer Beschreibungskategorien erfasst werden kann. Zumindest am Rande geben drei Arbeiten – Picornell (2013a & 2013b) und Adam/Jarvis (2006) – Impulse zum Status und zur Charakterisierung der sVA als Textsorte.

Picornell (2013a & 2013b) befasst sich mit der Analyse von Lügensignalen in *written witness statements*. Dabei unterscheidet sie nicht zwischen Zeugen, Beschuldigten und Geschädigten und bezeichnet die Aussagen aller Deliktbeteiligten

---

31 Dazu zählt auch die Berücksichtigung persönlicher Umstände der zu vernehmenden Person, etwa wenn „dem Erscheinen des Zeugen, Sachverständigen oder Mitbeschuldigten in der Hauptverhandlung für eine längere oder ungewisse Zeit Krankheit, Gebrechlichkeit oder andere nicht zu beseitigende Hindernisse entgegenstehen" oder wenn „dem Zeugen oder Sachverständigen das Erscheinen in der Hauptverhandlung wegen großer Entfernung unter Berücksichtigung der Bedeutung seiner Aussage nicht zugemutet werden kann" (§ 252 Abs. 2 StPO).

als „written witness statements“, zu Deutsch, als schriftliche Zeugenaussagen. Eine Zusammenfassung der Deliktbeteiligten unter dem Begriff ‚Zeugen‘ ist einerseits insofern sinnvoll als weitere Differenzierungen zwischen den Aussagen je nach Beteiligungsstatus der Verfassenden nach aktuellem Forschungsstand ohnehin nicht geleistet werden können. Ferner unterscheidet das Recht selbst zwar zwischen Beschuldigten und Zeugen, nicht aber zwischen Zeugen und Geschädigten.[32] Oftmals verschwimmen die Grenzen zwischen Zeugen und Geschädigten; die eingangs vorgestellte Aussage zur Nötigung im Straßenverkehr stammt von einer Zeugin, die als Beifahrerin der Geschädigten mit Sicherheit auch an einer Strafe des nötigenden Fahrers interessiert ist. Andererseits gibt es durchaus Gründe anzunehmen, dass unparteiische Augenzeugen andere Aspekte thematisieren als etwa Geschädigte, sodass für linguistische Zwecke ein Verzicht auf die Spezifizierung ‚Zeugen‘ zu favorisieren ist. Die schriftlichen Aussagen in Vernehmungskontexten definiert Picornell (2013a: 42) als erlebnisbezogene Erzählungen:

> [A] written witness statement is defined as a narrative relating to an event witnessed or experienced by the individual writing the statement, and produced as textual monologue without external intervention or influence.

Weiter ordnet sie sVA der Definition von *narratives of personal experience* nach Labov (1997: 395) zu, als ein „report of a sequence of events that have entered into the biography“. Diese Berichte schildern ein Ereignis in chronologischer Reihenfolge; eine Inversion der Sätze würde die Reihenfolge der Originalereignisse verkehren. Näher können Berichte dieser Art als „first-hand experience“ (Picornell 2013a: 42) charakterisiert werden, denn sie schildern (bspw. im Vergleich zu stark intertextuellen Textsorten wie dem wissenschaftlichen Text) ein direkt rezipiertes Erlebnis und nicht etwa den Inhalt eines anderen Textes. Diese Erlebnisbasiertheit problematisiert Picornell (2013a), da die Schilderungen auch bei Abwesenheit einer Täuschungsabsicht niemals gänzlich objektiv sind. Das Ereignis durchlaufe einen subjektiven Filter, der linguistisch ‚verpackt‘ werden müsse:

> Such statements are rarely straightforward retellings of simple observations; instead, they are the narrators' subjective interpretations of reality. Witness-narrators reinterpret events in the

32 Eine begriffliche Zusammenfassung von Zeugen von Geschädigten findet sich beispielweise in § 255a Abs. 2 StPO zur Vorführung einer aufgezeichneten Zeugenvernehmung: „In Verfahren wegen Straftaten gegen die sexuelle Selbstbestimmung […] oder wegen Straftaten gegen die persönliche Freiheit nach den §§ 232 bis 233a des Strafgesetzbuches kann die Vernehmung eines Zeugen unter 18 Jahren durch die Vorführung der Bild-Ton-Aufzeichnung seiner früheren richterlichen Vernehmung ersetzt werden, […]. Dies gilt auch für *Zeugen, die Verletzte einer dieser Straftaten* sind […]“ (Hervorhebung durch J.S.).

> light of their own emotional and social experiences, linguistically reconstructing reality to create meaning as they perceive it to be, manipulating their narratives to get across their own point of view.

Diese sprachliche Rekonstruktion eines Ereignisses kann unterschiedlichen Einflüssen unterliegen. Denkbar sind unterschiedliche Intentionen, unterschiedliche Rollen im Vorfall, der Involviertheitsgrad (parteiisch vs. unparteiisch) bzw. das Interesse am Fall und/oder auch eine unterschiedliche Schreibkompetenz.

Ein struktureller Ansatz findet sich in Jarvis/Adams (2006), die die Textform der schriftlichen Aussage – im englischen Original-Titel „written statements made to the police" – in einen *Prolog*, die *Schilderung des eigentlichen Vorfalls* und einen *Epilog* unterteilen. Eine solche Strukturierung mag zunächst wenig gewinnbringend erscheinen, da eine Einteilung in eine Art Einleitung, Hauptteil und Schluss auf die meisten Textsorten zutreffen mag. Bedeutsam ist sie allerdings insofern, als die Länge und Ausgewogenheit der Teile Aufschluss über Täuschungsintentionen geben können. Eine Unausgewogenheit der Teile – etwa ein auffällig langer Prolog in Kombination mit einer kurzen Fallschilderung im Hauptteil – kann ein Hinweis auf eine lügnerische Darstellung sein (siehe auch Sapir 2005).

Adam/Jarvis (2006: 2) weisen in Anlehnung an Stubbs (1986) ferner darauf hin, dass eine schriftliche Aussage nicht einfach als schriftliche Version einer mündlichen Aussage betrachtet werden darf; es bestehen fundamentale Differenzen. Im Vergleich zur mündlichen Aussage zeichnet sich die sVA durch Monologizität, Planbarkeit der Aussage und Möglichkeiten einer nicht nachverfolgbaren Korrektur aus. Diese Charakterisierung dient Adam/Jarvis (2006) zur Identifikation potenzieller Unterschiede zwischen verbal und schriftlich realisiertem Lügen, nicht jedoch zur Textsortenklassifikation.

## 5.3 Die schriftliche Aussage als Erzählung

Es wurde bereits dargelegt, dass Aussagen mit Picornell (2013a & 2013b) als *narratives,* zu Deutsch *Narration/ Erzählung* definiert werden können. Diesen Ansatz aufgreifend, verstehen sich die folgenden Ausführungen als Vertiefung dieses Definitionsvorschlages.

Einleitend soll dazu zunächst auf die weite, und dementsprechend terminologische Uneinigkeiten stiftende *Semantik des Begriffs ‚Erzählung‘* bzw. ‚erzählen‘ eingegangen werden. Ehlich weist für den Ausdruck ‚erzählen‘ eine „eigenartige Vielfalt" aus (2007: 371) und unterscheidet ein ‚Erzählen$_1$‘ im engeren Sinne und ein ‚Erzählen$_2$‘ im weiteren Sinne. Ein Beispiel für ‚Erzählen$_1$‘ wäre die Aufforderung, etwas von seinem Urlaub zu erzählen. Unter das ‚Erzählen$_2$‘ fasst Ehlich (ebda.)

demgegenüber Ausdrücke, die bisweilen sogar in Opposition zu dem Verständnis von ‚Erzählen$_1$' gesehen werden, darunter z.B. ‚etwas berichten' und ‚etwas schildern'. Eine Ersetzungsprobe offenbart schnell das semantische Dilemma:

1. Erzählen Sie mir von dem Unfall! = Schildern Sie mir den Unfall!
2. Erzähl mir doch mal von deinem Urlaub! ≠ Schildere mir doch mal deinen Urlaub!

Während Beispiel 1 zeigt, dass Erzählen und Schildern potenziell synonym interpretiert werden können, demonstriert Beispiel 2 das Gegenteil, denn die Semantik des Verbs ‚schildern' scheint im Kontext der Thematik ‚Urlaub' unangemessen. Um die partielle Synonymität semantisch differenziert erfassen zu können, schlägt Ehlich vor (Ehlich 2017: 372), ‚erzählen' als weiten Architerm zu verstehen, der „als eine Art Neutralisationsform Oberbegriff für eine Vielzahl von Bezeichnungen [...]" sein kann. Aus diesem Vorschlag entwickelt er die folgende Typologie möglicher Erzählformen:

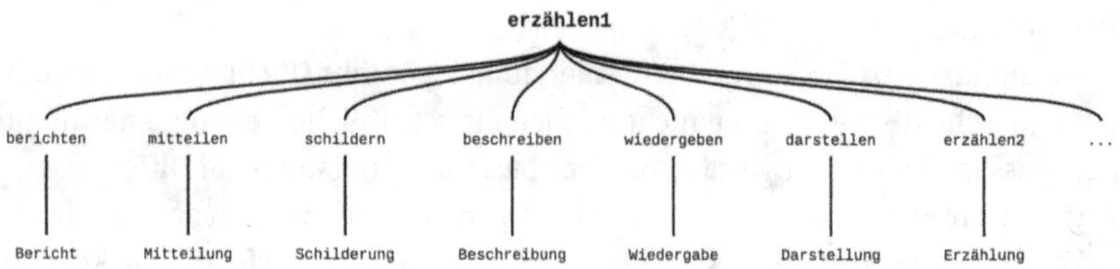


**Abb. 4:** Semantik von ‚erzählen' (Abbildung nach Ehlich 2007: 372)

Des Weiteren ist nicht nur auf die semantische, sondern auch eine grundlegende Vielschichtigkeit des Erzählbegriffs hinzuweisen. Der Akt des Erzählens kann sehr unterschiedlich ausgeführt werden. Zeman (2020: 450) führt hierzu die Dimensionen literarisch vs. alltäglich, fiktional vs. nicht-fiktional, schriftlich vs. mündlich an. Während die ersten beiden Kategorien für den Fall authentischer Aussagen vernachlässigt werden können, ist letztere Differenzierung für eine nähere Bestimmung der sVA fundamental; in dem Kapitel zum Status der sVA im Recht wurden bereits einige Unterschiede zwischen der mündlichen und der schriftlichen Variante angeführt. Eine Unterscheidung zwischen mündlichen und schriftlichen Erzählungen ist insofern relevant, als grundlegend strukturelle Differenzen identifiziert werden können. So stellt Özyildirim (2009) – in einer Anwendung der Labov'schen Narrationsstruktur (2001) – fest, dass schriftliche Erzählungen häufiger eine sogenannte Coda enthalten als mündliche. Die Coda ist der letzte Teil einer Erzählung, für die Labov (2001) (ohne nähere Differenzierung zwischen

Mündlichkeit und Schriftlichkeit) fünf weitere Komponenten identifiziert: *1. abstract, 2. orientation, 3. complicating action, 4. evaluation, 5. result or resolution, 6. coda.* Bei diesen Komponenten handelt es sich nicht um obligatorische Bestandteile einer Erzählung, sondern vielmehr um potenzielle Bausteine, die je nach Erzähltypus vorkommen können.

Eine Klassifikation verschiedener *types of narratives* findet sich bei Schank (1990: 29–40). Schank zufolge lassen sich Erzählungen fünf Basisformen zuordnen; das sind die 1. *official stories* (z.B. institutionelle Narrationen), 2. *invented stories* (nicht faktuale, z.B. literarische Erzählungen), 3. *firsthand stories* (basierend auf persönlichen Erfahrungen), 4. *secondhand stories* (rezipierte Narrationen) und 5. *culturally common stories* (kulturell geprägte, individuenunabhängige Narrationen). Dies ist als weite Typologie von *narratives* aufzufassen; schriftliche Aussagen können ihr im Anschluss an die Definition nach Labov in Kategorie 3 der „firsthand stories" zugeordnet werden. Darüber hinaus zeigt die Typologie, dass Narrationen nicht einzelpersonenabhängig sein müssen. Ganze Institutionen und Kulturen gründen auf Erzählungen.

Im Recht etwa sind Erzählungen omnipräsent. Es kann eine grundlegende Narrativität des Rechts konstatiert werden:

> Im Rechtsleben bzw. in der Rechtspflege einer Gemeinschaft wird – im weitesten Sinne genommen – unablässig erzählt [...]. Das betrifft die mündlich oder schriftlich vorgebrachten Sachverhaltsdarstellungen der Parteien, die persönlich gefärbt sind, eine ordnungsstiftende Funktion haben und einen Kausalnexus konstruieren [...]. Kläger und Geschädigte erzählen ihre Version eines Tathergangs im Ermittlungsverfahren und vor Gericht, ebenso Beschuldigte und Angeklagte bzw. deren rechtliche Vertreter. Zeugenberichte und Sachverhaltsdarstellungen in Gutachten sind gleichfalls als Narrationen mit spezifischen Erfordernissen aufzufassen. Ein Geständnis ist ebenso mit einer Erzählung verbunden wie ein Plädoyer. (Niehaus 2017: 514)

Die Narrativität des Rechts kann mit der *narratio* der antiken Rhetorik in Zusammenhang gebracht werden (Niehaus 2017: 518). Bei der Narratio als Teil der Gerichtsrede handelt es sich um die Mitteilung eines Geschehens bzw. eines Handlungsablaufs (Knape 2013: Sp. 99). Ihre vornehmliche Funktion ist die Vermittlung von Glaubwürdigkeit und die Persuasion. Ziel der Erzählung vor Gericht ist nicht nur die Übermittlung von Fakten, sondern – laut Quintilians Rhetorik (2015, IV: 20f.) – vor allem die Zustimmung des Richters:

> Selbst mein Satz, die Erzählung eines Sachverhaltes, den der Richter schon kennt, sei überflüssig, ist nicht ohne Einschränkung aufzufassen: ich möchte es so verstanden wissen: sie ist überflüssig, falls der Richter nicht nur weiß, was geschehen ist, sondern auch die Auffassung hat, es sei so geschehen, wie es uns zustattenkommt. Denn die Erzählung ist ja nicht dazu

> erfunden, daß der Richter eine Sache nur kennenlernt, sondern weit mehr dazu, daß er ihr zustimmt.

Eine glaubwürdigkeitsorientierte Narratio sei besonders im Falle einer Anschuldigung relevant, weniger im Fall unparteiischer Zeugen. Es wird – „durchaus kontrafaktisch“ – davon ausgegangen, dass die Sachverhaltsdarstellung von Zeugen an der Wahrheit interessiert ist (Niehaus 2017: 520); Beschuldigte können zu einer Verschleierung des Sachverhalts geneigt sein.

Von Zeugen wird insgesamt eine „berichtende Darstellung“ erwartet (Hoffmann 1980: 55). Die Zeugenaussage wird deshalb bisweilen auch als Beispiel des Berichts angeführt. Ein *Bericht* ist eine Wiedergabe eines Handlungsverlaufs, die sich durch Sachlichkeit charakterisieren lässt:

> Unter B. [Bericht] versteht man die sachlich-nüchterne, zeitlich geordnete und folgerichtige Wiedergabe eines Handlungsverlaufs, wobei subjektiv-ausmalende, vergegenwärtigende oder reflektierende Elemente im Wesentlichen ausgespart bleiben. Als eine Grundform informierenden Erzählens tritt der B. sowohl in sachbezogenen wie fiktionalen Texten auf, ebenso in der Alltagskommunikation (Zeugenaussagen, Augenzeugenbericht, Protokoll u. ä.). (Pankau 2013: Sp. 1486).

Zeugenaussagen können Merkmale des Berichts aufweisen. Sie per se als Berichte zu bezeichnen, ist allerdings insofern problematisch, als dies das Vorkommen explizit subjektiv gefärbter Elemente, von Vermutungen und von Evaluationen ausschließt. Ob Zeugen in ihren Aussagen tatsächlich immer einen Handlungsverlauf wiedergeben, ist empirisch nicht belegt. Die in diesem Kapitel vorgestellten Beispiele lassen vermuten, dass dies nicht der Fall ist. Wenn Pankau in seiner Definition den Bericht als sachlich-nüchtern bezeichnet und als Beispiel die Zeugenaussage anführt, basiert dies auf reduktionistischen Vorstellungen, wie eine Zeugenaussage zu sein hat und nicht auf empirischen Daten dazu, wie sie tatsächlich ist.

Es wird aufgrund dessen der Begriff der Erzählung – der Elemente, die über das Berichten hinausgehen, nicht ausschließt – bevorzugt. Damit knüpft die Arbeitsdefinition dieser Studie an Picornell (2013a 2013& b) an und versteht sVA ebenfalls als Narrationen.

## 5.4 Impulse zur stilistischen Textsortenklassifikation der schriftlichen Aussage

Wenn Texte zur Identifikation prototypischer Eigenschaften mithilfe einer Analyse ihrer sprachlichen Oberfläche beschrieben werden sollen, so wie es die empirische Studie I in Kapitel 7 vornimmt, handelt es sich um eine stilistische Textsortenklassifikation. Der Stilbegriff ist eng mit Wirkungsintentionen seitens des Produzenten und der tatsächlichen Wirkung seitens des Rezipienten verbunden und führt in diesem Sinne Spracheinstellungen, wie sie für die vorliegende Arbeit von Interesse sind, herbei. Die stilistische Textsortenklassifikation umfasst alle sprachlichen Ebenen, von Charakteristika der Syntax bis hin zu Auffälligkeiten der Lexik. Eine nähere Vorstellung einschlägiger Merkmale findet sich – nach einer Einführung in die Grundlagen der Textsortenklassifikation als textlinguistische Praxis in Kapitel 5.4.1 – in Kapitel 5.4.2.

### 5.4.1 Anliegen und Kriterien der Textsortenklassifikation

Die Beschreibung und Klassifikation von Texten zählt zu den zentralen Forschungsanliegen der Textlinguistik. Die Textlinguistik selbst ist methodisch breit aufgestellt und vereint u.a. ältere strukturalistische wie auch vergleichsweise jüngere pragmatische Perspektiven auf Texte. Dementsprechend uneinheitlich sind auch die Schwerpunkte in den Definitionen von Textsorten. In einer weiten und eher allgemeinsprachlichen Definition hebt Adamzik (1995: 14) das Moment der Abgrenzbarkeit von Textsorten zueinander hervor:

> In einer unspezifischen Lesart wird mit *Textsorte* irgendeine Sorte, Menge oder Klasse von Texten bezeichnet, die entsprechend irgendeinem Differenzierungskriterium (oder auch mehreren zugleich) von anderen Mengen bzw. Klassen von Texten unterschieden werden kann. Textsorten in diesem Sinne stellen das Ergebnis eines beliebigen Versuchs dar, Arten von Texten gegeneinander abzugrenzen. [...] In der unspezifischen Lesart von Textsorte handelt es sich eben um einen Oberbegriff mit extrem großer Extension, dem als Unterbegriff schlichtweg alles zugeordnet werden kann, [...]. In dieser Lesart wird Textsorte übrigens oft synonym zu den Ausdrücken Textart, Textklasse, Texttyp, [...], verwendet.

*Irgendeine* Textsorte mit *irgendeinem* Differenzierungskriterium abzugrenzen, zeugt von einer Beliebigkeit der allgemeinsprachlichen Begriffsverwendung, der systematische Erfassungstypologien in linguistischen Textklassifikationsansätzen entgegenzuwirken versuchen. Eine Definition, die bereits einige dieser Kriterien beinhaltet, geben Brinker et al. (2014: 9):

> Textsorten sind *konventionell geltende* Muster für komplexe sprachliche Handlungen und lassen sich als jeweils typische Verbindungen von kontextuellen (situativen), kommunikativ-funktionalen und strukturellen (grammatischen) und thematischen Merkmalen beschreiben.

Textsorten in ihrer gesellschaftlichen Einbindung als Musterlösung für eine kommunikative Aufgabe zu verstehen, setzt eine Art konventionalisiertes Wissen voraus: Wenn auch ggf. nur implizit zugänglich, verfügen Schreiber in der Regel über ein *Textsortenwissen*, auf das sie bei der Produktion und Rezeption von Texten zurückgreifen können. Dieses Wissen kann sowohl Informationen über konkrete sprachliche Charakteristika als auch über soziale Kontexte beinhalten: „Textsortenwissen ist Wissen über soziale Gewohnheiten, Normen und Routinen, an denen man sich beim eigenen Handeln orientieren kann [...]" (Adamzik 1991: 106). Textsortenwissen ist damit – zumindest in schriftbasierten Kulturen – essenziell zur gesellschaftlichen Teilhabe und befähigt zur Bewältigung kommunikativer Aufgaben (vgl. Heinemann/Viehweger 1991).

Versuche der Textsortenklassifikation agieren vornehmlich auf deskriptiver Ebene. Als Ziel kann die Identifikation rekurrierender sprachlicher Textmuster gelten. In diesem Sinne wird zwangsläufig von einer Prototypikalität von Textsorten ausgegangen: Texte[33] sind „für die Bildung von Prototypen und eine prototypische Beschreibung prädestiniert" (Gansel/Jürgens 2007: 81, siehe auch Hövel 2018: 20). Sprachliche Merkmale, weit verstanden als inhaltliche und grammatische Merkmale, können so als *mehr oder weniger typisch* für eine Textsorte gelten. Abweichungen von einem Textsortenmuster bedeuten deshalb nicht zwangsläufig, dass keine (spezifische) Textsorte vorliegt, denn Textsorten fungieren als Rahmen, der der Orientierung dient, gleichzeitig aber Variation zulässt (vgl. Gülich 1986).

Textsortenklassifikationen können, je nach Erkenntnissinteresse, mithilfe verschiedenster Kriterien vorgenommen werden. Die Definition nach Brinker et al. (2014) hat bereits gezeigt, dass diese Kriterien von Kontextualität bis über

33 Die folgende Darstellung legt einen weiten Textbegriff nach Heinemann/Heinemann (2002: 111) zugrunde: „Ein Text als Teileinheit eines Diskurses ist eine relativ abgeschlossene Grundeinheit der sprachlichen Kommunikation, die von sozial Handelnden als pragmatische, semantische und formale sowie prototypisch gewichtete Gesamtheit deklariert bzw. verstanden wird. Texte werden von den Kommunizierenden aus bestimmten sozialen oder psychischen Anlässen nach globalen Textmustern, die sich als erfolgreich erwiesen haben, konstituiert und rezipiert. Sie sind auf das Übermitteln und Verstehen von thematisch organisierten Informationseinheiten zur Realisierung von Handlungszielen der Partner im Rahmen übergreifender Interaktionsereignisse gerichtet. Die Elemente der Äußerungsfolgen stehen in kohäsiven Beziehungen zueinander; Kohärenz kommt auf der Basis textgeleiteter Zusammenhänge durch das Inferieren von Vorwissen über die Konstitution von Texten zustande."

Textfunktionen reichen. Ein Analysekriterium muss dabei zunächst allen anderen übergeordnet werden: Prototypische Tendenzen können nur mithilfe quantitativer Betrachtungen nachgewiesen werden (Kleiber 1993: 52). Das Auftreten eines textsortentypischen Merkmals in einem Text *allein* kann noch nicht als Zugehörigkeitssignal zu einer Textsorte gedeutet werden – entscheidend sind die Quantität der Merkmale und ihre Kombinatorik.

Grob unterteilen lassen sich Textmerkmale in die Kategorien *textextern* und *textintern* (z.B. bei Adamzik 2004: 53). Textexterne Merkmale sind außertextliche Einflussfaktoren; als textintern gelten alle Charakteristika, die sich direkt dem Text entnehmen lassen. Es besteht Einigkeit darüber, dass eine umfassende Textsortenklassifikation sowohl externe als auch interne Merkmalskategorien bedienen muss. *In integrativen Ansätzen* haben sich zu diesem Zweck die folgenden Kriterien herauskristallisiert: Linguistica sämtlicher Art (Art der Textentfaltung, Wortwahl, Grammatica), Funktion/Zweck, Herstellung, Medium und Textsituation (Aufzählung nach Deppermann 2002: 258). Ein besonders differenziertes wie systematisches Analyseraster für Dimensionen der Texterfassung legt Adamzik (2004) vor. Darin berücksichtigt sie sowohl textexterne als auch textinterne Faktoren und benennt mit der sprachlichen Gestalt, der Funktionalität, dem Thema und der Situativität insgesamt vier Dimensionen. Adamziks systematische Zusammenstellung dient als Grundlage der folgenden Vorstellung von Analysekriterien.

### 5.4.2 Stilistische Textsortenklassifikationskriterien

Die sprachliche Gestalt von Texten bildet zugleich Ausgangspunkt und Hauptaugenmerk der Textbeschreibung und ist damit ein zentrales Kriterium der Textsortenklassifikation. Versteht man die Gestalt von Texten als intentionale Gestaltung und als eine über den bloßen Transport von Inhalten hinausgehende Auswahl sprachlicher Mittel aus einem Repertoire anderer Optionen, ist die Textgestalt(ung) als *Stil* zu verstehen. Stil als „spezifische Gestaltung von Gesprächen und Texten" ist ein „Gestaltungsmittel" (Sandig 2001: 21), das wiederum auf der Bündelung sprachlicher Merkmale beruht. Stil ist insofern immer relational, als er nur durch die Verschiedenheit von Texten existieren kann. Grundlegend zu unterscheiden ist zwischen konventionellen Stilen, die sich durch die kommunikativen Ansprüche einer Gesellschaft etablieren, und individualisierten Stilen; es können jedoch auch „ad hoc Stile zusammengebastelt werden" (Selting 2001: 9). Stil bewegt sich damit zwischen Erwartbarem und Besonderem, Abweichendem. Ungeachtet der individuellen ‚Zusammensetzung' des jeweiligen Stils eines einzelnen Textes verleiht er dem Inhalt eines Textes weitere Bedeutungsebenen, auf die im Folgenden näher einzugehen ist.

Stil kann in seinem intentionalen Moment als funktional bezeichnet werden. Zu den funktionalen Aspekten des Stils zählt Sandig (1986) u.a. soziale Differenzierungen und das Erfüllen von Angemessenheitsanforderungen und Konventionen im Rahmen von Registern (beispielsweise durch die Berücksichtigung von Rollenbeziehungen). Die stilistische Textsortenklassifikation trägt damit auch zur konkreten Erfassung von aus sozialen Anforderungen gewachsenen Registermerkmalen bei. Eine besondere Gewichtung des sozialen Aspekts nimmt Sandig (2006: 11) vor: Stil meint „die sozial bedeutsame Art der sprachlichen bzw. [in] Sprache enthaltenen Handlungsdurchführung". Wenn Stilistik nicht nur als textbezogen verstanden wird, sondern auch über den Text hinaus als bedeutsam, so muss sie sich auch mit Stilwirkungen befassen (vgl. Sandig 2006: 64). Stilwirkungen können daraufhin untersucht werden, wie ein Produzent wirken möchte und wie ein Stil tatsächlich auf einen Rezipienten wirkt. Ein Beispiel zu einer möglichen Wirkungsintention von Stil findet sich in Hollys (2001: 423) Ausführungen, in denen der gehobene Stil sich zugleich als sozialer Stil manifestiert: Sprecher oder Schreiber, die sich eines ‚gehobenen Stils' bedienen, möchten unter Umständen „das Niveau anheben" und haben „die deutliche Absicht, sich von anderen ‚abzuheben', sich über sie zu ‚erheben'". Intentionen und Rezeptionen von Stilen sind allerdings nicht deckungsgleich, weshalb Sandig (2006: 69, Spillner 1980 aufgreifend) vor „Nebenwirkungen" warnt. Im Rezeptionsprozess eines Stils kann es zu Unterstellungen von Intentionen, Einstellungen und Eigenschaften des Kommunikators kommen (1986: 38). So kann eine witzig intendierte Wortwahl etwa als provozierend wahrgenommen werden. Sowohl über dem Aspekt der Intentionen als auch über dem der Rezeption schwebt das Problem einer Rekonstruierbarkeit. Weder die Wirkungsabsicht noch die tatsächliche Wirkung sind einem direkt Text entnehmbar, u.a. weil sich letzteres individuell entfaltet. Wirkungen auf den Textrezipienten können nur mittelbar, etwa mittels der Erfassung von Spracheinstellungen erfasst werden.

Insgesamt gibt es für Untersuchungen des Textstils keine feststehenden Merkmalskataloge; für eine Erfassung eines Stiles können je nach Text unterschiedliche Charakteristika relevant sein. Eine grundlegende Differenzierung wird in der Textlinguistik zwischen Merkmalen auf Ebene der Lexik und Merkmalen auf Ebene der

Grammatik getroffen. In einer Zusammenstellung bei Adamzik[34] (2016: Tabellen 297, 304) werden die folgenden Merkmalskategorien genannt.

**Tab. 7:** Kategorien stilistischer Textsortendeskription

| **Kategorie** | **Erläuterungen/ Beispiele** |
|---|---|
| Lexik | |
| Wortlänge | gemessen in Buchstaben oder in Silben |
| Wortarten | Autosemantika und Synsemantika |
| Wortkomplexität | Wortbildungen, z.B. Komposition, Derivation |
| Worthäufigkeit | Verwendungsfrequenz |
| Wortvarianz bzw. Wortwiederholungen | Type-Token-Ratio |
| Herkunft | z.B. Fremdwörter |
| Varietätenspezifik | z.B. Umgangssprache, gehobener Duktus |
| Konnotationen und Wertungen | z.B. pejorativ, euphemistisch |
| Grammatik | |
| Satzlängen | von Haupt- und Nebensätzen |
| Komplexität der Sätze und der Satzglieder | z.B. komplexe Attribution |
| Nebensatztypen | z.B. konzessiv, final, kausal |
| Tempus | z.B. Präteritum, Präsens |
| Modus | z.B. Konjunktiv |
| Genus Verbi | z.B. Passiv |
| Kasus | z.B. Genitiv, Dativ |

Die Merkmale der Tabelle bieten einen möglichen Beschreibungsrahmen von Stilcharakteristika. Genauso wie es keinen universalen Merkmalskatalog gibt, gibt es keine universale Interpretation für ermittelte Werte. Während es in der Kategorie Kasus beispielsweise durchaus interessant sein kann, ob ein Schreiber auf den Genitiv oder alternativ auf alltagssprachlich geläufigere Dativkonstruktion zurückgreift, ist eine Gegenüberstellung der Dativ- und Akkusativverwendung wenig aufschlussreich, da diese Kasus vom Verb vorgegeben werden. In jedem

34 Die Tabelle wurden nicht genuin zum Zwecke einer stilistischen Textsortenklassifikation entwickelt, gibt als Instrumentarium der Textdeskription aber eine gute Übersicht für potenziell relevante Merkmale. Die Tabelle wurde zu Zwecken der Übersichtlichkeit zusammengefasst und gekürzt.

Klassifikationsversuch muss also für jedes sprachliche Merkmal einzeln festgelegt werden, unter welchen Umständen es im Hinblick auf stilistische Gesichtspunkte als bedeutsam gelten kann. Bedeutsam sind die Merkmale von allem dann, wenn sie als Resultat eines Auswahlprozesses zwischen Formulierungsoptionen gelten können.

### 5.4.3 Exkurs: Weitere Textsortenklassifikationskriterien

Die im folgenden vorgestellten Textsortenklassifikationskriterien Funktionalität, Situativität und Thema können in der vorliegenden Studie, die Bildungssprache als sprachliche Gestalt von Texten und ihren Einfluss auf Glaubwürdigkeitszuschreibungen fokussiert, nicht behandelt werden. Ihre Anwendung auf die schriftliche Aussage kann dennoch als Forschungsdesiderat gelten, da nur durch integrative Ansätze umfassende Textsortenklassifikationen geleistet werden können.

#### 5.4.3.1 Funktionalität

Die Funktion von Textsorten kann aus zwei verschiedenen Blickwinkeln betrachtet werden: Als ‚Klasse' bieten Textsorten in ihrer Gesamtheit eine Musterhaftigkeit, auf die in der Textproduktion zu Zwecken der textproduktiven Ökonomie zurückgegriffen werden kann. Sie sind konventionalisierte Muster und „komplexe Ressourcen, die den Mitgliedern der Gemeinschaft zur Verfügung stehen, um gesellschaftlich relevante Aufgaben zu erfüllen" (Sandig 2006: 21). In diesem Sinne erfüllen Textsorten eine dem Schreiber nützliche Orientierungsfunktion. Dies ist abzugrenzen von Textfunktionen, deren Analyse wiederum zur Kategorisierung von Textsorten dienen soll. Mit diesem letzteren Schwerpunkt beschäftigt sich die folgende Darstellung.

Textklassifikationsansätze mit funktionalem, auch als handlungstheoretisch bezeichnetem, Schwerpunkt orientieren sich am Kommunikationsziel von Texten. Als besonders breit rezipierter Ansatz mit einer solchen funktionalen Perspektive kann der Klassifikationsvorschlag von Brinker (1983) gelten. Seinem Vorschlag legt er eine Differenzierung nach Große (1985) zugrunde. Große (1985: 68) trennt darin Textfunktionen von Intentionen. Eine Textfunktion ist die „in einem Text encodierte, sich im Text als Kommunikationsinstrument ausprägende Intention, und zwar – und dies ist wichtig – so wie der Empfänger sie verstehen soll." Eine Intention kann auch „geheim" sein (Große 1985: 68). Sie kann der Textfunktion zwar gleichkommen, muss ihr aber nicht entsprechen und kann etwa auch textübergeordnete, wie etwa persuasive Zwecke verfolgen. Als konzeptionelle Grundlage greift Brinker (1983: 149f.) auf Searles Klassifikation illokutiver Typen zurück und unterscheidet zwischen fünf textuellen Grundfunktionen:

- Die Informationsfunktion zeichnet sich durch das Signalisieren einer Wissensvermittlung aus; dominant sind dabei Sprechhandlungstypen der Repräsentativa (z.B. klassifizieren, mitteilen, vermuten).
- Die Appellfunktion versucht den Rezipienten zu einer bestimmten Handlung zu bewegen. Dazu können Appellativa wie das Empfehlen und Bitten verwendet werden.
- Die Obligationsfunktion stellt eine Art Selbstverpflichtung dar; der Emittent verpflichtet sich (z.B. durch die Verwendung von Kommissiva wie das Versprechen) zum Vollzug oder zur Unterlassung einer bestimmten Handlung.
- Die Kontaktfunktion dient der Ausgestaltung (genauer der (Wieder-)Herstellung oder Erhaltung) der persönlichen Beziehung zwischen einem Kommunikator und Rezipienten. Zur Kontaktfunktion verwendete Sprechhandlungstypen gehören in der Regel zur Klasse der Expressiva (z.B. Sich-Entschuldigen, Danken etc.).
- In der Deklarationsfunktion wird ein Faktum bekundet, dass die Realität neukonstituiert. Beispiele hierfür sind die Akte des Taufens oder des Kündigens, die der Klasse der Deklarativa zuzurechnen sind.

Mithilfe der fünf funktionalen Klassen können Texte anhand ihrer dominanten Funktion eingeteilt werden. Zum Beispiel ordnet Brinker (1983: 139) Rezensionen den Texten mit Informationsfunktion zu; dies schließt gleichzeitig aber weder aus, dass Rezensionen auch Appellativa enthalten können, noch, dass nicht eine „geheime Intention“ nach Große hinter der vordergründig informativen Funktion stehen kann. Der Funktionsbegriff bezieht sich dahingehend auf die kommunikative Realität, die sich hierarchisch in dominante Funktionen und Subfunktionen untergliedern lässt (siehe auch Heinemann 2011: 263). Adamzik (2008: 362) kritisiert einen solchen Ansatz trotz dieser Differenzierung als reduktionistisch, denn er führe zu einer „Beschränkung auf (verhältnismäßig einfache und eindeutige) Gebrauchstexte“. Adamzik selbst schlägt einen sehr viel weiteren Funktionsbegriff vor, unter den alles fallen sollte, „was eine sinnvolle Antwort auf die Frage ist, wozu Texte produziert und rezipiert werden oder was Sprachbenutzer mit Texten machen“ (Adamzik 2004: 111). Die Berücksichtigung des Rezipienten bietet eine wertvolle Erweiterung des Ansatzes, um eventuelle Asymmetrien zwischen funktionalen Rezipientenansprüchen und tatsächlich realisierten Textfunktionen seitens des Emittenten erfassen zu können. Am Beispiel der schriftlichen Aussage wäre z.B. denkbar, dass ein Ermittler mit einem informationsbetonten Schreibauftrag

(„Schildern Sie…“) einen informativen Text erbittet und ungeachtet dessen aber einen vordergründig appellativen oder expressiven Text erhält.

#### 5.4.3.2 Thema

Das Thema ist einem Text zunächst unmittelbar und ohne weitere Analyse entnehmbar. Es kann in einem Text einleitend explizit benannt werden, ist oft Teil des Titels (wenn vorhanden) und die Lektüre weniger Autosemantika reicht zumeist aus, um das Thema, wenn auch vage, benennen zu können (vgl. Adamzik 2004: 120ff.). Das Thema kann damit als augenscheinlichstes Klassifikationskriterium gelten – noch bevor andere Klassifikationskriterien, wie der Stil, angesetzt werden. So ist beispielsweise ein Wetterbericht in erster Linie ein Wetterbericht, weil er über das Wetter informiert. Thema eines Textes kann denkbar alles sein. U.a. darin mag der Grund liegen, dass thematisch orientierte Klassifikationsansätze weniger verbreitet sind als funktionale oder stilistische. In diesem Zusammenhang kommt auch die Frage auf, inwiefern inhaltliche Feststellungen in systematischer Form zur Textsortenklassifikation beitragen können. Eine Antwort darauf liefert das Modell der Themenentfaltung bei Brinker et al. (2014), dem eine terminologische Vorbemerkung zum Konzept des Themas vorangestellt sei.

Das Thema eines Textes ist laut Hellwig (1984: 14) nicht der bloße Gegenstand, sondern ein fraglicher, mit dem Text zu lösender Inhalt: „Als kanonische Formulierung eines jeden Themas kann ein abhängiger Fragesatz f konstruiert werden, der als eingebettet in eine eingesparte Formel wie ‚Der zugehörige Text beantwortet die Frage f‘ zu interpretieren ist“ (ebda.). Das Thema ist „das, was über den Gegenstand in Frage steht, und sei es in der allgemeinsten Form: Was ist mit x?“ und „[z]u jedem Aussagesatz in einem monologischen Text gibt es eine implizite, zuweilen auch im Text selbst explizit gemachte Frage, auf die der Satz eine Antwort ist“ (Hellwig 1984: 14). Eine solche Definition von ‚Thema‘ ist für schriftliche Aussagen insofern besonders interessant, als die vom Verfasser thematisierten Aspekte damit auch immer Aufschluss über präsupponierte Fragen geben. Das Verfassen einer sVA setzt voraus, den Informationsbedarf der Polizei zu antizipieren und in der Verschriftlichung entsprechend zu berücksichtigen (besonders im Falle einer offenen Aufgabenstellung).

Wie ein Thema behandelt wird, ist Analysekriterium des eingangs erwähnten Modells nach Brinker et al. (2014). Das Modell zur Beschreibung der thematischen Ebene ist unterteilt in eine nähere Bestimmung des Themas und in seine Entfaltung. Variablen des Themas sind nach Brinker die Art (Ereignis, Gegenstand etc.), die temporale Orientierung (Relation des Textes zum Thema im Sinne einer Vorzeitigkeit, Nachzeitigkeit, Gleichzeitigkeit und Zeitlosigkeit), sowie die lokale Orientierung (auf den Produzenten oder Rezipienten bezogen oder auch außerhalb der

Personen; siehe auch Brinker 2010: 138, Abbildung). Diese Kategorien lassen sich aufgrund textexterner Konditionen meist bereits ohne Lektüre eines eigentlichen Textes bestimmen; am Beispiel der Aussagen kann von einem nachzeitig thematisierten Ereignis mit lokaler Orientierung auf den Aussagenden als Textproduzent ausgegangen werden.

Bezüglich der Themenentfaltung grenzt Brinker Grundformen von tatsächlichen Realisierungsformen ab. Grundformen sind die *deskriptive*, die *narrative*, die *explikative* und *die argumentative* Themenentfaltung. Diese Ebene ist damit schwer von funktionalen Analysekriterien zu trennen, denn wenn ein Text sein Thema vornehmlich deskriptiv entfaltet, ist er von einer informativen Funktion auszugehen als etwa von einer appellativen (vgl. Kapitel 5.4.3.1) Unter Realisierungsformen fasst er die spezifische Kombinatorik der Themenbehandlung (z.B. erst deskriptiv, dann wertend); die Realisierungsformen sind im Gegensatz zu den Grundformen daher nicht zähl- und eingrenzbar.

#### 5.4.3.3 Situativität

Die Situativität eines Textes beschreibt äußere Kommunikationsbedingungen und textexterne Einflüsse auf ein Textprodukt, die Einfluss auf seine interne Beschaffenheit nehmen können. Adamzik (2004: 61) hält die Situation einer Textproduktion für fundamental; am Anfang steht nicht der Text, sondern die Deutung der Situation. An der Situativität macht ein Textproduzent fest, wie sein Text zu sein hat: „Die Faktoren der kommunikativen Situation bestimmen die Textsorte" (Diewald 1991: 278). Diewald identifiziert im Aufgriff dessen Grundtextsorten mit den Endpunkten mündlicher Dialog und schriftlicher Monolog (1991: 298).

Es besteht keine Einigkeit darüber, welche Kriterien unter ‚Situativität' zu fassen sind. Als besonders relevant kristallisiert sich allerdings der Handlungsbereich heraus (vgl. Heinemann 2011), für den private, offizielle und öffentliche Bereiche unterschieden werden. Stellt man diesen Ansatz und die Differenzierung Diewalds gegenüber, zeigt sich, dass Situativitätskriterien sich stark voneinander unterscheiden können. Während sich Diewalds Charakterisierung zwischen Mündlichkeit, Schriftlichkeit, Monologizität und Dialogizität unmittelbar dem Text entnehmen lässt, ist der Handlungsbereich nur mittelbar ersichtlich.

Weitere Kriterien, die zur Charakterisierung einer kommunikativen Situation herangezogen werden können, sind der Produzent und der Rezipient und ihre Beziehung zueinander. Textproduzenten passen die Beschaffenheit ihres Textes in der Regel den Erfordernissen einer Adressatenorientierung an (dies gilt bspw. nicht für ‚adressatenlose' Texte wie Tagebucheinträge), indem sie u.a. versuchen, Erwartungen zu antizipieren. Ähnlich verhält es sich in umgekehrter Weise, denn ebenso rezipientenseitig davon auszugehen ist, dass der Rezeptionsprozess von

Erwartungen oder Meinungen an und über den Textproduzenten gelenkt wird (vgl. auch Adamzik 2014: 83). Das Produzenten-Rezipienten-Verhältnis kann vielfältig ausgeprägt sein: Sie können einander kennen oder einander unbekannt sein, auf Augenhöhe oder in einem hierarchischen Gefälle miteinander kommunizieren (vgl. Henne/Rehbock 2001: 26ff).

Ein integrativer Ansatz, der die vorgestellten Kriterien aufgreift, findet sich in Heinemann/Heinemann (2002). Anstelle des Situativitätsbegriffs tritt bei Heinemann/ Heinemann die ‚Situationalität'. Der Situationalität rechnen sie verschiedene Subklassen zu; das können die Tätigkeitssituation, das Medium, die Anzahl der beteiligten Kommunikationspartner und ihre sozialen Rollen sein. Die Parameter bestimmen, wie ein Text zu sein hat und welchem Zweck er dient. Brinker (u.a. 2010) sieht die Situationalität eines Textes daher in engem Zusammenhang mit der Funktionalität.

## 5.5 Zwischenfazit IV

Kapitel 5 hat sich der Aussage bei der Vernehmung auf dem Schriftweg aus theoretischer Perspektive genähert und dazu sowohl rechtliche als auch (text-)linguistische Perspektiven behandelt.

- Die schriftliche Aussage ist dasjenige Textprodukt, das als Antwort auf einen Anhörungsbogen der Polizei eingesendet wird. Sie basiert auf § 163a der StPO, die in sogenannten einfachen Fällen das Anfragen einer schriftlichen Variante als Alternative zur mündlichen Vernehmung ermöglicht. Kapitel 5.1.2 hat die unterschiedlichen Gewichtungen von Mündlichkeit und Schriftlichkeit in einer Gegenüberstellung von Polizei und Gericht thematisiert: Während es sich bei der sVA in der polizeilichen Ermittlung um eine gängige Praxis handelt, wird sie vor Gericht selten eingefordert – obwohl § 377 Abs. 4 ZPO und § 251 StPO theoretisch eine rechtmäßige Durchbrechung des Unmittelbarkeitsgrundsatzes ermöglichen.
- Die rechtlichen Grundlagen zur Anforderung einer Aussage haben gezeigt, dass der Anhörungsbogen sowohl von Zeugen als auch von Geschädigten und Tatverdächtigten angefordert werden kann. Mit dem unterschiedlichen Involviertheitsgrad in den aufzuklärenden Vorfall ist zum einen von unterschiedlich Schreibmotivationen auszugehen, zum anderen kann damit auch die seitens der Polizei gestellte Schreibaufgabe variieren.
- In der Linguistik handelt sich bei schriftlichen Aussagen um wenig untersuchte Kommunikate. Auf Grundlage Picornells (2013), die zur Bestimmung der sVA die Labovsche Definition von Narrationen heranzieht, wurde die Theorie der Erzählungen herangezogen. Dabei wurde zunächst auf die uneindeutige

Semantik des Wortes hingewiesen. Eine sVA kann nur dann als Erzählung verstanden werden, wenn das ‚Erzählen' mit Ehlich (2011) als weiter Architerm definiert wird. Es wurde gezeigt, dass Recht auf das Erzählen angewiesen ist. Aus normativer Perspektive handelt es sich bei Erzählungen von Zeugen im Recht um Berichte. Dieser Terminus wurde als Arbeitsdefinition abgelehnt, da er subjektive Momente und andere Sprachhandlungen als das Wiedergeben eines Geschehnisses ausschließt. Präferiert wird stattdessen der weitere Begriff der Erzählung.

- Einen geeigneten theoretischen Rahmen für die Beschreibung von Texten anhand bildungssprachlicher Mittel bietet die stilistische Textsortenklassifikation. Kriterien der stilistischen Textsortenklassifikation sind registerunspezifisch weit gefasste Kategorien wie beispielsweise Wortlängen und Komplexität der Satzglieder, die sich in der Bildungssprache wiederum in einer erhöhten Wortlänge und durch komplexe Attribution erweiterte Satzglieder konkretisieren. Die Theorie der stilistischen Textsortenklassifikation, die die Auswahl sprachlicher Mittel als intentionales Gestaltungsmoment versteht, stützt ferner den Vorschlag die Verwendung bildungssprachlicher Merkmale nicht nur kommunikativ-funktional, sondern auch in ihren expressiven Gesichtspunkten zu betrachten (siehe auch Kapitel 4.1.3).
- Ein Exkurs hat gezeigt, dass die nähere Klassifikation von Aussagen von einer integrativen Anwendung weiterer Klassifikationskriterien profitieren könnte. Wie zumindest an einigen Beispielen im empirischen Teil aufgezeigt wird (Kapitel 7.6), bietet vor allem die funktionale, handlungstheoretische Textsortenklassifikation anschlussfähige Betrachtungen zu Einflüssen auf die Vertextungsmuster der Aussagen. In einigen Aussagen schildern die Verfasser nicht nur gemäß der Informationsfunktion, was passiert ist, sondern versprechen etwa auch, die Straftat nicht noch einmal zu wiederholen; die Obligationsfunktion kommt zum Tragen. Nähere Differenzierung und auch gegenüberstellende Betrachtungen der Aussagen mit Hinblick auf die Variable ‚Stellung des Verfassers im Verfahren' können nach dem aktuellen Forschungsstand zwar noch nicht geleistet werden; sie wären für zukünftige Analysen schriftlicher Aussagen aber wünschenswert.

Zur Ergänzung der vorgestellten Theorien und der zum Teil sehr unterbestimmten Rechtsgrundlagen wurde ein Experteninterview zum Status der sVA in der Praxis polizeilicher Ermittlungen durchgeführt. Die Ergebnisse stellt Kapitel 6, den empirischen Teil dieser Studie einleitend, vor.

# 6 Die Vernehmung auf dem Schriftweg in der Praxis polizeilicher Ermittlungen – ein Experteninterview

Im Ermittlungsverfahren auf polizeilicher Ebene ist den Ermittelnden ein größerer Entscheidungsspielraum bezüglich der Vernehmungsform überlassen als vor Gericht. Schriftliche Vernehmungen sollen in *einfachen* Fällen durchgeführt werden; in komplexeren, uneindeutigen Fällen empfiehlt sich eine mündliche Vernehmung. Eine konkrete Definition von ‚einfach' liegt – wie bereits in Kapitel 5.1 anhand von § 163a Abs. 1 der StPO problematisiert wurde – jedoch nicht vor. Eine theoretische Annäherung an die Aussage im Rahmen schriftlicher Vernehmungen wird erschwert durch: Erstens den gesetzlich unterbestimmten Spielraum, zweitens den aus theoretischer Perspektive bereits erläuterten Fakt, dass derartige Schreiben von unterschiedlich involvierten Personen mit dementsprechend unterschiedlichen Intentionen angefordert werden können und, drittens dadurch, dass die Schreibaufträge variieren können. Darüber hinaus ist die sVA auch in Bezug auf den Themenkomplex der Glaubwürdigkeit wenig erforscht – während die vorgestellten Realkennzeichen zur Identifikation lügnerischen Aussagens in der forensisch-aussagepsychologischen Vernehmungspraxis als gut untersucht gelten können, gibt es keine praktisch angewandte Theorie zur Glaubwürdigkeitsfeststellung in der sVA. Insgesamt gibt die Sichtung der Theorie nur unbefriedigend Aufschluss über Praxis der Vernehmung auf dem Schriftweg und die Textsorte der schriftlichen Aussage.

Um einen Einblick in die Praxis der schriftlichen Vernehmung zu erhalten, wurde ein Experteninterview mit dem Leiter eines Verkehrskommissariats mit mehreren Liegenschaften in Westfalen durchgeführt. In dem Verkehrskommissariat werden Unfälle und Straftaten mit Verkehrsbezug bearbeitet; das können Vorsatzstraftaten oder fahrlässige Straftaten sein, z.B. Verkehrsunfallfluchten mit Sachschaden, Ordnungswidrigkeiten bis hin zu Unfällen mit Personenschäden und Getöteten.

## 6.1 Methodik: Hinweise zum Interviewleitfaden & zur Transkription

Das Interview basiert auf einem Frageleitfaden. Dieser für das Experteninterview vorbereitete Leitfaden enthält insgesamt zehn, vornehmlich offene Fragen, die sich fünf Themenkomplexen zuordnen lassen:

https://doi.org/10.1515/9783111379289-006

1. Unterschiede zwischen der mündlichen und schriftlichen Vernehmung, 2. Formulierung der Schreibaufgabe, 3. (sprachliche) Beschaffenheit der Aussagen, 4. Auswertung der sVA mit Schwerpunkt auf der Glaubhaftigkeit und 5. Einflüsse auf die Glaubwürdigkeitsattribution. Der Frageleitfaden wurde dem Experten zu Vorbereitungszwecken vorab in Schriftform zugesandt und enthielt die folgenden Fragen:

1. Wie viele schriftliche Zeugenaussagen[35] gehen im Durchschnitt (schätzungsweise) monatlich im VK Rheine ein?
2. Bei welcher Art von Delikten entscheidet sich die Polizei üblicherweise für die Anforderung einer schriftlichen Aussage? Können Sie je nach Vorfall frei entscheiden, ob Sie eine mündliche oder schriftliche Aussage für sinnvoller halten?
3. Bevorzugen Sie die mündliche oder die schriftliche Aussage? Warum bzw. welche Vor- und Nachteile haben die beiden Varianten jeweils Ihrer Meinung nach?
4. Gibt es feststehende Vorgaben zur Formulierung der Schreibaufgabe in der Aussagenanfrage seitens der Polizei? Die bisher gesichteten Beispiele beginnen immer mit „Schildern Sie…“
5. Sind die meisten schriftlichen Zeugenaussagen so gestaltet, dass man das Geschehen gut nachvollziehen kann oder gibt es oft Verständnisprobleme? Haben Sie den Eindruck, dass viele Zeugen Probleme bei Verschriftlichung der Vorfälle haben? Was machen Sie, wenn eine Schilderung unverständlich ist?
6. Ist der Umgang mit und die Bewertung von schriftlichen Zeugenaussagen Teil der Ausbildung oder erwirbt man diese Kompetenz durch Diensterfahrung?
7. Gibt es einen feststehenden Kriterienkatalog zur Bewertung der Glaubhaftigkeit oder geht jeder Polizist/jede Polizistin individuell vor?
8. Gibt es Ihrer Meinung nach – unabhängig vom geschilderten Inhalt – Aspekte, die den Eindruck von Glaubwürdigkeit schmälern können? (Beispielsweise Eindruck von ‚Mühelosigkeit‘ durch extreme Kürze, unleserliches Schriftbild, unvollständige Schilderungen…)
9. Welche Rolle spielt die Bewertung einer schriftlichen Zeugenaussage für den Verlauf der weiteren Ermittlung?
10. Haben Sie schon einmal Fälle erlebt, in denen eine gut formulierte Zeugenaussage dazu führte, dass ein Schuldiger zunächst für glaubwürdig und unschuldig gehalten wurde? Oder auch andersherum, dass Sie eine Aussage zunächst

35 Es wurde in dem Interview terminologisch nicht zwischen Zeugen-, Geschädigten- und Beschuldigten-Aussagen unterschieden, siehe dazu auch terminologische Hinweise in Kapitel 5.2.

als unglaubhaft eingestuft haben, obwohl sich die Schilderung doch später noch als wahr herausstellte?

Das Interview mit einer Gesamtlänge von 36:26 Minuten wurde in Ton und Bild aufgezeichnet. Da das Interview ausschließlich der inhaltlichen Ergänzung zum Status der sVA in der Rechtspraxis dient, wird es in dieser Arbeit nicht auf linguistische Kriterien hin untersucht. Es wurde eine qualitative, strukturierende Inhaltsanalyse mit vorab festgelegten thematischen Kategorien durchgeführt (vgl. Mayring 2022)[36]. Diese Kategorien, denen die Antworten des Experten gemäß der Methodik deduktiv zugeordnet wurden, sind die eingangs erwähnten fünf Themenkomplexe: Unterschiede zwischen der mündlichen und schriftlichen Vernehmung, Formulierung der Schreibaufgabe, sprachliche Beschaffenheit der sVA, Auswertung der sVA mit Schwerpunkt auf der Glaubhaftigkeit und Einflüsse auf die Glaubwürdigkeitsattribution. Es wurde den Ansprüchen der inhaltlichen Analyse entsprechend ein Transkriptionssystem gewählt, das die Inhaltsebene fokussiert und (Extra-)Linguistica, wie etwa prosodische Merkmale, vernachlässigt. Ein solches Regelsystem bietet das zur qualitativen Inhaltsanalyse entwickelte Transkriptionssystem nach Kuckartz/Rädiker (2022). Unter Anwendung dieses Systems basiert das Interviewtranskript (siehe Anhang) auf den folgenden Regeln (vgl. Kuckartz/Rädiker 2022: 200f., gekürzte und zusammengefasste Darstellung[37]):

1. Jeder Sprechbeitrag wird in einem eigenen Absatz transkribiert und zur Erhöhung der Lesbarkeit durch eine Leerzeile vom nächsten Redebeitrag abgegrenzt.
2. Die Transkription erfolgt wörtlich, das heißt weder lautsprachlich noch paraphrasierend.
3. Es erfolgt eine Annäherung an die Schriftsprache. Charakteristika des Mündlichen (z.B. Kürzungen „so'n“ statt „so ein“) werden durch schriftsprachliche Varianten ersetzt.
4. Auffällig lange Pausen werden durch Auslassungspunkte „(...)“ markiert; besondere Betonungen durch Unterstreichungen.

36 Die strukturierende Inhaltsanalyse leistet eine Zuordnung der Interviewinhalte zu vorab oder nachträglich festgelegten Kategorien und ermöglicht so eine – besonders bei Vorliegen mehrerer Interviews relevante – sortierte Darstellung der Interviewinhalte.

37 Kuckartz/Rädiker stellen einige weitere Regeln zur Transkription nonverbaler Akte und von Störungen des Interviews vor, die für das vorliegende Transkript allerdings keine Verwendung gefunden haben.

5. Signale des Zuhörens wie etwa bestätigende Lautäußerungen („mhm") werden nicht transkribiert, wenn sie den Redefluss des Sprechers nicht unterbrechen und nicht als Antwort zu interpretieren sind.
6. Fülllaute wie „ähm" hingegen werden in die Transkription aufgenommen, insofern sie eine inhaltliche Bedeutung tragen.
7. Lautäußerungen, z.B. Lachen, werden in Klammern vermerkt „(lacht)".
8. Unverständliche Passagen werden durch „(unv.)" gekennzeichnet.
9. Für jeden Sprechbeitrag werden die entsprechenden Zeitmarker eingefügt.

Kukartz/Rädiker (2022) äußern sich nicht zur Interpunktion; für dieses Transkript wurde eine Interpunktion zur Förderung der Lesbarkeit festgesetzt. Das Transkript beruht auf einer mithilfe von ‚Amberskript'[38] automatisiert angefertigten, aufgrund fehlerhafter Verschriftlichungen allerdings manuell überarbeiteten Transkription.

## 6.2 Interview

Das betroffene Verkehrskommissariat führt wöchentlich ca. 20–25 Vernehmungen auf dem Schriftwege durch (00:02:17). Auf die Frage hin, wann die Polizei sich für den Schriftweg als Alternative zur Vorladung zu einer mündlichen (einer sogenannten „verantwortlichen") Vernehmung entscheide, verweist der Experte (im Folgenden auch mit seinen Initialien TR bezeichnet) zunächst auf den Vernehmungsbegriff der Strafprozessordnung. Der Vernehmungsbegriff der StPO regelt, wie bereits vorgestellt, Rechte und Pflichten des Vernommenen sowie des Vernehmenden. So ist ersterer im Fall einer Beschuldigung auf sein Zeugnisverweigerungsrecht hinzuweisen. Zu den Pflichten des Vernehmenden zählt im Falle einer verantwortlichen Vernehmung die von den Aussagenden zu unterzeichnende Protokollierung des Gesprächs, sowie bei manchen Delikten (z.B. Tötungsdelikt) auch die Aufzeichnung in Bild und Ton. Kriterien für die Entscheidung zwischen einer mündlichen und schriftlichen Vernehmung sind der *Schweregrad des Delikts* sowie die *Eindeutigkeit bzw. Uneindeutigkeit der Beweislage*:

> Im Verkehrskommissariat überwiegen in der Regel die schriftlichen Verfahren, die Anhörungsbogen, bei sogenannten einfachen Fällen. Der ist zumindest nicht im Klartext des Gesetzes genannt: Was ist denn ein einfacher Fall? Diese Bewertung muss man mit seiner Erfahrung so ein bisschen definieren. Das sind Fälle, in denen es ganz klar ist, in denen möglicherweise auch schon Geständnisse vorhanden sind, die vorher mündlich gemacht worden sind, in denen die Zeugenaussagen diesen Sachverhalt bestätigen, in denen der

38 Online-Transkriptionstool, www.amberscript.com

> Sachschaden oder auch der Personenschaden schon gering ist. In den Fällen ist ein Anhörungsverfahren auf dem Postweg angezeigt und auch durchaus ausreichend. In allen anderen Fällen, in denen es zu Widersprüchen gekommen ist, in denen es auch um schwerwiegendere Schäden, sowohl an Personen als auch an Sachen geht, ist dann eher die verantwortliche Vernehmung im Vordergrund zu sehen. (ab 00:03:11)

Ein großer Vorteil der schriftlichen Variante besteht in der Arbeitsökonomie. Aufgrund der hohen Anzahl an Verkehrsdelikten ist es nicht möglich, alle Beteiligten zu einer mündlichen Vernehmung vorzuladen:

> Wir haben täglich für den Bereich des Verkehrskommissariats 10–12 Verkehrsunfallfluchten mit Sachschaden – jeden Tag, die angezeigt werden. Und da kann man sich ja vorstellen, so eine Masse, wenn man das mal für eine Woche hochrechnet: Wir gehen dann schon in Richtung 100. Das ist schon eine Menge. Deswegen ist bei diesen Sachschäden das schriftliche Verfahren angezeigt, sonst kämen wir vor lauter verantwortlichen Vernehmung überhaupt nicht mehr weiter. (ab 00:29:45)

Ein weiteres Kriterium zur Entscheidung für eine schriftliche oder mündliche Vernehmungsform sind vermeintliche Interessen der Aussagenden: Auch die *Motivlage* der Beteiligten kann die Komplexität der Vernehmung bestimmen und somit letztlich die Entscheidung für eine schriftliche oder mündliche Vernehmung beeinflussen. Die schriftliche Variante bietet sich an, wenn nicht von einer Täuschungsintention und damit grundlegend von der Glaubwürdigkeit des Aussagenden auszugehen ist, etwa im Falle nur mittelbar involvierter, dem Beschuldigten fremden Augenzeugen:

> Der Zeuge hat in der Regel keinen Grund Unwahrheiten zu sagen. [...] der normale Zeuge vom Sehen her, der einen Sachverhalt als Außenstehender beobachtet hat, hat in erster Linie erstmal überhaupt keinen Grund, Angaben zu machen, die nicht korrekt sind, zumindest nicht vorsätzlich oder bewusst. Deswegen kann man da schon im einfach gelagerten Fall auf das schriftliche Verfahren oder Zeugen zurückgreifen. Und das ist dann eher mehr als bei den Beschuldigten. (ab 00:07:45)

Die Frage der Glaubhaftigkeit einer Aussage kommt demzufolge eher im Falle einer Beschuldigung auf. Beschuldigte können grundsätzlich allerdings ebenso einen schriftlichen Anhörungsbogen erhalten. Wann ein Anhörungsbogen zur Einforderung einer schriftlichen Aussage versendet wird, liegt letztlich – mit einigen Einschränkungen – im Ermessen des Ermittlers. Je komplexer der Fall ist, desto eher ist eine sogenannte verantwortliche, d.h. eine mündliche Vernehmung durchzuführen, denn die schriftliche Vernehmung hat den Nachteil der *Monologizität*; es kann nicht nachgefragt werden:

> In unklaren Sachen ist es dann schon mal wichtiger, sich gegenüberzusetzen, denn das schriftliche Verfahren hat einen großen Nachteil: Ich kann nicht nachfragen. Da steht eine Antwort, dann denke ich: „Hm, was meint er jetzt damit?" Ich habe nicht die Möglichkeit, noch mal hinterher zu fragen, nicht nachzufragen. Ich kann zwar auch im schriftlichen Verfahren konkrete Fragestellungen aufnehmen und die zuschicken. Aber die Antwort bleibt erst mal im Raum stehen, unkommentiert von demjenigen, der eigentlich der vernehmungsleitende Beamte ist. Das habe ich natürlich in einer verantwortlichen Vernehmung nicht, das muss ich vorher mitberücksichtigen. (ab 00:09.27)

Besonders, wenn ein Ermittler eine konkrete Information erfragen möchte, bietet es sich an, konkrete Fragestellungen (z.B. nach dem Kennzeichen) im Anhörungsbogen zu formulieren. In der Ausgestaltung des Schreibauftrages ist der anfragende Polizist frei und kann seine Fragestellungen an den jeweiligen Erkenntnisstand der Ermittlungen und an sein Erkenntnisinteresse anpassen:

> [Frage, ob ein Ermittler in der konkreten Gestaltung des Anhörungsbogens frei ist, JS: Sie kommen damit schon zu einem weiteren interessanten Punkt. Sie haben ja gerade die Fragen erwähnt, die dann eben in der Aussagenaufforderung mitverschickt werden. Ich hatte in einer kleineren Pilot- oder Vorstudie mir mal einige angeschaut und da war die Aufgabenstellung immer folgendermaßen formuliert: Schildern Sie, XYZ. Es schien mir, dass das der Regelfall ist. Ich vermute, auch da gibt es Vorgaben. Oder ist dann der jeweilige bearbeitende Polizist da ganz frei und kann theoretisch jede Frage seiner Wahl mitschicken?] (ab 00:11:09)
> TR: Ja, [...] kann er, das kann er. Er muss für sich selber nach der Sachverhaltsstudierung, die ihm vorliegt [entscheiden]. Er bekommt ja eine Aktenlage, denn er ist ja meistens nicht derjenige, der den Unfall, die Straftat vor Ort aufgenommen hat, sondern das waren dann andere Kollegen, die eine Schriftlage erstellt haben, aufgrund dessen, was sie zum Zeitpunkt des Vorfalls festgestellt haben und zum Zeitpunkt der Befragung dann so verstanden und aufgenommen haben. Danach wird beurteilt, inwieweit mir es ausreicht, eine Sachverhaltsschilderung einfach schriftlich zukommen zu lassen. Deswegen ist diese Begrifflichkeit ‚Schildern Sie mir mal, was Sie denn gesehen haben'. So, ja, das ist offen. Das ist eine offene Frage. Die meisten verstehen das auch so. Die sagen auch wirklich, „ich habe mich dann und dann da befunden und dann habe ich gesehen, wie der kam und das gemacht hat." Und das ist schon dadurch, dass das so offen und nicht ganz gezielt ist, eine Möglichkeit, viele Informationen zu bekommen. Oftmals steht aber auch dann darunter noch mal ganz konkret, „konnten Sie den Fahrer erkennen?". Also nicht nur „schildern Sie", sondern konkret darunter kommt noch mal „Haben Sie das Kennzeichen ablesen können oder ist in einem PKW irgendwas Besonderes aufgefallen?" Es wird dann noch mal ganz konkret, vielleicht noch eine zweite, dritte, vierte Frage gestellt, um das noch mal gezielt abzustimmen mit einer möglichen anderen Darstellung. Und wenn sich das dann deckt, dann reicht diese Fragestellung auch aus. Aber zur Frage: Ja, sie sind frei. Man kann auch anders fragen. Also ganz gezielt fragen, was ich wissen muss, wenn der Sachverhalt in sich schon stimmig ist. (ab 00:11:40)

Die Variabilität der Schreibaufträge mag einer der Gründe dafür sein, dass die die Antwortschreiben letztlich sehr unterschiedlich ausfallen – es gibt keine ‚prototypische' Aussage:

> Also es kommt wirklich alles, alles zurück, von einer wissenschaftlichen Arbeit bis zu „oh, das weiß ich nicht mehr". Oder Gemälde – haben wir auch schon alles gehabt. Oder es sind wirklich Situationen aufgezeichnet worden. Also es ist das ganze Spektrum, was da zurückkommt. (ab 00:16:29)

In diesem Zusammenhang weist TR auch darauf hin, dass es den Deliktbeteiligten, die Probleme mit der Verschriftlichung des Falles haben, stets freisteht, eine schriftliche Aussage abzulehnen und alternativ um eine mündliche Vernehmung zu bitten.

> Es wird aber auch ausdrücklich in jedem schriftlichen Verfahren darauf hingewiesen, dass ich mich äußern kann. Und darunter steht auch: „Ich möchte mich bei der Polizei äußern." Da weisen wir auch immer darauf hin. Ich denke da an auch an ältere Menschen, die vielleicht sich da überhaupt nicht mit auskennen und mit dieser Situation dann überfordert sind. Auch da müssen wir so ein bisschen darauf achten: Mit wem haben wir es überhaupt zu tun? Bevor ich ihn anschreibe, auch in leichten Fällen. Kann ich das überhaupt machen oder rufe ich vorher an, frage mal nach? Auch das kommt sehr oft vor, dass man telefonisch angefragt hat: „Sie waren ja Zeuge oder auch Beschuldigter. Das kann passieren, aber wir müssen dieses Verfahren jetzt bearbeiten. Wie machen wir das? Kann ich Ihnen was zuschicken? Würden Sie mir dann die Situation schildern?" Und dann hört man ja auch schon heraus, ob eine Person überfordert ist oder nicht. Wir wollen niemanden überfordern. Wir wollen schon, dass dann derjenige, der eine Auskunft geben möchte, eine Aussage machen möchte, auch eine vernünftige Gelegenheit dazu hat. Deswegen auch die Möglichkeit im schriftlichen Verfahren, grundsätzlich auch auf Wunsch desjenigen: „Ich kann mich auch bei der Polizei äußern". Dann wird eine Protokollaufnahme vis-a-vis gemacht, die man zusammen erarbeitet und die er dann auch unterschreibt. (ab 00:16:29)

In einigen Fällen kann es auch notwendig sein, einen Übersetzer zur Unterstützung bei der mündlichen Vernehmung zu bestellen – besonders wenn die Glaubwürdigkeit in Frage steht (ab 00:18:19).

In der Auswertung der sVA hinsichtlich der Glaubhaftigkeit ist der bearbeitende Polizist insofern grundsätzlich frei, als sie nicht auf einem Kriterienkatalog basiert (vgl. auch Kapitel 3.2.3 aussagepsychologische Kriterienkataloge zur Glaubhaftigkeitsbegutachtung). Eine Beschaffenheit, die den Ermittelnden allerdings erfahrungsgemäß ein Indiz für einen potenziellen Täuschungsversuch ist, ist eine ‚Lücke' in der Schilderung, der Eindruck des ‚Drumherum-Redens' und eine mangelnde Thematisierung des Sachverhaltes an sich:

> [JS: Wie Sie wissen, interessiere ich mich ja hauptsächlich in meinem Projekt für die Glaubhaftigkeit. Gibt es denn dafür vielleicht so eine Art Kriterienkatalog, den man dann abarbeitet, während man eine solche Aussage liest und irgendwie ankreuzt: „Ok glaubhaft, weniger glaubhaft?" Oder ist das mehr Intuition? (ab 00:21:40)
> TR: Also einen Kriterienkatalog besitzen wir nicht, ich zumindest nicht. Ich weiß nicht, ob es in anderen Deliktsbereichen sowas überhaupt geben könnte. Ich vermute mal auch eher nein. Natürlich merkt man, wenn einer lebensfremde Sachverhalte (...) schreibt und man liest das und denkt: „Kann nicht sein!" Natürlich, das merkt man auch schon. Auch da spielt Erfahrung eine große Rolle. Auch die, (...) ob das jetzt sehr ausführlich ist. Es gibt ja auch den redseligen Beschuldigten. Es gibt auch den Schweiger. Es gibt da unterschiedliche Typen, die dann was zu Papier bringen, wo man dann (...) man fühlt manchmal so ein bisschen ist, dass das vorgetäuscht oder lügt er mich jetzt tatsächlich an. Das merkt man schon so ein bisschen. Einen Katalog, nein, den gibt es nicht. Oder, wenn einer drumherum redet, aber nie über den Sachverhalt an sich selber, dann denkt man: „Da fehlt ja was. Da ist eine Lücke drin." Wenn man das im schriftlichen Verfahren macht, weil wenn man im Vorfeld schon merkt „hmm", dann ist es doch eher sinnvoller, einen dann tatsächlich dann vorzuladen. Weil da ist es zwingend, dass man nachfragen muss. (ab 00:22:00)

In diesem Zusammenhang warnt der Experte vor Einflüssen auf die Glaubwürdigkeitsattribution, denn auch nicht-inhaltliche Merkmale wie das Schriftbild oder der Zustand des Papiers hinterlassen einen Eindruck, der allerdings nicht auf die Bewertung einwirken sollte:

> [JS: Es gibt ja auch Studien zu Aspekten, die Glaubwürdigkeit verstärken oder schmälern können, also zumindest den Eindruck davon, nicht die reale Glaubhaftigkeit. Was würden Sie denn sagen, macht eine schriftliche Aussage glaubhafter? Gibt es da vielleicht sprachliche Mittel?] (ab 00:23:46)
> TR: Ich habe die Frage ja vorher gelesen, habe mir dann auch wirklich so Gedanken gemacht: „Ja, was macht denn, was wirklich glaubhaft? Ist es die besonders schöne Schrift, [...] die sehr, sehr gut leserlich ist?" Das ist so, wie der erste Eindruck. Man sagt: „Guck mal, wie sauber das hier reinkommt" und, wenn man dann was anderes sieht, das ist dann schon geknüddelt, da ist der Kaffeefleck darauf und so, dass man so mit so einem Eindruck schon reingeht, wie man einen Menschen kennenlernt, [...] der erste Eindruck ist ja schon derjenige, der sich am meisten verfestigt und der sehr lange bleibt. Das kann auch mit der Papierlage so sein, dass man sagt: „Wie kommt das denn rein?" [...] ich sage immer: „Vorsicht, Vorsicht!" Welche Motivation habe ich denn jetzt, mir so viel Arbeit zu machen, so schön zu schreiben, so ausführlich, dass man das praktisch drucken könnte, so toll ist das gemacht. Und wenn man das dann doch gelesen hat, denkt man „kann eigentlich nicht sein". Also [...] ich bin da sehr vorsichtig. Ich würde da keine Rückschlüsse daraus ziehen lassen, sondern würde nach der Motivation fragen, wenn irgendwas erheblich ist oder überheblich ist, kann aber auch ganz normal sein. Aber es gibt Menschen, die haben eine druckbare Schrift. Ja, es gibt auch Menschen, die sind halt – tja wie soll man das ausdrücken – ein bisschen schlunziger. Die legen dann diese Aussagezettel, die wir extra dafür mitschicken, dann auf ihren schmutzigen Tisch, der nie abgewischt worden ist, der eben halt fleckenbehaftet ist, kritzeln da eben was drauf. Aber der Inhalt dieser Aussage stimmt. Das ist richtig so, was er geschrieben hat. Also ich wäre da sehr vorsichtig. Auch da spielt Erfahrung, vorherige Aufklärung, mit wem habe ich es zu tun, eine

große Rolle, die gezielte Fragestellung: Was will ich denn jetzt auch wissen? Um was für ein Delikt geht es auch? Und ist er Zeuge oder Beschuldigter?

## 6.3 Zwischenfazit V

Das Interview hat gemäß den vorab festgelegten Themenschwerpunkten Unterschiede zwischen der mündlichen und schriftlichen Vernehmung, die Formulierung der Schreibaufgabe im Anhörungsbogen, die sprachliche Beschaffenheit der Textprodukte, sowie ihre Auswertung mit Schwerpunkt auf der Glaubhaftigkeit und Einflüsse auf die Glaubwürdigkeitsattribution behandelt. Der Einblick in die Praxis der Vernehmung auf dem Schriftweg konnte theoretische Annäherungen an die sVA in Kapitel 5 erweitern. Auch wenn viele Inhalte des Interviews der Theorie entsprechen, konnte der Einblick in die Praxis besonders den Umgang mit der gesetzlichen Unterbestimmtheit der einschlägigen Normen zur Wahl zwischen der mündlichen und der schriftlichen Vernehmungsvariante konkretisieren.

– Grundsätzlich obliegt dem Ermittler in sogenannten ‚einfachen' Fällen die Wahl zwischen der mündlichen und der schriftlichen Vernehmungsvariante. Bei der Entscheidung zu berücksichtigen ist nicht nur die Schwere des Delikts, sondern auch die Motivlage. Als großer Vorteil der schriftlichen Variante in der Ermittlungspraxis ist die Arbeitsökonomie anzuführen; es müssen nicht alle zu vernehmenden Personen zu einem Gesprächstermin geladen werden. Ein Nachteil besteht wiederum in der Monologizität. Es können nicht unmittelbar Nachfragen gestellt werden.
– Bei Bedarf hat der Ermittler die Möglichkeit, konkrete Fragen im Anhörungsbogen zu formulieren. Der übliche offene Schreibauftrag „Schildern Sie..." kann nach Bedarf ergänzt werden, z.B. durch W-Fragen. (Diese können eine Unterstützung für den Schreiber sein, der den konkreten Informationsbedarf der Polizei ohne weitere Fragestellungen antizipieren muss, siehe dazu Kapitel 5.1.1).
– Die (sprachliche) Beschaffenheit der Textprodukte ist sehr unterschiedlich. Diese Beschreibung bestärkt den Vorschlag, schriftliche Aussagen aus linguistischer Perspektive möglichst weit zu definieren. Ferner erwähnte der Experte die Häufigkeit von Skizzen. Diese werden in der vorliegenden Arbeit nicht berücksichtigt; für weiterführende multimodale Betrachtungen wäre das Verhältnis von Texten und Zeichnungen allerdings ein interessanter Untersuchungsgegenstand.
– Die Bewertung der Aussagenglaubhaftigkeit erfolgt in der Praxis der schriftlichen Vernehmung ohne Kriterienkatalog. Kriterien, wie die in Kapitel 3.2.3 vorgestellten ‚Realkennzeichen' werden bei der Auswertung der Aussagen nicht

angewendet; die Erfahrung des Ermittlers spielt eine große Rolle. Als verdächtig erweist sich bspw. eine Lücke in der Schilderung der Geschehnisse.

- Der Experte warnt vor Einflüssen auf die Glaubwürdigkeitsattribution; als einen solchen Einflussfaktor benennt er beispielhaft das Schriftbild, das den sogenannten ‚ersten Eindruck' maßgeblich prägen kann. Wichtig ist ein Bewusstsein für derartige eindrucksverzerrende Merkmale.

# 7 Untersuchung 1: Bildungssprachliche Merkmale in Aussagen bei der Vernehmung auf dem Schriftweg

Die empirische Studie dieser Arbeit verfolgt zwei Fragestellungen: Zentral ist die Frage, ob und inwiefern bildungssprachliche Merkmale Glaubwürdigkeitszuschreibungen in Aussagen bei der Vernehmung auf dem Schriftweg beeinflussen. In diesem Zusammenhang soll – die Hauptstudie vorbereitend – auch untersucht werden, inwiefern sich die Aussagen bei schriftlichen Vernehmungen als bildungssprachlich charakterisieren lassen. Aufgrund der Registeranforderungen an die kommunikative Situation ist davon auszugehen, dass die der Polizei eingesendeten Aussagen bildungssprachliche Merkmale enthalten (siehe Hypothesenbegründung zu Studie 1 in Kapitel 7.1), und dass diese Merkmale u.a. aufgrund ihrer sozialsymbolischen Assoziationen Glaubwürdigkeitszuschreibungen fördern (siehe Hypothesenbegründung zu Studie 2 in Kapitel 8.1). Zur Beantwortung dieser beiden Fragen werden zwei Untersuchungen vorgenommen.

*Untersuchung 1* in diesem siebten Kapitel befasst sich mit einer Bestandsaufnahme bildungssprachlicher Merkmale im authentischen Korpus, bestehend aus 57 schriftlichen Aussagen. Es erfolgen eine deskriptive Frequenzanalyse der enthaltenen bildungssprachlichen Merkmale, der damit einhergehende Versuch einer näheren sprachlichen Beschreibung der Textsorte der schriftlichen Aussage sowie eine Problematisierung der Messbarkeit von Bildungssprache.

*Untersuchung 2*, die nach dem Einfluss bildungssprachlicher Merkmale auf die Glaubwürdigkeit fragt, wird in Kapitel 8 vorgestellt. Diese Untersuchung bedient sich einer zweistufigen Methodik: Zunächst werden authentische Aussagen hinsichtlich ihrer bildungssprachlichen Merkmale manipuliert. Im Anschluss an die Textmanipulation wird der Einfluss der bildungssprachlichen Merkmale auf die Glaubwürdigkeitszuschreibung in einem Probandenrating, genauer in einem Semantischen Differential, gemessen.

## 7.1 Untersuchung 1: Fragestellung, Hypothese, Erkenntnisinteresse

Untersuchung 1 basiert auf der Hypothese, dass Aussagen bei der schriftlichen Vernehmung Merkmale der Bildungssprache enthalten. Der Begriff der Bildungssprache wurde aus theoretischer Perspektive in Kapitel 4 vorgestellt. Bildungssprache wird, angelehnt an die breit rezipierten Arbeiten Gogolins (u.a. 2007 & 2009), häufig

https://doi.org/10.1515/9783111379289-007

als dasjenige Register definiert, das zur Bewältigung schulischer Aufgaben benötigt wird (vgl. Gogolin 2010: 29). Betreffende Studien beschäftigen sich mit der funktionalen Beschreibung von Bildungssprache, ihren Förderungsmöglichkeiten und jüngst auch mit ihrer empirischen Erfassung. Mit dem Anliegen, bildungssprachliche Merkmale erstens korpuslinguistisch zu erfassen, um dann zweitens ihre Auswirkungen auf die Text- bzw. Verfasserperzeption zu untersuchen, reiht sich die vorliegende Arbeit in die empirischen Ansätze ein. Sie unterscheidet sich jedoch in einer Hinsicht maßgeblich: Als „field" der Bildungssprache wurde bislang vor allem die Schule benannt (so bei Gogolin/Duarte 2016: 485, siehe auch Kapitel 4.1.1). Empirische Studien untersuchen deshalb vornehmlich Sprachprodukte in schulischen Bildungskontexten (z.B. Fornol 2020). Eine weniger enggefasste Definition als „Sprache der Öffentlichkeit" (Habermas 1978: 30) scheint durch den Fokus auf die Relevanz in Bildungsinstitutionen weitestgehend in Vergessenheit geraten zu sein.

Diese Arbeit versucht, ein bislang nicht berücksichtigtes *field* der Bildungssprache zu analysieren; die Beschäftigung mit Bildungssprache in außerschulischen Kontexten kann als Forschungslücke gelten. Mit der Wahl schriftlicher Aussagen als Korpus möchte sich diese Studie von der Fokussierung auf schul- und bildungsbezogene, also vornehmlich auf Kinder fokussierte Perspektiven lösen. Dass bildungssprachliches Vermögen auch in nicht-bildungsspezifischen Kontexten relevant ist, steht aus theoretischer Perspektive spätestens seit der Arbeit von Morek/Heller (2012) fest. Morek/Heller schreiben der Bildungssprache u.a. eine sozialsymbolische Funktion als „Eintritt- und Visitenkarte" und eine kommunikative Funktion zum Wissenstransfer zu (2012: 70).[39] Sie ist nicht nur die Sprache, die zu Zwecken der Bildung benötigt wird, sondern in ihrer sozialsymbolischen Funktion auch die „[l]egitime Sprache", die festlegt, wie man „korrekt, distinguierend, sozial akzeptabel, […] und glaubwürdig spricht" (Schendzielorz 2011: 40, siehe auch Kapitel 4.3.3).

Eine weitere Forschungslücke, auf die die Untersuchung reagieren möchte, ist die bislang linguistisch nicht klassifizierte Textsorte der Aussagen bei der schriftlichen Vernehmung. Wie in Kapitel 5 vorgestellt, wurden derartige Aussagen bislang nur rudimentär definiert und als erlebnisbezogene Narration verstanden (Picornell 2013). Ausstehend sind u.a. nähere Beschreibungen der sprachlichen Beschaffenheit im Rahmen einer textstilistischen Deskription. Die Erfassung bildungssprachlicher Merkmale trägt zu einer solchen näheren linguistischen Beschreibung bei.

39 Eine dritte Funktion, die in dieser Studie jedoch vernachlässigt werden kann, ist die bildungssprachliche Kompetenz als Instrument der Wissensaneignung.

Für die Textsorte der schriftlichen Aussage ist aus mindestens drei Gründen davon auszugehen, dass sie bildungssprachliche Merkmale beinhaltet. Erstens stellt die Bildungssprache das Register der formellen und öffentlichen (damit auch institutionellen) Kommunikation dar. Zweitens bietet sie ein kommunikativ-funktionales Instrumentarium für einen dekontextualisierten, verständlichen und nachvollziehbaren Transfer von Wissen oder von Erlebtem. Sie ermöglicht u.a. das Explizieren, das Dekontextualisieren und das Präzisieren (siehe Kapitel 4.3). Drittens ist sie in ihrer sozialsymbolischen Dimension ein expressives, stilistisches Mittel der Selbstdarstellung. Mit der Verwendung bildungssprachlicher Mittel präsentiert ein Sprecher oder Schreiber sich als bildungsnah. Als „Sprache der Öffentlichkeit" ist sie insofern dasjenige Register, das eine sozial angemessene Kommunikation ermöglicht, als ihre Verwendung die Berücksichtigung situativer Kommunikationsanforderungen demonstriert und ihrem Verwender ebendiese Kompetenz bescheinigt. Durch die Verwendung bildungssprachlicher Merkmale (BSM) zeigen Kommunikatoren ihre Kompetenz zur Teilhabe an einer öffentlichen Kommunikation. Es wird in Anbetracht dieser beiden Gründe die folgende Forschungsfrage F1 aufgestellt:

F1: Inwiefern lassen sich Aussagen bei der Vernehmung auf dem Schriftweg als bildungssprachlich charakterisieren?

Zur Beantwortung der Frage soll erhoben werden, *welche* bildungssprachlichen Merkmale die Texte jeweils enthalten und ferner auch, *wie viele* das sind. Die Frage basiert, wie dargestellt, auf der Annahme, dass sich Merkmale von Bildungssprache in Aussagen finden lassen. Die Arbeitshypothese lautet:

H1: Aussagen bei der Vernehmung auf dem Schriftweg enthalten bildungssprachliche Merkmale.

Die Vagheit der Hypothese ist spezifischen Problemen geschuldet, denen sich insbesondere empirische Arbeiten zur Bildungssprache zu stellen haben. Das betrifft zum einen die Interpretation von Frequenzen und die Festlegung aussagekräftiger Werte: Wie hoch muss der Anteil bildungssprachlicher Merkmale sein, um einen Text insgesamt als bildungssprachlich charakterisieren zu können? Daran schließen unmittelbar zum anderen auch Fragen nach der Merkmalskombinatorik an: Ist ein Text, der z.B. zahlreiche Komposita enthält, schon bildungssprachlich oder führt erst eine spezifische Merkmalskombinatorik zur Eigenschaft eines Textes als bildungssprachlich? In letzterem Fall: Welche und wie viele Merkmale? Fragen dieser Art resultieren nicht zuletzt aus der Tatsache, dass kein sprachliches Merkmal eindeutig registerdistinktiv ist. Kurzum sieht sich der empirische Beleg der Hypothese mit folgendem Problem konfrontiert: Während qualitativ gut erforscht ist, welche Merkmale charakteristisch für das Register sind, mangelt es an quantitativen Erhebungen. Es fehlen kontrastive Studien, die vermeintlich bildungssprachliche und vermeintlich nicht-bildungssprachliche Texte gegenüberstellen, und aus denen statistische Vergleichswerte entwickelt werden könnten. Ein zentrales Anliegen dieser Untersuchung 1 besteht daher primär in einer Binnendifferenzierung der Bildungssprachlichkeit *innerhalb* des Korpus sowie auch in einer Problematisierung der Erfassung von Bildungssprache und der Interpretation bildungssprachlicher Frequenzen.

Die Identifikation von bildungssprachlichen Mitteln in den sVA, ist für diese Arbeit in zweierlei Hinsicht relevant: Primär stellt sie eine Grundlage der Hauptfragestellung dar. Eine Analyse des Effekts bildungssprachlicher Mittel auf die Glaubwürdigkeitsattribution kann in Bezug auf angewandte Implikationen nur dann als ertragreich gelten, wenn bildungssprachliche Mittel auch tatsächlich in der realen Beschaffenheit der sVA vorkommen. Zudem dient die Erfassung der sprachlichen Strukturen methodisch als Basis der in Studie II durchgeführten Textmanipulation zur Messung bildungssprachlicher Merkmale auf die Glaubwürdigkeitsattribution (Kapitel 8.2.1). Die unter Forschungsfrage 1 vorgenommene Bestandsaufnahme der bildungssprachlichen Mittel ermöglicht eine Binnendifferenzierung der Texte innerhalb des Korpus und identifiziert zu manipulierende Textelemente. Sekundär soll Untersuchung 1 zur näheren stilistischen Textsortenbeschreibung der bislang linguistisch noch nicht näher charakterisierten sVA beitragen. Auch wenn die Klassifikationszugänge Thema, Situativität und Funktionalität (vgl. Kapitel 4) im Rahmen dieser Arbeit nicht behandelt werden können, leistet die Bestandsaufnahme der bildungssprachlichen Mittel einen ersten Schritt in Richtung einer stilistischen Textsortenklassifikation.

## 7.2 Untersuchung 1: Analysekategorien und Methodik

Zur Beantwortung der Forschungsfrage 1, „Inwiefern lassen sich Aussagen bei der Vernehmung auf dem Schriftweg als bildungssprachlich charakterisieren?“, sucht die folgende Analyse nach bildungssprachlichen Merkmalen im authentischen Korpus.

Das Analyseraster, das zu dieser Bestandsaufnahme von Bildungssprache in den Aussagen angewendet werden soll, setzt sich aus den bildungssprachlichen Merkmalen gemäß Kapitel 4 zusammen. In Kapitel 4 erfolgte anhand der bestehenden Forschung der Versuch, einen integrativen Merkmalskatalog zu entwickeln. Dieser enthält zur Ermittlung der Bildungssprache 15 Merkmale, die sich in die Kategorien lexikalische-semantisch, morpho-syntaktisch und quantitativ einteilen lassen. Auf lexikalisch-semantischer Ebene sind das die folgenden 7 Kategorien:

- Komposita
- Fachbegriffe und nicht-fachliche Fremdwörter
- Präfix- und Suffixadjektive
- Präfixverben
- reflexive Verben
- Partizipien
- erweiterte Nominalphrasen

Auf morpho-syntaktischer Ebene werden 5 Kategorien analysiert:
- Nebensätze (Satzgefüge/ Junktionen/ Relativsätze)
- zum Nominalisierung verwendete Präpositionen
- Konjunktiv
- Passiv und Passiversatzformen
- Funktionsverbgefüge

In die dritte und letzte Analysekategorie der quantitativen Charakteristika fallen die folgenden 3 Analyseitems:
- Wortlänge (drei oder mehr Silben)
- Satzlänge
- Type-Token-Ratio

Es sei an dieser Stelle noch einmal darauf hingewiesen, dass in der Forschung zur Bildungssprache kein einheitlicher Merkmalskatalog existiert; die untersuchten Merkmale variieren u.a. je nach Erkenntnisinteresse und Datenmaterial der jeweiligen Studie. So werden für das Anliegen dieser Studie beispielweise die von Gogolin/Duarte (2016: 489) als bildungssprachliches Charakteristikum benannten und in Schulaufgabenstellungen verwendeten Operatoren (z.B. beschreiben, vergleichen etc.) vernachlässigt. Gleiches gilt für diskursive bildungssprachliche Merkmale (z.B. Festlegung von Sprecherrollen), da es sich bei schriftlichen Aussagen um monologische und schriftliche Textprodukte handelt. Als Marker für Bildungssprache wird in der Theorie außerdem die Seltenheit bzw. die niedrige Frequenz der verwendeten Wörter angeführt. Da das Vokabular der Aussagen stark durch die zu beschreibenden Inhalte vorgegeben ist, wird diese Kategorie nicht analysiert; beispielsweise gilt das Wort „Kotflügel" laut ‚Duden Belegkorpus' mit durchschnittlich mehr als einem Beleg pro einer Million Wortformen als selten, im Korpus ist es aufgrund der Thematik (Verkehrsdelikte) drei Mal vertreten.[40]

40 Siehe https://www.duden.de/rechtschreibung/Kotfluegel# sowie Erläuterung zu Frequenzklassen https://www.duden.de/hilfe/haeufigkeit.

Alle theoretisch identifizierten Charakteristika bieten für die Erfassung von Bildungssprache zwar einen geeigneten Ausgangspunkt; für empirische Zwecke sind sie jedoch unterbestimmt. In diesem Sinne weist Fornol (2020) auf die Notwendigkeit von Konkretisierungen und Festlegungen hin und erstellt für ihre Suche nach bildungssprachlichen Merkmalen in Schülertexten ein ‚Kodiermanual', denn die Identifikation und die Kodierung bildungssprachlicher Merkmale sind „z.T. als hoch-inferent einzustufen" (2020: 208). Diesem Hinweis wird mit den folgenden Festlegungen nachgekommen. In der Analyse wurden die Merkmale gemäß dem nachstehend entwickelten Leitfaden erfasst.

**Komposita**
Die Kategorie der Komposita umfasst alle durch das Wortbildungsverfahren der Komposition gewonnenen Wörter. Dazu zählen die im Deutschen häufigen nominalen Zusammensetzungen, aber auch Komposita, die Adjektive und Verben beinhalten.

**Fachbegriffe und nicht-fachliche Fremdwörter**
Die Identifikation von Fachbegriffen und von nicht-fachlichen Fremdwörtern bezeichnet Fornol (2020: 208) als „eine besondere Herausforderung", die mangels entsprechender Referenzkorpora kaum gänzlich objektiv durchgeführt werden kann. In Zweifelsfällen werden deshalb die Wortcharakterisierungen des Duden herangezogen. Als Fremdwörter werden diejenigen Wörter verstanden, für die der Duden eine nicht-deutsche Herkunft anführt (z.B. „touchiert" in A50, „touchieren" im Duden: Herkunft Französisch). Als Fachbegriff werden alle Wörter kodiert, für die der Duden eine fachspezifische Gebrauchsdomäne benennt (z.B. „onomatopoetisch" in A22, Gebrauchsdomäne laut Duden: Sprachwissenschaft). Wortarten spielen dabei keine Rolle; ein Fachbegriff kann ein Adjektiv, ein Verb oder ein Nomen sein.

**Präfixverben**
Erfasst wurden alle Verben mit trennbarem oder untrennbarem Präfix unabhängig von ihrer Finitheit oder Infinitheit im Satz. Einen Sonderfall stellen umgangssprachlich realisierte Präfixverben („reinfahren" = hereinfahren) dar; diese wurden in der Kodierung zwar erfasst, werden unter Kapitel 6.5 jedoch separat problematisiert.

**Reflexive Verben**
Zu dieser Kategorie zählen alle Verben, die in ihrer infiniten Form mit dem Reflexivpronomen „sich" gebildet werden.

**Präfix-/Suffixadjektive**
In dieser Kategorie wurden Adjektive erfasst, die entweder ein Präfix- (z.B. „ver-"), ein Suffix (z.B. „-lich") oder beides (z.B. „ver-füg-bar") aufweisen. Während die Bestimmung von Suffixadjektiven als unproblematisch gelten kann, ist die Zuordnung von Präfixadjektiven nicht immer eindeutig. So lässt sich diskutieren, ob das Wort ‚besagt' in der Nominalphrase „die besagte Person" (A51) als Partizipialattribut oder als Präfixadjektiv zu kategorisieren. Problemfälle dieser Art wurden zur Vermeidung einer quantitativen Überrepräsentation nur in einer Kategorie verzeichnet.

**Partizipien**
In der Analyse wurden sowohl Formen des Partizips 1 als auch des Partizips 2 berücksichtigt, insofern sie in adjektivischer Funktion verwendet werden. Nicht differenziert wurde dabei zwischen einer prädikativen, adverbialen und attributiven Stellung. Nicht berücksichtigt wurden Partizipien als Komponente eines Verbalkomplexes (z.B. im Perfekt). Die Berücksichtigung partizipialer Formen in prädikativer Stellung führt zu Überschneidungen mit dem Zustandspassiv im Präsens. In der Zählung wurden Sätze wie „Die Baustelle [...] war auch nicht gesperrt" (A18) als prädikatives Partizip und nicht als Zustandspassiv gewertet.

**Erweiterte Nominalphrasen**
Als erweiterte Nominalphrase wird eine NP verstanden, die mindestens ein Attribut enthält. Diese Attribute können Genitiv-Attribute, Präpositionalattribute, attributive Adjektive und attributive Partizipien sein. Alle erweiterten Nominalphrasen wurden unabhängig von ihrer Anzahl der Erweiterungen als ein Item kodiert. Ebenso wurde keine Unterscheidung zwischen komplexen und einfach erweiterten NPs vorgenommen; hierarchische Verschachtelungen der Attribute in Bezug auf den NP-Nukleus im Falle mehrfacher Erweiterungen wurden nicht berücksichtigt.

**Nominalisierende Präpositionalphrasen**
Erfasst wurden in dieser Kategorie alle Präpositionalphrasen, die mit einer Transformation eines Verbalstils in einen Nominalstil in Verbindung gebracht werden können; das sind z.B. Phrasen mit den Präpositionen „wegen", „trotz" und „zu". Diese können als Alternativen für die Subjunktionen „weil", „obwohl" und „damit" gelten, die separat in der Kategorie der Junktionen erfasst wurden. Ob eine Präposition nominalisierend eingesetzt wird, war für den Einzelfall zu prüfen (z.B. „Ich fuhr zur Ärztin" → „zur" als lokale Präposition, d.h. keine Kodierung; „Zur besseren Verständlichkeit füge ich [...] bei" → Nominalisierung = Kodierung; A26).

**Nebensätze/ Satzgefüge/ Junktionen**

Berücksichtigt wurden in dieser Kategorie sämtliche Arten von Nebensätzen mit oder ohne Junktion (z.B. kausale und temporale Nebensätze, Infinitivsätze, Relativsätze etc.) sowie Hauptsatz-Hauptsatz verbindende Junktionen. Es wurde nicht koordinierenden und subordinierenden Junktionen unterschieden.

**Konjunktiv**

In dieser Kategorie wurden alle konjunktivischen Formen berücksichtigt. Dies beinhaltet sowohl den Konjunktiv 1 als auch den Konjunktiv 2 und letzteren wiederum in seiner analytischen wie in seiner synthetischen (auch als präterital bezeichneten) Form. Der partielle Formensynkretismus des Konjunktivs und des Indikativs (für die regelmäßigen Verben im Konjunktiv 1 die 1. Person Singular und Plural, sowie die 3. Person Plural; alle Personen der regelmäßigen Verben im seltenen synthetischen Konjunktiv 2) wurde als potenzielles Kodierungsproblem antizipiert; uneindeutige Formen, für die nicht zu bestimmen war, ob es sich z.B. um einen synthetischen Konjunktiv oder eine Präteritumform handelt, kommen im Korpus jedoch nicht vor.

**Passiv und Passiversatzformen**

Zu den Passivformen wurden das Vorgangspassiv mit ‚werden' in allen Tempora, sowie das Zustandspassiv in allen Tempora außer Präsens gezählt (vgl. Kodierleitfaden zu Partizipien). Auch Passiversatzformen mit dem Verb ‚lassen' wurden erfasst (Beispiel: „Erst nach Verlassen der Beamten habe ich bemerkt, dass *sich* die Fahrertür durch den eingedellten Kotflügel nicht mehr *öffnen lässt*", A25).

**Funktionsverbgefüge**

In der Forschung besteht Uneinigkeit darüber, wie genau Funktionsverbgefüge definiert werden können; wenig Klarheit besteht demensprechend auch darüber, welche Nomen-Verb-Verbindungen als Funktionsverbgefüge gelten können (vgl. Harm 2021: 5f.). In dieser Arbeit werden Funktionsverbgefüge als Nomen-Verb-Verbindungen verstanden, in denen der semantische Gehalt dem Nomen entstammt und das Verb demgegenüber semantisch entleert ist. In der Regel lassen sich diese ohne Informationsverlust in Verben überführen (Beispiel: eine Frage stellen = fragen).

Die Analyse der quantitativen bildungssprachlichen Eigenschaften Satzlänge, Wortlänge bzw. Silbenanzahl und Type-Token-Ratio richtet sich nach den folgenden Festlegungen.

**Satzlänge**

Zur Ermittlung der durchschnittlichen Satzlänge wurden alle Token eines Satzes berücksichtigt bis zur Grenze des Satzendzeichens, d.h. auch z.B. Eigennamen, Abkürzungen und die Platzhalter der Anonymisierung (vgl. Hinweise zur Anonymisierung des Korpus in Kapitel 7.3).

**Silbenanzahl**

Lange Wörter können ein Hinweis auf Bildungssprachlichkeit sein. Unter einer erhöhten Wortlänge wurden alle Wörter erfasst, die drei oder mehr Silben aufweisen. Erfasst wurden nur jene Wörter, die auch lemmatisiert drei oder mehr Silben haben; die Lemmatisierung beinhaltet bspw. das Entfernen von Konjugations- und Deklinationsendungen. Ohne Lemmatisierung würde z.B. „die Fahrerin" als bildungssprachlich gewertet werden, die maskuline Form „der Fahrer" als zweisilbiges Wort wiederum nicht.

**Type-Token-Ratio**

Die Type-Token-Ratio berechnet die lexikalische Diversität. Eine niedrige TTR spricht für Wortwiederholungen und eine geringe Komplexität des Wortschatzes, wohingegen eine hohe TTR sich als Wortschatzreichtum interpretieren lässt. Der maximale TTR-Wert liegt bei 1 (= keine Wortwiederholungen).

Neben diesen bildungssprachlichen Merkmalen wird das Korpus hinsichtlich einer weiteren Analysekategorien untersucht, die nur mittelbar im Zusammenhang mit der Identifikation von Bildungssprache steht; das ist die Kategorie ‚Tempus'.

*Das eine* Tempus der Bildungssprache gibt es nicht. Da Bildungssprache konzeptionell zwar schriftlich ist, medial aber sowohl schriftlich als auch mündlich realisiert werden kann, gibt es auch nicht das ‚bildungssprachliche Tempus'. Zwar kann für schulische Aufgaben von einer Dominanz des Präsens gesprochen werden (vgl. Gogolin/Duarte 2016: 490), doch je nach Funktion eines Sprachproduktes können u.a. auch Tempora der Vergangenheit gefordert sein. Denkbar sind sowohl die Nutzung des im Mündlichen dominierenden Perfekts als auch des schriftsprachlichen Präteritums. Differenzen in der Nutzung der Vergangenheiten können aber zum einen als Indiz konzeptioneller Schriftlichkeit oder Mündlichkeit herangezogen werden und stellen eine etablierte Analysekategorie der stilistischen Textdeskription dar (siehe Kapitel 5.3.2). Zum anderen geben sie auch Hinweise darauf, ob schriftlichen Aussagen nur die Schilderung von Vergangenem beinhalten oder darüber hinaus denkbarerweise auch eine Schilderung der Situation zum Zeitpunkt des Aussageverfassens im Präsens. Für die Kodierung der Tempora wird Folgendes festgelegt.

**Tempus**
In dieser Kategorie wurde nach allen Tempora des Deutschen gesucht, d.h. nach Präsens, Präteritum, Perfekt, Plusquamperfekt, Futur 1 und Futur 2[41]. Problemfälle in der Kodierung dieser Kategorie stellten umgangssprachliche, an das Perfekt angelehnte Vergangenheitsformen ohne realisiertes Partizip dar („Danach bin ich zur Polizei [gegangen]“, A18); Realisierungen dieser Art wurden in der Kategorie des Perfekts aufgenommen. Die Tempora dienen einer näheren Charakterisierung der sprachlichen Oberfläche der Aussagen; da jedoch kein Tempus, wie dargestellt, als *die* Zeit der Bildungssprache gelten kann wurden die Tempora separat ausgewertet und nicht in den Frequenzen der bildungssprachlichen Mittel berücksichtigt.

Bei allen bisher vorgestellten Analysekategorien handelt es sich um rein deduktive Analysekriterien, die mithilfe der bestehenden Theorie identifiziert und *vor* der Analyse festgelegt worden sind. Ergänzend dazu wurde eine Kategorie induktiv kodiert, d.h. Merkmale dieser Analysekategorie sind erst durch die Sichtung des Korpus aufgefallen und wurden während der Analysephase entwickelt. Es handelt sich dabei um die Kategorie der Umgangssprache. Bildungssprache gilt als Register, das von sprachlicher Korrektheit und distanzsprachlichen Prozeduren geprägt ist; am Korpus fällt allerdings auf, dass z.T. umgangssprachliche Merkmale verwendet werden. Die Erfassung dieser umgangssprachlichen Elemente liefert insofern einen relevanten Beitrag zur Gesamterfassung der verwendeten sprachlichen Merkmale, als Umgangssprache bisweilen als antagonistisches Register zur Bildungssprache gesehen wird (z.B. bei Habermas 1977, siehe auch Kapitel 4.1.4.)

**Umgangssprache**
Wie erwähnt wurde diese Kategorie der Umgangssprache induktiv entwickelt. Das induktive Vorgehen betrifft nicht nur die Berücksichtigung von Umgangssprache überhaupt, sondern auch die konkreten Ausdrucksformen. Auf lexikalischer Ebene wurden alle Wörter kodiert, die der Duden mit dem Hinweis ‚umgangssprachlich‘ versieht, sowie all jene umgangssprachlichen Merkmale, die auf morphologischer Ebene (z.B. das Weglassen von Flexionsendungen) und syntaktischer Ebene (z.B. Verb-Zweit-Stellung in Nebensätzen) angesiedelt sind.

Zur Auswertung der benannten Analyseitems wurde mithilfe der Software MAXQDA (Version Release 2022.2) eine computergestützte Datenanalyse vorgenommen. Dazu wurde für jedes Analyseitem des bildungssprachlichen Merkmalskatalogs und der nicht-bildungssprachlichen Kategorien ein sogenannter *code* erstellt.

41 Futur 2-Formen wurden im Korpus kein einziges Mal gefunden; sie wären in epistemischer Verwendung aber denkbar gewesen (z.B. „Er wird wahrscheinlich zu schnell gefahren sein.“)

In einer manuellen Annotation – bzw. in der Terminologie der Software in einer Kodierung, sprich der Zuweisung einer Analysekategorie zu einem Merkmal – wurden die insgesamt 17 *codes* (15 Merkmale der Bildungssprache, die Kategorie Tempus und die Kategorie der Umgangssprache) an jede der 57 Aussagen herangetragen. Bei diesem Vorgehen handelt es sich, wie bereits beschrieben, um eine vornehmlich deduktive Kodierung mit voranalytisch festgelegten Codes; lediglich die Kategorie Umgangssprache wurde induktiv ergänzt. In Ergänzung zu dem Identifikationsleitfaden und seinen itemspezifischen Definitionen wurden für einen möglichst einheitlichen Kodierungsprozess *allgemeine Kodierregeln* aufgestellt:

– Es sind Mehrfachkodierungen möglich. So wurde beispielsweise das Verb „vermag" in dem Infinitivsatz „vermag ich nicht zu sagen" (A22) zweifach markiert bzw. codiert; einmal als Teil eines Satzgefüges und einmal isoliert als Präfixverb.
– Bildungssprachliche Merkmale wurden auch bei fehlerhafter Realisierung codiert. Dies war z.B. häufig für Komposita der Fall, die auseinandergeschrieben wurden („Bulli Fahrer" in A2 = *ein* Kompositum).
– Eigenamen wurden nicht codiert, insofern sie nicht als Teil eines Kompositums auftraten. So wurde z.B. das Wort „Mercedes" nicht mit dem Kode „drei- oder mehrsilbig" belegt, wohingegen das Wort „Mercedesfahrer" sowohl als Kompositum als auch als mehrsilbiges Wort erfasst wurde.
– Nicht codiert wurden bildungssprachliche Merkmale, die innerhalb einer direkten Redewiedergabe Dritter verwendet wurden, da die Formulierungen des Verfassers und nicht des Wiedergegebenen charakterisiert werden soll.[42] Erfasst wurde demgegenüber die Wiedergabe eigener Rede und Gedanken.

Für alle durch das Kodierungsverfahren identifizierten bildungssprachlichen und nicht-bildungssprachlichen Merkmale wurde eine Frequenzanalyse (Grundtechnik zur quantitativen Analyse nach Mayring 2022, zur Frequenzanalyse bildungssprachlicher Merkmale siehe auch Fornol 2020) durchgeführt, deren Ergebnisse in Kapitel 7.4 präsentiert werden. Da die Aussagen sich stark in ihren Textlängen bzw. der Anzahl der Wörter unterscheiden wurden die ermittelten Frequenzen in Relation zur Gesamtlänge gesetzt, d.h. es wurde der Anteil bildungssprachlicher Mittel ins Verhältnis zur Textlänge gesetzt. Dieses Verhältnismaß wird im Folgenden als bildungssprachliche Dichte (BSD) bezeichnet.

42 Auch bei der Signalisierung direkter Redewiedergabe durch Anführungszeichen könnte es natürlich durchaus der Fall sein, dass der Verfasser die Rede eines Dritten nicht wortgetreu wiedergibt und die Redewiedergabe dementsprechend Formulierungen des Verfassers enthält.

## 7.3 Untersuchung 1: Korpus

Das zur Bestandsaufnahme bildungssprachlicher Merkmale verwendete Untersuchungskorpus besteht aus 57 schriftlichen Aussagen und diese zusammengenommen aus 9178 Wörtern. 51 der Aussagen wurden mit freundlicher Unterstützung zweier Verkehrskommissariate in Westfalen zusammengestellt. Das den Verkehrskommissariaten kommunizierte Kriterium zur Übermittlung geeigneter Fälle waren erstens die Medialität der Aussage und zweitens die Autorschaft. In der Aktenauswahl wurden nur jene Fälle berücksichtigt, in denen mindestens eine *schriftliche* Aussage vorliegt, die *von einem Deliktbeteiligten* angefertigt wurde. Durch die Polizei transkribierte mündliche Vernehmungen sowie in anwaltlicher Vertretung verfasste Aussagen wurden nicht in das Korpus aufgenommen. Das Akteneinsichtsgesuch zu wissenschaftlichen Zwecken gemäß § 476 StPO wurde von der Staatsanwaltschaft Münster sowie von dem Ministerium der Justiz des Landes Nordrhein-Westfalen in seinem Erlass vom 11.03.2020 genehmigt. Eine anonymisierte Verarbeitung der sensiblen Daten wurde in einer Verpflichtung gemäß des Verpflichtungsgesetzes vom 02.03.1974 (BGBI. I, 469) und den Bestimmungen von § 353b StGB über die Verletzung von Dienstgeheimnissen und einer besonderen Geheimhaltungspflicht vereinbart.

Das von der Staatsanwaltschaft Münster zur Verfügung gestellte Korpus wurde durch 6 weitere Aussagen ergänzt, die im Rahmen einer Pilotstudie von der Verfasserin zusammengetragen wurden. Alle der damit insgesamt 57 Aussagen haben Delikte mit engem Verkehrsbezug zum Verfahrensgegenstand:

- Gefährdung des Straßenverkehrs
- Trunkenheit im Verkehr
- Nötigung im Straßenverkehr
- Unerlaubtes Entfernen vom Unfallort
- Fahren ohne Fahrerlaubnis
- Verstöße gegen das Pflichtversicherungsgesetz
- Verkehrsunfälle mit leicht verletzten Personen
- mutwillige und fahrlässige Körperverletzungen

Die sVA liegen im Original mehrheitlich handschriftlich vor und wurden zu Analysezwecken transkribiert und in ein docx-Format überführt. Die Transkription der Aussage erfolgte nach den folgenden im Hinblick auf die zu untersuchenden Merkmale aufgestellten Abschriftsregeln:

- Die Transkription erfolgte wortgetreu, auch orthographische Fehler wurden ohne Eingriffe übernommen.
- Die originalgetreue Abschrift bezieht sich auch auf die Interpunktion.

- Es wurden keine multimodalen Elemente in die Transkripte übertragen, also keine Unterstreichungen, Zeichnungen sowie Hervorhebungen durch z.B. Versalschrift.
- Bei nachgezogenen Buchstaben, Tilgungen und Einfügungen wurde die letztgültige Textschicht transkribiert.
- Absätze wurden nicht berücksichtigt.

In dem Arbeitsschritt der Transkription wurden die Aussagen gleichzeitig auch anonymisiert. Sämtliche Elemente, die Rückschlüsse auf die Person der Aussagenden oder auf andere Deliktbeteiligte zulassen, wurden entfernt:
- Namen von Personen
- Geburtsdaten und Alter
- Kontaktdaten wie Telefonnummer oder E-Mail-Adresse
- Adressen, Straßennamen, Städte, Orte
- Eigennamen von Firmen, Arbeitsstätten, Institutionen
- Kennzeichen
- detaillierte Personenbeschreibungen
- detaillierte Fahrzeugbeschreibungen (z.B. Beschreibung von Aufschriften, Stickern etc. wurden entfernt; Fahrzeugmarken wurden beibehalten)
- Datumsangaben wurden geändert

Um die Lesbarkeit und Nachvollziehbarkeit der Aussagen zu gewährleisten, wurde die Kategorie des anonymisierten bzw. entfernten Elementes in eckigen Klammern angegeben. Es sei darauf hingewiesen, dass die Anonymisierung gemäß rechtlichen Grundlagen *vor* allen weiteren Analyseschritten durchgeführt wurde. Dies führt zu einem marginalen Datenverlust und kleinen Abweichungen[43] zwischen den Abschriften und den Originalen.

## 7.4 Untersuchung 1: Ergebnisse

Insgesamt wurden 4146 Codierungen in dem Korpus der 57 sVA vorgenommen, darunter 41 umgangssprachliche Merkmale, 1005 Tempus-Codierungen und 3100 Codierungen, die als bildungssprachliche Mittel (BSM) gelten. Diese gefundenen BSM werden im Folgenden zunächst insgesamt und im Anschluss daran nach Typus

43 Beispielsweise wurden in einer Aussage zwei erweiterte Nominalphrasen zur Personenbeschreibung entfernt, die theoretisch als bildungssprachliche Elemente hätten aufgenommen werden können.

gruppiert vorgestellt. Für die Interpretation der Frequenzen ist ein Hinweis auf die *sehr* unterschiedlichen Textlängen unverzichtbar: Die kürzeste Aussage beinhaltet 17 Wörter; die längste Aussage 1123 Wörter. Die hohe Spannweite von 1106 Wörtern verzerrt nicht nur die Streuungsmaße zu den Textlängen (M=161,01; Median=106; SD=173,93), sondern erschwert auch einen Vergleich massiv. Zur Vergleichbarkeit der Werte werden die Frequenzen deshalb sowohl in absoluten Zahlen als auch anteilig vorgestellt. Um außerdem eine Vergleichbarkeit zwischen den Aussagen zu erzielen, wird die Gesamtanzahl der BSM pro Aussage in Relation zur Textlänge gesetzt. Der dadurch ermittelte Quotient wird im Folgenden als bildungssprachliche Dichte bezeichnet.

### 7.4.1 Gesamtvorkommen der bildungssprachlichen Mittel pro Aussage

Es wurden 3100 bildungssprachliche Eigenschaften im Gesamtkorpus bestehend aus 57 Aussagen bzw. aus 9178 Token gefunden, deren Verteilung innerhalb der einzelnen Aussagen im Folgenden präsentiert werden soll. Zur Vergleichbarkeit werden die Werte, wie eingangs erwähnt, in einer bildungssprachlichen Dichte vorgestellt, bei der es sich um den aus Textlänge und Gesamtvorkommen von BSM pro Text ermittelten Quotienten handelt. In der Berechnung der bildungssprachlichen Dichte wurden alle Merkmale, die in absoluten Zahlen gemessen werden können, berücksichtigt; d.h. alle lexikalisch-semantischen Merkmale (Komposita, erweiterte Nominalphrasen, Fachbegriff & nicht-fachliche Fremdwörter, erweiterte Nominalphrasen, Präfixverben, reflexive Verben, Partizipien), alle morpho-syntaktischen Merkmale (Satzgefüge/ Junktionen, nominalisierende Präpositionen, Konjunktive, Passive, Funktionsverbgefüge) sowie die Anzahl mehrsilbiger Wörter. Alle Merkmale wurden gleichgewichtet. Diejenigen bildungs-sprachlichen Merkmale, die die Textlänge bereits berücksichtigen – sprich die Ermittlung der durchschnittlichen Satzlänge sowie die Berechnung der Type-Token-Ratio – wurden ausgeklammert und fließen separat in die Interpretation ein.

Die Dichte bildungssprachlicher Mittel beträgt im Durchschnitt 33.07 % (Md= 31.87%) pro Aussage. Dies bedeutet, dass sich von jeweils hundert Wörtern im arithmetischen Mittel 33.07 Eigenschaften identifizieren lassen, die als bildungssprachlich bezeichnet werden können. Die geringste Dichte an bildungssprachlichen Mitteln liegt bei 15.79 % (A38); die höchste Dichte bei 71.43 % (A21). Trotz der damit hohen Spannweite von 55.64 % liegt die Standardabweichung bei lediglich 0.0975.

Die Dichten bildungssprachlicher Eigenschaften aller Aussagen sind, nebst der absoluten Anzahl der gefundenen BSM, in der nachstehenden Tabelle verzeichnet.

**Tab. 8:** Bildungssprachliche Dichte aller Aussagen

| Aussage | Wörter | ∑ BSM absolut | BS-Dichte in % |
|---|---|---|---|
| 1 | 243 | 75 | 30.86 |
| 2 | 224 | 66 | 29.46 |
| 3 | 64 | 16 | 25.00 |
| 4 | 269 | 97 | 36.06 |
| 5 | 118 | 26 | 22.03 |
| 6 | 101 | 39 | 38.61 |
| 7 | 106 | 44 | 41.51 |
| 8 | 128 | 40 | 31.25 |
| 9 | 56 | 19 | 33.93 |
| 10 | 60 | 23 | 38.33 |
| 11 | 55 | 12 | 21.82 |
| 12 | 31 | 7 | 22.58 |
| 13 | 103 | 21 | 20.39 |
| 14 | 89 | 26 | 29.21 |
| 15 | 73 | 17 | 23.29 |
| 16 | 91 | 29 | 31.87 |
| 17 | 121 | 33 | 27.27 |
| 18 | 168 | 58 | 34.52 |
| 19 | 72 | 30 | 41.67 |
| 20 | 88 | 37 | 42.05 |
| 21 | 77 | 55 | 71.43 |
| 22 | 1123 | 465 | 41.41 |
| 23 | 100 | 30 | 30.00 |
| 24 | 99 | 51 | 51.52 |
| 25 | 304 | 152 | 50.00 |
| 26 | 220 | 79 | 35.91 |
| 27 | 128 | 49 | 38.28 |
| 28 | 105 | 37 | 35.24 |
| 29 | 43 | 13 | 30.23 |
| 30 | 95 | 41 | 43.16 |
| 31 | 379 | 172 | 45.38 |
| 32 | 722 | 177 | 24.52 |
| 33 | 38 | 11 | 28.95 |
| 34 | 17 | 4 | 23.53 |

| Aussage | Wörter | ∑ BSM absolut | BS-Dichte in % |
|---|---|---|---|
| 35 | 115 | 27 | 23.48 |
| 36 | 70 | 25 | 35.71 |
| 37 | 107 | 43 | 40.19 |
| 38 | 76 | 12 | 15.79 |
| 39 | 162 | 38 | 23.46 |
| 40 | 398 | 113 | 28.39 |
| 41 | 136 | 23 | 16.91 |
| 42 | 119 | 43 | 36.13 |
| 43 | 107 | 24 | 22.43 |
| 44 | 308 | 86 | 27.92 |
| 45 | 79 | 20 | 25.32 |
| 46 | 135 | 42 | 31.11 |
| 47 | 60 | 20 | 33.33 |
| 48 | 158 | 31 | 19.62 |
| 49 | 178 | 65 | 36.52 |
| 50 | 50 | 24 | 48.00 |
| 51 | 165 | 43 | 26.06 |
| 52 | 106 | 37 | 34.91 |
| 53 | 82 | 32 | 39.02 |
| 54 | 122 | 43 | 35.25 |
| 55 | 97 | 44 | 45.36 |
| 56 | 404 | 127 | 31.44 |
| 57 | 234 | 87 | 37.18 |

Zu einer besseren Übersichtlichkeit der Verteilung gruppiert das nachstehende Diagramm die bildungssprachliche Dichte in Schritten von ca. 5 %. Wie das Diagramm zeigt, befinden sich die meisten der Aussagen (42 von 57 Texten), im Bereich einer bildungssprachlichen Dichte zwischen 20.1 % und 40 %.

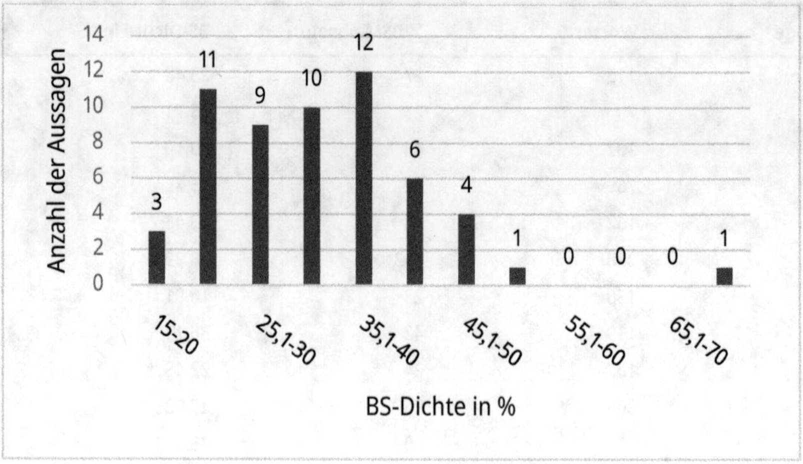


**Abb. 5:** Gruppierte Verteilung der bildungssprachlichen Dichte

Aussage 21, die mit 71.43 % die höchste Dichte aufweist, kann insofern als Ausreißer gelten, als sie mehr als das Doppelte der durchschnittlichen Dichte von 33.07% erreicht. Würde man diesen Wert aufgrund seiner signifikanten Abweichung aus einer Berechnung des arithmetischen Mittels entfernen, läge dieses allerdings noch immer bei 31.08 %.

Am nächsten am alle Aussagen berücksichtigenden Durchschnitt von 33.07% liegt Aussage 47 mit einer BS-Dichte von 33.3 %. Diese kann somit in quantitativer Hinsicht als repräsentativ für die durchschnittliche BS-Dichte der in dieser Arbeit untersuchten Aussagen gelten. Aussage 47 enthält insgesamt 20 bildungssprachliche Mittel wie bspw. Satzverknüpfungen durch Junktionen, einen Konjunktiv, Komposita, mehrsilbige Wörter und eine erweiterte Nominalphrase:

> Am Freitag, den 12.05.20 sind wier mit [Name 1] von meiner Freundin aus nach Hause gefahren. Als wir angehalten haben, standen die Polizisten plötzlich neben uns und behaupteten, dass [Name 2] gefahren ist. Die Polizisten uberpruften die Sietzposition des Fahrersietzes, die aber zu [Name 1] passte. Hätte sich [Name 2] so hiengesetzt so musste er aber mit den Knieen lenken.

Neben den bildungssprachlichen Elementen fallen die orthographischen und grammatischen Fehler auf die in dem Wert der BSD jedoch nicht repräsentiert sind. Eine für geringe BSD repräsentative Aussage stellt A41 dar, sie erreicht einen Wert von 16.91%:

> Am Mittwoch 14.06.20 ca 13:00 Uhr ich bin von [Ort 1] Richtung [Ort 2] mit dem Fahrrad gefahren. (Ich war in Fahrradweg) die Unfall passiert [Plz Ort 1/Ort 2, Straße 1, Straße 2], mich hat das Auto gestoßen. Das Auto hat von [Ort 2] nach [Ort 3] umgedreht. Ich bin gefallen auf d. Rücken und starke Schmerzen am Kreuz und Rücken. Die Menschen sind wer war da, haben versucht mit aufstehen Helfen, aber wegen starke Schmerzen kann ich nicht aufstehen und drehen. Sie haben d. Rettung und Polizei angerufen. Die Rettung war früher als Polizei. Die Männer von Rettung haben mich mit tragen in Krankenwagen gebracht, danach hat d. Polizei gekommen mit dem Rettung ins KH., dort haben Röntgen gemacht und Untersuchung. Ich war in KH 4 stunde später hat mich von KH meine Ehefrau abgeholt.

Einige Merkmale, wie beispielsweise Fehler auf Ebene des Genus lassen auf lernersprachliche Kompetenzen schließen. Auffällig ist in A41 die Verwendung mehrerer Präfixverben (z.B. umdrehen, aufstehen, anrufen, abholen). Abgesehen davon scheinen bildungssprachliche Kompetenzen in dieser Aussage insofern wenig ausgeprägt, als sie nicht nur in der Gesamtfrequenz am wenigsten BSM enthält, sondern mehrere der BS-Kategorien gar nicht zu verzeichnen sind.

Ein Repräsentant für eine sehr hohe BSD ist demgegenüber die bereits erwähnte Aussage 21 mit 71.43 %:

> Am besagten Unfalltag befuhr ich die als Tatort angegebene Strasse. Unmittelbar vor dem Zusammenstoß ist mir im Bereich der Frontscheibe ein dunkler Gegenstand (Tier, Vogel) vorbeigehuscht. Eine kurze Schrecksekunde hat gereicht um den Unfall zu verursachen. Als ich das Unheil hab kommen sehen, versuchte ich noch durch „Kick Down" (Automatik) zu beschleunigen. Das mißlang. Meine Geschwindigkeit entsprach der Vorgabe 50 km/h. Ich war weder durch Telefon, noch durch andere Umstände abgelenkt. Ausser natürlich dem oben geschilderten Umstand.

Im Schnitt finden sich in dieser Aussage mehr als 7 bildungssprachliche Eigenschaften unter 10 Wörtern. Die Indikatoren für einen umgangssprachlichen Duktus (z.B. „hab" anstatt „habe") werden in den Kapitel 7.4.5 gesondert zu besprechen sein.

### 7.4.2 Lexikalisch-semantische Analysekategorien

Im Gesamtkorpus von 9178 Wörtern wurden 1400 Merkmale identifiziert, die auf lexikalisch-semantischer Ebene als bildungssprachlich bezeichnet werden können. Zwischen den Frequenzen der in dieser Kategorie analysierten bildungssprachlichen Charakteristika liegen, wie die folgende Tabelle zeigt, große Differenzen vor.

**Tab. 9:** Absolute Häufigkeiten lexikalisch-semantischer BSM

| Lexikalisch-semantisches BSM | Absolute Häufigkeit |
|---|---|
| Komposita | 432 |
| Präfixverben | 418 |
| Reflexive Verben | 72 |
| Präfix-/Suffixadjektive | 67 |
| Erweiterte Nominalphrasen | 249 |
| Partizipien | 100 |
| Fachbegriffe & nicht-fachliche Fremdwörter | 62 |
| Gesamt | 1400 |

Ein ähnliches Bild zeichnet sich dementsprechend in der durchschnittlichen Verteilung der Merkmale in den einzelnen Aussagen ab. Das lexikalisch-semantische bildungssprachliche Instrumentarium der Aussagen setzt sich durchschnittlich wie folgt zusammen.

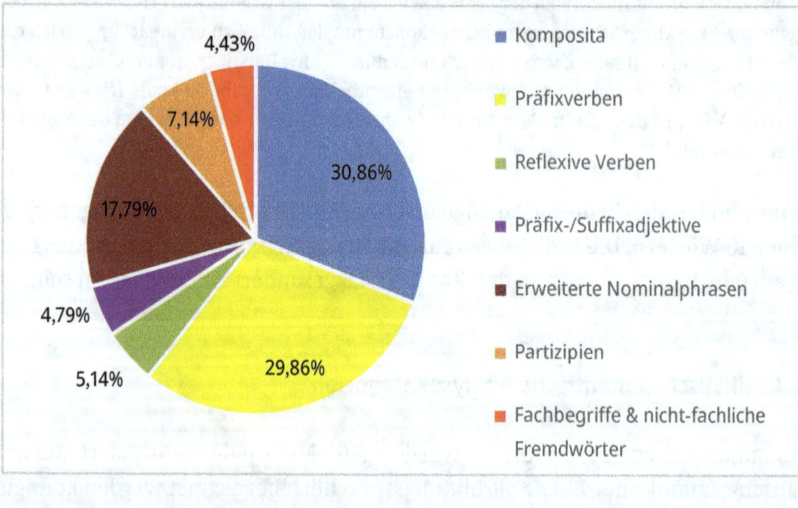


**Abb. 6:** Durchschnittliche Anteile lexikalisch-semantischer BSM

Die in der lexikalisch-semantischen Kategorie meist frequentierten BSM sind Komposita und Präfixverben. Lediglich vier der Verfasser verwenden kein Kompositum; die restlichen 53 mindestens 1 bis zu maximal 55 Komposita in der längsten Aussage (55 Komposita von 1123 Wörtern in Aussage 22). Der Thematik der Aussagen entsprechend enthalten viele (147) der Komposita Elemente wie „-fahr-", „-unfall-" „-park-"; darunter beispielsweise „Fahrzeug", „Fahrzeugkennzeichen", „Beifahrersitz", „vorfahrberechtigt", „Unfallzeitpunkt" und auch Ad-hoc-Bildungen wie „Ausparkprozedere".

Ähnlich häufig verwenden die Aussagenden Präfixverben. Präfixverben finden sich in sehr unterschiedlichen Frequenzen in allen Aussagen außer in Aussage 34. Unter den 418 Präfixverben des Gesamtkorpus befinden sich trennbare Präfixverben wie „auffahren", „aufnehmen" und „anfahren", sowie untrennbare Präfixverben wie „verursachen", „überqueren" und „befahren". In einer Sichtung der Beispiele ist vor allem die hohe Frequenz des Präfixes „be-" (138 der 418 Präfixverben) auffällig.

Die 72 gefundenen Reflexivverben stammen aus 32 verschiedenen Aussagen; Beispiele für die gefundenen Verben sind „sich äußern" (A6, A22), „sich befinden" (z.B. in A20, A4, A40) und „sich handeln um" (A22).

Erweiterte Nominalphrasen treten im Korpus 249-mal auf. Die Nominalphrasen unterscheiden sich hinsichtlich der Attributtypen und der Anzahl der Erweiterungen. Genitivattribute stellen in Relation zu den anderen Attributtypen (Adjektiv, Partizip und Präpositional) einen seltenen Erweiterungstyp dar (44 von 249). Quantitativ nicht differenziert wurden die NPs hinsichtlich ihrer Erweiterungsanzahl und im Falle mehrfacher Erweiterungen auch nicht hinsichtlich der Attributhierarchien (direkter Bezug auf NP-Nukleus vs. Attribut einer Erweiterung). Die Beispiele zeigen jedoch auch diesbezüglich die Verschiedenheit der vorkommenden NPs. Vergleichsweise simpel erweiterte NPs sind z.B. Phrasen wie „der silberne Audi" und „das genaue Datum" im Vergleich zu mehrfach und verschachtelt attribuierten NPs wie „das laute Rufen von einem der beteiligten Männer" (A31).

Wie in letzterem Beispiel wurden Partizipien u.a. als Erweiterung innerhalb von Nominalphrasen verwendet. Zusammen mit dem adverbialen und prädikativen Gebrauch wurden im Korpus insgesamt 100 Partizipien gefunden (nicht berücksichtigt wurden Partizipien als Teil von Verbalkomplexen). Formen des Partizips 2 wurden mit 52 Vorkommnissen häufiger verwendet als die 42 Formen des Partizips 1. Aussagende beschreiben mithilfe von Partizipien beispielsweise „kommende", „auffahrende", „stehende" Fahrzeuge, „liegende" Unfallopfer und die den Unfall „aufnehmenden" Polizisten oder nehmen Bezug auf die „angegebene" Tatzeit. Etwas seltener als Partizipien werden mit 67 Vorkommnissen Präfix- und Suffixadjektive verwendet; ebenfalls als Attribut in einer erweiterten Nominalphrase beschreibt ein Zeuge so eine „verunfallte Person" (A51).

Fachbegriffe und nicht-fachliche Fremdwörter stellen in quantitativer Hinsicht das Schlusslicht der untersuchten lexikalisch-semantischen BSM dar. Sie kommen im Korpus 62-mal vor. Ihr Vorkommen beschränkt sich auf 15 der sVA; in den anderen 42 Aussagen werden keine Fachbegriffe oder Fremdwörter benutzt. Wörter dieser Kategorie wurden exemplarisch zur Beschreibung der gesundheitlichen Konsequenzen eines Unfalls eingesetzt („Hämatome“, A18) oder zur lautmalerischen Beschreibung eines Schlages („Unmittelbar darauf hörte ich das Geräusch eines Schlages (onomatopoetisch: klatsch)“, A22).

### 7.4.3 Morpho-syntaktische Analysekategorien

In der Kategorie morpho-/syntaktischer BSM wurden Junktionen, Satzgefüge, nominalisierende Präpositionen, Konjunktiv und Passiv untersucht. Die absolute Häufigkeit dieser Merkmale im Korpus beläuft sich auf 625 Merkmale.

**Tab. 10:** Absolute Häufigkeiten morpho-syntaktischer BSM

| Morpho-syntaktische BSM | Absolute Häufigkeit |
|---|---|
| Junktionen, Satzgefüge | 503 |
| Nominalisierende Präpositionen | 43 |
| Konjunktiv | 44 |
| Passiv | 21 |
| Funktionsverbgefüge | 14 |
| Gesamt | 625 |

Wie das Diagramm zur anteiligen Verteilung dieser Merkmale illustriert, sind Junktionen mit Abstand die häufigste Kategorie.

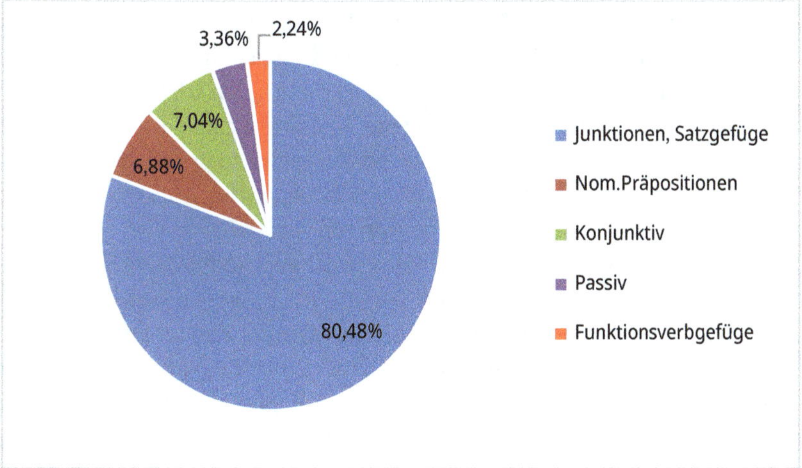


**Abb. 7:** Durchschnittliche Verteilung morpho-syntaktischer BSM

Satzverschachtelungen können als besonders prominentes Phänomen gelten, denn in fast jeder Aussage finden sich Junktionen und/oder Satzgefüge. Lediglich drei der Aussagen enthalten weder Junktionen noch Satzgefüge. In der Kategorie der Junktionen wurden 503 Elemente kodiert, die aus insgesamt 54 Aussagen stammen. Es fallen darunter besonders die Häufigkeit gleichrangiger Koordinationen mit „und" (168 Vorkommnisse), kausale Verknüpfungen mit „da" (45 Vorkommnisse) sowie temporale Strukturen mit „als" (38 Vorkommnisse) auf. Auch wenn Junktionen als Marker von Bildungssprachlichkeit gelten, kann eine Interpretation der ermittelten Werte nicht ohne Berücksichtigung der Verwendungsweise vorgenommen werden. Das betrifft z.B. Fälle wie den folgenden: „Denn die Kratzer waren am Vortag nicht vorhanden, weil das wäre aufgefallen, mein Mann hat in meinem Beisein mein Auto abgespritzt" (A40). Die Junktionen werden in diesem Beispiel mit konzeptionell mündlichen Charakteristika eingesetzt („weil" mit einer V2-Stellung). Das Beispiel stellt das Vorgehen der Erfassung, die bildungssprachliche Mittel ohne Berücksichtigung der Einsatzweise kodiert hat, insofern in Frage, als die theoretisch als bildungssprachlich geltenden Junktionen in diesem Beispiel nähesprachlich eingesetzt wurden. Für das an der Korrektheit der Schriftsprache orientierte Register der Bildungssprache handelt es sich im Grunde um ein ‚falsch' verwendetes bildungssprachliches Mittel.

Nominalisierende Präpositionen, die alternativ zu Junktionen ebenfalls zur Kennzeichnung logischer Relationen zwischen Satzteilen verwendet werden können, finden sich mit 43 Vorkommnissen vergleichsweise selten.

Durch die Nominalisierung ermöglichen sie den Verfassern eine hohe Informationsdichte und Kondensationen: „Angesichts des in der Gesamtsituation eher nicht von Zurückhaltung geprägtem Verhaltens von Herrn [Name 2], das ich aus dem von mir erlebten Sozial- und Dialogverhalten schließe, und angesichts des Dialoginhaltes der beiden Personen, in dem es durchweg um Zurückweisung der Gegenposition ging [...], kommt mir der zögerliche Verweis auf das Gepäckstück bei gleichzeitigem Ausbleiben einer Entschuldigung wie eine Ausrede vor“ (A22).

Formen des Konjunktivs lassen sich 44-mal verzeichnen; konjunktivische Formen kommen in insgesamt 22 Aussagen vor. Für die Identifikation des Konjunktivs wurde gemäß Kodierleitfaden zur Differenzierung von Konjunktiv 1 und Konjunktiv 2 mit Subcodes gearbeitet. In der Gegenüberstellung beider Formen fällt ein Ungleichgewicht auf: In der Mehrheit sind Formen des Konjunktivs 2. Der Konjunktiv 1 bildet einen Anteil von rund 25 % aller konjunktivischen Formen und taucht im Datenmaterial ausschließlich als Referatskonjunktiv in Indirektheitskontexten, also zur Wiedergabe von Äußerungen auf, z.B.: „Anschließend ist ein älterer Herr mit seinem E-bike aufgetaucht und hat behauptet der Herr [Name 2] sei ihm am [Ort] ins Fahrrad gefahren und abgehauen [...].“ (A16). Der Konjunktiv 2 wird demgegenüber multifunktional u.a. für Referatskontexte, Eventualitäten und Hypothesen eigesetzt, z.B.: „Zu meiner Verteidigung möchte ich sagen, dass es ein Erstvergehen ist und ich zum Fahrzeitpunkt auf dem Weg bis zur Wache, bis der Amtsarzt da war über 1 Std Zeit verging, was den Alkoholwert ebenfalls höher ausfallen lassen müsste“ (A49).

Formen des (Vorgangs-)Passivs wurden mit insgesamt 21 Vorkommnissen in 12 der 57 Aussagen gefunden. Das heißt, dass passivische Formen gerundet in nur jeder fünften sVA enthalten sind. Innerhalb der Aussagen, die passivische Formen enthalten, kommen derartige Konstruktionen zwischen einem Mal und maximal 4-mal vor. Vergleichsweise frequent macht Aussage 7 in ihrer Einleitung von passivischen Formen Gebrauch: „Ich wurde am 9.5.20 angehalten und mein Führerschein wurde beschlagnahmt. Da ich mein Abgabefrist verwechselt habe ich ohne weiteres gefahren. Als ich geblitzt wurde und Strafzettel bekam habe ich nächsten Tag online bestätigt das ich es war und meine Strafe auch sofort bezahlt.“ Als Ausnahme kann die Verwendung der Passiversatzform mit „lassen“ bezeichnet werden, denn diese tritt nur in einer einzigen Aussage auf: „Erst nach Verlassen der Beamten habe ich gemerkt, dass sich die Fahrertür nicht mehr öffnen lässt“ (A25).

Von allen ausgewerteten Kategorien ist der Gebrauch von *Funktionsverbgefügen* am wenigsten frequent. Funktionsverbgefüge wurden 14-mal in 10 der Aussagen identifiziert; zum Beispiel in Aussage 36 mit einem Vorkommnis: „Die Ampelanlage war zu diesem Zeitpunkt nicht in Betrieb.“

### 7.4.4 Quantitative Analysekategorien

Als quantitative Analysekategorien wurden drei- und mehrsilbige Wörter, die durchschnittliche Satzlänge der Aussagen sowie ihre Type-Token-Ratio bestimmt. Mit Blick auf das Gesamtkorpus von 9178 Wörtern bestehen 1075 Wörter aus mindestens 3 Silben. Das entspricht einem Anteil von 13.71%. Ein Großteil aller in dieser Kategorie codierten Wörter wurde auch in anderen Kategorien erfasst (vor allem Komposita).

Die durchschnittliche Satzlänge aller Aussagen im Korpus beträgt 14.89 Wörter (Median 14.35). Der höchste Wert liegt bei 33 in Aussage 3, die durchschnittlich kürzesten Sätze finden sich in Aussage 33 mit 6.33 Wörtern. Diese beiden sind bezüglich ihrer Wortanzahl vergleichbar. Die Aussage mit der längsten durchschnittlichen Satzlänge besteht aus nur 2 Sätzen:

> Wir waren am 19.02.2020 auf der [Straße 1] unterwegs, als plötzlich ein Auto von links einer Tankstelle kurz vor der Ampel noch unbedingt vor uns herrasen musste. Als die Fahrerin die Lichthupe betätigt hatte, hat der vor uns extra nochmal 2-mal stark abgebremst, der Fahrer hat noch gewartet bis er uns sehen konnte und hebte den Mittelfinger und fuhr rechts richtung [Straße 2] weiter. (A3)

Die kürzesten Sätze finden sich in Aussage 33:

> Ich habe dort am 2.4.20 geparkt. Beim Ausparken (rückwärts) soll ich ein Auto berührt haben. Ich habe keine Schäden gesehen. Unmittelbar vor meinem Auto war das Finanzamt. Am Finanzamt waren mehrere Menschen als Beobachter. Ich fühle mich unschuldig. (A33)

Die durchschnittliche Type-Token-Ratio beträgt 0.72 (Md=0.73, SD=0.12); das heißt es liegen wenige Wortwiederholungen bzw. eine hohe lexikalische Dichte vor. Es wurde bezüglich der Type-Token-Ratio (TTR) bereits dargelegt, dass es sich bei diesem Maß zur Berechnung der lexikalischen Diversität um einen Wert handelt, der in starker Abhängigkeit zur Textlänge steht. Die folgende Tabelle enthält zu Zwecken der Vergleichbarkeit deshalb ausschließlich Aussagen, die 100 Wörter (+/- 10%) lang sind.

**Tab. 11:** Type-Token-Ratio ausgewählter Beispiele

| Aussage | Wörter | TTR | BS-Dichte in % |
|---|---|---|---|
| 6 | 101 | 0,704 | 38.61 |
| 7 | 106 | 0,755 | 41.51 |
| 13 | 103 | 0,725 | 20.39 |
| 16 | 91 | 0,7901 | 31.87 |
| 23 | 100 | 0,750 | 30.00 |
| 24 | 99 | 0,803 | 51.52 |
| 28 | 105 | 0,725 | 35.24 |
| 30 | 95 | 0,7634 | 43.16 |
| 52 | 106 | 0,7264 | 34.91 |
| 55 | 97 | 0,7097 | 45.36 |

Es fällt auf, dass die TTR der Aussagen nicht sonderlich variiert. Mit Werten zwischen 0,7 und 0,8 haben die 10 Texte eine ähnlich hohe Diversität im Wortschatz – und dies trotz unterschiedlich hoher bildungssprachlicher Dichten.

Zur Prüfung eines Zusammenhangs zwischen der TTR und der BSD wurde eine (alle Aussagen im Korpus berücksichtigende) Pearson-Korrelationsanalyse durchgeführt. Das Ergebnis der Korrelationsanalyse zeigt mit $r(55) = 0.02$, $p = 0.867$, dass es keinen signifikanten Zusammenhang zwischen TTR und BSD gibt. Zwischen der TTR und der BSD liegt mit $r= 0.02$ keine nennenswerte, positive Korrelation vor. Es besteht für das Korpus also kein nennenswerter Zusammenhang zwischen der TTR und der BSD.

### 7.4.5 Ergebnisse zu nicht-bildungssprachlichen Analysekategorien

Als Kategorien, die zwar nicht zu den Merkmalen der Bildungssprache gehören, aber dennoch Aufschluss über die sprachliche Oberfläche eines Textes geben, wurden die Tempora der Aussagen sowie Marker von Umgangssprache kodiert.

In der Kategorie ‚Tempus' wurde das Korpus gemäß Kodierleitfaden auf alle sechs Tempora des Deutschen untersucht. Wie in Anbetracht der Funktion von Aussagen – der Darstellung von Erlebtem – zu erwarten war, dominieren Tempora der Vergangenheit, darunter vor allem das Präteritum. Unter den insgesamt 1005 flektierten Verben befinden sich 568 Verben im Präteritum. Auch die anderen beiden Tempora der Vergangenheit sind mit 260 Verben im Perfekt sowie insgesamt 29 Verben im Plusquamperfekt vertreten. Auch das Präsens ist mit 145 Vorkommnissen nicht zu vernachlässigen, wohingegen Formen des Futur 1 mit 3 Vorkommnissen deutlich in der Unterzahl sind. Verben in Futur 2 kommen nicht vor.

Auf Grundlage der im Kodierleitfaden aufgestellten Bedingungen wurden im Korpus 41 umgangssprachliche Merkmale gefunden. Bemerkenswert ist dabei, dass diese Merkmale insgesamt aus 25 Aussagen entstammen, d.h. beinahe die Hälfte aller Aussagen im Korpus enthält mindestens ein umgangssprachliches Merkmal. Umgangssprachliche Merkmale waren, wie im Kodierleitfaden bereits antizipiert wurde, nicht immer eindeutig zuzuordnen. Es wurde deshalb festgelegt, dass auf lexikalischer Ebene nur Wörter kodiert werden, die der Duden als umgangssprachlich einstuft. Das sind exemplarisch Verben wie „pinkeln" (A46), Substantive wie „Macke" (A40) und Adjektive wie „doll" (A48). Es ist davon auszugehen, dass in der Zählung umgangssprachlicher Ausdrücke Merkmale fehlen, die in der subjektiven Einschätzung von situativ angemessener Merkmale sicherlich als umgangssprachlich oder zumindest als duktusabweichend eingeschätzt werden würden. Das betrifft beispielsweise das Verb „vorbeihuschen" (A21), für das der Duden keine spezifische Verwendung angibt.

Morphologische und syntaktische umgangssprachliche Charakteristika wurden induktiv kodiert. Fälle dieser Art sind für das Schriftliche untypische/s

- Subjektellipsen in Initialposition („*Habe* persönlich auch mit der Führerscheinstelle gesprochen. *Hoffe* es nimmt ein positiven Ausgang", A5)
- das Weglassen von Artikeln („*Ampel* schaltete auf Grün alle Fahrzeuge fuhren los", A27)
- das Weglassen von Flexionsendungen am Verb („Als ich das Unheil *hab* kommen sehen", 21)
- Verb-Zweit-Stellungen in Nebensätzen („Denn die Kratzer waren am Vortag nicht vorhanden, weil das *wäre* aufgefallen", A40)
- Passepartout-Verben mit verkürztem Präfix („dass ich in den vor mir stehenden LKW *reingeschoben* wurde", A28).

## 7.5 Untersuchung 1: Interpretation

Die folgenden Kapitel bieten eine Interpretation der Ergebnisse, bei der drei Aspekte im Vordergrund stehen. Erstens gilt es gemäß der Forschungsfrage zu beantworten, inwiefern Bildungssprache als Charakteristikum Aussagen bei der schriftlichen Vernehmung bezeichnet werden kann. Zweitens birgt die quantitative Repräsentation von Bildungssprache einige Probleme, sodass zu erläutern ist, was genau ein Wert wie die bildungssprachliche Dichte aussagt. Drittens werden Hinweise vorgestellt, die darauf deuten, dass BSM sowohl funktional-kommunikativ motiviert als auch sozialsymbolisch-stilistisch motiviert eingesetzt werden. Beide

Motive wurden zur Herleitung der Hypothese, dass die Aussagen BSM verwenden, antizipiert.

### 7.5.1 Bildungssprache als Charakteristikum schriftlicher Aussagen?

Die durchschnittliche bildungssprachliche Dichte einer Aussage aus dem untersuchten Korpus ($n=57_1$) beträgt 33.07 %; d.h. sie enthält von jeweils hundert Wörtern im Durchschnitt 33.07 Eigenschaften, die der einschlägige Forschungskanon als bildungs-sprachlich bezeichnet. Auch wenn die durchschnittliche Streuung um das arithmetische Mittel mit einer Abweichung von 9.75 % nicht geringfügig ausfällt, kristallisiert sich aus der Verteilung der Werte eine prototypische bildungssprachliche Dichte heraus: Für einen Großteil der Texte, genau 42 der Aussagen, lässt sich eine BSD zwischen 20.1 % und 40 % ermitteln. Dem Durchschnitt entsprechend fallen die meisten der Aussagen (12 Texte) in einen Bereich zwischen 35.1 % und 40 %.

Zur Beantwortung der Forschungsfrage wurden nicht nur das Gesamtvorkommen der BSM pro Text, sondern auch das Vorkommen und die Verteilung der einzelnen bildungssprachlichen Merkmale ermittelt. Die Bestandsaufnahme der einzelnen Merkmale zeigt, dass insgesamt alle der gesuchten BS-Charakteristika in den Aussagen vorkommen; es kommen allerdings nicht alle der Merkmale in jedem Text vor. Es ist anzumerken, dass lediglich eine Aussage (A22) alle der gesuchten bildungssprachlichen Merkmale beinhaltet. Unter den bildungssprachlichen Eigenschaften des Gesamtkorpus befinden sich – vernachlässigt man zunächst die quantitativen bildungssprachlichen Eigenschaften – mit gerundet 67.31 % in überwiegender Mehrzahl lexikalisch-semantische BSM; nur 32.69 % der BSM sind dementsprechend auf morpho-syntaktischer Ebene zu verorten.

Unter den lexikalisch-semantischen BSM dominieren mit Abstand Komposita und Präfixverben, unter den morpho-syntaktischen BSM sind es die Junktionen. Zu den weniger frequenten BSM zählen das Passiv, Funktionsverbgefüge, Fachbegriffe/Fremdwörter und reflexive Verben. Zur Interpretation der Werte ist anzumerken, dass die Thematik der zu beschreibenden Delikte potenziell Einfluss auf das Vorkommen der einzelnen Merkmale haben könnte. Untersucht wurden ausschließlich Aussagen zu Delikten mit Verkehrsbezug. Die Beschreibung unterschiedlicher Delikttypen bringt allerdings unterschiedliche sprachliche Anforderungen mit sich. Denkbar wäre etwa ein erhöhter Einsatz von Konjunktiven in Aussagen zum Thema Beleidigungen, in denen ggf. ausführlicher ein Dialog wiedergegeben werden muss als bei Autounfällen. Der Strafbestand könnte beispielsweise auch das Vorkommen passivischer Konstruktionen beeinflussen, etwa im Falle eines unbekannten Aggressors bei einer Körperverletzung, zu dessen

Täterbeschreibung ggf. mehr erweiterte Nominalphrasen benötigt werden als zur Beschreibung eines Autounfalls. Unabdingbar ist daher der Hinweis, dass die präsentierten Ergebnisse sich auf schriftliche Aussagen zu Verkehrsstraftaten beziehen, und dass im Vergleich zu thematisch anders gelagerten sVA, nicht nur von inhaltlichen, sondern auch von sprachlichen Differenzen auszugehen ist.

Demgegenüber weniger an die Thematik der Aussagen gebunden sind die ermittelten *quantitativen Merkmale* der Texte. Für die durchschnittliche Satzlänge der sVA wurde ein Wert von 14.89 Wörtern pro Satz ermittelt. Ob es sich dabei um eine für bildungssprachliche Kommunikate typische erhöhte Satzlänge handelt, ist fraglich. Zum Vergleich: Die Satzlänge von Pressetexte liegt in der Regel zwischen gerundet 10 und gerundet Wörtern token pro Satz; im Mittel also bei etwa bei 16.5. Für literarische Texte (Prosa), die in der Regel keinen bildungssprachlichen Duktus aufweisen, können etwas geringere Werte verzeichnet werden, zwischen ca. 6 und 13 Wörtern pro Satz. Der Wert der sVA liegt also im Bereich der Pressetexte und etwas höher als der literarischer Prosa (durchschnittliche Satzlängen unterschiedlicher Textsorten bei Best 2002: 22-27). Einschränkend zu diesem Ergebnis ist anzuführen, dass zur Ermittlung der Satzlängen das Kriterium der Interpunktion herangezogen wurde; als Satz wurden alle Einheiten ausgewertet, die mit einem Satzendzeichen beendet werden. Daraus resultiert, dass auch Sätze die aus syntaktischer Perspektive – beispielsweise durch das Fehlen von Subjekt und Prädikat – keine vollständigen Sätze darstellen, als solche gewertet wurden. Ein Beispiel dafür ist der zweite ‚Satz' der folgenden Passage:

> Ich war weder durch Telefon, noch durch andere Umstände abgelenkt. Ausser natürlich dem oben geschilderten Umstand. (A21)

Satzfragmente dieser Art kommen in dem Korpus zwar nicht häufig vor, zeigen aber, dass die durchschnittliche Satzlänge bei Änderung des Analysekriteriums ‚Satzendzeichen' vermutlich etwas höher ausgefallen wäre. Als weitere quantitative Kategorie wurden alle *token* ermittelt, die drei oder mehr Silben aufweisen. 13.71 % aller Wörter des Korpus weisen eine derart erhöhte Wortlänge auf (1075 von 9178 token). Dieser Wert weicht nicht erwähnenswert von – unabhängig von Textsorten ermittelten – durchschnittlichen Wortlängen ab: In einem Wörterbuch beträgt der prozentuale Anteil von Wörtern mit genau drei Silben 12.93 %; 5.93 % der Wörter weisen vier Silben auf (mehr als vier Silben sind äußerst selten; Werte bei Crystal 1995: 87). Ebenfalls in der quantitativen Kategorie wurde des Weiteren die in der Forschung vielfach kritisierte und problematisierte *Type-Token-Ratio* berechnet. Aufgrund ihrer Sensitivität gegenüber der Textlänge gilt sie als unzuverlässiges Maß (siehe auch Problematisierung der TTR in Kapitel 4.2). Die Analyse hat gezeigt, dass die TTR der einzelnen Aussagen nicht sonderlich stark variiert. Die durchschnittliche TTR liegt bei 0.72 (Md=0.73, SD=0.12). Dieser Wert zeugt von einer hohen lexikalischen Diversität der Aussagen insgesamt und einem geringen Anteil von Wortwiederholungen. Die TTR gilt in der Theorie nicht als Merkmale des bildungssprachlichen Registers per se, sondern vielmehr ein Merkmal der Sprache der Distanz (Fornol 2020: 29; Koch/Österreicher 1994: 590f., siehe auch Kapitel 4.2). Dies zeigt sich auch empirisch durch die Werte der durchgeführten Pearson-Korrelationsanalyse. Mit p=0.867 und r=0.02 besteht kein signifikanter Zusammenhang zwischen der bildungssprachlichen Dichte und der *Type-Token-Ratio*.

Als weiterführende Analysekategorien wurden das Tempus sowie Merkmale der Umgangssprache aufgenommen. Das Tempus der sVA ist mehrheitlich das Präteritum. Die starke Dominanz des Präteritums legt ein sowohl medial als auch konzeptionell schriftliches Register der Aussagen nah. Äußerst selten und dennoch salient sind fehlerhaft realisierte Präteritum-Formen, die die Frage aufkommen lassen, warum der Verfasser nicht auf die ggf. geläufigere Perfekt-Form zurückgreift, bspw. in Aussage 46 mit der Form „frug“: „Am 12.05.2020 bin ich mit [Name1, Name2, Name 3] von [Ort 1] nach [Ort 2] gefahren. Unterwegs frug mich mein Mann, der hinten im Bulli saß, ob ich anhalten konnte, weil er pinkeln musste, also bin ich bei [Firma] auf den Platz gefahren.“ Es kann nicht entschieden werden, ob es sich dabei um eine ggf. regionale mundartliche Markierung handelt oder um das Bemühen um bildungssprachliche Eloquenz, demonstriert durch die Realisierung starker Verben. In den sVA kommen nicht nur Zeiten der Vergangenheit vor, sondern auch Referenzen auf die Gegenwart zum Zeitpunkt des Aussagens sowie auf die Zukunft. Die Verwendung von Präsens und Futur sind Indikatoren, dass es den Deliktbeteiligten in ihren Aussagen nicht nur um die Darstellung des Erlebten geht, sondern u.a. auch um die Darstellung von Konsequenzen des Unfalls. Eine Analyse der Tempus-Konstellation wäre in diesem Sinne besonders für funktional-handlungstheoretische Textsortenklassifikationsansätze von Gewinn.

Die Kategorie der Umgangssprache wurde nachträglich und induktiv kodiert. Das Vorkommen umgangssprachlicher Elemente überrascht insofern, als für die sVA u.a. aufgrund ihrer situativen Verortung in institutionellen Kontexten von der Abwesenheit informeller Sprache ausgegangen wurde. Umgangssprachliche Elemente finden sich im Korpus trotzdem, exemplarisch in der Realisierung der Tempusmarkierung: „Danach bin ich zur Polizei [Ort] und habe meine Anzeige gemacht“ (A18) anstatt „danach bin ich zur Polizei gegangen.“

Das Vorkommen von umgangssprachlichen Merkmalen kann mit einer Gesamtfrequenz von 41 Merkmalen zwar nicht als häufig bezeichnet werden; besonders in Anbetracht der 3100 BSM fällt der Wert vergleichsweise niedrig aus. Hingegen spricht die Verteilung der Umgangssprache durchaus dafür, das Phänomen in der Gesamtbetrachtung zu berücksichtigen. Umgangssprachliche Elemente sind in

25 Aussagen – das ist fast die Hälfte des Korpus – enthalten. Von einer Verwendung umgangssprachlicher Merkmale lässt sich allerdings nicht auf eine niedrige BSD schließen. Zur Illustration dessen sei noch einmal Aussage 21 herangezogen, für die zunächst ihre bildungssprachlichen und im Anschluss ihre umgangssprachlichen Merkmale diskutiert werden sollen. In der Vorstellung der Ergebnisse wurde diese Aussage bereits zitiert, denn sie erreicht mit 71.43 % die höchste bildungssprachliche Dichte. In der Aussage beschreibt eine tatverantwortliche Person, wie und warum sie einen Unfall verursachte:

> Am besagten Unfalltag befuhr ich die als Tatort angegebene Strasse. Unmittelbar vor dem Zusammenstoß ist mir im Bereich der Frontscheibe ein dunkler Gegenstand (Tier, Vogel) vorbeigehuscht. Eine kurze Schrecksekunde hat gereicht um den Unfall zu verursachen. Als ich das Unheil hab kommen sehen, versuchte ich noch durch „Kick Down“ (Automatik) zu beschleunigen. Das mißlang. Meine Geschwindigkeit entsprach der Vorgabe 50 km/h. Ich war weder durch Telefon, noch durch andere Umstände abgelenkt. Ausser natürlich dem oben geschilderten Umstand.

Bereits der erste Satz kann durch die hohe BSD charakterisiert werden – der Aussagende verwendet darin u.a. ein mehrsilbiges Kompositum („Unfalltag“), das den Nukleus einer mit einem Partizip erweiterten Nominalphrase darstellt, ein seltenes Präfixverb („befuhr“) sowie eine weitere Nominalphrase mit Partizipialattribut („die angegebene Strasse“). Eine ähnlich hohe Dichte zeichnet sich für den Rest des Textes ab, denn von jeweils 10 Wörtern enthalten etwa 7 Wörter (mindestens) eine bildungssprachliche Eigenschaft. Das Beispiel zeigt zudem, dass die Berechnung der BSD nicht von anderen Markern für Schreibkompetenz beeinflusst wird; u.a. wurden die alte Rechtschreibung und Interpunktion (fehlendes Komma bei „gereicht um“) nicht erfasst. Die quantitative Erfassung der BSM und damit die Berechnung der BSD berücksichtigt keine nicht-bildungssprachlichen Merkmale.

Das Beispiel zeigt: Eine hohe BSD schließt nicht das Vorkommen nicht-bildungssprachlicher Mittel aus; sVA enthalten zu mehr oder minder großen Anteilen Formulierungen, die u.a. als umgangssprachlich und damit gemeinhin als Gegensatz zur BS betrachtet werden. Das betrifft vor allem die fehlende Realisierung der verbalen Flexionsendung („hab kommen sehen“ anstatt „habe“) sowie die Wortstellung des Nebensatzes mit fehlender Verb-Letzt-Stellung („Als ich das Unheil hab kommen sehen“ anstatt „Als ich das Unheil kommen sehen habe“ oder „kommen sah“). Erwähnenswert ist in diesem Zusammenhang auch der letzte Satz. Einerseits beweist der Verfasser auch darin mit der erweiterten Nominalphrase und dem Partizipialattribut bildungssprachliche Kompetenzen („dem oben geschilderten Umstand“), andererseits wird die für Bildungssprache typische Korrektheit durch das Fehlen von Subjekt und Prädikat eingeschränkt. Daraus lässt sich ableiten, dass dem bildungssprachlichen Duktus in den Aussagen nicht konsequent gefolgt wird.

Die besprochene Aussage offenbart Registerbrüche, für die nicht entschiedenen werden kann, ob es sich um intendierte stilistisch-expressive oder mangelnder Schreibkompetenz geschuldeter Registerabweichungen handelt. Die gesamte sprachliche Oberfläche der Aussage wirft die Frage danach auf, ob die ‚Bildungssprachlichkeit' eines Kommunikats nicht nur über die Anwesenheit bestimmter sprachlicher Merkmale, sondern auch die Abwesenheit von Merkmalen anderer Register bestimmt werden muss. In der Schule etwa werden Registerbrüche und der Einsatz umgangssprachlicher Mittel meist stilistisch negativ gewertet (Weisgerber 2008: 261, siehe auch Kapitel 4.1.4). Besonders für einstellungsinteressierte Studien wie Untersuchung 2 der vorliegenden Arbeit wäre es ferner denkbar, dass der Eindruck von Bildungssprachlichkeit von einer Einheitlichkeit des Duktus abhängt und Aussagen, die zwar eine insgesamt hohe BSD aufweisen aber stellenweise – in der Rezeption sehr saliente – umgangssprachliche Merkmale (z.B. „pinkeln" in A46) verwenden, eine negative Bewertung zukommt.

Mit dem (überraschendem) Vorkommen umgangssprachlicher Mittel ergeben sich auch methoden-reflexive Überlegungen: Die Beschreibung von sprachlichen Merkmalen einer Textsorte bzw. stilistische Textsortenbeschreibungen anhand deduktiver Kategorien laufen Gefahr ein reduktionistisches Abbild eines Textstils zu liefern und müssen sich in diesem Zusammenhang zwingend die Offenheit bewahren, induktiv auf sprachliche Merkmale zu reagieren und diese ggf. nachträglich zu kodieren. Bei Konzentration auf die deduktiven Kategorien würden wertvolle Informationen über die stilistische Beschaffenheiten keine Beachtung finden.

Unter Berücksichtigung der ermittelten Häufigkeiten, dem Interpretationsversuch dieser Frequenzen und der Besprechung ausgewählter Beispiele sei die Forschungsfrage, inwiefern Aussagen bei der Vernehmung auf den Schriftweg als bildungssprachlich bezeichnet werden können, wie folgt beantwortet: Schriftliche Aussagen zu Straßenverkehrsdelikten können insofern als bildungssprachlich bezeichnet werden, als mehr als ein Drittel ihrer sprachlichen Oberfläche aus bildungssprachlichen Eigenschaften besteht. Bildungssprachliche Merkmale eignen sich also zur (textsortenklassifikatorischen) Beschreibung der bei der schriftlichen Vernehmung getätigten Aussagen. Zur näheren Interpretation dieses Wertes mangelt es an textsortenkontrastiven Bestandsaufnahmen von bildungssprachlichen Mitteln. Trotz der in manchen Aussagen sehr hohen Frequenzen an bildungssprachlichen Mittel ist das Register in den Aussagen zudem z.T. uneinheitlich und die sVA enthalten sowohl bildungssprachliche als auch umgangssprachliche Elemente. Daher wird im Folgenden die Aussagekraft bildungssprachlichen Dichte eingehender diskutiert. Die Definition der schriftlichen Aussagen als Narrationen (Picornell 2013a & 2013b, siehe auch Kapitel 5.2) kann mit den empirischen Ergebnissen erweitert werden: Schriftliche Aussagen im Kontext der polizeilichen

Vernehmung sind vornehmlich im Präteritum verfasste, in ihrer Länge stark variierende, eine hohe lexikalische Dichte aufweisende Erzählungen, deren Stil sich als bildungssprachlich charakterisieren lässt.

### 7.5.2 Problematisierung: Zur Messbarkeit von Bildungssprache

Die Berechnung einer bildungssprachlichen Dichte, wie sie in dieser Voruntersuchung durchgeführt wurde, wertet bildungssprachliche Mittel quantitativ aus. Es ist bereits mehrfach angeklungen, dass dieser quantitative Ansatz einige Probleme mit sich bringt, die sich zu drei Problemkomplexen zusammenfassen lassen. Das sind erstens die *Interpretation der ermittelten Werte*, zweitens eine *potenzielle Überrepräsentation von Bildungssprache durch Mehrfachcodierung*, drittens eine *fehlende Binnenklassifikation der Merkmalskategorien.*

Das erste Problem besteht in der auch bereits in der Hypothesenherleitung formulierten Frage, wie viele bildungssprachliche Merkmale vorhanden sein müssen, um einen Text bzw. in diesem Kontext eine Aussage von anderen Registern abgrenzbar als bildungssprachlich zu charakterisieren. Die Frage betrifft also sowohl das Gesamtvorkommen bildungssprachlicher Merkmale in einem Text als auch die Frage nach einer – um als bildungssprachlich gelten zu können – notwendigen Merkmalskombinatorik. Statistisch wie interpretatorisch unbeantwortet müssen mindestens die folgenden Fragen bleiben:

- Ist die in dieser Studie ermittelte durchschnittliche bildungssprachliche Dichte von 33.07 % vergleichsweise hoch, niedrig oder entspricht sie der bildungssprachlichen Dichte vieler anderer Textsorten?
- Ist ein Text, der etwa durch das Vorkommen zahlreicher Junktionen rechnerisch eine hohe bildungssprachliche Dichte erreicht, tatsächlich bildungssprachlich oder bestätigt erst das Vorkommen mehrerer unterschiedlicher BSM-Kategorien das Vorliegen von Bildungssprachlichkeit? Wenn ja, wie viele werden benötigt und welche Aspekte müssen berücksichtigt sein?

Fragen und Probleme dieser Art resultieren zu einem nicht geringen Anteil grundlegend aus der Beschaffenheit von Registern und Stilen sind damit unauflösbar. Kein sprachliches Merkmal steht exklusiv dem einen oder dem anderen Register oder dem einen Duktus zur Verfügung; vielmehr kann das Vorkommen eines sprachlichen Merkmals unter gewissen Umständen und in einer gewissen Merkmalskombinatorik tendenziell für das Vorliegen eines Registers sprechen. Untersuchungen, wie die in diesem Kapitel vorgelegte, sehen sich mit einem Dilemma konfrontiert: Um Duktuszuschreibungen nicht empirisch haltlos vorzunehmen, muss die Merkmalsbeschreibung analytisch hauptsächlich auf Wortebene vorgenommen werden. Dabei besteht die Gefahr einer fehlenden Repräsentation von Kontexten. Es wurde in diesem Zusammenhang bereits ein Beispiel zur Verwendung der Subjunktion „weil" mit V2-Stellung problematisiert. „Weil" ist als Junktion einerseits ein Marker von Bildungssprache, die V2-Stellung in Nebensätzen spricht andererseits für das Vorliegen von Umgangssprache. Probleme dieser Art bildet die BSD nicht ab; sie gibt lediglich an, wie oft ein Merkmal verwendet wird, nicht wie und ob dieses Merkmal hinsichtlich eines Registers zielsprachlich realisiert ist.

Die Probleme, auf die die Studie gestoßen ist, offenbaren zudem einige Versäumnisse der Forschung zur Bildungssprache: Die bisher oft didaktisch orientierten Forschungsansätze fokussieren die Förderungsmöglichkeit bildungssprachlicher Kompetenzen. Sie beschäftigen sich dementsprechend weniger damit, wie Bildungssprache *ist*, als vielmehr damit, wie sie zur Erfüllung bestimmter (schulischer) Textproduktions- und Textrezeptionsanforderungen *zu sein hat*. Aus funktionalen Ansprüchen an (Schul-)Texte wird ein geeignetes sprachliches Instrumentarium abgeleitet, das es zu fördern gelte. Fordert die schulische Textproduktion zum Beispiel das Explizieren und Verdichten von Informationen, so brauchen die Schülerinnen und Schüler dazu die geeigneten Mittel wie Attribute und Nominalisierungen (Feilke 2012: 8).

Für sprachdidaktische Ansätze ist ein solches Vorgehen mit Sicherheit zielführend. Möchte man das Konzept der BS jedoch für andere linguistische Forschungszweige fruchtbar machen, wird das Fehlen deskriptiver Arbeit an nicht-schulischen authentischen Texten zum Hindernis. Zur Interpretation quantitativer Werte wären numerische Orientierungspunkte notwendig. Texten in ihrer Gesamtheit das Attribut ‚bildungssprachlich' zuzuweisen, kann nach aktuellem Forschungsstand insofern nur unter Vorbehalten geschehen, als empirische, distinktive Werte fehlen. Gewinnbringend wären dazu textsortenkomparative Betrachtungen, wie sie etwa Czicza et al. (2012) für die quantitative Beschreibung von Wissenschaftssprache vornehmen: In ihrer Operationalisierung zur Verortung von Texten zwischen den Polen maximaler und minimaler Wissenschaftlichkeit schlagen Czicza et al. eine Gegenüberstellung eines prototypischen wissenschaftssprachlichen und eines prototypischen literarischen Textes vor und suchen in beiden Textsorten nach den Frequenzen von theoretisch als wissenschaftssprachlich geltenden Merkmalen. Die Frequenzen der wissenschaftssprachlichen Merkmale beider Texte – der wissenschaftliche Text stammt von Diewald und der literarische Text von Kästner –

werden als Endpol-Werte von ‚Wissenschaftssprachlichkeits-Skalen'[44] festgelegt, auf der sich wiederum die Werte anderer Texte jeglicher Art verorten lassen. Durch die Endpole kann so errechnet interpretiert werden, ob ein verorteter Text näher am Pol der maximalen und näher am Pol der minimalen Wissenschaftlichkeit liegt. Auch wenn jeweils aus nur einem Text gewonnen Werte der Skalen-Endpole wenig repräsentativ sind und zur statistisch haltbaren Bestimmung repräsentativer Werte eine weitaus höhere Stichprobe wünschenswert wäre, handelt es sich bei der Operationalisierung um interessanten Vorschlag, der es erlaubt Frequenzen sprachlicher Charakteristika zu interpretieren. Es können beispielsweise Aussagen getroffen werden, wie: Text XY erreicht 80 % der als maximalen Wissenschaftssprachlichkeit hinsichtlich der Frequenz von attributiven Erweiterungen.

Als ein zweites Problem erweist sich die Entscheidung zwischen Mehrfach- oder Einfachcodierungen. In dieser Studie wurden sprachliche Merkmale (in Orientierung an das Vorgehen in Fornol 2020) mehrfach codiert, wenn sie mehreren BS-Kategorien zugeordnet werden konnten (z.B. wurden einige Substantive sowohl als Kompositum als auch als Fachbegriff erfasst). Demzufolge ist es naheliegend, von einer bildungssprachlichen Eigenschaft zu sprechen und nicht von einem bildungssprachlichen Wort. Ein Wort bzw. eine Phrase kann mehrere bildungssprachliche Eigenschaften in sich vereinen. So enthält der Satz „Am besagten Tag befuhr ich die als Tatort angegebene Strasse" (A21) gemäß den Definitionen zwar nur drei per se bildungssprachliche Wörter („besagten" und „angegebene" als adjektivisch verwendete Partizipien, „befuhr" als Präfixverb) aber insgesamt sieben bildungssprachliche Eigenschaften; das sind zwei mehrsilbige Wörter, zwei Partizipialattribute, zwei erweiterte Nominalphrasen und ein Präfixverb. Derartige Mehrfachkodierung zahlenmäßig in die zur Ermittlung der bildungssprachlichen Dichte verwendeten Werte zu integrieren, könnte man einerseits als potenzielle Überrepräsentation von BSM verstehen. Nicht im Korpus vertreten, aber denkbar wären schließlich Beispiele, in denen mehr bildungssprachliche Eigenschaften als Wörter pro Satz gemessen werden, dann ergäbe sich eine bildungssprachliche Dichte von über 100%. Andererseits tragen Mehrfachkodierungen dem Fakt Rechnung, dass auch innerhalb bildungssprachlicher Kategorien potenzielle Abstufungen bestehen. Mehrfachcodierungen setzen eine Steigerbarkeit bildungssprachlicher Merkmale voraus. Ein sprachliches Merkmal ist nicht entweder bildungssprachlich oder

44 Für jedes Merkmal von Wissenschaftssprache wird einen eigene Skalen erstellt, deren Endpunkte jeweils durch die Frequenz eines bestimmten wissenschaftssprachlichen Merkmals in den Prototexten (z.B. eine Skala für jeden Attributtypen, d.h. eine Skala für Genitiv-Attribute, eine Skala für Präpositionalattribute usw.).

nicht, sondern im Zuge potenziell mehrerer bildungssprachlichen Eigenschaften steigerbar.

Ein weiterer Einwand, den man in diesem Zusammenhang gegen die Aussagekraft der ermittelten Frequenzen erheben könnte, ist die Berücksichtigung fehlerhaft realisierter BSM. Gemäß Kodierleitfaden wurden BSM ungeachtet grammatischer und orthographischer Fehler in die Bestandsaufnahme integriert. Ein solcher Fall findet sich in Aussage 40, in der es heißt: „Denn die Kratzer waren am Vortag nicht vorhanden, weil das wäre aufgefallen, mein Mann hat in meinem Beisein mein Auto abgespritzt." Dieser Satz fällt durch die für konzeptionell-schriftliche Kontexte ungewöhnliche Nutzung der Junktionen auf; „denn" steht in satzeinleitender Stellung und die Junktion „weil" wird mit einer (in konzeptionell-mündlichen Kontexten durchaus gebräuchlichen) Verb-Zweit-Stellung verwendet. Dementsprechend wurden in diesem Satz gleich zwei Merkmale als bildungssprachlich kodiert, deren Aussagekraft zu Zwecken der Erfassung von Bildungssprache sicherlich streitbar wäre. Dem ist zu entgegen, dass derartige Fälle nur selten vorkommen und dass auch bei mangelnden Realisierungskompetenzen dennoch von bildungssprachlichen Bemühungen gesprochen werden kann. Die Bildungssprache kann in derartigen Fällen noch immer als sprachliches Ziel gelten.

Ein drittes Problem besteht in einer fehlenden Binnendifferenzierung der Merkmale. Die Kategorien, unter denen BSM in der Theorie zusammengefasst werden, sind zum Teil sehr weit gefasst. So zählen zur Kategorie der Junktionen sowohl Konjunktionen als auch Subjunktionen. Auch erweiterte Nominalphrasen werden weder hinsichtlich der Anzahl der Erweiterungen noch der hierarchischen Verschachtelung der Attribute unterschieden. Daraus folgt, dass ein Satz, der mehrere Hauptsätze koordinierend mit ‚und' verbindet in der quantitativen Erfassung als genauso bildungssprachlich gilt wie eine komplexe Verschachtelung von Satzgefügen, bei der die logische Zusammengehörigkeit der Sätze durch Subjunktionen explizit benannt wird. Besonders für perzeptuelle Perspektiven auf Bildungssprache (wie sie in Untersuchung 2 eingenommen werden) wäre in Betracht zu ziehen, dass ein Fremdwort und eine Nominalphrase mit mehreren Erweiterungen ggf. stärker mit Bildungssprache assoziiert wird und eher zur subjektiven Zuschreibung von Bildungssprachlichkeit beiträgt als Junktionen. Diese beispielhafte Gegenüberstellung zeigt u.a., dass BSM ein unterschiedlich großes Distinktionspotential zu haben scheinen. Während lexikalische Elemente oft ungeachtet ihrer textuellen Einbettung als bildungssprachlich bezeichnet werden können, werden einige morphosyntaktische Merkmale nicht unmittelbar mit dem Register in Verbindung gebracht. Mit der Feststellung eines unterschiedlich großen Distinktionspotentials könnten empirische Studien zum Vorhandensein von Bildungssprache, so wie es für die *Type-Token-Ratio* durchgeführt wurde, ggf. Korrelationen zwischen einzelnen Merkmalen und der insgesamten bildungssprachlichen Dichte ermitteln, um mehr Distinktivität zu erzielen.

### 7.5.3 Bildungssprache – kommunikativ-funktional oder sozialsymbolisch-stilistisch motiviert?

Die empirische Analyse und die Diskussion der Ergebnisse haben Belege für die Hypothese ‚H 1: Aussagen bei der Vernehmung auf dem Schriftweg enthalten bildungssprachliche Merkmale' erbringen können. In der Hypothesenherleitung wurden drei Gründe genannt, warum von einer Verwendung bildungssprachlicher Merkmale in den sVA auszugehen ist:

– *die situative Einbettung*, die formelles Register bzw. eine Sprache der Öffentlichkeit benötigt
– *die kommunikativ-funktionale Potential von Bildungssprache*, das eine u.a. dekontextualisiert rekonstruierbare, präzise und ökonomische Schilderung ermöglicht
– die nachvollziehbare Wiedergabe von Inhalten hinausgehende, *sozialsymbolische Funktion*, bei der der Einsatz von Bildungssprache ein selbstdarstellerisch-expressives, also stilistisches Bestreben zukommt.

Auch bei teilweise fehlerhaften Realisierungen der BSM zeigt die empirische Analyse, dass zumindest von bildungssprachlichen Bemühungen gesprochen werden kann. Die hohen Frequenzen der BSM bieten also Belege für die Hypothese, geben aber keinen Aufschluss darüber, auf welche Gründe die frequente Verwendung von Bildungssprache zurückzuführen ist. Die vorliegende Darstellung konzentriert sich auf eine Rekonstruktion der beiden bildungssprachlichen Funktion, d.h. auf die kommunikativ-funktionale und die sozialsymbolische Funktion, die wiederum einen stilistisch-expressiven Einsatz von Bildungssprache motiviert.[45] Bei der situativen Einbettung handelt es sich um einen *außerhalb* des Textes liegenden Einflussfaktor, dessen Berücksichtigung durch die Aussagenden nicht anhand von Textbeispielen rekonstruiert werden kann und im Folgenden daher zu vernachlässigen ist. Auch wenn im Rahmen dieser Arbeit nicht für jedes identifizierte bildungssprachliche Element eine Funktionszuordnung vorgenommen werden kann, soll dieser Frage im Folgenden anhand einiger ausgewählter Beispiele

45 Die dritte Funktion von Bildungssprache, die epistemische Funktion, bezeichnet Bildungssprache als Werkzeug des Denkens und des Wissenserwerbs und stellt keinen Teil der Hypothesenbegründung dar.

frequenter Merkmalskategorien nachgegangen werden. Dazu sei zunächst an diesbezüglich grundlegende Inhalte der Theoriekapitel 3 und 4 erinnert.

Unter der kommunikativen Funktion von Bildungssprache wird ihr Potential als Medium der Wissenskommunikation verstanden. U.a. können bildungssprachliche Elemente dazu verhelfen, „Sachverhalte und ihre Zusammenhänge für den Leser möglichst nachvollziehbar, d.h. explizit dar[zu]stellen und [zu] fokussieren" (Feilke 2019: 8). Als kommunikative Funktionen der Bildungssprache lassen sich zusammengefasst das Explizieren, Verallgemeinern, Depersonalisieren, Dekontextualisieren, Präzisieren, Kondensieren und das Diskutieren benennen. Neben diesen Textfunktionen und darüberhinausgehend hat Bildungssprache auch eine sozialsymbolische Funktion – als „Visitenkarte" (Morek/Heller 2012:78) ist sie die legitime Sprache der sozial akzeptablen und glaubwürdigen Kommunikation (Schendzielorz 2011: 40). Im Hinblick auf Selbstdarstellungsansprüche ist davon auszugehen, dass dieses expressive Potential den stilistischen Einsatz von Bildungssprache für Kommunikatoren attraktiv macht. Als Stil wurde in Kapitel 4 jene Gestalt von Texten definiert, die über Inhaltstransporte hinausgeht und Resultat einer spezifischen Auswahl aus einem Repertoire sprachlicher Optionen ist. Ein Repertoire an sprachlichen Optionen bedeutet, dass andere, den bloßen Inhaltstransport betreffend äquivalent geeignete Sprachmittel zur Verfügung stünden. Greift ein Schreiber auf ein bestimmtes sprachliches Merkmal zurück, für das in kommunikativ-funktionaler Hinsicht Äquivalente zur Verfügung stehen, kann dies als Resultat eines Auswahlprozesses verstanden werden. Die Prüfung funktional bzw. inhaltlich gleichwertiger Optionen kann dementsprechend als Indiz herangezogen werden, um stilistische Bestrebungen zu identifizieren. Eine Festlegung dessen, was als gleichwertige, den Inhalt nicht verändernde Alternative zu einer Formulierung gelten kann, ist jedoch nicht ohne weitere Kontexte möglich, Sprache bietet ein reichhaltiges Instrumentarium an verschiedensten Formulierungsmöglichkeiten.

Um potenzielle Motivationen für den Einsatz von Bildungssprache zu diskutieren, wird im Folgenden an ausgewählten Beispielen erörtert, ob kommunikativ-funktionale oder sozialsymbolische bzw. stilistisch-expressive Gründe vorliegen könnten. Wie die folgende Darstellung zeigt, finden sich Beispiele für beide Funktionsdimensionen. Letztlich kann nicht final festgelegt werden, welche Funktion dominiert, denn Funktionszuschreibungen setzen stets die Rekonstruktion von Intentionen voraus.

Das erste zu diesem Zweck anzuführende Beispiel ist die Verwendung von „Auto" und „Fahrzeug". Auf lexikalischer Ebene ist die Referenz auf involvierte Transportmittel in Aussagen zu Verkehrsdelikten essenziell; in den meisten Fällen ist das das Auto. Auf dieses wird, exklusive der Benennung durch Markennamen, im Gesamtkorpus 77-mal mit dem Wort „Auto" referiert, 38-mal mit dem längeren

Kompositum „Fahrzeug“ und 18-mal mit „PKW“. Das Wort „Auto“ (als Abkürzung des Kompositums Automobil) und „PKW“ referieren zwar auf ein und denselben Gegenstand, sind hinsichtlich ihrer Verwendungsdomänen jedoch nicht identisch. Es liegt nahe, die Verwendung des Wortes „PKW“ insofern als stilistische Bestrebung zu deuten, als es in der alltäglichen, privaten Kommunikation nicht verwendet wird. Diese Vermutung verstärkt sich bei der Berücksichtigung der hohen Frequenz des Wortes „Fahrzeug“. Dieses kann nicht als Synonym von „Auto“ gelten. Als Hyperonym handelt es sich bei „Fahrzeug“ um einen unpräzisen Begriff, denn unter einem Fahrzeug können verschiedene Transportmittel verstanden werden (neben dem Auto zum Beispiel auch Fahrräder oder Lastkraftwagen). Die Verwendung des referentiell unpräzisen Begriffes ‚Fahrzeug‘ kann deshalb nicht auf kommunikativ-funktionale Bedürfnisse zurückgeführt werden. Die begriffliche Präzision im Sinne einer eindeutigen Referenz wird zugunsten stilistischer Bestrebungen aufgegeben. Sowohl „Fahrzeug“ als auch „PKW“ sind in den Aussagen lexikalische Alternativen zu „Auto“, die daher deutlich ein stilistisches Bestreben nach Bildungssprache erkennen lassen.

Als weiteres Beispiel auf lexikalischer Ebene sind die frequent verwendeten Präfixverben anzuführen. Die Präfixverben ermöglichen den Aussagenden, wie das Beispiel „-fahren“ zeigt, eine differenzierte Benennung der vollzogenen Handlungen. Das Verb kommt in Verbindung mit insgesamt 15 verschiedenen Präfixen vor (darunter z.B. auffahren, befahren, weiterfahren, einfahren, überfahren, vorfahren, ausfahren, durchfahren, vorbeifahren). Den Präfixen kann anhand dieser Beispiele eine Explizierungsfunktion und damit eine kommunikative Funktion zugesprochen werden. Allerdings lässt sich für einige andere Beispiele auch ein stilistisches Moment nicht ausschließen. Dies lässt beispielsweise die Nutzung des Verbs „befahren“ vermuten. Bei dem Verb „befahren“ handelt es sich laut Duden Belegkorpus um ein äußerst selten verwendetes Wort; von einer Million Wortformen wird es im Durchschnitt seltener als einmal verwendet.[46] In Anbetracht dessen ist es bemerkenswert, dass das Wort im Korpus dieser Arbeit aus insgesamt 9178 Wörtern zwei Mal vorkommt, ein Mal in Aussage 21 und ein Mal in Aussage 55. Bei den beiden Aussagen handelt es sich um Texte mit einer vergleichsweise hohen bildungssprachlichen Dichte (Aussage 21 erreicht mit 71.43 % den höchsten Wert, die BSD von A55 liegt bei 45.63 %). Da alternativ und ohne inhaltliche Veränderungen auch die weitaus geläufigere Konstruktion „fahren auf“ benutzt werden könnte, ist eine stilistische Motivation durchaus naheliegend.

---

46 Der Duden unterscheidet Worthäufigkeiten in 5 Frequenzklassen. Das Wort „befahren“ fällt in die niedrigste Frequenzklasse. https://www.duden.de/rechtschreibung/befahren_erfahren_bewohnt; https://www.duden.de/hilfe/haeufigkeit

Unter der Kategorie der 72 gefundenen reflexiven, und daher als bildungssprachlich kodierten, Verben sind „sich befinden“ (mit 9 Vorkommnissen) und „sich erinnern“ (mit 8 Vorkommnissen) besonders frequent. Die Nutzung des ersteren scheint insofern ein stilistisches Moment zu beinhalten, als inhaltlich synonym auch das vergleichsweise sprachökonomischere „sein“ eingesetzt werden könnte.

1a) Ich befand mich mit meinem [Jahre] altem Sohn im Wohnzimmer vom [Name]. (A40)
1b) Ich war mit meinem [Jahre] altem Sohn im Wohnzimmer vom [Name].
2a) Am Dienstag den 24.05.2020 gegen 17:20 Uhr befand ich mich auf dem Heimweg [...]. (A2)
2b) Am Dienstag, den 24.05.2020, gegen 17:20 Uhr war ich auf dem Heimweg [...].

Angemessene Formulierungsalternativen auf verbaler Ebene durch Synonymie sind für das Verb „sich erinnern“ wiederum nicht vorhanden; der Duden benennt als Synonyme die Verben „behalten“, „beherzigen“, „sich besinnen“ und „einfallen“[47], die in ihrer Denotation allerdings stark voneinander abweichen. Für den Einsatz des Verbs „sich erinnern“ ist mangels bedeutungsäquivalenter Alternativen also nicht von einem stilistischen Einsatz auszugehen.

Für morpho-syntaktische BSM, genauer für die Junktionen, zeichnet sich ein ähnliches Bild ab wie bei den Präfixverben und den reflexiven Verben. Es lassen sich sowohl für die funktional-kommunikative als auch für die stilistisch motivierte Verwendungsdimension von Bildungssprache Beispiele finden. Junktionen stellen das häufigste Merkmal in der Kategorie der morpho-syntaktischen Mittel dar und werden verwendet, um Sätze miteinander zu verknüpfen. Durch die Verknüpfungen werden Relationen zwischen den Propositionen hergestellt („Am Mittwoch den 29.07.2020 ging ich mit meiner Tochter und den beiden Hunden in der Straße [Straße] spazieren als ich auf der Straße wo daß beschädigte Fahrzeug stand einen lauten Knall wahrgenommen habe, sodaß ich mich von der Wiese auf der wir standen sofort zur Fahrbahn gelaufen bin und dort den LKW sah der daß beschädigte Auto mit seinem Heck berührt hat und es beschädigt hatte.“A4). Häufig finden sich darunter temporale, konsekutive und kausale Explizierungen. Den Junktionen kann in dieser Hinsicht eine wichtige kommunikativ-funktionale Rolle zugeschrieben werden; sie explizieren die Darstellung und steigern so ihre Nachvollziehbarkeit. Die Funktion der Explizierung schließt aber wiederum nicht aus, dass ihre Verwendung auch auf stilistischen Motivationen beruhen kann. Dies zeigt sich

47 https://www.duden.de/rechtschreibung/erinnern#synonyme

beispielsweise bei der konkreten Ausgestaltung kausaler Relationen und der Wahl der dazu eingesetzten Lexeme: Während die Junktion „da" 54-mal verwendet wird, machen die Verfasser mit 15 Vorkommnissen weitaus seltener von der Junktion „weil" Gebrauch. Dieser auffällige Unterschied in der Verwendungsfrequenz könnte als Hinweis darauf gedeutet werden, dass die Aussagenden die Junktion „da" auf Basis des Duktus als angemessener empfinden als die Junktion „weil", die auf kommunikativ-funktionaler Ebene als äquivalent gelten kann.

In der Verwendung des Passivs fällt auf, dass nur in einem Fall das Agens der Handlung explizit benannt wird („Das Fahrzeug wurde von [Name] [Adresse] am 9.03.2020 gelenkt", A 34). In allen anderen Passiv-Fällen ist das Agens theoretisch zwar bekannt, wird aber nicht benannt. Passiv wird beispielsweise dann verwendet, wenn die Polizei das Agens darstellt, und es erfolgt oft zur Vermeidung der Benennung von Polizisten, wie in

(3a) Ich wurde am 4.5.20 angehalten und mein Führerschein wurde beschlagnahmt. (A7)

(3b) anstatt etwa: Ein Polizist hat mich am 4.5.20 angehalten und mein[en] Führerschein beschlagnahmt.

(4a) Da auf der Wache das 2te Geräte nicht korrekt funktionierte, wurde ein Amtsarzt zum Blutabnehmen bestellt. (A49)

(4b) anstatt etwa: Da auf der Wache das 2te Gerät nicht korrekt funktionierte, bestellten die Beamten einen Amtsarzt.

Ob das Passiv in diesen Sätzen ohne größere Bedeutungsveränderungen in ein Aktiv überführt werden kann, ist allerdings fraglich, da die Agens-Nennung den Fokus der Sätze verschiebt. Insofern scheint die Funktion der Depersonalisierung, d.h. ein kommunikativ-funktionales Motiv vordergründig zu sein. In anderen Fällen wiederum kann eine aktivische Konstruktion durchaus als denkbare Alternative ohne Modifikation der Satzbedeutung gelten.

(5a) Einen Knall oder das tatsächliche Berühren konnte von meinem Blickwinkel aus zwar nicht eindeutig erkannt werden, aber es sah zumindest sehr stark danach aus. (A31)

(5b) anstatt etwa: Einen Knall oder das tatsächliche Berühren konnte ich von meinem Blickwinkel zwar nicht erkennen, [...].

Eine Depersonalisierungsfunktion kommt für Beispiel 5 insofern nicht in Frage, als der Zusatz „von meinem Blickwinkel" ohnehin das Agens zu erkennen gibt. Die verschiedenen Beispiele zeigen, dass auch für das Passiv nicht immer zu entscheiden ist, ob stilistische oder funktionale Motive (wie das Depersonalisieren) dominieren.

Eindeutiger ist die Funktion von Funktionsverbgefügen, für die die Forschung bereits festgestellt hat, dass ihre Leistung „eher stilistischer Natur" ist (Harm 2021: 20). Funktionsverbgefüge bezeichnet Harm (2021: 1) als „Rätsel":

> Funktionsverbgefüge – d. h. Nomen-Verb-Verbindungen wie z. B. *Angst haben, Lob zollen* oder *zur Aufführung kommen* – sind auch nach mehr als fünfzig Jahren einschlägiger sprachwissenschaftlicher Forschung immer noch ein Rätsel geblieben. Rätselhaft ist nach wie vor, weshalb Sprecher sich den Luxus einer relativ aufwendigen Versprachlichung mittels einer Nomen-Verb-Kombination leisten, wo doch in vielen Fällen mit einem etymologisch verwandten einfachen Verb eine wesentlich ökonomischere Ausdrucksalternative zur Verfügung steht.

Beschreibt ein Zeuge also beispielsweise, dass er zu einer „Einschätzung kommt" (vgl. A22), anstatt dass er eine Situation „einschätzt", kann mit Harm (2021) von der Verwendung eines Funktionsverbgefüges als Stilmittel ausgegangen werden. In diese Richtung kann etwa auch für die Formulierung „Mich begleitet Übelkeit [...]" (A37) argumentiert werden. Dabei handelt es sich zwar nicht um ein Funktionsverbgefüge; durchaus vergleichbar weicht die geläufigere und ökonomische Konstruktion „mir ist übel" aber einer semantisch auf das Nomen verlagerte, weniger ökonomische und beinahe pharmazeutisch anmutenden Formulierung.

Eine Passage, der mangels funktional gänzlich äquivalenter Alternativen demgegenüber eher eine kommunikative Funktion zuzuweisen ist, ist die folgende:

(6) Der Anweisungen erteilende Mann stand währenddessen sowohl gerade hinter dem Wagen – also auf Höhe des linken Vorderrades von Herrn [Name 1] Wagen, als auch schräg hinter dem ausparkenden Auto – sodass hier die Möglichkeit bestand, dass das ausparkende Auto den Wagen von Hr. [Name 1] ca. auf Höhe des Vorderrades oder etwas davor berühren konnte. [...] Wichtig zu erwähnen ist außerdem, dass sich die beiden Männer zwischenzeitlich abgewechselt haben (mit dem Ausparken) und der zuvor Anweisungen erteilende Mann versuchte das Auto auszuparken. Nun hat der zuvor fahrende Mann die Anweisungen gegeben. (A31, Hervorhebungen durch J.S.)

Zur präzisen Referenz auf die beiden Männer werden komplex erweiterte Nominalphrasen mit Partizipialattributen verwendet. Diese erfüllen in kommunikativer Hinsicht gleich zwei Funktionen: Erstens sorgen sie für eine referentielle Präzision. In der Aussage kommen zwei Männer vor, deren Namen unbekannt sind; der Verfasser unterscheidet sie anhand ihrer Rolle im Unfallgeschehen („der Anweisungen erteilende Mann", „der zuvor fahrende Mann"). Zweitens wird durch die erweiterte Nominalphrase eine hohe Informationsdichte erreicht; die Darstellung ist ökonomisch.

Wie die Erörterung ausgewählter Beispiele gezeigt hat, spielen beide funktionalen Dimensionen – sowohl die kommunikative als auch die sozialsymbolisch bedingte expressive Dimension von Bildungssprache – in schriftlichen Aussagen eine Rolle. Bildungssprachliche Mittel können für die Aussagen kommunikative Funktionen wie das Depersonalisieren, das Explizieren und das Präzisieren übernehmen; sie können, insbesondere, wenn funktional äquivalente sprachliche Alternativen zur Verfügung stehen, aber auch stilistisch eingesetzt sein. Bis auf die Funktionsverbgefüge eignet sich keine der in diesen Beispielen analysierten BS-Kategorien ausschließlich *entweder* zu kommunikativen *oder* zu stilistischen Zwecken. So wurde am Beispiel der reflexiven Verben etwa aufgezeigt, dass für einige Verben keine äquivalenten Formulierungsalternativen vorliegen (z.B. ‚sich erinnern'), für andere indessen schon (z.B. ‚sich befinden' anstatt ‚sein'). Ob eine funktional-kommunikative Funktion oder sozialsymbolisch motivierte, stilistische Bestrebungen dominiert, ist für jeden konkreten Einzelfall zu prüfen und kann nicht generalisiert werden.

## 7.6 Untersuchung 1: Rückblick und Ausblick

Über ein Drittel der Sprache in schriftlichen Aussagen kann als bildungssprachlich bezeichnet werden. Mit teilweise sehr unterschiedlichen Frequenzen wurden alle im Theoriekapitel vorgestellten bildungssprachlichen Mittel im Korpus wiedergefunden. Nach Hinweisen auf eine problematische Frequenz-Interpretation, die mangels quantitativer Daten in der Forschung zur Bildungssprache nicht stichhaltig möglich ist, kam die Untersuchung zu dem Schluss, dass sich das Attribut ‚bildungssprachlich' durchaus zur Charakterisierung von Aussagen bei schriftlichen Vernehmungen eignet. Wie besonders im Kapitel 7.5.2 eingehender diskutiert, muss das Resultat des Versuchs, Bildungssprache quantitativ abzubilden, dennoch als eindimensional kritisiert werden: Die ermittelte bildungssprachliche Dichte gibt einen Wert für das Vorkommen von BSM an. Sie mag aufgrund der frequentierten BSM den Anschein erwecken, dass Bildungssprache *das* Register schriftlicher Aussagen sei. Wie an einigen Beispielen gezeigt wurde, ist eine hohe BSD allerdings nicht mit der Abwesenheit sprachlicher Merkmale gleichzusetzen, die tendenziell mit anderen Registern, wie der Umgangssprache, in Verbindung gebracht werden. Es ist in diesem Zusammenhang die Frage aufgekommen, ob die ‚Bildungssprachlichkeit' eines Textes sich nicht nur durch das Vorkommen bildungssprachlicher Mittel äußert, sondern auch durch eine Duktus-Einheitlichkeit und die Abwesenheit von Merkmalen anderer Stile und Register, wie z.B. der Umgangssprache.

Außerdem hat die Untersuchung das funktionale Potential von Bildungssprache in den sVA thematisiert. Wie in Kapitel 7.5.3 erörtert, kann der Einsatz von

Bildungssprache stilistisch oder kommunikativ-funktional motiviert sein. Zur Beantwortung der Frage, ob ggf. eine der Bestrebungen überwiegt, müsste eine Erfassung aller bildungssprachlichen Merkmale in ihrem konkreten Verwendungskontext erfolgen; eine rein quantitative Analyse bzw. eine Frequenzanalyse wird einer Analyse funktionaler Aspekte nicht gerecht.

Die Erfassung bildungssprachlicher Merkmale hat zur näheren sprachlichen Charakterisierung von schriftlichen Aussagen beigetragen. Damit ist *ein* erster Schritt in Richtung einer Klassifikation der sVA als Textsorte getan und *ein* Schritt in Richtung einer empirischen Erfassung von Bildungssprache in außerschulischen Kontexten. Was im Rahmen von Untersuchung 1 nicht geleistet werden konnte, ist eine umfassende Textsortenklassifikation. Wie in Kapitel 5 vorgestellt, werden zum Gesamtverständnis einer Textsorte die Klassifikationskriterien Stil bzw. sprachliche Gestalt, Thema, Situativität und Textfunktion vorgeschlagen. Die vorliegende Untersuchung 1 hat sich auf sprachliche Gestalt/Stil beschränkt, die anderen drei Kriterien wurden nicht angewandt. Eine Sichtung des Korpus zeigt jedoch schnell, dass vor allem die Analyse textfunktionaler bzw. handlungstheoretischer Gesichtspunkte, beispielsweise die Analyse von Sprechakten, gewinnbringend wäre (siehe Exkurs-Kapitel 5.3.3.1). In ihren Aussagen berichten Zeugen, Geschädigte und Beschuldigte nicht nur, was passiert – sie

– benennen Beteiligte („Das Fahrzeug wurde von [Name] [Adresse] am 6.03.2020 gelenkt." A34)
– beschreiben ihre Gefühle („Im direkten Anschluß hat mein Ehemann bei der Polizei angerufen, weil wir uns bedroht gefühlt haben und belästigt." A56)
– geben ein Vergehen zu („Somit gebe ich mein Vergehen Trunkenheit am Steuer zu." A49)
– entschuldigen sich („Ich kann mir wirklich nur nochmal entschuldigen. Es tut mir wirklich leid." A43)
– fordern die Polizei auf, etwas zu tun („Vielleicht muss das Fahrzeug mal begutachtet werden."A44)
– fordern die Polizei auf, etwas zu unterlassen („Des weiteren möchte ich mir verbitten in ihren jahrealten Akten zu wälzen. Das ist Schnee von gestern und sollte langsam mal verjährt sein!" A5).

Dies sind nur einige wenige Beispiele, die das Potential handlungstheoretischer, textfunktionaler Betrachtungen aufzeigen sollen. Kurzum: Schriftliche Aussagen bieten Potential für Anschlussuntersuchungen.

Auch wenn keine multikriteriale Textsortenklassifikation vorgenommen wurde, kann die bestehende Definition der sVA um einige Charakteristika erweitert werden: Nach der durchgeführten Untersuchung 1 können Aussagen bei der

Vernehmung auf dem Schriftweg definiert werden als vornehmlich im Präteritum verfasste, eine hohe lexikalische Dichte und stark variierende Textlängen aufweisende, erlebnisbasierte Narrationen, die sich als bildungssprachlich charakterisieren lassen. Damit beinhalten sie sprachliche Merkmale, für die ein Einfluss auf die Glaubwürdigkeitsattribution anzunehmen ist. Mit der Messung dieses Effekts beschäftigt sich die nachfolgende Untersuchung 2.

# 8 Untersuchung 2: Zum Einfluss bildungssprachlicher Merkmale auf die Glaubwürdigkeitsattribution bei der schriftlichen Vernehmung

Untersuchung 1 kam zu dem Ergebnis, dass die schriftlichen Aussagen im Kontext der polizeilichen Vernehmung im Durchschnitt eine hohe Frequenz an Merkmalen der Bildungssprache enthalten. Die durchschnittliche bildungssprachliche Dichte beträgt 33.07 % ($n_1$=57). Aus einem Vergleich der Aussagen ging allerdings hervor, dass dieser Wert durchaus variiert. Während in einigen Aussagen durchschnittlich jedem zweiten Token eine bildungssprachliche Eigenschaft zugeschrieben werden kann, lassen sich für andere Aussagen – im Vergleich *innerhalb* des Korpus $n_1$ – niedrige Werte verzeichnen. Diese Aussagen zeigen zwar bildungssprachliche Bemühungen, scheitern aber, u.a. aufgrund mangelnder Schreibkompetenzen, an der Realisierung von als bildungssprachlich geltenden Merkmalen und Strukturen. Es ist davon auszugehen, dass dieser Mangel an (korrekt realisierten) bildungssprachlichen Merkmalen Spracheinstellungen beeinflusst und, u.a. als Bruch mit den Registeranforderungen, Konsequenzen auf die Einschätzung der Fallschilderung und des Aussagenden hat.

Die nachfolgende Untersuchung 2 beschäftigt sich mit dem Einfluss der bildungssprachlichen Merkmale auf die Glaubwürdigkeitszuschreibung. Die Messung des Einflusses auf die Einschätzung der Aussagen erfolgt mittels eines zweistufigen Untersuchungsdesigns. Zur Kontrolle der zu untersuchenden Einflussvariable ‚Bildungssprache' wurde eine Textmanipulation vorgenommen, die in die sprachliche Oberfläche der Aussagen eingreift und beispielsweise umgangssprachliche Merkmale in den weniger bildungssprachlichen, authentischen Aussagen durch bildungssprachliche Merkmale ersetzt, sodass ein inhaltlich identisches Aussagependant entsteht (Teilkorpus $n_2$). Im Anschluss daran wurde ein Glaubwürdigkeitsrating in Form eines Semantischen Differentials durchgeführt, bei dem Versuchspersonen jeweils entweder die authentische oder die manipulierte Version zur Bewertung vorgelegt wurde. Die Aussagen wurden sowohl von Experten, d.h. von Polizistinnen und Polizisten, als auch von Laien, d.h. von Studierenden, bewertet.

https://doi.org/10.1515/9783111379289-008

## 8.1 Untersuchung 2: Fragestellungen & Hypothesen

Zur Analyse des Effektes von Bildungssprache auf die Glaubwürdigkeitsattribution verfolgt Untersuchung 2 die fünf nachstehenden Forschungsfragen:

- F 2: Inwiefern beeinflussen Merkmale der Bildungssprache die Glaubwürdigkeitsattribution von Aussagen bei der Vernehmung auf dem Schriftweg?
- F 2.1: Inwiefern beeinflussen Merkmale der Bildungssprache den Eindruck von Kompetenz und den Eindruck von Vertrauenswürdigkeit?
- F 2.2: Wie hängen der Eindruck von Glaubwürdigkeit, der Eindruck von Kompetenz und der Eindruck von Vertrauenswürdigkeit jeweils miteinander zusammen?
- F 2.3: Inwiefern unterscheidet sich die Bewertung der Aussagen durch Experten der Polizei von der Bewertung durch Laien?
- F 2.4: Wie begründen die Versuchspersonen ihre Einschätzungen?

Die Forschungsfragen beruhen auf der Annahme, dass die Verwendung von Merkmalen der Bildungssprache die Glaubwürdigkeitseinschätzung beeinflusst. Zur Rolle der Dimensionen ‚Kompetenz' und ‚Vertrauenswürdigkeit' sowie vor allem zur Begründung dieser Annahme sei an die in den Theoriekapiteln erarbeitete Schnittmenge zwischen den glaubwürdigkeitsfördernden Eigenschaften und den bildungssprachlichen Funktionen erinnert: Als essenzielle Dimensionen der Glaubwürdigkeitsattribution lassen sich mit Hovland et al. (1953) der Eindruck von Vertrauenswürdigkeit und der Eindruck von Kompetenz benennen. Bei beiden Faktoren ‚Vertrauenswürdigkeit' und ‚Kompetenz' handelt es sich selbst wiederum um übergeordnete Dimensionen, die sich aus dem Eindruck untergeordneter Eigenschaften ergeben. So können etwa der soziale Hintergrund einer Person sowie die (mutmaßliche) Intelligenz die Wahrnehmung in der Dimension der Kompetenz beeinflussen; der Eindruck von Zuverlässigkeit, Unparteilichkeit und das Empfinden von Solidarität beeinflusst wiederum die Dimension der Vertrauenswürdigkeit (vgl. Eisend 2003: 105–106). Diese Einschätzungsmechanismen spiegeln sich in dem Einflussfaktor ‚Sprache' wider. Ein Kommunikat und ein Kommunikator werden als glaubwürdig empfunden, wenn ein Rezipient den Eindruck von Kompetenz und/oder von Vertrauenswürdigkeit gewinnt. Konkreter geschieht dies, wie in Kapitel 3.4 erarbeitet, unter anderem durch die Verwendung prestigereicher Sprachvarietäten, wobei der Standardvarietät in der Regel ein höheres Prestige zukommt als den vom Standard abweichenden Formen (z.B. Akzente in der gesprochenen Sprache) das rezipientenseitige Empfinden von Angemessenheit der Sprache, d.h. das sprecherseitige Erfüllen situativ bedingter Kommunikationsanforderungen durch eine angemessene Registerwahl das Gewährleisten von Rezeptionsfreundlichkeit durch Verständlichkeit und Nachvollziehbarkeit das Suggerieren von Objektivität bzw. eine angenommene Abwesenheit persuasiver Absichten.

Diese Anforderung an eine als glaubwürdig empfundene Kommunikation können, wie die vorliegende Studie annimmt, durch den Einsatz von Bildungssprache erfüllt werden. Mit Morek/Heller (2012: 70) wurden in Theoriekapitel 4 die Funktionen von Bildungssprache erarbeitet, wozu die epistemische Funktion als „Medium des Denkens", die sozialsymbolische Funktion als „Eintritts- und Visitenkarte" und die kommunikative Funktion als „Medium des Wissenstransfers" zählen. Zentral für die Hypothese eines glaubwürdigkeitsbeeinflussenden Effekts von Bildungssprache sind die letzteren beiden Funktionen, d.h. die sozialsymbolische und die kommunikative Funktion. Aus sozialsymbolischer Perspektive ist Bildungssprache „ein Mittel, mit dem man Bildung signalisieren kann, um Einfluss und Prestige zu erlangen" (Steinig 2016: 69). Mit dem Einsatz von Bildungssprache weist ein Sprecher sich als gebildet aus. Aus theoretischer Perspektive steht fest, dass der Einsatz von Bildungssprache die Wahrnehmung eines Sprechers beeinflusst; eine empirische Überprüfung im Rahmen von Spracheinstellungsmessungen wurde allerdings bislang nicht vorgenommen. In ihrer zweiten Funktion als kommunikatives Mittel des Wissenstransfers ermöglichen die Mittel der Bildungssprache das Explizieren von Inhalten (z.B. durch das explizite Markieren kausaler Relationen) sowie eine dekontextualisiert nachvollziehbare Darstellung (z.B. durch den Verzicht auf Deiktika). Mit diesen Funktionen ist davon auszugehen, dass Bildungssprache in zweifacher Hinsicht die Einschätzung von Glaubwürdigkeit begünstigt: Zum einen verleiht ihr Einsatz einem Kommunikator Prestige durch das Suggerieren von Kompetenz. Kompetenz ist, wie bereits dargestellt, eine der fundamentalen Glaubwürdigkeitsdimensionen. Auch wenn der glaubwürdigkeitsfördernde Einfluss von Bildungssprache nicht für jedes bildungssprachliche Mittel angenommen werden kann (vgl. Thon/Jucks 2017 zum glaubwürdigkeitsschmälernden Effekt von Fachbegriffen, siehe auch Kapitel 3.3.3.2), teilt die überwiegende Mehrheit einschlägiger Studien das Ergebnis, dass Kompetenz-signale die Glaubwürdigkeitszuschreibung positiv beeinflussen. Zum anderen begünstigt auch das Gewährleisten von Rezeptionsfreundlichkeit durch Nachvollziehbarkeit die Wahrnehmung von Glaubwürdigkeit, was wiederum durch die kommunikative Funktion von Bildungssprache erfüllt wird. Ergänzend dazu kann auch die Stellung von Bildungssprache als Register herangezogen werden. Bildungssprache ist die legitime Variante der öffentlichen Kommunikation (vgl. Kapitel 4.1) und erfüllt, zumindest aus theoretischer Perspektive, das Bedürfnis nach situativer Angemessenheit, was wiederum die Glaubwürdigkeitsattribution stärkt.

Eine zusammenfassende Übersicht der drei Gründe für Zusammenhänge zwischen Bildungssprache und Glaubwürdigkeitsempfinden gibt die folgende

Abbildung. Untersuchung 2 geht davon aus, dass die Verwendung von Bildungssprache erstens Statuszuschreibungen begünstigt, die unter dem Schlagwort ‚Sprachprestige' zusammengefasst werden können, zweitens, die dekontextualisierte Nachvollziehbarkeit der Aussagen sicherstellt und, drittens als angemessenes Register der Kommunikationssituation empfunden wird. In diesen drei Eigenschaften führt sie zur Zuschreibung von Glaubwürdigkeit:

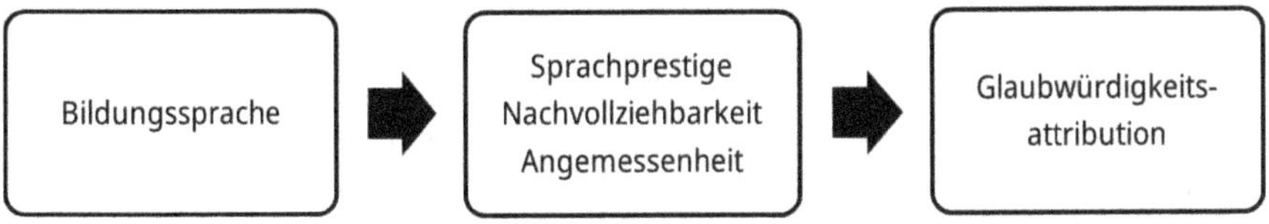


**Abb. 8:** Illustration der Hypothesenbegründung von Untersuchung 2

Wie die Pfeile illustrieren, ist davon auszugehen, dass Bildungssprache einem Aussagenden Prestige einbringt, die Nachvollziehbarkeit der Darstellung fördert und die sprachlichen Bedürfnisse der situativen Angemessenheit befriedigt und in diesen Funktionen wiederum zur Glaubwürdigkeitsattribution führt. Auf Basis der Erkenntnisziele der Untersuchung werden die folgenden Hypothesen formuliert, die mittels einer Quantifizierung der Einstellungen statistisch überprüft werden sollen:

- H 2: Es besteht ein Bewertungsunterschied hinsichtlich des Eindrucks von Glaubwürdigkeit zwischen schriftlichen Aussagen mit bildungssprachlichem Duktus und Aussagen, die als vergleichsweise weniger bildungssprachlich zu bezeichnen sind.
- H 2.1: Es besteht ein Bewertungsunterschied hinsichtlich des Eindrucks von Kompetenz zwischen schriftlichen Aussagen mit bildungssprachlichem Duktus und Aussagen, die als vergleichsweise weniger bildungssprachlich zu bezeichnen sind.
- H 2.2: Es besteht ein Bewertungsunterschied hinsichtlich des Eindrucks von Vertrauenswürdigkeit zwischen schriftlichen Aussagen mit bildungssprachlichem Duktus und Aussagen, die als vergleichsweise weniger bildungssprachlich zu bezeichnen sind.
- H 2.3: Der Eindruck von Glaubwürdigkeit korreliert mit dem Eindruck von Kompetenz und dem Eindruck von Vertrauenswürdigkeit.

Wie die Hypothesen zeigen, betreffen die theoretisch begründbaren Annahmen nicht nur die zentral zu untersuchende Relation zwischen Glaubwürdigkeit und Bildungssprache, sondern auch die Relationen von Bildungssprache und den beiden Glaubwürdigkeitssubdimensionen Kompetenz und Vertrauenswürdigkeit. Mit dem Status der Bildungssprache als bildungssignalisierende, angemessene Sprache der Öffentlichkeit und als formelles Register, ist davon auszugehen, dass ihre Verwendung mit sprachlicher Kompetenz assoziiert wird. Auch für die Dimension Vertrauenswürdigkeit insofern von einem positiven Einfluss von Bildungssprache auf die Sprecherbewertung in Vernehmungskontexten auszugehen, als der ihr Einsatz in der Regel zu einem objektiv anmutenden Duktus führt und so einen Eindruck von Neutralität und Unparteilichkeit erzeugen könnte.

Die Prüfung jeder Hypothese erfolgt zweimal; einmal für eine Expertengruppe bestehend aus Polizistinnen und Polizisten (VPN-Gruppe$_{\text{POL}}$) und einmal für eine Laiengruppe bestehend aus Studierenden (VPN-Gruppe$_{\text{STUD}}$). Der qualitative Teil der Studie zu Forschungsfrage 2.4 ‚Wie begründen die Versuchspersonen ihre Einschätzung?' erfolgt zwar nicht explizit hypothesengeleitet, aber es ist durchaus naheliegend, dass die Experten aufgrund ihrer Ausbildung und Diensterfahrung andere Glaubwürdigkeitskriterien heranziehen und benennen als die Laien (z.B. die etablierten Kriterienkataloge der Vernehmungspsychologie, Kapitel 3.3).[48]

Für die gesamte Studie gilt, dass die Analyse sich ausschließlich mit den Dimensionen Glaubwürdigkeit, Kompetenz und Vertrauenswürdigkeit als *subjektiv angenommene Attribute* im Rahmen einer Spracheinstellungserfassung beschäftigt. Die Werte geben weder Auskunft über die tatsächliche Wahrheitsnähe einer Aussage noch über die tatsächliche Vertrauenswürdigkeit einer Person oder über ihre sprachlichen Kompetenzen.

## 8.2 Untersuchung 2: Methodik

Methodisch werden die in Kapitel 8.1 vorgestellten Forschungsfragen wie folgt analysiert: Erstens werden authentische Aussagen hinsichtlich ihrer bildungssprachlichen Merkmale manipuliert, und zweitens werden mit einem Online-Fragebogen von Bildungssprache beeinflusste Glaubwürdigkeitsattributionen, operatio-

48 Bei der VPN-Gruppe$_{\text{POL}}$ handelt es sich um Studierende eines Studiengangs einer Polizeihochschule, für welchen allerdings nur Personen zugelassen werden, die Erfahrungen im gehobenen Polizeivollzugsdienst nachweisen können und sich dabei als besonders qualifiziert erwiesen haben. Die VPN können daher nur für die Angestellten des gehobenen Dienstes als repräsentativ gelten und repräsentieren keinen Querschnitt der gesamten Polizei (zur näheren Zusammensetzung der VPN-Gruppen siehe Kapitel 8.2.3).

nalisiert als Spracheinstellungen, gemessen (Methode des Semantischen Differentials; siehe auch Kapitel 2.5). Beide Schritte dieses Untersuchungsdesigns werden in den folgenden Kapiteln 8.2.1 und 8.2.2 näher erläutert.

### 8.2.1 Untersuchung 2: Korpus und sprachoberflächliche Manipulation der Aussagen

Um den Versuchspersonen (VPN) im Einstellungsfragebogen sprachlich differierende Aussageversionen ein- und desselben Sachverhaltes vorlegen zu können – und so sicherzustellen, dass potenzielle Bewertungsunterschiede tatsächlich auf die sprachliche Beschaffenheit und nicht etwa auf fallspezifische Aussagenmerkmale als Störvariablen zurückzuführen sind – wurde eine Textmanipulation durchgeführt. Auf diese Weise lagen für zehn Vorfälle jeweils eine weniger bildungssprachliche Aussage und eine Aussage mit einer vergleichsweise erhöhten Bildungssprachlichkeit vor (vgl. auch Untersuchung 1, Kapitel 7 zur Messung von Bildungssprachlichkeit). Untersuchung 2 arbeitet im Vergleich zur Bestandsaufnahme von Bildungssprache in den authentischen Aussagen ($n_{1=}57$) mit einem vergleichsweise kleineren Teilkorpus, das zehn authentische und zehn manipulierte Aussagen enthält, d.h. insgesamt zwanzig Aussagen und zehn Aussagepaare ($n_{2=}20$). Die Auswahl der zehn von Korpus $n_1$ in Korpus $n_2$ zu übernehmenden und zu manipulierenden Aussagen erfolgte primär nach dem Kriterium der bildungssprachlichen Dichte (BSD). Es wurden erstens Aussagen gewählt, die gemäß Untersuchung 1 einer als durchschnittlich zu bezeichnenden BSD von 33.07 % nahekommen, zweitens, Aussagen, die diesen Wert unterschreiten, sowie drittens, Aussagen, die diesen Wert überschreiten. Dies soll sicherstellen, dass die authentischen Unterschiede zwischen den Aussagen auch im von den VPN zu bewertenden Korpus repräsentiert sind. Sekundär wurde auch darauf geachtet, dass sowohl Aussagen von unbeteiligten Zeugen, als auch Aussagen von Geschädigten und Beschuldigten vertreten sind. Eine derartige Differenzierung war für die Beschreibung der sprachlichen Oberfläche in Untersuchung 1 irrelevant; für Untersuchung 2 ist der Involviertheitsgrad des Aussagenden jedoch als potenzieller Einfluss auf die Glaubwürdigkeitsbewertung zu antizipieren.

Die Vorbereitung der Aussagen zur Vorlage bei der Einstellungsmessung umfasste vier Schritte:

- Anpassung der Textlänge durch Kürzung
- Quantitative Modifikation der bildungssprachlichen Dichte durch Erhöhung oder Reduktion der bildungssprachlichen Merkmale
- Qualitative Modifikation durch den Austausch sprachlicher Merkmale

– Korrektur von Grammatik, Orthographie und Interpunktion

Die Anpassung der Länge war aus zwei Gründen notwendig. Das betrifft zum einen den zeitökonomischen Faktor bei VPN-involvierten Studien. Zur Vermeidung von Abbrüchen musste sichergestellt werden, dass die Lektüre der Aussagen und die Teilnahmedauer an der Studie keinen allzu hohen zeitlichen Aufwand mit sich bringen. Zum anderen ist auch die Länge ein Einflussfaktor auf das Empfinden von Glaubwürdigkeit und musste damit zumindest innerhalb der Aussagepaare vergleichbar gehalten werden (zur tendenziellen Präferenz längerer Texte im Rahmen der *uncertainty reduction theory* siehe Kapitel 3.4.2.2).

Die quantitative Modifikation der bildungssprachlichen Dichte umfasste in acht Fällen eine Erhöhung der Anzahl bildungssprachlicher Merkmale und in zwei Fällen, in denen die Verfasser der authentischen Aussagen bereits vergleichsweise viele bildungssprachliche Mittel gebrauchen, eine Reduktion der BSD. Es wurde in Untersuchung 1 bereits problematisiert, dass der Wert der BSD nur abbildet, wie viele von der einschlägigen Theorie als bildungssprachlich bezeichneten Eigenschaften ein Text enthält. Andere Merkmale, wie etwa der Gebrauch umgangssprachlicher Wendungen, sind in dem Wert nicht repräsentiert. Es gibt ferner keine hinreichenden Belege dafür, dass Merkmale, die von der Theorie als bildungssprachlich bezeichnet werden, auch rezipientenseitig als bildungssprachlich empfunden werden. Die quantitative Modifikation stellt daher nur einen Aspekt der Manipulation dar und dient als Orientierungswert des Manipulationsumfangs. Für das Korpus $n_2$ lassen sich, unter Anwendung des für Untersuchung 1 erstellten Kodierleitfadens, die folgenden BSD-Werte verzeichnen:[49]

49 Die Kürzung der Texte beeinflusst auch die in Untersuchung 1 ermittelte BSD; die BSD wurde entsprechend neu ermittelt und angepasst.

**Tab. 12:** Gegenüberstellung der BSD in authentischen und manipulierten Aussagen

| | BSD_auth in % | BSD_manip in % |
|---|---|---|
| A1[50] | 33.33 | 40.98 |
| A2 | 28.39 | 34.48 |
| A3 | 24.72 | 35.87 |
| A4 | 23.38 | 28.05 |
| A5 | 19.04 | 33.09 |
| A6 | 40.26 | 19.05 |
| A7 | 34.04 | 21.18 |
| A8 | 25.00 | 38.81 |
| A9 | 21.31 | 33.85 |
| A10 | 20.00 | 32.26 |

Ein weiterer Schritt der Textmanipulation war die qualitative Bearbeitung der sprachlichen Oberfläche der Texte durch Ersetzungen, sowie die Korrektur von Grammatik und Orthographie. Die Wahl der zur Manipulation eingesetzten bildungssprachlichen Merkmale richtete sich nach den bestehenden Merkmalen der authentischen Version. Beispielweise konnte der bildungssprachliche Referatskonjunktiv nur in solchen Fällen den Indikativ ersetzen, in denen der Verfasser eine Rede wiedergibt. Wie aus diesem Beispiel hervorgeht, konnten die konkreten Manipulationsmerkmale nicht vorab festgelegt werden und stellen für jede Aussage eine individuelle Auswahl an bedeutungsäquivalenten Stilvarianten dar. Anspruch der qualitativen Manipulation war es, dass die inhaltliche Ebene von der Änderung der Sprachoberfläche möglichst unberührt bleibt, d.h. unter anderem durch die Arbeit mit Synonymen wurde versucht, das Denotat möglichst exakt beizubehalten. Es sei darauf hingewiesen, dass vereinzelt dennoch lediglich eine partielle Synonymie besteht. Ersetzt man etwa das Lexem ‚Auto' durch das (in seiner Eigenschaft als Kompositum als bildungssprachlich geltende) Lexem ‚Fahrzeug', so handelt es sich bei letzterem um einen weiteren Begriff, der auf ein Auto oder aber etwa auch auf andere Verkehrsmittel referieren kann. Beispiele für Aussagenpaaren, die sich aus diesen Vorüberlegungen ergeben, finden sich in der nachfolgenden Tabelle.

50 Hinweise zur Benennung der Aussagen: Die Benennung der Aussagen in der vorliegenden Untersuchung 2 entspricht nicht der Benennung der Aussagen in Untersuchung 2. Es wurde eine neue Nummerierung durchgeführt.

**Tab. 13:** Gegenüberstellung der authentischen und der manipulierten Aussagen

| | Authentisch | Manipuliert |
|---|---|---|
| A1 | Am Freitag, den 12.5.20 sind wier mit [Name1] vom meiner Freundin aus nach Hause gefahren. Als wir angehalten haben, standen die Polizisten plötzlich neben uns und behaupteten, dass [Name1] gefahren ist. Die Polizisten überprüften die Sietzposition des Fahrersitzes, die aber zu [Name2] passte. Hätte sich [Name1] so hiengesetzt so musste er aber mit den Knieen lenken. | Am Freitag, den 12.5.20, fuhren wir mit [Name1] von der Wohnung meiner Freundin zu mir. Als wir anhielten, standen Polizeibeamte neben uns und konfrontierten uns mit dem Vorwurf, [Name1] sei gefahren. Im Anschluss begutachteten die Polizisten die Sitzposition des Fahrersitzes, die allerdings [Name2] entsprach. Wenn [Name1] in einer derartigen Position gesessen hätte, hätte er das Fahrzeug mit den Knien lenken müssen. |
| A2 | beim vorbeifahren mit dem Rad, akustisch bemerkt, das der silberne Audi beim zurücksetzen den dunkelen VW touchiet hat. Der Audifahrer dann quer vor den VW gefahren und hat, so wirkte es, aus dem Fenster geschaut. Ich selbe bin erst noch weiter gefahren und habe dann festgestellt das der Audi weiterfährt. | Als ich mit dem Rad vorbeifuhr, bemerkte ich akustisch, dass der silberfarbene Audi beim Zurücksetzen den dunklen VW touchiert hatte. Der Fahrer des Audis fuhr daraufhin quer vor den VW und schaute – so hatte ich den Eindruck – aus dem Fenster. Ich selbst fuhr zunächst weiter und stellte dabei fest, dass der Audi ebenfalls seine Fahrt fortsetzte. |
| A7 | Mit diesem Schreiben möchte ich meine Schilderung zum gemeldeten Unfall mit der polizeilichen Vorgangsnummer [Nummer] vervollständigen. Der Unfallhergang: Am Dienstag, 13.09.16, gegen 18 Uhr stand ich mit dem Roller in der [Straßenname1] an der Mündung zur [Straßenname2] und wartete auf eine Gelegenheit links abbiegen zu können. Nach einiger Zeit blieb Herr [Name1] in einem silber-/champagnerfarbenen Familienauto an der gestrichelten Linie stehen und signalisierte mir, dass ich nun abbiegen könne. Daraufhin fuhr ich los. Im selben Moment entschloss sich der Fahrer des schwarzen Golfs, Herr [Name], welcher sich hinter besagtem Herrn befand, ihn zu überholen. | Ich möchte hiermit meine Aussage zu dem Unfall ergänzen. Am Dienstag, 13.09.16 gegen 18 Uhr habe ich mit dem Roller in der [Straßenname1], Ecke [Straßename2] gewartet, bis ich links abbiegen kann. Nach paar Minuten ist ein Mann in einem silbernen Auto an der Linie stehengeblieben und hat mir gewunken, dass ich jetzt abbiegen kann. Dann bin ich losgefahren. Hinter dem silbernen Auto war ein schwarzes Auto. In dem Moment hat sich der Fahrer von dem schwarzen Golf Herr [Name2] entschieden, den Herrn [Name1] zu überholen. |

| | Authentisch | Manipuliert |
|---|---|---|
| A8 | Wir waren am 19.02.2020 auf der [Straßenname] unterwegs, als plötzlich ein Auto von links einer Tankstelle kurz vor der Ampel noch unbedingt vor uns herrasen musste. Als die Fahrerin die Lichthupe betätigt hatte, hat der Fahrer vor uns extra nochmal 2-mal stark abgebremst, der Fahrer hat noch gewartet bis er uns sehen konnte und hebte den Mittelfinger und fuhr rechts richtung [Straßenname] weiter. | Am 17.02.2020 fuhren wir auf der [Straßenname], als ein Fahrzeug die Ausfahrt einer Tankstelle zu unserer linken Seite verließ und sich – die Geschwindigkeit überschreitend – vor uns einordnete. Als die dadurch zur Bremsung genötigte Fahrerin die Lichthupe betätigte, bremste der Fahrer absichtlich noch zwei weitere Male stark ab. Der Fahrer wartete, bis er uns sehen konnte, hob den Mittelfinger und setzte seine Fahrt in Richtung der [Straßenname] fort. |

Die in der Tabelle vorgestellten Aussagenpaare werden in der Ergebnisauswertung mit den folgenden Kürzeln bezeichnet: Ist das Aussagenpaar gemeint, wird es mit A+ Nummerierung gemäß der obenstehenden Tabelle bezeichnet (z.B. A2). Ist eine konkrete Aussageversion gemeint, wird dies spezifiziert durch die Attribute ‚manipuliert' vs. ‚authentisch' und ‚bildungssprachlich' vs. ‚weniger bildungssprachlich' (z.B. $A2_{BS\_manip}$ und $A2_{WBS\_auth}$). Die quantitative Auswertung nimmt eine Gesamtauswertung aller bildungssprachlichen Texte im Vergleich zu den weniger bildungssprachlichen Texten vor. Dazu wird unterschieden zwischen $\text{Textgruppe}_{BS}$ und $\text{Textgruppe}_{WBS}$.

### 8.2.2 Fragebogen, Konfiguration des Semantischen Differentials

Die durch die Manipulationen gewonnenen zehn Textpaare bzw. die zwanzig Aussagen wurden auf zwei Online-Fragebögen verteilt. Jeder Fragebogen enthielt sowohl authentische als auch manipulierte Aussageversionen, d.h. sowohl bildungssprachliche als auch weniger bildungssprachliche Texte. Essenziell für die Aufteilung der zwanzig Texte auf die zwei Fragebögen war, dass die Probanden jeweils *entweder* die authentische Schilderung des Vorfalls *oder* die manipulierte Version eines Falls als Stimulus vorgelegt bekamen. Um auch den Einflussfaktor ‚Handschrift' zu eliminieren, bekamen die VPN die Aussagen in abgetippter Form vorgelegt. Sie erhielten keine weiteren Informationen über die Verfassenden (etwa zum Geschlecht, Alter etc.) oder über den geschilderten Vorfall.

Zur Erstellung der beiden – strukturell identischen und sich ausschließlich in den Stimuli unterscheidenden – Fragebögen wurde die in der Glaubwürdigkeitsmessung, sowie in der Spracheinstellungsanalyse generell, verbreitete Methode des

Semantischen Differentials angewendet, bei der ein Einstellungsobjekt von Versuchspersonen auf einer Skala zwischen zwei Antonymen verortet wird (meist Adjektive, wie in dieser Studie u.a. glaubwürdig vs. unglaubwürdig). Als Skalierungsverfahren erlaubt das Semantische Differential eine Quantifizierung von Einstellungen. Die Vorzüge dieser Methodik wurden aus theoretischer Perspektive bereits in Kapitel 2.5 diskutiert. Das Semantische Differential ist, wie ebenfalls in Kapitel 2.5 dargestellt, flexibel konfigurierbar und bedarf studienspezifischer Festlegungen. Dies betrifft die qualitative Festlegung zur Auswahl der Bewertungsdimensionen (und dementsprechend der Antonyme) und quantitative Festlegungen wie die Anzahl der Bewertungsdimensionen und die Wahl des Zahlenbereiches. Diese Konfigurationskategorien wurden im Hinblick auf das Erkenntnisinteresse dieser Studie wie folgt festgelegt.

Für jede Aussage wurde um eine Verortung in drei Evaluationsdimensionen gebeten. Gemäß der faktoriellen Definition von Glaubwürdigkeit waren das die Dimension der Glaubwürdigkeit selbst, die Dimension Kompetenz und die Dimension der Vertrauenswürdigkeit. Es wurden folglich zu jeder Aussage drei Fragen formuliert:

– Würden Sie die Aussage als glaubhaft einstufen?
– Würden Sie den/die Verfasser/in als zur Fallschilderung kompetent einstufen?
– Würden Sie den/die Verfasser/in als vertrauenswürdig einstufen?

Für die Formulierung der Frage 1 wurde die in rechtlichen Kontexten geläufige Terminologie verwendet; es wurde nach der ‚Glaubhaftigkeit‘ und nicht nach der ‚Glaubwürdigkeit‘ gefragt. Dies entspricht der terminologischen Differenzierung zwischen der Glaubhaftigkeit einer Aussage als Abwesenheit eines Täuschungsversuches, daher auch ‚spezielle Glaubwürdigkeit‘ genannt, und der Glaubwürdigkeit eines Aussagenden als personenbezogene Eigenschaft und als Zuschreibungsprodukt (vgl. Kapitel 3.1). Die nachfolgende Analyse verwendet gemäß der terminologischen Festlegung dieser Arbeit, laut welcher Glaubwürdigkeit als Überbegriff verstanden wird, der sowohl die Glaubhaftigkeit einer Aussage im Sinne von Wahrhaftigkeit als auch Zuschreibungsprozesse ohne die Analyse tatsächlicher Lügenindikatoren bezeichnet, allerdings den Terminus ‚Glaubwürdigkeit‘ (ebd.). Die zweite Bewertungsdimension fragte nach der angenommenen Kompetenz des Aussagenverfassers. Wie der Begriff der Kompetenz zu verstehen ist, und ob darunter eine sprachliche Kompetenz oder etwa das Wissen des Zeugen um fallbezogene Einzelheiten zu verstehen ist, wurde nicht weiter spezifiziert und blieb der Interpretation der VPN überlassen. Anders als bei Frage 1, in der die Bewertung des Kommunikats durch die Fragenformulierung im Vordergrund stand, wurde bei

Frage 3 zur Vertrauenswürdigkeit um die Einschätzung des Verfassers als Person gebeten.

Für jede der drei Bewertungsdimensionen lag den VPN eine Skala vor, deren Endpunkte, je nach Frage, mit den Antonymen „sehr unglaubhaft – sehr glaubhaft", „sehr inkompetent – sehr kompetent" und „gar nicht vertrauenswürdig – sehr vertrauenswürdig" etikettiert war. Es wurden ausschließlich die Skalen-Endpole verbalisiert. Alle Werte zwischen den Endpolen wurden nummerisch beschriftet. Die Skalierung umfasste sieben Antwortmöglichkeiten mit einer positiven *range* von eins bis sieben. Diese Anzahl verspricht gemäß statistischen Berechnungen reliabel auswertbare Werte mit einer hohen Diskriminationsqualität (Cox 1980, siehe auch Kapitel 2.5). Die ungerade Zahl zwingt die VPN zur Positionierung. Eine sogenannte DK-Kategorie (Don't-Know-Option) wurde nicht angeboten, da die Ermittler sich im Realfall auch entscheiden müssen.

Das Semantische Differential erlaubt die Messung kognitiv- und affektiv-basierter Einstellungen (vgl. die Definition von Einstellungen im Dreikomponenten-Modell als Summe kognitiver, affektiver und konativer Komponenten, siehe Kapitel 2.1). Ob die Einschätzung einer Aussage seitens der VPN vorrangig affektiv oder auf faktischen Abwägungen basierend kognitiv getroffen wurde, kann nicht rekonstruiert werden. Das Semantische Differential misst keine konativen, d.h. handlungsbezogenen Aspekte von Einstellungen. Auf die Erfassung handlungsbezogener Entscheidungen (wie beispielsweise in Form der Frage „Würden Sie den Zeugen zu einer mündlichen Nachvernehmung einladen?") wurde im Fragebogen verzichtet, da die in Versuchssettings geäußerten Handlungsintentionen, u.a. aufgrund von Hürden bei der tatsächlichen Realisierung, in der Regel keine reliablen Verhaltensprädikatoren sind (vgl. Einstellungs-Verhaltens-Inkonsistenz, Kapitel 2.4). Allerdings wurde das Semantische Differential durch ein Freitext-Feld ergänzt, in dem die VPN z.T. konative Aspekte ihrer Einstellung äußerten. Das Freitext-Feld diente der qualitativen Ergänzung der quantifizierenden Messung. Bei dem Fragebogen handelt es sich in diesem Sinne um eine *mixed method*, bei der quantitative und qualitative Einstellungserhebungsverfahren miteinander kombiniert werden. Das entsprechende Feld wurde unbestimmt mit der Aufgabenstellung „Stichpunkte zur Begründung Ihres Eindrucks" betitelt, sodass die VPN Raum hatten, sich frei über weitere Assoziationen zum Text zu äußern. Der Fragebogen wurde auf der Plattform ‚Lamapoll' erstellt; einen Einblick in die Gestaltung bietet die folgende Abbildung.

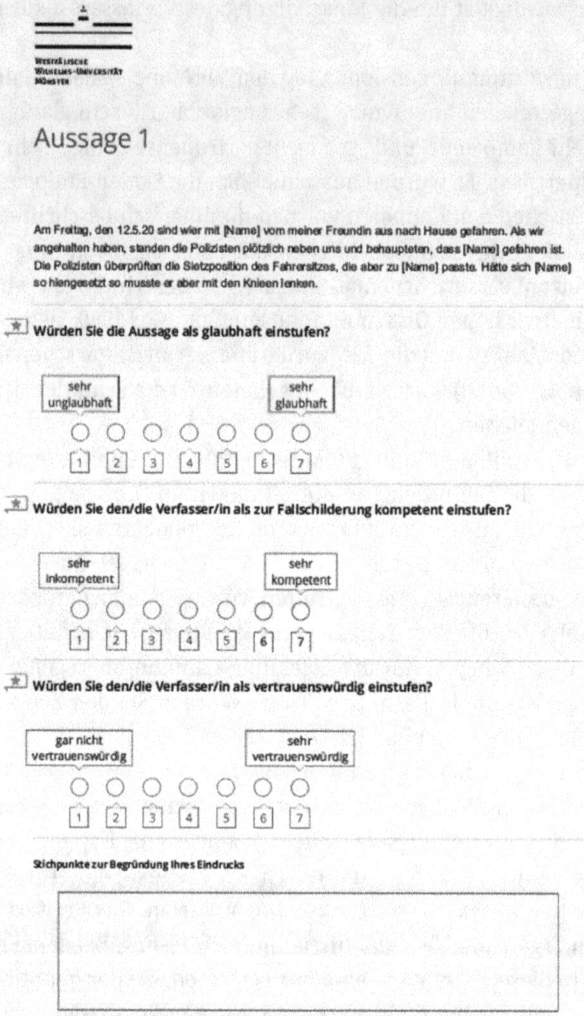
Westfälische Wilhelms-Universität Münster

Aussage 1

Am Freitag, den 12.5.20 sind wier mit [Name] vom meiner Freundin aus nach Hause gefahren. Als wir angehalten haben, standen die Polizisten plötzlich neben uns und behaupteten, dass [Name] gefahren ist. Die Polizisten überprüften die Sietzposition des Fahrersitzes, die aber zu [Name] passte. Hätte sich [Name] so hiengesetzt so musste er aber mit den Knieen lenken.

Würden Sie die Aussage als glaubhaft einstufen?

sehr unglaubhaft — 1 2 3 4 5 6 7 — sehr glaubhaft

Würden Sie den/die Verfasser/in als zur Fallschilderung kompetent einstufen?

sehr inkompetent — 1 2 3 4 5 6 7 — sehr kompetent

Würden Sie den/die Verfasser/in als vertrauenswürdig einstufen?

gar nicht vertrauenswürdig — 1 2 3 4 5 6 7 — sehr vertrauenswürdig

Stichpunkte zur Begründung Ihres Eindrucks

**Abb. 9:** Ausschnitt des Einstellungsfragebogens

Die Abbildung entspricht einer Seite des Fragebogens. Jeder der beiden Fragebögen enthielt zehn Seiten, darunter *entweder* die authentische *oder* die manipulierte Aussage-version eines Vorfalls und insgesamt *sowohl* bildungssprachliche *als auch* weniger bildungssprachliche Texte. Für jede Aussage war die Beantwortung der Fragen zur Einschätzung nach Glaubwürdigkeit, Kompetenz und Vertrauenswürdigkeit obligatorisch. Ohne Beantwortung dieser drei Fragen konnte die nächste Aussage nicht eingesehen werden. Zur Vermeidung von Abbrüchen war die Bearbeitung des qualitativen Teils zur Begründung der Einschätzung demgegenüber fakultativ.

Da der Fragebogen einen quantitativen und einen qualitativen Teil zur Einstellungserfassung enthält, umfasst die Auswertung folglich ebenfalls beide Perspektiven. Die quantitative Erhebung konzentriert sich auf Bewertungsunterschiede zwischen den Aussagen bezüglich der drei Variablen ‚Glaubwürdigkeit', ‚Kompetenz' und ‚Vertrauenswürdigkeit'. Die statistische Signifikanz der Unterschiede wurden mittels eines t-Tests berechnet (Kapitel 8.3.1-8.3.3). Zusätzlich wurde eine Pearson-Korrelationsanalyse durchgeführt, um zu testen, ob es Zusammenhänge zwischen den Variablen gibt (Kapitel 8.3.4). Die qualitative Analyse des Freitextfeldes zur Einschätzungsbegründung erfolgte für beide VPN-Gruppen separat. Die Stichpunkte der VPN wurden mithilfe der Software MAXQDA kodiert. Die Kodierung erfolgte induktiv und prüfte die Kommentare auf rekurrierende Einschätzungsbegründungen. Beispiel-Kommentare zu den Kategorien sowie die Auswertung finden sich – dem Schwerpunkt der Studie entsprechend mit Fokus auf die sprach-basierten Begründungskriterien – im Ergebnis-Kapitel 8.3.5.

### 8.2.3 Versuchspersonen und Versuchsdurchführung

An der Fragebogenstudie nahmen insgesamt 207 Versuchspersonen teil, darunter 143 Polizistinnen und Polizisten sowie 64 Studierende.[51] Die VPN-Gruppe der Polizei wird im Folgenden als VPN-Gruppe$_{POL}$ bezeichnet, die Gruppe der Studierenden als VPN-Gruppe$_{STUD}$. Zur Bewertung beider Fragebögen wurden beide Gruppen aufgeteilt; jede VPN wurde entweder um die Bearbeitung von Fragebogen 1 oder um die Bearbeitung von Fragebogen 2 gebeten und bekam dementsprechend zu jedem der 10 Vorfälle entweder die authentische oder die manipulierte Aussageversion zu sehen. In der VPN-Gruppe$_{POL}$ wurde der Fragebogen F1 von 60 VPN bearbeitet, der Fragebogen F2 von 83 VPN (VPN$_{POL}$ für F1=60, VPN$_{POL}$ für F2=83). In der VPN-Gruppe$_{STUD}$ ist die Anzahl der VPN pro Fragebogen mit jeweils 32 Teilnehmern geringer, aber ausgewogen (VPN$_{STUD}$ für F1= 32, VPN$_{STUD}$ für F2=32). Ausgewertet wurden

51 Bei den VPN der Gruppe$_{POL}$ handelt es sich, wie in Kapitel 8.1 angemerkt ebenfalls um Studierende, genauer um Studierende eines Masterstudiengangs im Polizeimanagement. Zu dem Studiengang werden allerdings nur Polizeibeamtinnen und Polizeibeamte des höheren Dienstes zugelassen, die die Laufbahnprüfung für den gehobenen Polizeivollzugsdienst abgelegt haben und bereits Diensterfahrung nachweisen können. Eine direkte Einschreibung in den Studiengang ist für Personen ohne polizeilichen Hintergrund ist nicht möglich.

ausschließlich die Antworten von Probanden, die die Bearbeitung des zugeteilten Fragebogens abgeschlossen haben (n=207). Nicht ausgewertet wurden die Antworten derjenigen Versuchspersonen, die die Bearbeitung des Fragebogens abbrachen bzw. deren Antworten nur unvollständig vorliegen, d.h. Personen, die beispielsweise nur die ersten beiden Seiten des Fragebogens ausfüllten und die Teilnahme dann beendeten. Sie sind in der VPN-Gesamtzahl n=207 nicht repräsentiert (insgesamt 12 VPN). Die Ergänzung durch Stichpunkte zur Einschätzungs-begründung im qualitativen Teil des Fragebogens war, wie in der Vorstellung des Fragebogens bereits erläutert, optional und konnte von den VPN übersprungen werden. Ebenfalls aus der Auswertung ausgeschlossen wurde eine VPN der Gruppe$_{\text{STUD}}$, die im Feld zur Einschätzungsbegründung angab, keine Einschätzung zu den Aussagen tätigen zu wollen[52], und ankündigte, aus diesem Grund für jede Aussage „die Mitte" auszuwählen. Nicht von der Auswertung ausgeschlossen wurden demgegenüber die Antworten von VPN, die vereinzelt Unsicherheiten bei der Entscheidung angaben (z.B. „schwer zu sagen, deswegen mittlerer Wert gewählt"). Es wurden keine personalen Daten erhoben. Merkmale wie Geschlecht, Alter o.Ä. stellen keine zu berücksichtigenden Variablen der vorliegenden Studie dar. Von Interesse ist ausschließlich eine Gegenüberstellung der Einschätzungen von VPN mit polizeilichem Hintergrund und von VPN ohne Erfahrungen in der polizeilichen Arbeit.

Die Durchführung der Studie erfolgte in Präsenz in Vorlesungen, in denen die VPN über ihr Smartphone oder ihren Laptop mittels von der Versuchsleitung zirkulierter QR-Codes den Link zur Fragebogen-Studie auf der Plattform Lamapoll aufriefen. Die Beantwortung aller Fragen belief sich auf ca. 20 Minuten. Die Probanden erhielten dazu eine kurze Einweisung. Es erfolgten keine weiteren Erläuterungen zum spezifischen Erkenntnisinteresse der Studie; die konkrete Formulierung der Forschungsfragen wurde nicht kommuniziert. Die VPN erhielten in der Vorstellung der Versuchsleitung lediglich den Hinweis, dass es bei der Studie um die „Beurteilung von Glaubhaftigkeit bei der Vernehmung auf dem Schriftweg" geht – so lautete ebenfalls der angegebene Titel auf der ersten Seite des Fragebogens, auf dem die VPN unter „Hinweise zur Aufgabe" die nachfolgende Aufgabenstellung lesen konnten:

> Sie lesen im Folgenden 10 kurze Ausschnitte anonymisierter Aussagen. Unter den Verfassern befinden sich sowohl Augenzeugen als auch Geschädigte und Beschuldigte. Kreuzen Sie an, wie Sie den jeweiligen Verfasser einschätzen würden. Es gibt kein richtig oder falsch - es geht ausschließlich um Ihre subjektive Einschätzung.

52 „will niemand beurteilen nehme einfach immer die Mitte"

Alle VPN wurden darauf hingewiesen, dass eine Teilnahme an der Studie auf freiwilliger Basis erfolgt und dass die Teilnahme an der Studie datenschutzkonform keine Rückschlüsse auf die Person zulässt (siehe ebenfalls Fragebogen S.1). Zur Teilnahme an der Studie wurde ein Anreiz in Form einer Gutschein-Verlosung (25x10 Euro) dargeboten.

## 8.3 Untersuchung 2: Ergebnisse

Die Vorstellung der Ergebnisse umfasst eine quantitative und die qualitative Analyse. Zunächst erfolgt die Darstellung der Ergebnisse zur Quantifizierung der als Spracheinstellungen operationalisierten Aussagenbewertungen (Kapitel 8.3.1–8.3.4). Diese quantitative Analyse beinhaltet zum einen die Messung der durch die Manipulation herbeigeführten Bewertungsunterschiede zwischen den Aussagen im Hinblick auf die drei Variablen ‚Glaubwürdigkeit', ‚Kompetenz' und ‚Vertrauenswürdigkeit' mittels eines t-Tests sowie die Ermittlung der Effektstärke der Unterschiede mithilfe von Cohen's d. Zum anderen wurden der Zusammenhänge zwischen den Variablen durch eine Pearson-Korrelation ermittelt. Ergänzt wird dieser quantifizierende Ansatz durch eine qualitative Analyse der induktiv kategorisierten Einschätzungsbegründungen (Kapitel 8.3.5). Die beiden VPN-Gruppen werden für jede Variable gesondert ausgewertet; jede Darstellung beginnt mit den Resultaten der VPN-Gruppe$_{\text{POL}}$, gefolgt von den Resultaten der VPN-Gruppe$_{\text{STUD}}$. Es erfolgen Gesamtauswertungen der beiden Textgruppen (Textgruppe$_{\text{BS}}$ vs. Textgruppe$_{\text{WBS}}$) sowie Einzelauswertungen der Aussagenpaare. Für jede Analyseperspektive erfolgt ferner ein Vergleich zwischen den beiden VPN-Gruppen.

### 8.3.1 Ergebnisse zur Variable ‚Glaubwürdigkeit'

In einer Gesamtauswertung der zwei Textgruppen ‚bildungssprachlich' vs. ‚weniger bildungssprachlich' zeigt die deskriptive Statistik der VPN-Gruppe$_{\text{POL}}$ für die Variable ‚Glaubwürdigkeit' mit M=4.05 (SD=1.57) niedrigere Werte für die Textgruppe$_{\text{WBS}}$ und höhere Werte für die Textgruppe$_{\text{BS}}$ mit M=4.58 (SD=1.64). Der zweiseitige t-Test für unabhängige Stichproben mit gleichen Varianzen zeigte, dass der Unterschied zwischen den beiden Textgruppen in Bezug auf die Variable ‚Glaubwürdigkeit' statistisch signifikant ist (t (1.497) = 6,35, p = <0.001, 95% Konfidenzintervall [0.69, 0.36]). Der Effekt der Textmanipulation auf die Einschätzung der Glaubwürdigkeit ist mit einem Wert von d=0.33 als schwach bis mittel zu bezeichnen. Prüft man die Unterschiede der durchschnittlichen Bewertungen für jedes Aussagenpaar einzeln – zunächst für die VPN-Gruppe$_{POL}$ –, so zeigt sich, dass für jeden Fall ein Unterschied in den beiden Aussagependants besteht.

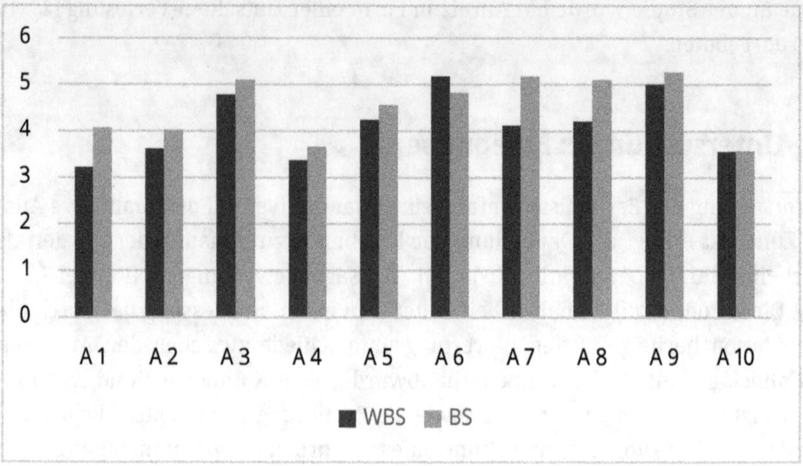


**Abb. 10:** Unterschiede in der Glaubwürdigkeitsbewertung VPN-Gruppe$_{POL}$

In acht der zehn Vorfälle bekommt die bildungssprachliche Version der Schilderung einen höheren Wert zugeschrieben als weniger bildungssprachliche Version, in einem Fall verhält es sich umgekehrt (A6) und in einem weiteren Fall (A10) ist die Differenz marginal. Trotz der Mittelwertsunterschiede in der Deskriptivstatistik, sind die Differenzen insgesamt lediglich in vier Fällen groß genug, um als statistisch signifikant gelten zu können.

**Tab.14:** Glaubwürdigkeitsbewertung der einzelnen Aussagen, VPN-Gruppe$_{POL}$

| | **Bildungssprachliche Version M/ Mo/ SD** | **Weniger bildungssprachliche Version M/ Mo / SD** | **p-Wert** | **Cohen's d** [53] |
|---|---|---|---|---|
| A1 | 4.07 / 2 / 1.61 | 3.22 / 5 / 1.37 | 0.001 | 0.56 |
| A2 | 4.02 / 2 / 1.85 | 3.34 / 2 / 1.61 | 0.023 | - |
| A3 | 5,1 / 5 / 1.15 | 4.78 / 6 / 1.11 | 0.166 | - |
| A4 | 3.66 / 4 / 1.4 | 3.37 / 4 / 1.33 | 0.207 | - |
| A5 | 4.56 / 6 / 1.78 | 4.24 / 5 / 1.71 | 0.271 | |
| A6 | 4.82 / 6 / 1.67 | 5.17 / 6 / 1.12 | <0.001 | 0.68 |
| A7 | 5.17 / 6 / 1.37 | 4.12 / 5 / 1.65 | <0.001 | 0.68 |
| A8 | 5.1 / 5 / 1.06 | 4.21 / 4 / 1.47 | <0.001 | 0.72 |
| A9 | 5.23 / 6 / 1.06 | 5 / 6 / 1.23 | 0.203 | - |
| A10 | 3.57 / 4 / 1.52 | 3.56 / 3 / 1.63 | 0.953 | - |

Wie sich entnehmen lässt, reicht die Differenz zwischen den Aussagepaaren von einer geringfügigen Differenz (A10) bis zu einer vergleichsweise großen Differenz von 1.05 ‚Glaubwürdigkeitspunkten' (A7). Lediglich in einem Fall (A6) liegt der Mittelwert der zugeschriebenen Glaubwürdigkeit, wie auch in der Interpretation aufzugreifen ist, für das weniger bildungssprachliche Pendant höher als bei der authentischen Aussage, die durch den häufigen Einsatz von Fremd- und Fachbegriffen aufgefallen ist (z.B. „onomatopoetisch" und „pejorativ"). Bemerkenswert ist, dass die simplifizierte Version hier nicht nur einen höheren Wert als die authentische Schilderung erreicht, sondern dass es sich bei der Aussage A6$_{WBS_manip}$ gleichzeitig um diejenige Schilderung handelt, die – gemeinsam mit A7$_{BS_auth}$ – auch im Vergleich zu allen anderen Aussagen insgesamt den höchsten Wert erreicht. Der niedrigste Wert lässt sich im Gesamtvergleich wiederum für A1$_{WBS_auth}$ verzeichnen; in dieser Aussage versucht ein parteiischer Zeuge den Vorwurf der Trunkenheit am Steuer abzuwehren. Der Effekt der Manipulation auf die Einstufung äußert sich ferner auch in einem Vergleich der Modalwerte. Der authentischen und weniger bildungssprachlichen Schilderung wurde als häufigster Wert die 2 („sehr unglaubhaft" hat den Wert 1) zugeschrieben, für die manipulierte Version mit einer höheren BSD wurde meist der Wert 5 („sehr glaubhaft" hat den Wert 7) gewählt. Ein tatsächlich signifikanter Unterschied liegt für das Aussagenpaar A1 sowie in drei

53 Die Effektstärke wurde nur im Falle statistisch signifikanter Differenzen ermittelt.

weiteren Fällen vor (A6, A7, A8). Die Effektstärke ist mit Werten zwischen d=0.52 und d=0.72 als mittel bis hoch zu bezeichnen.

Für die Laien-VPN-Gruppe der Studierenden können vergleichbare Werte festgestellt werden. In einer Gesamtauswertung und ohne Differenzierung zwischen den einzelnen Vorfällen zeigt die deskriptive Statistik mit einem Mittelwert von M=4.7 (SD=1.48) niedrigere Werte für die Variable ‚Glaubwürdigkeit' in der TextgruppeWBS als in der TextgruppeBS (M=5.17, SD=1.53). Auch für die VPN-Gruppe der Studierenden erweist sich der zweiseitige t-Test für unabhängige Stichproben mit gleichen Varianzen als statistisch signifikant, und die Nullhypothese, dass in Bezug auf die Variable ‚Glaubwürdigkeit' kein Unterschied besteht, kann somit abgelehnt werden (t(638) = 3.96, p = <0.001, 95% Konfidenzintervall [0.71,0.24]). Die Einzelanalyse zeigt, dass die bildungssprachliche Aussageversion in neun von zehn Fällen für glaubwürdiger gehalten wird.

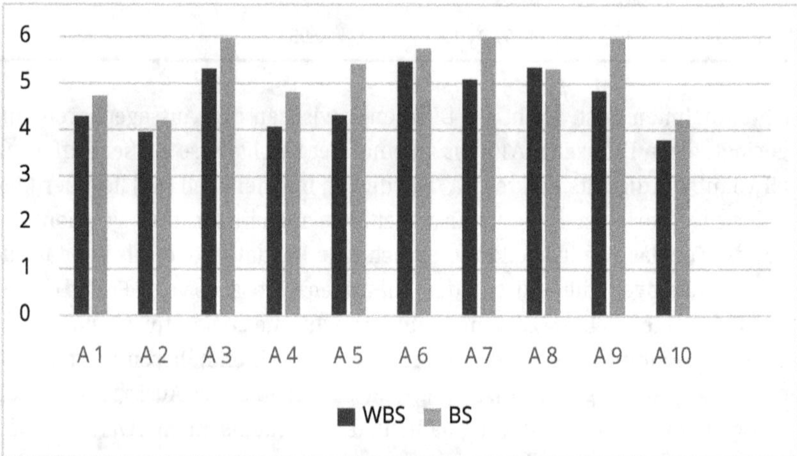


**Abb. 11:** Unterschiede in der Glaubwürdigkeitsbewertung, VPN-Gruppe$_{STUD}$

Die Effektstärke ist mit d=0.31 gering bis mittel. Wie für die VPN-Gruppe der Polizisten gilt der statistisch signifikante Unterschied nicht für jedes Aussagenpaar.

**Tab. 15:** Glaubwürdigkeitsbewertung der einzelnen Aussagen, VPN-Gruppe$_{STUD}$

| | **Bildungssprachliche Version M / Mo / SD** | **Weniger bildungssprachliche Version M / Mo / SD** | **p-Wert** | **Cohen's d** |
|---|---|---|---|---|
| A1 | 4.72 / 6 / 1.25 | 4.28 / 4 / 1.44 | 0.2 | - |
| A2 | 4.19 / 6 / 2.09 | 3.94 / 5 / 1.52 | 0.586 | - |
| A3 | 5.97 / 7 / 0,95 | 5.31 / 6 / 1.04 | 0.012 | 0.65 |
| A4 | 4.81/ 5 / 1,29 | 4.06 / 5 / 1.41 | 0.033 | 0.55 |
| A5 | 5.16 / 6 / 1,46 | 4.31 / 4 / 1.70 | 0.01 | 0.66 |
| A6 | 5.75 / 7 / 1,44 | 5.47 / 6 / 1.22 | 0.41 | - |
| A7 | 6.00 / 6 / 0,83 | 5.09 / 5 / 1.26 | 0.002 | 0.84 |
| A8 | 5.31 / 6 / 1,16 | 5.34 / 6 / 1.11 | 0.11 | - |
| A9 | 5.97 / 6 / 0,77 | 4.84 / 5 / 1.28 | <0.001 | 1.05 |
| A10 | 4.22 / 4 / 1,58 | 3.78 / 4 / 1.43 | 0.257 | - |

Den höchsten Glaubwürdigkeitswert erreicht A7$_{BS_auth}$ mit einem Mittelwert von M=6.00. Auffällig, besonders im Vergleich zur VPN-Gruppe$_{POL}$, sind die Modalwerte. Es wurden häufig hohe Werte wie Mo=6 und Mo=7 vergeben. Ferner fallen die teilweise geringen Standardabweichungen auf (z.B. 0.77 bei A9); in der Einschätzung der Aussage scheint also weitestgehend Einigkeit zu bestehen. Die größte Uneinigkeit zwischen den Studierenden besteht wiederum für Aussage A2$_{BS_manip}$ mit SD=2.09.

In der Hälfte aller 10 Fälle ist die erzielte Differenz groß genug, um als statistisch signifikant zu gelten (A3, A4, A5, A7, A9). Die Effektstärke variiert zwischen einem mittleren Effekt (d=0.55 bei A4) und sehr hohen Effektstärken wie d=0.84 (A7) und besonders d=1.05 (A9).

Vergleicht man die beiden VPN-Gruppen miteinander, zeigt sich ein grundlegender Unterschied in der Glaubwürdigkeitsbewertung. Die Studierenden schreiben den Aussagen – ungeachtet dessen, ob es sich um eine bildungssprachlich oder weniger bildungssprachliche Textoberfläche handelt – in der Regel höhere Glaubwürdigkeitswerte zu. Im Durchschnitt erhält eine Aussage bei der VPN-Gruppe$_{STUD}$ einen Wert von M=4.94 (SD=0.72), bei der VPN-Gruppe$_{POL}$ sind es durchschnittlich M=4.33 (SD=0.68). Dieser Bewertungsunterschied ist statistisch signifikant (t(38) = 2.72, p = 0.01, 95% Konfidenzintervall [1.06, 0.16]). Die Bewertung einer Aussage wird demzufolge nicht nur von ihrer sprachlichen Beschaffenheit beeinflusst, sondern auch davon, wer sie einstuft. Mit einer Effektstärke von d=0.86 kann der Einflussfaktor ‚Gruppenzugehörigkeit' als sehr stark gelten. In der Bewertungsdifferenz, die zwischen bildungssprachlichen und weniger bildungssprachlichen Aussagen zu verzeichnen ist, unterscheiden sich die beiden VPN-Gruppen teilweise: Für beide Gruppen kann die Effektstärke als gering bis mittel gelten (VPN-Gruppe$_{POL}$ d=0.33, VPN-Gruppe$_{STUD}$ d=0.31); diesbezüglich besteht also kein bemerkenswerter Unterschied zwischen Laien und Experten. Die Einzelfallanalyse zeigt jedoch, dass in der VPN-Gruppe$_{POL}$ für vier Aussagepaare signifikante Unterschiede erzielt wurden, bei der VPN-Gruppe$_{STUD}$ gilt dies für fünf Aussagepaare. Dazu sticht des Weiteren hervor, dass die Manipulationseffekte im Vergleich der VPN-Gruppen bei unterschiedlichen Vorfällen greifen. Innerhalb der VPN-Gruppe$_{POL}$ besteht eine statistische Signifikanz bei den Fällen A1, A6, A7 und A8, innerhalb der VPN-Gruppe$_{STUD}$ sind es die Fälle A3, A4, A5, A7, A10. Ohne die erfolgte Ausdifferenzierung zwischen Laien und Experten wären es demgemäß insgesamt acht von zehn Aussagepaaren, für die in mindestens einer der Bewertungsrunden ein signifikanter Bewertungsunterschied erzielt wurde.

### 8.3.2 Ergebnisse zur Variable ‚Kompetenz'

Die VPN-Gruppe$_{POL}$ hat für die Variable ‚Kompetenz' in den bildungssprachlichen Texten insgesamt höhere Werte gewählt als für Texte mit vergleichsweise reduzierter BSD. Der Mittelwert für die Repräsentanten einer hohen BSD liegt bei M=4.83, der Mittelwert für die Repräsentanten geringerer BSD knapp einen Punkt darunter bei M=3.88. Der zweiseitige t-Test zeigt einen signifikanten Unterschied hinsichtlich der Variable ‚Kompetenz' (t(1.498) = 13.12, p = <0.001, 95% Konfidenzintervall [1.09, 0.81]). Mit d=0.68 liegt ein mittlerer bis starker Effekt der Textmanipulation auf die Einschätzung der Kompetenz des Aussagenden vor. Ein höheres Kompetenzempfinden bei Lektüre der bildungssprachlichen Aussageversion im Vergleich zur weniger bildungssprachlichen Version gilt, wie das folgende Diagramm illustriert, ausnahmslos.

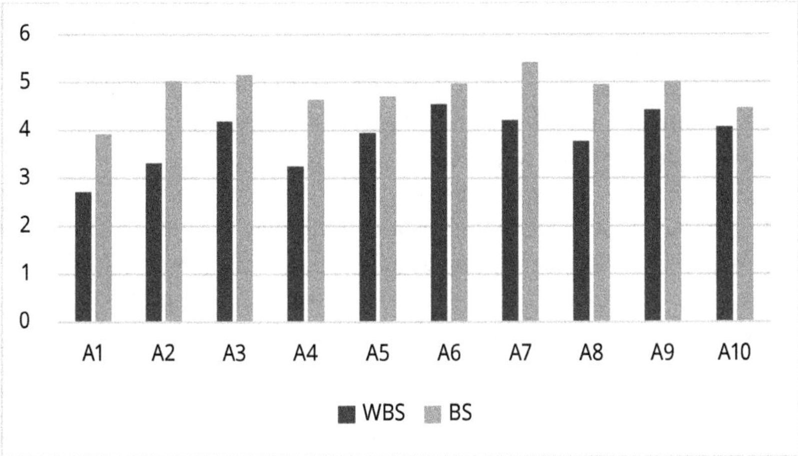


**Abb. 12:** Unterschiede in der Kompetenzbewertung, VPN-Gruppe$_{POL}$

Verhältnismäßig große Bewertungsunterschiede von einem Skalen-Punkt oder mehr zeigen sich in der Hälfte der Vorfälle. Anders als bei der Variable der Glaubwürdigkeit ergibt auch die Einzelanalyse der Aussagen mehrheitlich signifikante Unterschiede zwischen den Aussagepaaren.

**Tab. 16:** Kompetenzbewertung der einzelnen Aussagen, VPN-Gruppe$_{POL}$

| | **Bildungssprachliche Version M / Mo / SD** | **Weniger bildungssprachliche Version M / Mo / SD** | **p-Wert** | **Cohen's d** |
|---|---|---|---|---|
| A1 | 3.93 / 5 / 1.36 | 2.71 / 3 / 1.23 | <0.001 | 0.93 |
| A2 | 5.03 / 6 / 1.53 | 3.32 / 3 / 1.36 | <0.001 | 1.2 |
| A3 | 5.15 / 6 / 1.5 | 4.19 / 5 / 1.15 | <0.001 | 0.71 |
| A4 | 4.64 / 4 / 1.14 | 3.64 / 3 / 1.14 | <0.001 | 0.88 |
| A5 | 4.71 / 5 / 1.43 | 3.95 / 4 / 1.21 | 0.001 | 0.57 |
| A6 | 4.97 / 5 / 1.52 | 4.54 / 5 / 1.31 | 0.081 | - |
| A7 | 5.41 / 5 / 1.16 | 4.21 / 4 / 1.32 | <0.001 | 0.95 |
| A8 | 4.95 / 5 / 1.01 | 3.77 / 3 / 1.38 | <0.001 | 1.01 |
| A9 | 5.00 / 5 / 1.48 | 4.42/ 4 / 1.23 | 0.014 | 0.42 |
| A10 | 4.46 / 4 / 1.2 | 4,07 / 4 / 1.44 | 0.087 | - |

Für *jedes* Aussagenpaar gilt, dass die bildungssprachliche Version einen höheren Kompetenzwert zugeschrieben bekommt. Als insgesamt am wenigsten kompetent wird der Verfasser von $A1_{WBS\_auth}$ eingestuft; es handelt sich dabei um die Aussage, die auch schon für die Variable ‚Glaubwürdigkeit' den niedrigsten Wert zugeordnet bekommen hat. Den höchsten Wert erreicht demgegenüber $A7_{BS\_auth}$, für die äquivalent dazu der höchste Glaubwürdigkeitswert berechnet wurde. Die Differenzen zwischen den Aussagependants sind in acht der zehn Vorfälle groß genug, um als statistisch signifikant gelten zu können. Die Effektstärke ist in zwei dieser Fälle mittel (A5 mit d=0.57 und A9 mit d=0.42). Für alle anderen, d.h. für einen Großteil der Aussagepaare liegen starke Effekt der Manipulation vor (zwischen d=0.71 bei A3 und d=1.2 bei A2).

Die für die VPN-Gruppe$_{POL}$ ermittelten Werte ähneln den Ergebnissen der VPN-Gruppe$_{STUD}$ sehr. Auch für diese Gruppe ist der Mittelwert mit M=5.45 (SD=1.38) für die Variable ‚Kompetenz' in der Textgruppe der bildungssprachlichen Aussagen beinahe einen Punkt höher als in der Textgruppe$_{WBS}$ (M=4.49, SD=1.44). Der t-Test zeigt, dass der Unterschied auch für die VPN-Gruppe$_{STUD}$ statistisch signifikant ist (t(637) = 8.61, p = <0.001, 95% Konfidenzintervall [1.18, 0.74]). Die Bewertungsunterschiede der Variable ‚Kompetenz' durch die VPN-Gruppe$_{STUD}$ unterliegen einer mittleren bis hohen Effektstärke von d=0.68. Wie bei der VPN-Gruppe$_{POL}$ besteht eine höhere Kompetenzzuschreibung an die Verfasser der bildungssprachlichen Versionen für jeden Fall.

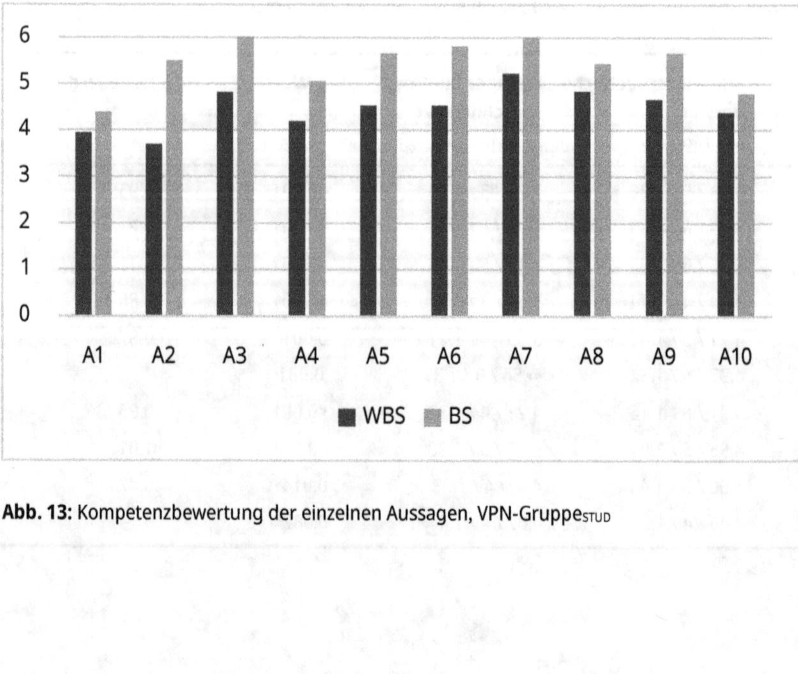


**Abb. 13:** Kompetenzbewertung der einzelnen Aussagen, VPN-Gruppe$_{STUD}$

Signifikante Unterschiede sowie mittlere Effektstärken gelten für acht der zehn Aussagenpaare.

**Tab. 17:** Kompetenzbewertung der einzelnen Aussagen, VPN-Gruppe$_{STUD}$

| | **Bildungssprachliche Version M / Mo / SD** | **Weniger bildungssprachliche Version M / Mo / SD** | **p-Wert** | **Cohen's d** |
|---|---|---|---|---|
| A1 | 4.38 / 5 / 1.52 | 3.94 / 3 / 1.27 | 0.216 | - |
| A2 | 5.5 / 6 / 1.44 | 3.69 / 3 / 1.28 | <0.001 | 1.33 |
| A3 | 6.00 / 6 / 0.95 | 4.90 / 6 / 1.33 | 0.001 | 0.86 |
| A4 | 5.06 / 6 / 1.32 | 4.19 / 5 / 1.59 | 0.022 | 0.59 |
| A5 | 5.66 / 6 / 1.19 | 4.53 / 5 / 1.52 | 0.002 | 0.81 |
| A6 | 5.81 / 7 / 1.51 | 4.53 / 4 / 1.41 | 0.001 | 0.86 |
| A7 | 6.22 / 7 / 0.89 | 5.22 / 5 / 1.22 | <0.001 | 0.92 |
| A8 | 5.44 / 6 / 1.09 | 4.84 / 4 / 1.20 | 0.046 | 0.51 |
| A9 | 5.65 / 6 / 1.11 | 4.66 / 4 / 1.36 | 0.002 | 0.79 |
| A10 | 4.78 / 6 / 1.43 | 4.38 / 4 / 1.48 | 0.268 | - |

Mit dem höchsten Kompetenz-Wert von M=6.22 für A7$_{BS_auth}$ entspricht die Einschätzung der Studierenden derjenigen der Experten. Den geringsten Wert erzielt A2$_{WBS_auth}$ mit M=3.69. Für das entsprechende Aussagenpaar besteht gleichzeitig auch die höchste Effektstärke der Textmanipulation (d=1.33). Außer bei zwei Aussagenpaaren (A4 und A8) liegen vornehmlich starke Effekte vor.

Die Studierenden vergeben insgesamt deutlich höhere Kompetenz-Punkte als die Polizisten; dies spiegelt sich sowohl in der Deskriptivstatistik als auch in dem t-Test auf Mittelwertsunterschiede zwischen der VPN-Gruppe$_{STUD}$ und der VPN-Gruppe$_{POL}$ wider. Die Ergebnisse der deskriptiven Statistik zeigen, die VPN-Gruppe$_{POL}$ für die Variable ‚Kompetenz' durchschnittlich niedrigere Werte (M=4.35, SD=0.68) wählt als die VPN-Gruppe$_{STUD}$ (M=4.97, SD=0.7). Dieser Unterschied ist statistisch signifikant (t(38) = 2.82, p = 0.008, 95% Konfidenzintervall [1.06, 0.17]). Mit d=0.89 liegt ein starker Effekt der Gruppenzugehörigkeit vor.

### 8.3.3 Ergebnisse zur Variable ‚Vertrauenswürdigkeit'

In einer Gesamtauswertung ergibt sich für die VPN-Gruppe$_{POL}$ bezüglich der Variable ‚Vertrauenswürdigkeit' ein höherer Mittelwert für die bildungssprachlichen Texte (M= 4.5 vs. M= 3.97 für Textgruppe$_{WBS}$). Ein zweiseitiger t-Test zeigt eine statistische Signifikanz des Bewertungsunterschiedes (t(1.492,17) = 7.72, p =<0.001, 95% Konfidenzintervall [0.74, 0.44]). Mit dem Wert d=0.4 liegt eine schwache bis eher mittlere Effektstärke vor. Eine Einzelauswertung ergibt, dass die bildungssprachlichen Texte vergleichsweise als vertrauenswürdiger empfunden werden. Neun der zehn Fälle weisen höhere Mittelwerte in der Textgruppe$_{BS}$ auf.

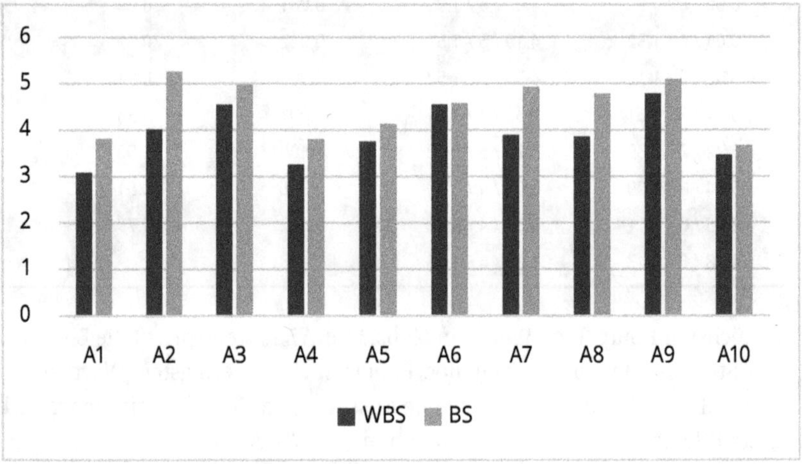


**Abb. 14:** Unterschiede in der Vertrauenswürdigkeitsbewertung, VPN-Gruppe$_{POL}$

Die Mittelwertsunterschiede sind in sieben Fällen signifikant (siehe auch nachfolgende Tabelle).

**Tab. 18:** Vertrauenswürdigkeitsbewertung der einzelnen Aussagen, VPN-Gruppe$_{POL}$

| | **Bildungssprachliche Version M / Mo / SD** | **Weniger bildungssprachliche Version M / Mo / SD** | **p-Wert** | **Cohen's d** |
|---|---|---|---|---|
| A1 | 3.81 / 4 / 1.33 | 3.08 / 3 / 1.1 | 0.001 | 0.58 |
| A2 | 5.25 / 6 / 1.29 | 4.01 / 4 / 1.4 | <.0.001 | 0.91 |
| A3 | 4.97 / 6 / 1.47 | 4.54 / 4 / 1.04 | 0.04 | 0.35 |
| A4 | 3.8 / 4 / 1.3 | 3.25 / 4 / 1.4 | 0.017 | 0.41 |
| A5 | 4.13 / 4 / 1.56 | 3.7 / 4 / 1.38 | 0.125 | - |
| A6 | 5.14 / 6 / 1.11 | 4.57 / 6 / 1.62 | 0.013 | 0.42 |
| A7 | 4.92 / 5 / 1.32 | 3.89 / 4 / 1.51 | <0.001 | 0.74 |
| A8 | 4.78 / 5 / 1.18 | 3.85 / 4 / 1.31 | <0.001 | 0.74 |
| A9 | 5.09 / 6 / 1.42 | 4.78 / 6 / 1.23 | 0.174 | - |
| A10 | 3.66 / 4 / 1.36 | 3.46 / 3 / 1.45 | 0.405 | - |

Als auffällig hoch kann der Manipulationseffekt für Fall A2 gelten. Die Aussage stammt von einem (zumindest der Aussage zufolge) unbeteiligten Augenzeugen, der von einer Unfallflucht berichtet: „beim vorbeifahren mit dem Rad, akustisch bemerkt, das der silberne Audi beim zurücksetzen den dunkelen VW touchiert hat." In der manipulierten Version wurde, zum Vergleich, der folgende Einleitungssatz verwendet: „Als ich mit dem Rad vorbeifuhr, bemerkte ich akustisch, dass der silberfarbene Audi beim Zurücksetzen den dunklen VW touchiert hatte." Der Mittelwert wurde von einer Vertrauenswürdigkeitszuschreibung von M=4.01 in der authentischen Aussage auf einen Mittelwert von M=5.25 erhöht; auch der Modalwert wurde von der Manipulation beeinflusst von Mo=4 auf Mo=6.

Die VPN-Gruppe$_{STUD}$ schreibt den bildungssprachlichen Aussagen ebenfalls insgesamt mehr Vertrauenswürdigkeit zu. Die Ergebnisse der deskriptiven Statistik zeigen, dass die Textgruppe$_{WBS}$ niedrigere Werte für die Variable ‚Vertrauenswürdigkeit erzielt (M = 4.61, SD=1.43) als die Textgruppe$_{BS}$ (M=5.09, SD =1.45). Ein zweiseitiger t-Test für unabhängige Stichproben (gleiche Varianzen angenommen) zeigte, dass der Unterschied statistisch signifikant ist, t(638) = -4.2, *p* = <0.001, 95% Konfidenzintervall [0.7., 0.25]. Die Effektstärke liegt mit d=0.33 zwischen einem kleinen und einem mittleren Effekt. Mittelwertsunterschiede bestehen zwischen jedem Aussagepaar, jedoch sind die Differenzen in drei Fällen (A1, A8, A10) sehr gering.

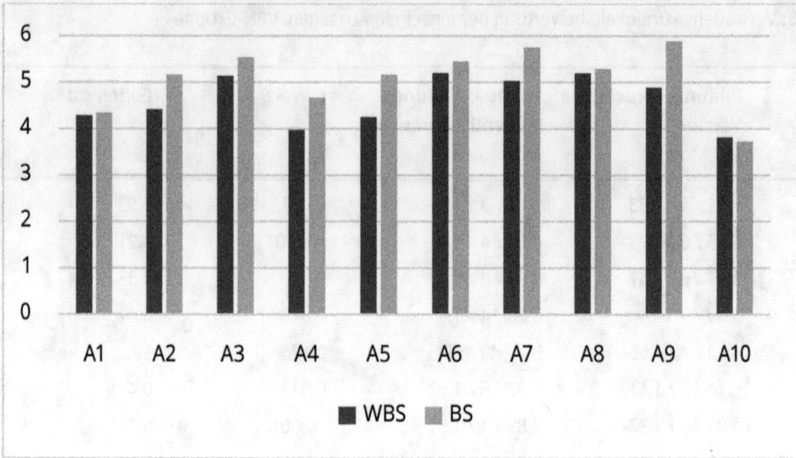


**Abb. 15:** Unterschiede in der Vertrauenswürdigkeitsbewertung, VPN-Gruppe$_{STUD}$

Für genau die Hälfte aller Aussagepaare ist die Differenz statistisch signifikant. Die Effektstärke ist für diese Fälle auffällig höher als die ohne Differenzierung zwischen den Einzelaussagen ermittelte Effektstärke von d=0.33.

**Tab. 19:** Vertrauenswürdigkeitsbewertung der einzelnen Aussagen, VPN-Gruppe$_{STUD}$

| | **Bildungssprachliche Version M / Mo / SD** | **Nicht bildungssprachliche Version M / Mo / SD** | **p-Wert** | **Cohen's d** |
|---|---|---|---|---|
| A1 | 4.34 / 5 / 1.49 | 4.28 / 4 / 1.15 | 0.838 | - |
| A2 | 5.16 / 6 / 1.42 | 4.41 / 6 / 1.41 | 0.041 | 0.52 |
| A3 | 5.13 / 5 / 1.14 | 5.97 / 7 / 0.95 | 0.209 | - |
| A4 | 4.65 / 5 / 1.05 | 3.97 / 5 / 1.31 | 0.026 | 0.57 |
| A5 | 5.16 / 6 / 1.46 | 4.25 / 6 / 1.54 | 0.021 | 0.59 |
| A6 | 5.44 / 7 / 1.66 | 5.19 / 5 / 1.26 | 0.506 | - |
| A7 | 5.75 / 6 / 0.94 | 5.03 / 6 / 1.45 | 0.024 | 0.58 |
| A8 | 5.28 / 6 / 1.26 | 5.19 / 6 / 1.18 | 0.763 | - |
| A9 | 5.88 / 6 / 1.02 | 4.88 / 4 / 1.22 | 0.001 | 0.87 |
| A10 | 3.71 / 4 / 1.46 | 3.81 / 3 / 1.57 | 0.809 | - |

Bei vier der fünf signifikanten Fälle ist die Effektstäke mittel, bei einem Fall (A9) groß. In Aussage A9 berichtet der Verfasser von einem Knall: „Als wir die Hofeinfahrt erreicht hatten, bemerkte ich, dass der Autofahrer bereits zügig, rückwärts den Hof verlassen hat. Als wir im Garten richtung Haustür rannten, hörte ich ein lautes Knallen." Die entsprechende Passage in der manipulierten Version, lautet, zum Vergleich: „Als wir die Einfahrt des Hofes erreicht hatten, bemerkte ich, dass ein Autofahrer, zügig rückwärtsfahrend, den Hof verließ. Als wir durch den Garten in Richtung der Haustür eilten, vernahm ich einen lautstarken Knall." Bemerkenswert ist, dass für das Aussagenpaar A9 nicht nur bezüglich der Variable ‚Vertrauenswürdigkeit', sondern auch bezüglich der Variablen ‚Glaubwürdigkeit' und ‚Kompetenz' ein verhältnismäßig großer, stets signifikanter Bewertungs-unterschied besteht.

Bei einem Vergleich der beiden VPN-Gruppen zeichnen sich drei Unterschiede ab: Bei der VPN-Gruppe$_{\text{POL}}$ ist die durchschnittliche Effektstärke mit d=0.4 etwas höher als bei der VPN-Gruppe$_{\text{STUD}}$ mit d=0.33. Die Manipulation erzielt in der Experten-Gruppe öfter einen signifikanten Effekt (sieben von zehn Aussagenpaare) als bei den Studierenden (fünf von zehn). Daneben vergeben die Experten mit M=4.24 (SD=0.67) insgesamt niedrigere Werte als die Studierenden (M=4.85, SD=0.64). Dieser gruppenbezogene Unterschied ist statistisch signifikant (t(38) = 2.98, p = 0.005, 95% Konfidenzintervall [1,04, 0,2]) und hat einen sehr starken Effekt von d=0.94.

### 8.3.4 Zusammenhänge zwischen Glaubwürdigkeit, Kompetenz und Vertrauenswürdigkeit

Zur Ermittlung potenzieller Zusammenhänge zwischen den drei Variablen ‚Glaubwürdigkeit', ‚Kompetenz' und ‚Vertrauenswürdigkeit' wurde eine Pearson Korrelationsanalyse durchgeführt. Die Korrelationsanalyse erfolgte für beide VPN-Gruppen separat; es wurde hingegen nicht zwischen bildungssprachlichen und weniger bildungssprachlichen Aussagen unterschieden. Für die VPN-Gruppe$_{\text{POL}}$ liegen für alle geprüften Zusammenhänge (Glaubwürdigkeit-Kompetenz, Glaubwürdigkeit-Vertrauenswürdigkeit, Vertrauenswürdigkeit-Kompetenz) starke bis sehr starke, positive Korrelationen vor. Für den Zusammenhang zwischen den Variablen Glaubwürdigkeit und Kompetenz ist die Korrelation mit p=<0.001 signifikant und mit r=0.72 hoch. Noch stärker als mit der Kompetenz korreliert der Eindruck von Glaubwürdigkeit allerdings mit dem Eindruck von Vertrauenswürdigkeit; der Zusammenhang liegt bei r=0.85 (p=<0.001). Für die Relation der Variablen Kompetenz und Vertrauenswürdigkeit wurde eine Korrelation von r=0.78 ermittelt; es besteht zwischen den beiden Variablen also ebenfalls ein positiver, hoher Zusammenhang.

Vergleichbare, sehr starke Zusammenhänge ergeben sich für die VPN-Gruppe der Studierenden. Die zugeschriebene Glaubwürdigkeit korreliert mit r=0.76 (p=<0.001) stark mit der Zuschreibung von Kompetenz und mit r=0.9 noch stärker mit dem Eindruck von Vertrauenswürdigkeit (p=<0.001). Der Zusammenhang der Variablen ‚Kompetenz' und ‚Vertrauenswürdigkeit' kann mit r=0.78 ebenfalls als sehr stark bezeichnet werden.

### 8.3.5 Eindrucksbegründungen

Für die optionalen Begründungen zur Einschätzung der Aussagen im Freitextfeld[54] wurden in der induktiven Auswertung insgesamt 805 Kodierungen getätigt; darunter 604 Kodierungen bei der VPN-Gruppe$_{POL}$ und 201 Kommentare der VPN-Gruppe$_{STUD}$. Eine Kodierung entspricht nicht zwingend einem Text pro Freitextfeld; in einigen Texten bzw. Kommentaren wurden mehrere, unterschiedliche Aspekte zur Eindrucksbegründung angeführt. In diesem Fall wurden Mehrfachkodierungen vorgenommen und jeder Aspekt des Kommentars wurde der jeweiligen Begründungskategorie zugeordnet. Kommentare, die keine Bewertungsbegründung enthalten, wie etwa „finde ich glaubhaft" wurden nicht ausgewertet. Diese absoluten Zahlen lassen aufgrund der unterschiedlichen VPN-Gruppengrößen keinen Vergleich zu und dienen lediglich zur anteiligen Ermittlung der Kriterien, auf die die jeweilige VPN-Gruppe schwerpunktmäßig zu achten scheint.

Aus der induktiven Kodierung konnten insgesamt 12 Kategorien mit für die VPN als relevant erachteten Entscheidungskriterien zusammengefasst werden. Nach der Häufigkeit ihrer Nennung sortiert, handelt es sich dabei um die folgenden Kategorien.

- Sprache (z.B. Orthographie, Wortwahl, Grammatik) – 183 Erwähnungen
- Detailreichtum – 157 Erwähnungen
- Potenzielle Intentionen und Motivlage des Aussagenden – 148 Erwähnungen
- Spezifika der Fallkonstellation – 84 Erwähnungen
- Logik und Nachvollziehbarkeit – 63 Erwähnungen
- Objektivität, Subjektivität, Emotionalität – 31 Erwähnungen
- Textinhalte – 24 Erwähnungen
- Problematisierung der Bewertungssituation – 22 Erwähnungen
- Beteiligung der Polizei bei Vorfall – 20 Erwähnungen

54 Für jede Aussage war in dem Fragebogen ein eigenes Freitextfeld vorhanden.

- Mutmaßliche Eigenschaften des Verfassers – 15 Erwähnungen
- Textstruktur – 11 Erwähnungen
- Intuition – 5 Erwähnungen

Nicht in der Auflistung enthalten sind 39 weitere Kommentare, die sich keiner dieser Kategorien zuordnen lassen; sie wurden in einer Sammelkategorie für nicht rekurrierende Begründungen als ‚andere Anmerkungen' kodiert (z.B. „überprüfbare Namen und Daten", „ziemlich abenteuerlich" oder „zu glatt"). Drei weitere Kommentare wurden aufgrund mangelnder Rekonstruierbarkeit nicht ausgewertet und sind in der Auflistung ebenfalls nicht enthalten.[55] Bei einigen, wenigen Kommentaren wäre die Zuordnung ggf. strittig; ihre Bedeutung musste aus dem Sinnzusammenhang rekonstruiert werden (bspw. fiel das Wort „Bauchlage" als Begründung, was in der Kodierung der Kategorie der ‚Intuition' zugeordnet wurde).

In der am häufigsten zur Eindrucksbegründung angeführten Kategorie der Sprache liegen 143 Kommentare der VPN-Gruppe$_{\text{POL}}$ und 40 Kommentare der VPN-Gruppe$_{\text{STUD}}$ vor. Innerhalb der Kategorie finden sich u.a. vor allem Kommentare zum Ausdruck (39 Vorkommnisse), zur Rechtschreibung (29 Vorkommnisse) und zur Grammatik (19 Vorkommnisse). Einen Einblick in die entsprechenden Kommentare gibt die nachstehende Tabelle mit jeweils einem repräsentativen – da mit vergleichbarem Inhalt häufig angeführter Begründung – Beispiel pro Aussage und pro VPN-Gruppe.[56]

55 Es handelt sich dabei um Satzabbrüche wie z.B. den Kommentar „Für mich".

56 Die Kommentare der VPN werden im Folgenden wortgetreu wiedergegeben. Es wurde nicht in die Orthographie, Grammatik o.Ä. eingegriffen. Da ein Großteil der VPN mit dem Smartphone an der Studie teilnahm, finden sich darin einige Tippfehler, die in der Wiedergabe der Kommentare ebenfalls übernommen wurden.

**Tab. 20:** Beispiele für Einschätzungsbegründungen in der Kategorie ‚Sprache'

| | **VPN-Gruppe$_{POL}$** | **VPN-Gruppe$_{STUD}$** |
|---|---|---|
| A1$_{BS_manip}$ | - Vernünftige Ausdrucksweise | -Ordentliche Sprache |
| A1$_{WBS_auth}$ | -Vertrauenswürdigkeit aufgrund der Rechtschreibung etwas geringer<br>-Mangelhafte Ortografie „Flapsige" Ausdrucksweise | -das schlechte Deutsch könnte dazu führen das man eher dazu geneigt ist, diese Aussage als unglaubwürdig einzustufen. |
| A2$_{BS_manip}$ | -Strukturierte Schilderung auf gehobenem sprachlichem Niveau lässt die Aussage verständlicher und nachvollziehbar wirken<br>-Zeuge wirkt aufgrund Rechtschreibung, Grammatik und Ausdruck gebildet | -Verfasser kann sich super artikulieren, man denkt dadurch automatisch das er Glaubwürdiger ist |
| A2$_{WBSauth}$ | -Nur weil jemand nicht die korrekte Rechtschreibung, heißt das ja nicht, dass jemand nicht vertrauensvoll ist.<br>-Geringer Bildungsstand (Rechtschreibung) | -Die Fehler in der Grammatik passen nicht zu Verwendung des Wortes touchiert<br>-Rechtschreibung |
| A3$_{BS_manip}$ | -präzise Wortwahl | -Gute Sprache |
| A3$_{WBS_auth}$ | -Mäßiger Ausdruck mit Mängeln in Rdechtschreibung und Grammatik, dennoch nachvollziehabre Schildung des Sachverhalts | -Rechtschreibung erwirkt den Eindruck nicht komplett das die deutsche Sprache nicht Muttersprache ist. Den Wahrheitsgehalt sollte das aber nicht verändern. |
| A4$_{BS_manip}$ | -Ich merke, dass ich geneigt bin, einer guten Ausdrucksweise eher zu glauben und das erschreckt mich ehrlich gesagt gerade etwas. | k.A. |
| A4$_{WBS_auth}$ | -Keine Mühe gegeben, eine ordentliche Formulierung zu wählen | -Das Wort frug wirkt gestellt<br>-Eher etwas umgangssprachlich |
| A5$_{BS_manip}$ | -Sachverhalt gut formuliert. | -Ja, da Aussage klar und ohne stottern etc. |
| A5$_{WBSauth}$ | -Kompetent aufgrund der Rechtschreibung. | -Alltagssprachliche Äußerung |
| A6$_{BS_auth}$ | -Auf Grund des Sprachduktus ergibt sich mir der Eindruck eines Wichtigtuers, der zudem Form über Inhalt stellt.<br>-Gute Wortwahl | -Viel zu viele sehr ungebrauchliche Fachausdrücke<br>-Naja, das passiert wohl, wenn Germanist*innen eine Zeugenaussage machen müssen, da haut man schon mal alles an Fachbegriffen raus |

| | VPN-Gruppe$_{POL}$ | VPN-Gruppe$_{STUD}$ |
|---|---|---|
| A6$_{WBS_manip}$ | -Emotionale Schilderung in erhöhtem sprachlichen Niveau | k.A. |
| A7$_{BS_auth}$ | -Hohes sprachliches Niveau Detaillierte, schlüssige und grammatikalisch korrekte Schilderung. Wirkt kompetent. | -sehr förmlich |
| A7$_{WBS_manip}$ | -Ausdruck, Rechtschreibung | k.A. |
| A8$_{BS_manip}$ | -Wort Fahrzeug verwandt. Wieso nicht Auto, LKW? Klingt zu allgemein. Eine genauere Beschreibung sollte möglich sein. | k.A. |
| A8$_{WBS_auth}$ | -Unter Umständen ist die geringe Glaubhaftigkeit auch der Art und Weise der Schilderung geschuldet. | -„hebte den Mittelfinger“ |
| A9$_{BS_manip}$ | -Angemessene Sprachebene | k.A. |
| A9$_{WBS_auth}$ | -Es hat „doll geregnet“<br>-Aussage im Stil in sich schlüssig | -Etwas einfache Sprache aber insgesamt prägnant |
| A10$_{BS_manip}$ | -Zu geschwollene Sprache mit bereits erfolgten Rechtfertigungen/Ausreden<br>-Der Verfasser scheint bewusst eine Art ‚Beamtendeutsch‘ zu verwenden, um besonders glaubwürdig zu erscheinen. Das erzielt bei mir genau den gegenteiligen Effekt<br>-Sehr guter Ausdruck | k.A. |
| A10$_{WBS_auth}$ | -Grundsätzlich bewerte ich die Vertrauenswürdigkeit einer Aussage nicht nach der Art des Schreibens. Die jeweiligen Fähigkeiten der schriftlichen Äußerungen haben hierauf keinen Einfluss. Konpetenz und Glaubhaftigleit werden hiervon jedoch in meiner Wahrnehmung etwas beeinflusst. | -Worte klingen bewusst gewählt, um eigene Unschuld zu bestätigen |

Als ein erstes Ergebnis, das in Kapitel 8.5 näher zu interpretieren sein wird, kann festgestellt werden, dass der Einsatz von Bildungssprache nicht per se zu einer positiven Bewertung führt. Einerseits werden die bildungssprachlichen Texte als sprachlich angemessen, präzise und nachvollziehbar bewertet. Andererseits wird der Einsatz von Bildungssprache auch als strategisch und persuasiv bezeichnet, was zur Abnahme der zugeschriebenen Glaubwürdigkeit führen kann. Ferner nehmen die Probanden auch Reflexionen zu ihrer eigenen Beeinflussbarkeit durch sprachliche Merkmale vor: Einige der VPN stellen fest, beeinflussbar zu sein; andere VPN betonen demgegenüber, dass die Sprache (oft in Bezug auf die Rechtsschreibung) für ihre Einschätzung keine Rolle gespielt hat. In engem Zusammenhang mit der Bewertung der sprachlichen Oberfläche einer Aussage stehen auch Vermutungen über die Person des Verfassers wie u.a.:

- „Falsche Schreibweisen lassen auf einen geringen Bildungsstand schließen"
- „Aufgrund des Schriftbildes mutmaßlich weniger gebildet, daher schwierig, der Schilderung zu folgen. Fraglich, ob Person komplexe Lügen konstruieren kann."[57]
- „Hat die Person ggf. eine Migrationsbiografie o.ä., sodass dies einen Einfluss auf die Ausdrucksweise hat?"
- „Zeuge wirkt aufgrund Rechtschreibung, Grammatik und Ausdruck gebildet"
- „Sozial randständig"
- „Unteres Bildungsniveau"
- „Er bezeichnet sich selbst als dumm, das macht ihn sehr sympathisch"

Zwei weitere, sehr frequent benannte Kategorien sind ‚Detailreichtum einer Aussage' sowie ‚Motivlage des Aussagenden'. Auch wenn in der ersteren Kategorie vereinzelt Bedenken angemeldet werden, wenn ein Verfasser einen Vorfall mit zu vielen Details und zu weitschweifig wiedergibt, so zeichnet sich insgesamt doch das relativ eindeutige Bild ab, dass die Wiedergabe vieler Details tendenziell den Eindruck von Glaubwürdigkeit begünstigt. Bei Kommentaren in der Kategorie der Motivlage wird das Interesse an einer Falschdarstellung des Vorfalls eruiert. Zu den Hintergründen, die das genannten Interesse an einer wahrheitsgemäßen Falldarstellung mindern können, zählen etwa das Verschleiern eigenen Verschuldens sowie die Befangenheit bei Ehepartnern und bei Freunden:

- „Objektive Gründe nicht die Wahrheit zu sagen. (Loyalität gegenüber Freundeskreis)"
- „Kennverhältnis bzw ehe zwischen Zeugin und Beschuldigtem"
- „verheiratet somit eigenes Interesse um zu entlasten"
- „Der Versuch, dass Fahrzeug zu starten, könnte mit der Absicht einer Fahrt erfolgt sein. Demnach geminderte Glaubwürdigkeit. Vertrauenswürdigkeit aufgrund Beschuldigtenstatus gemindert."

57 Ein Schriftbild lag den VPN nicht vor; es ist davon auszugehen, dass die VPN sich mit „Schriftbild" auf die Summe der sprachlichen Merkmale bezieht.

- „Schutzbehauptung“
- „Ich weiß nicht in welcher Beziehung dieser zu den möglichen Beteiligen steht.“

Eng mit dieser Kategorie verbunden ist auch das Verlassen einer objektiven Schilderungsebene durch einen sogenannten Belastungseifer. Dieser wird in der Regel Aussagen von Geschädigten zugeschrieben und führt zur Infragestellung der Glaubwürdigkeit. Wenn der Beifahrer eines durch die Missachtung der Vorfahrtsregeln zur Bremsung genötigten Fahrzeuges etwa berichtet, „dass plötzlich ein Auto von links einer Tankstelle kurz vor der Ampel noch unbedingt vor uns herrasen musste“ ($A8_{WBS\_auth}$), das „extra“ abbremste und dessen Fahrer daraufhin den Mittelfinger zeigte, dann führt dies zu einer Abnahme der Glaubwürdigkeit:

- „Geschädigte verfolgt eigenes Interesse“
- „Emotional mit der Tendenz zum Belastungswillen“
- „Deutlicher Belastungseifer, stark geprägt von subjektiven Wahrnehmungen“
- „Persönliche Betroffenheit und emotionale Bewertung lässt die Objektivität sinken“
- „Recht detailliert – aber sicherlich befangen weil selbst im Auto“
- „Die Bewertung ‚absichtlich‘ macht es unglaubwürdig, es ist keine objektive Beschreibung mehr“

Unbeteiligten Augenzeugen wird demgegenüber bescheinigt, kein Interesse an einer Falschaussage zu haben:

- „Er hat keinen Grund zur Lüge.“
- „Kennt den Verursacher scheinbar nichtkein augenscheinlicher Grund für Falschaussage“
- „Vertrauensvoll weil nicht unmittelbar beteiligt“
- „Auch hier wieder: es gibt kein Grund zur Falschaussage. Warum sollte diese Person lügen?“

Begründungen dieser Arten wurden sowohl von der VPN-$Gruppe_{POL}$ als auch von der VPN-$Gruppe_{STUD}$ angeführt. Auch insgesamt fällt in einem Vergleich der Frequenz der Begründungskategorien zwischen den beiden VPN-Gruppen auf, dass die angenommenen Glaubwürdigkeitskriterien prozentual ähnlich verteilt sind.

**Tab. 21:** Anteilige Frequenzen der häufigsten Begründungskategorien

| VPN-Gruppe$_{POL}$ | VPN-Gruppe$_{STUD}$ |
|---|---|
| Sprache – 29.61 % | Detailreichtum – 25.75 % |
| Detailreichtum – 26.71 % | Spezifika der Fallkonstellation – 25.15 % |
| Intentionen und Motivlage – 26.71 % | Sprache – 23.95 % |
| Spezifika der Fallkonstellation – 8.70 % | Logik und Nachvollziehbarkeit – 13.77 % |
| Logik und Nachvollziehbarkeit – 8.28 % | Intentionen und Motivlage – 11.83 % |

In der Priorisierung der Eindruckskategorien bestehen zwischen den Gruppen, trotz der unterschiedlichen Anzahlen an Kommentaren überhaupt, keine nennenswerten Unterschiede in den Kategorien ‚Sprache', ‚Detailreichtum', ‚Logik und Nachvollziehbarkeit'. Unterschiede bestehen demgegenüber in den Kategorien ‚Spezifika der Fallkonstellation' und ‚Intentionen und Motivlage'. Die Kategorie der ‚Spezifika der Konstellation' wird *anteilig* von den Studierenden gerundet dreifach höher gewichtet als von der VPN-Gruppe$_{POL}$. Beispiele für von der VPN-Gruppe$_{STUD}$ getätigte Kommentare dieser Kategorie sind die Formulierung von Fragen an den Fall, wie:

- „Wie lang ist der Weg vom Eingang zum Hof?"
- „Ich glaube nicht das das Wort ‚dämlich' einen Schockmoment hervorruft. Wenn es eine Meinungsverschiedenheit gibt, dann ist man in der Regel aufmerksam und nicht erst, wenn solch ein Wort fällt (was jetzt nicht super schlimm ist)"

Für die VPN-Gruppe$_{POL}$ liegt ein Hauptaugenmerk auf der Rekonstruktion Motiven und Intentionen, für die bereits einige Beispiele angeführt wurden:

- „Recht detailliert - aber sicherlich befangen weil selbst im Auto"
- „Verwickelt, daher weniger glaubwürdig/vertrauenswürdig"
- „Außenstehende Person, sehr unparteiisch"
- „Offensichtlich ist ein nahes kennverhältnis vorhanden. Ohne weitere Angaben gehe ich davon aus dass es sich um eine gefälligkeitsaussage handelt"

Eine (außersprachliche) Einflusskategorie, bei der sich die VPN-Gruppen am auffälligsten unterscheiden, tritt bei Fällen auf, bei denen die Polizei bereits vor Ort involviert war. Bei der VPN-Gruppe$_{POL}$ wird die Glaubwürdigkeit eines Tatverdächtigen, der angibt, zu Unrecht von der Polizei angehalten worden zu sein, herabgestuft:

- „Wenn die Polizei den N1 fahren gesehen hat, ist die Version des Verfassers nicht glaubhaft. Eine Sitzposition ist schnell verstellt"

- „Vertrauen auf Polizei“
- „Polizei behauptet nicht ‚plötzlich‘ was“

In der VPN-Gruppe$_{STUD}$ gibt es ebenfalls zwar Probanden, die darauf hinweisen, dass entscheidende Angaben der Polizei vorliegen; häufig führt die Involviertheit der Polizei allerdings auch zur Solidarisierung der VPN mit dem Beschuldigten:

- „Verfasserin scheint zum Zeitpunkt im Vollbesitz der geistigen Kräfte gewesen zu sein. Auch Polizisten sind nur Menschen und können sich mal täuschen.“
- „Ja warum denn nicht? Also die Aussage klingt nach Polizist*innen, die Langeweile hatten und das kommt ja schon irgendwie vor.“

## 8.4 Untersuchung 2: Interpretation

Wie die Vorstellung der Ergebnisse gezeigt hat, konnte die Manipulation der Bildungssprachlichkeit Unterschiede in der Bewertung der Aussagen herbeiführen. Dies gilt für alle der drei untersuchten Variablen Glaubwürdigkeit, Kompetenz und Vertrauenswürdigkeit. In einer Gesamtauswertung hat die Textgruppe$_{BS}$ für alle drei Variablen höhere Mittelwerte erreicht als die Textgruppe$_{WBS}$. Damit bestätigt sich, dass Aussagen bzw. Aussagende, die mehr bildungssprachliche Mittel einsetzen, *tendenziell* als glaubwürdiger, kompetenter und vertrauenswürdiger eingeschätzt werden, als Aussagende, deren Schilderungen weniger bildungssprachliche Merkmale beinhalten. Eine Interpretation des positiven Effektes bildungssprachlicher Mittel auf die Aussagen- und Aussagendenbewertung findet im Folgenden für alle drei Bewertungsdimensionen, insbesondere mit Blick auf konkrete Fallbeispiele.

### 8.4.1 Glaubwürdigkeitsbewertung

Die Vorstellung der Ergebnisse hat gezeigt, dass die Textgruppe$_{BS}$ signifikant höhere Glaubwürdigkeitswerte zugeschrieben bekommen hat als die Textgruppe$_{WBS}$. In der Gesamtauswertung der VPN-Gruppe$_{POL}$ ergab sich ein signifikanter, aber schwacher bis mittlerer Effekt (p=<0.001, d=0.33). Sehr ähnliche Werte gelten für die VPN-Gruppe$_{STUD}$ (p=<0.001, d=0.31). Damit liegen empirische Gründe dafür vor, die Hypothese H 2 anzunehmen:

> H 2: Es besteht ein Bewertungsunterschied hinsichtlich des Eindrucks von Glaubwürdigkeit zwischen schriftlichen Aussagen mit bildungssprachlichem Duktus und Aussagen, die als vergleichsweise weniger bildungssprachlich zu bezeichnen sind.

Dieses Ergebnis gilt nicht ausnahmslos und ist in einer Interpretation der Werte differenzierter zu betrachten: Zwar erreicht die bildungssprachliche Version in neun von zehn Fällen einen höheren Mittelwert bezüglich der Glaubwürdigkeitseinschätzung; dieser ist jedoch in weniger als der Hälfte bzw. in der Hälfte der Fälle statistisch bedeutsam. Ein statistisch signifikanter Unterschied besteht bei der VPN-Gruppe$_{POL}$ zwischen vier der zehn Aussagenpaare, bei der VPN-Gruppe$_{STUD}$ sind es fünf von zehn Aussagenpaaren. Ein auffälliger Unterschied zwischen den beiden VPN-Gruppen besteht in der Höhe der vergebenen Skalen-Punkte. Die VPN-Gruppe$_{POL}$ vergab im Durchschnitt M=4.33 Glaubwürdigkeitspunkte, die VPN-Gruppe$_{STUD}$ durchschnittlich M=4.94. Dieser Unterschied ist statisch signifikant, und lasst möglicherweise damit erklären, dass die VPN-Gruppe$_{POL}$ in ihrem Berufsalltag stärker mit Täuschungsintentionen konfrontiert ist.

Ein Blick auf die im Einzelfall ermittelten Effektstärken legt nahe, dass eine Gesamtauswertung den Effekt der Textmanipulation (zwischen d=0.31 und d=0.33) nur verzerrt wiedergibt. In allen signifikanten Fällen liegt die Effektstärker bei höher als d=0.5 (geringste Effektstärke von d=0.56 bei A1 und höchste Effektstärke von d=0.72 bei A8). In allen Fällen, in denen ein signifikanter Unterschied herbeigeführt werden konnte, sind die Effektstärken entsprechend als mittel bis stark zu bezeichnen. Die in der Gesamtauswertung errechnete Effektstärken von d=0.33 bei der VPN-Gruppe$_{POL}$ und d=0.31 bei der VPN-Gruppe$_{STUD}$ sind vergleichsweise gering, und spiegeln somit nicht gänzlich die potenziell höhere Effektstärke im konkreten Einzelfall wider.

Für beide VPN-Gruppen konnten signifikante, starke bis sehr starke Korrelationen zwischen der Glaubwürdigkeits-, der Kompetenz- und der Vertrauenswürdigkeitsbewertung ermittelt werden (zwischen r=0.72 und r=0.85). Auch für die Hypothese H 2.3 liegen damit empirische Gründe für eine Annahme vor:

> H 2.3: Der Eindruck von Glaubwürdigkeit korreliert mit dem Eindruck von Kompetenz und dem Eindruck von Vertrauenswürdigkeit.

Den hohen Korrelationswerten lässt sich entnehmen, dass eine Aussage entweder als glaubwürdig *und* vertrauenswürdig *und* kompetent eingestuft wird oder in allen drei Variablen eher nicht. Dies zeigt sich auch am Beispiel von A7$_{BS_auth}$; diese Aussage hat von der VPN-Gruppe$_{STUD}$ im Vergleich zu den anderen Aussagen den höchsten Glaubwürdigkeitswert, den höchsten Kompetenzwert, und den zweithöchsten Wert bezüglich der Variable ‚Vertrauenswürdigkeit' zugeschrieben bekommen (zur Besprechung des Fallbeispiels A7 siehe Interpretation der Variable ‚Kompetenz' in Kapitel 8.4.2). Für die VPN-Gruppe$_{POL}$ gelten ähnliche Zusammenhänge für das Aussagenpaar A8; es wurden hinsichtlich aller drei Variablen signifikante Differenzen zwischen A8$_{WBS_auth}$ und A8$_{BS_manip}$ erzielt. Dieses Beispiel dient im

Folgenden daher als Besprechungsgrundlage für die Rekonstruktion von Bewertungsmechanismen und Hintergründen des Einflusses bildungssprachlicher Merkmale auf die Einstellungen der VPN. Für das Aussagenpaar A8 beträgt die ermittelte Bewertungsdifferenz bei der VPN-Gruppe$_{POL}$ im Durchschnitt 0.89 Punkte auf der Sieben-Punkte-Skala hinsichtlich der Variable ‚Glaubwürdigkeit' (p=<0.001, d=0.72).

**Tab. 22:** Gegenüberstellung A8$_{WBS_auth}$ & A8$_{BS_manip}$

| **A8$_{WBS_auth}$** | **A8$_{BS_manip}$** |
|---|---|
| Wir waren am 19.02.2020 auf der [Straßenname] unterwegs, als plötzlich ein Auto von links einer Tankstelle kurz vor der Ampel noch unbedingt vor uns herrasen musste. Als die Fahrerin die Lichthupe betätigt hatte, hat der Fahrer vor uns extra nochmal 2-mal stark abgebremst, der Fahrer hat noch gewartet bis er uns sehen konnte und hebte den Mittelfinger und fuhr rechts richtung [Straßenname] weiter. | Am 19.02.2020 fuhren wir auf der [Straßenname], als ein Fahrzeug die Ausfahrt einer Tankstelle zu unserer linken Seite verließ und sich – die Geschwindigkeit überschreitend – vor uns einordnete. Als die dadurch zur Bremsung genötigte Fahrerin die Lichthupe betätigte, bremste der Fahrer absichtlich noch zwei weitere Male stark ab. Der Fahrer wartete, bis er uns sehen konnte, hob den Mittelfinger und setzte seine Fahrt in Richtung der [Straßenname] fort. |

Es fällt auf, dass es sich dabei um ein Aussagenpaar handelt, für das bei der Erstellung des bildungssprachlichen Pendants besonders viele Eingriffe vorgenommen wurden. Das betrifft auf quantitativer Ebene eine grundsätzliche Erhöhung der bildungssprachlichen Dichte, aber auch qualitative Eingriffe wie die Ersetzung von Lexemen (z.B. Auto durch Fahrzeug). Die bildungssprachliche Dichte der authentischen Aussage beträgt 25.00 %, nach Manipulation weist der Text eine BSD von 38.81% auf.

Versuchspersonen, die der authentischen, weniger bildungssprachlichen Aussageversion eine vergleichsweise geringe Glaubwürdigkeit zugeschrieben haben, gaben dafür u.a. die folgenden Begründungen an:

- „Verstehe den Sachverhalt nicht"
- „Emotional mit der Tendenz zum Belastungswillen"
- „Deutlicher Belastungseifer, stark geprägt von subjektiven Wahrnehmungen"
- „Fraglich ist, wie der Fahrer diese präzisen Beobachtungen hinter den Autos tätigen konnte. Unklar ist, welche Personen mit Fahrer und Fahrerin gemeint sind. Unter Umständen ist die geringe Glaubhaftigkeit auch der Art und Weise der Schilderung geschuldet."

- „Emotional geschrieben. Gerade bei schriftlichen Aussagen hat man viel Zeit ubd kann abwägen, daher spricht Emotionalität hierbei dafür, dass versucht wird eine Stimmung zu erzeugen."
- „Rechtschreibung und Ausdruck sind mangelhaft"

Die Bewertung der manipulierten, bildungssprachlichen Version wurde mit Anmerkungen u.a. in denselben beiden Kategorien (Sprache und Motivlage) begründet:

- „Stimmig, kein Grund zum Lügen ersichtlich"
- „Sachliche Darstellung ohne Wertung"
- „Neutraler Zeuge"
- „Sehr guter Ausdruck, detaillierte und nachvollziehbare Schildung des Sachverhalts"

Die gewählten Beispiele spiegeln diejenigen Kategorien wider, die in der qualitativen Auswertung der Einschätzungsbegründungen als priorisierte Bewertungskriterien identifiziert wurden. Die Bewertung des Aussagenden richtet sich u.a. nach dem Kriterium ‚Sprache' und dem Kriterium ‚Motivlage'. Wie aus einer Gegenüberstellungen der Anmerkungen zu beiden Versionen hervorgeht, lassen sich diese Einflusskriterien noch differenzierter betrachten: Das betrifft für das zu diskutierende Fallbeispiel vor allem die in Zusammenhang mit der Motivlage stehende Emotionalität bzw. Neutralität und sowie die auf die sprachliche Beschaffenheit zurückzuführende Nachvollziehbarkeit.

Während dem Verfasser der authentischen, weniger bildungssprachlichen Version ein starker Belastungseifer vorgeworfen wird, wird die Darstellung der bildungssprachlichen Version als sachlich und neutral beschrieben. Der Einsatz bildungssprachlicher Merkmale scheint zu einer (empfundenen) Objektivierung der Schilderung zu führen. Bei der Bildungssprache handelt es sich generell um einen depersonalisierenden und deshalb ggf. mit Sachlichkeit assoziierten Duktus, was Glaubwürdigkeitszuschreibungen insofern zu begünstigen scheint, als Objektivität bzw. die Abwesenheit von Subjektivität – wie von den VPN selbst angegeben – als Glaubwürdigkeitsindikator herangezogen wird. Aus der vermeintlichen Abwesenheit von als subjektiv empfundenen Markern ziehen die VPN Rückschlüsse auf die Intentionen des Aussagenden. Kurzum stellt die Rekonstruktion von Intentionen ein entscheidendes Kriterium der Glaubwürdigkeitseinschätzung dar und, in sprachlicher Hinsicht, kann Bildungssprache die Glaubwürdigkeitsattribution daher insofern fördern, als mit ihr Prozeduren der Objektivierungen einhergehen.

Ähnliches gilt für die Emotionalität der Schilderung. Zum einen können emotionale Darstellungen laut Hauch et al. (2005) tatsächlich ein Indiz von Täuschungsintentionen sein (vgl. Kapitel 3.2.3). Zum anderen lässt Emotionalität die Mehrheit der VPN, wie den Eindrucksbegründungen zu entnehmen ist, auch an der Glaubwürdigkeit der Aussage zweifeln. Dem Verfasser werden persuasive Absichten unterstellt (vgl. etwa den Kommentar: „Gerade bei schriftlichen Aussagen hat man viel Zeit ubd kann abwägen, daher spricht Emotionalität hierbei dafür, dass versucht wird eine Stimmung zu erzeugen"). Dies gilt jedoch nicht für alle VPN, denn vereinzelt finden sich auch Anmerkungen, die Emotionalität als Glaubwürdigkeitsindiz werten: „Schilderung gibt emotionale Bindung der Person zum Sachverhalt her (...meinte herrrasen zu müssen...). Daher sehr glaubhaft." Die variable Wirkung von Emotionalität auf Glaubwürdigkeitsattributionen lässt sich mit Rückgriff auf Hacket et al. (2008, siehe dazu auch Kapitel 3.4.4 zur expectancy theory) erklären: Emotionalität wirkt als glaubwürdigkeitsfördernd, wenn Rezipienten sie erwarten; sie kann glaubwürdigkeitsschmälernd wirken, wenn sie mit den Erwartungen an ein Kommunikat bricht. Ist eine VPN also der Meinung, dass schriftliche Aussagen keine emotionalen Schilderungen zu beinhalten haben, kann das den Eindruck von Glaubwürdigkeit negativ beeinflussen. Die Bewertung von Emotionalität gibt letztlich also Aufschluss über die Erwartungshaltung von Rezipienten; ein Gros der VPN scheint Emotionen in der sVA für unangebracht zu halten.

Wie die oben vorgenommene Gegenüberstellung der Anmerkungen zu A8 sowie der Einblick in die Bewertungsbegründungen in Kapitel 8.3.5 gezeigt haben, ist ferner auch die Nachvollziehbarkeit einer Aussage ein entscheidender Faktor der Glaubwürdigkeitsbeurteilung. Bildungssprache kann auch in dieser Hinsicht als glaubwürdigkeitsfördernd gelten – durch die Manipulation scheint der Vorfall A8 derart expliziert worden zu sein, dass der von den VPN kritisierte Mangel an Nachvollziehbarkeit Anmerkungen zur Stimmigkeit weicht (z.B. „Ich verstehe den Sachverhalt nicht" vs. „Strukturierte Schilderung auf gehobenem sprachlichem Niveau lässt die Aussage verständlicher und nachvollziehbar wirken."). Die Erhöhung von Nachvollziehbarkeit beim Einsatz bildungssprachlicher Mittel liegt in ihrer kommunikativen Funktion begründet. Bildungssprache führt zu einer dekontextualisierten Nachvollziehbarkeit, zur Präzision und zur Explizitheit und damit nicht zuletzt zur Rezeptionsfreundlichkeit (siehe auch Kapitel 4.3). Wie in der Hypothesengenese angenommen, handelt es sich bei diesen Eigenschaften um ausschlaggebende Glaubwürdigkeitsattributionskriterien. Zur Interpretation dieser Attributionskriterien können die uncertainty reduction theory (Kapitel 3.4.2.2) und die generelle Ablehnung unverständlicher Inhalte herangezogen aufgrund erhöhter Anstrengung bei der Decodierung von Inhalten angeführt werden (siehe Kapitel 3.3.3.1, vgl. Frumkin 2007). Unverständliche Darstellungen, die Raum für Fragen lassen, führen generell zur Ablehnung eines Sprechers und können dabei den Eindruck von Glaubwürdigkeit schmälern.

Nicht nur zu Aussagenpaar A8, sondern auch zu allen anderen Aussagen sind häufig Anmerkungen zur sprachlichen Güte bzw. zu sprachlichen Schwächen einer Aussage gefallen. Anmerkungen zur Sprache stellen insgesamt das am häufigsten benannte Kriterium bei der Einschätzungsbegründung dar. Ihre Interpretation ist allerdings nicht unproblematisch, da nicht für jeden Kommentar rekonstruiert werden kann, ob die als gut oder schlecht erachtete Sprache zur Einschätzung der Glaubwürdigkeit, der Kompetenz oder der Vertrauenswürdigkeit beigetragen hat. Bei einigen Kommentaren stellen die VPN allerdings selbst explizit Verbindungen zwischen Sprache und der Variable Glaubwürdigkeit her:

– „Verfasser kann sich super artikulieren, man denkt dadurch automatisch das er Glaubwürdiger ist“
– „das schlechte Deutsch könnte dazu führen das man eher dazu geneigt ist, diese Aussage als unglaubwürdig einzustufen.“
– „Guter Satzbau und Details wirken professionell und glaubwürdiger“
– „Die Verfasserin wirkte aufgrund guter Rechtschreibung, Grammatik, Ausdruck zunächst glaubwürdig. Dennoch halte ich ihre Aussage nicht für glaubhaft, da ich nicht glaube, dass die Polizeibeamten sich getäuscht habe oder wider besseres Wissen den Ehemann beschuldigen. Die Verfasserin ist zwar für die Fallschilderung kompetent, denn sie war ja anwesend, sie entscheidet sich aber offensichtlich für die Falschaussage, um ihren Ehemann zu schützen.“
– „Schriftliches Ausdrucksvermögen ist sehr gut, aber ohne die Möglichkeit zu Rückfragen und visuelle Eindrücke fällt es mir persönlich schwer, die Glaubhaftigkeit segmentiert zu betrachten. Ich merke, dass ich geneigt bin, einer guten Ausdrucksweise eher zu glauben und das erschreckt mich ehrlich gesagt gerade etwas.“
– „Trotz der Rechtschreibfehler wird der Sachverhalt glaubhaft dargestellt. Es wirkt, als hätte der Zeuge den SV so erlebt.“

Aus den Kommentaren kristallisieren sich zwei zentrale Argumentationsmuster heraus: Einige VPN geben an, einer Aussage aufgrund der (‚guten‘) Sprache Glauben zu schenken, einige VPN geben an, einer Aussage trotz der (‚schlechten‘) Sprache Glauben zu schenken. Es werden sowohl kausale als auch konzessive Relationen zwischen Sprache und dem Eindruck von Glaubwürdigkeit hergestellt. Dabei demonstriert insbesondere die explizite Thematisierung einer konzessiven Relation zwischen Sprache und Glaubwürdigkeit, dass die VPN ein Bewusstsein für den ggf. eindrucksverzerrenden Effekt der sprachlichen Beschaffenheit haben. Sie antizipieren die Beeinflussbarkeit durch Sprache anhand ihres im Laufe der Sozialisation erworbenen Sprachwissens (siehe Kapitel 2.1.2, vgl. auch Ziegler 2021). Dazu finden sich z.T. auch explizite Benennungen von Reflexionsprozessen zur eigenen

Einstellungsbildung: „Ich merke, dass ich geneigt bin, einer guten Ausdrucksweise eher zu glauben und das erschreckt mich ehrlich gesagt gerade etwas." Es ist erwähnenswert, dass dieser Kommentar von einer VPN der VPN-Gruppe$_{\text{POL}}$ stammt, das heißt von einer Person, die berufsbedingt wahrscheinlich regelmäßig mit schriftlichen Aussagen konfrontiert ist. In diesem Zusammenhang wäre es denkbar, dass derartige Reflexionsprozesse erst durch die Vergleichbarkeit bei der Konfrontation mit mehreren Stimuli angeregt werden – bei der Teilnahme an der Studie rezipierten die VPN 10 Aussagen mit unterschiedlichen sprachlichen Oberflächen innerhalb von ungefähr 20 Minuten. In der Realität der Ermittlung ist dies vermutlich nicht der Fall – zumal Ermittlungsakten in der Regel weitaus weniger sVA pro Vorfall beinhalten (die 57 für die vorliegende Arbeit gesichteten Unfallakten enthielten in der Regel zwei bis drei Aussagen).

Weitere Rückschlüsse auf die Wirkmechanismen der Bildungssprache auf Spracheinstellungen lassen sich aus den Anmerkungen zu mutmaßlichen Eigenschaften des Verfassers ziehen. Anhand der in der Aussage verwendeten Sprache bzw. anhand der sprachlichen *cues* schlossen die VPN etwa auf den Bildungsstand oder auf die soziale Stellung der Aussagenden:

- „sozial randständig"
- „Falsche Schreibweisen lassen auf geringen Bildungsstand stehen"
- „unteres Bildungsniveau"
- „Der Zeuge wirkt aufgrund Rechtschreibung, Grammatik und Ausdruck gebildet"

Mit diesen Anmerkungen liegt nah, dass Bildungssprache nicht nur kommunikativ-funktional auf die Rezeption eines konkreten Kommunikats einwirkt, sondern darüber hinaus auch in ihrer sozialsymbolischen Dimension zum Ausweis des Verfassers selbst wird. Eine derartige Interpretation legen beispielsweise die Ergebnisse des folgenden Aussagenpaars nah.

**Tab. 23:** Gegenüberstellung $A1_{WBS\_auth}$ & $A1_{BS\_manip}$

| $A1_{WBS\_auth}$ | $A1_{BS\_manip}$ |
|---|---|
| Am Freitag, den 12.5.20 sind wier mit [Name1] vom meiner Freundin aus nach Hause gefahren. Als wir angehalten haben, standen die Polizisten plötzlich neben uns und behaupteten, dass [Name1] gefahren ist. Die Polizisten überprüften die Sietzposition des Fahrersitzes, die aber zu [Name2] passte. Hätte sich [Name1] so hiengesetzt so musste er aber mit den Knieen lenken. | Am Freitag, den 12.5.20, fuhren wir mit [Name1] von der Wohnung meiner Freundin zu mir. Als wir anhielten, standen Polizeibeamte neben uns und konfrontierten uns mit dem Vorwurf, [Name1] sei gefahren. Im Anschluss begutachteten die Polizisten die Sitzposition des Fahrersitzes, die allerdings [Name2] entsprach. Wenn [Name1] in einer derartigen Position gesessen hätte, hätte er das Fahrzeug mit den Knieen lenken müssen. |

Die bildungssprachliche Aussageversion erreicht eine höhere Glaubwürdigkeitsbewertung als die vergleichsweise weniger bildungssprachliche Version (VPN-Gruppe$_{POL}$ M=4.07 bei $A1_{BS\_manip}$ und M=3.22 bei $A1_{WB\_Sauth}$, VPN-Gruppe$_{STUD}$ M=4.72 bei $A1_{BS\_manip}$ und M=4.28 bei $A1_{WBS\_auth}$). Für die Interpretation des Bewertungsunterschiedes sind vor allem die folgenden Aspekte interessant: Es wurde an einem Fallbeispiel bereits dargelegt, dass Bildungssprache zu Glaubwürdigkeit führt, weil sie erstens mit einer Objektivierierung einhergeht und damit mit einer vermeintlichen Abwesenheit von persuasiven Intentionen assoziiert wird und zweitens, weil sie die Nachvollziehbarkeit einer Darstellung fördert. Diese beiden Gründe müssen durch einen dritten ergänzt werden, denn bei Aussagenpaar A1 führt die bildungssprachliche Manipulation weder zu einer Neutralisierung der Positionierung noch zu einer höheren Nachvollziehbarkeit. Die explizite Positionierung – für den beschuldigten Fahrer und gegen die Behauptung der Polizisten vor Ort – wurde auch in der manipulierten bildungssprachlichen Version beibehalten. In der weniger bildungssprachlichen Version sind zwar orthographische Fehler enthalten, die die Nachvollziehbarkeit aber nicht beeinträchtigen. Dass es dennoch einen Bewertungsunterschied zwischen zwei inhaltlich identischen Aussagen gibt, die sich weder in puncto der Nachvollziehbarkeit noch in puncto der Befangenheit sonderlich voneinander unterscheiden, kann als Indiz darauf gedeutet werden, dass das *Prestige* des Kommunikators besonders ausschlaggebend ist. Der Aussagende wird, wie besonders bereits genannten Beispiele zu den Eindrucksbegründungen illustrieren – hinsichtlich für die Fallrekonstruktion eigentlich irrelevanter Merkmale eingeschätzt. Damit kommt die sozialsymbolische Funktion von Bildungssprache zum Tragen. Das Prestige des ‚Gebildet-Wirkens' begünstigt Glaubwürdigkeitszuschreibungen, die Vermutung eines geringen Bildungsstandes schmälert sie wiederum. Bemerkenswert ist dazu auch, dass es sich bei den beiden Versionen um ein Aussagenpaar handelt, bei dem die bildungssprachliche Dichte nicht bemerkenswert erhöht wurde (von 33.33% in der authentischen Version auf 40.98% in der manipulierten Version). Daran zeigt sich, dass nicht nur die Frequenz, sondern vor allem auch die Qualität der Merkmale eine Rolle bei der Eindrucksbildung spielt. Es fehlen Vergleichswerte, um zu eruieren, ob sprachliche Fehler, wie sie in der authentischen Version enthalten sind, ggf. einen besonders glaubwürdigkeitsschmälernden Effekt haben. Diese Annahme kann aber insofern als naheliegend gelten, als unter den Stichpunkten zur Eindrucksbegründung besonders oft die Orthographie des Verfassers vermerkt wurde. Aus dem Aussagenpaar A1 geht ein weiterer, außersprachlicher aber dennoch erwähnenswertes Attributionskriterium hervor: Während die VPN der VPN-Gruppe$_{\text{POL}}$ sich bei Involviertheit der Polizei vor Ort des Vorfalls in der Regel dem Vorwurf der Polizei anschloss („Polizei behauptet nicht ‚plötzlich' was"), verhält es sich bei den Studierenden z.T. gegenteilig und sie solidarisieren sich mit dem Beschuldigten (z.B. „Ja warum denn nicht? Also die Aussage klingt nach Polizist*innen, die Langeweile hatten und das kommt ja schon irgendwie vor"). Dieser Effekt kann auf die von der einschlägigen Forschung identifizierte Solidarisierungseffekte durch *in- oder out-group-Zugehörigkeiten* zurückgeführt werden. Bei der VPN-Gruppe$_{\text{POL}}$ handelt es sich um *in-group-members*; sie sind dementsprechend eher geneigt den Vorwürfen der in der Aussage erwähnten Polizisten anzuschließen. Derartige Solidarisierungseffekte greifen bei den Studierenden als *out-group-member* nicht (siehe auch Kapitel 3.3.2 zum Effekt von in- oder out-group-Zugehörigkeiten). Ein weiterer Einflussmechanismus – die *Rolle der sprachlichen Angemessenheit* – lässt sich besonders gut an dem folgenden Beispiel veranschaulichen:

**Tab. 24:** Gegenüberstellung A9$_{\text{WBS_auth}}$ & A9$_{\text{BS_manip}}$

| **A9$_{\text{WBS_auth}}$** | **A9$_{\text{BS_manip}}$** |
|---|---|
| Am Montag, 9.04.2020 gegen 16:15-16:30 habe ich mein Auto für kurze Zeit in der [Straßenname] abgestellt. Mein Bruder und ich wollten zügig ins Haus laufen, da es ziemlich doll geregnet hat. Als wir die Hofeinfahrt erreicht hatten, bemerkte ich, dass der Autofahrer bereits zügig, rückwärts den Hof verlassen hat. Als wir im Garten richtung Haustür rannten, hörte ich ein lautes Knallen. | Am Montag, den 09.04.2020, schätzungsweise zwischen 16:15 und 16:30 Uhr, stellte ich mein Fahrzeug vorübergehend in der [Straßenname] ab. Aufgrund des starken Regens wollten mein Bruder und ich zügig ins Haus laufen. Als wir die Einfahrt des Hofes erreicht hatten, bemerkte ich, dass ein Autofahrer, zügig rückwärtsfahrend, den Hof verließ. Als wir durch den Garten in Richtung der Haustür eilten, vernahm ich einen lautstarken Knall. |

Die Glaubwürdigkeit der manipulierten Aussage wurde von den Studierenden als signifikant höher eingeschätzt als die Glaubwürdigkeit der authentischen Aussage. Besonders auffällig ist auch die sehr hohe Effektstärke (d=1.05). Zur Begründung der Einschätzung wurde etwa die „etwas einfache Sprache“ oder die Passage „doll geregnet“ angeführt. Eine mögliche Erklärung des negativen Einflusses eben dieser „einfache[n]“ Sprache ist ein Bruch mit den Registeranforderungen der kommunikativen Situation. Auch bei anderen Aussagen wird häufig auf die Angemessenheit oder Unangemessenheit der Sprache verwiesen; es wird verwiesen auf „umgangssprachlich[e]“ Äußerungen oder auf das Versäumnis einer angemessenen Sprache („Keine Mühe gegeben eine ordentliche Formulierung zu wählen“). Die evaluative Perspektive auf den gewählten Sprachduktus in den Aussagen kann als Hinweis auf bestehende Erwartungshaltungen an die Wahl sprachlicher Mittel gedeutet werden. Der Bruch mit den Registeranforderungen wird zu einer *violation of language expectancy* und führt so zu einer Abnahme der Glaubwürdigkeit (zur Rolle von Erwartungen bei der Glaubwürdigkeitsattribution und zur *language expectancy violation theory* in Kapitel 3.4.3). Die situative Angemessenheit erklärt unter Umständen auch, warum, wie im Folgenden aufzuzeigen ist, nicht alle bildungssprachlichen Mittel zu einer erhöhten Glaubwürdigkeit führen.

Als weiteres interessantes Beispiel für den Einfluss von Bildungssprache auf die Glaubwürdigkeitsattribution und vor allem auch dafür, wie Bildungssprache nicht nur die Einschätzung der Aussage, sondern auch die Einschätzung eines Aussagenden beeinflussen, ist Vorfall A6 anzuführen. Bei dem Aussagenpaar A6 handelt es sich um den einzigen Vorfall, bei dem die simplifizierte Aussageversion mit der geringeren BSD eine signifikant höhere Glaubwürdigkeitszuschreibung durch die VPN-Gruppe$_{\text{POL}}$ erfahren hat (für die VPN-Gruppe$_{\text{STUD}}$ besteht für diese Aussage kein signifikanter Unterschied und die bildungssprachliche Version erhält einen etwas höheren Wert).

**Tab. 25:** Gegenüberstellung $A6_{BS\_auth}$ & $A6_{WBS\_manip}$

| $A6_{BS\_auth}$ | $A6_{WBS\_manip}$ |
|---|---|
| Es gab einen Wortwechsel, in dem Herr [Name1] darauf hinwies, dass es sich um einen mit Bahn comfort-Status ausgewiesenen Platz handle. Herr [Name1] fragte, ob der Herr [Name2] einen solchen Status besitze. Es war wohl eine rhetorische Frage, denn Herr [Name1] beantwortete die Frage selbst, indem er erklärte, er besitze einen solchen Status. An weitere Wortwechsel kann ich mich nicht erinnern bis zu der Passage, die ich sehr genau gehört habe, weil zum ersten Mal ein eindeutig pejoratives Wort (*dämlich*) gefallen ist. [...] Unmittelbar darauf hörte ich das Geräusch eines Schlags (onomatopoetisch: *klatsch*). Es klang nicht nach einem herabfallenden oder pendelnden Gepäckstück, sondern nach dem Aufprall einer Hand oder Faust auf eine nur dünn oder nicht bekleidete Körperstelle. Ich empfand den oben in direkter Rede wiedergegebenen Dialog nicht als beleidigend. Der Verweis auf die ‚Dämlichkeit' im Handeln des jeweils anderen war m. E. das Resultat einer gereizten Stimmung, die von beiden Seiten interaktiv hervorgerufen wurde. | Es hat eine Diskussion gegeben und Herr [Name1] hat gesagt, dass es ein Platz mit Bahn comfort-Status ist. Herr [Name 1] hat gefragt, ob Herr [Name2] so einen Status hat. Herr [Name1] wollte anscheinend gar keine Antwort darauf, denn er beantwortete die Frage selbst und erklärte, dass er so einen Status hat.<br>Ich kann mich nicht mehr an mehr Worte erinnern, bis zu dem Teil, den ich sehr genau gehört habe, weil zum ersten Mal ein schlimmes Wort (dämlich) kam. [...] Direkt danach habe ich einen Schlag gehört (klatsch). Es hat sich nicht nach einem runtergefallenen Koffer angehört, eher nach einer Hand oder Faust auf eine Körperstelle. Ich fand den Dialog oben nicht frech. Das Wort ‚Dämlichkeit' wurde bestimmt nur gesagt, weil die Stimmung gereizt war und daran waren beide schuld. |

Mit d=0.68 zeigt sich ein mittlerer bis starker Effekt der Manipulation zwischen den beiden Aussagen. Eine qualitative Analyse der Einschätzungsbegründung zeigt, dass nicht alle bildungssprachlichen Merkmale sich positiv auf das Empfinden von Glaubwürdigkeit auswirken. Während einige VPN die sprachliche Güte der bildungssprachlichen Version $A6_{BS\_auth}$, die durch zahlreiche *Fremd- und Fachtermini* auffällt, herausstellen (z.B. „Sehr guter Ausdruck", „Gute Wortwahl"), geben andere VPN demgegenüber an, die Wortwahl für unangebracht zu halten:

- „Beschreibt den Vorfall sehr detailliert. Allerdings lässt der Ausdruck einnwenig inkompetent, da eine einfache Sprache angebrachter wäre."
- „Übertrieben gewählte Aussprache"
- „Überzogene Wortwahl aber aufgrund Detaildichte glaubwürdig und glaubhaft"
- „Auf Grund des Sprachduktus ergibt sich mir der Eindruck eines Wichtigtuers, der zudem Form über Inhalt stellt."

Das Ergebnis einer Abnahme des Glaubwürdigkeitsempfindens bei einem exzessiven Gebrauch von Fremd- und Fachtermini ist vereinbar mit den Ergebnissen von Thon/Jucks (2017), die am Beispiel der Kommunikation in Gesundheitsforen feststellen, dass allgemein verständliche Begriffe als glaubwürdiger empfunden werden als medizinische Fachbegriffe (z.B. „myocardinal infarction“ vs. „heart attack“, zur Vorstellung der Studie siehe Kapitel 3.4.2.2). Mögliche Ursachen des glaubwürdigkeitsschmälernden Effektes sind die Unterstellung persuasiver Absichten oder eine Abnahme der Vertrauenswürdigkeit durch eine mangelnde kommunikative Kooperativität und die mangelnde Berücksichtigung der kommunikativen Bedürfnisse des Adressaten. Auch dieses Ergebnis kann allerdings nicht zwingend als generalisierbar gelten, denn anders als bei der VPN-Gruppe$_{POL}$ hat die authentische Aussage 6 mit den auffällig vielen bildungssprachlichen Mitteln von der VPN-Gruppe$_{STUD}$ mehr Glaubwürdigkeit zugeschrieben bekommen als das simplifizierte Pendant (M=5.75 vs. M=5.47). Die Studierenden merken den häufigen Einsatz von Fremd- und Fachtermini (u.a. auch negativ) an; dies wirkt sich, wie die quantitativen Resultate belegen, allerdings nicht negativ auf die Glaubwürdigkeitsbewertung aus:

- „Zwar gutes Deutsch aber bei einem Streitgespräch hört man genauer zu Seine Kenntnisse des deutschen täuschen hier darüber hinweg, dass er eig nichts mitbekommen hat“
- „Naja, das passiert wohl, wenn Germanist*innen eine Zeugenaussage machen müssen, da haut man schon mal alles an Fachbegriffen raus“
- „Viel zu viele sehr ungebrauchliche Fachausdrücke“

Die Interpretation der Ergebnisse zu A6 legen zwei Gesichtspunkte nah: Erstens unterscheidet sich der Effekt bildungssprachlicher Mittel auf die Glaubwürdigkeitsbewertung je nach Rezipientenkreis. Zweitens könnten unterschiedliche bildungssprachliche Mittel unterschiedliche Effekte auf die Glaubwürdigkeitsattribution erzielen: Während die Merkmale sich in der Regel positiv auf die Zuschreibung von Glaubwürdigkeit auswirken, verhält es sich mit Fachbegriffen gegenteilig und sie führen eine negative Bewertung herbei.

### 8.4.2 Kompetenzbewertung

Für die Variable der Kompetenz konnten signifikante Bewertungsunterschiede zwischen der Textgruppe$_{WBS}$ und der Textgruppe$_{BS}$ verzeichnet werden (VPN-Gruppe$_{POL}$ p=<0.001, d=0.68, VPN-Gruppe$_{STUD}$ p=<0.001, d=0.68). Die Hypothese H 2.1 kann mit diesem Ergebnis angenommen werden:

H 2.1: Es besteht ein Bewertungsunterschied hinsichtlich des Eindrucks von Kompetenz zwischen schriftlichen Aussagen mit bildungssprachlichem Duktus und Aussagen, die als vergleichsweise weniger bildungssprachlich zu bezeichnen sind.

Der Einsatz bildungssprachlicher Merkmale erzielt auf die Dimension ‚Kompetenz' im Vergleich zu den anderen beiden Variablen ‚Glaubwürdigkeit' und ‚Vertrauenswürdigkeit' den größten Effekt. Das zeigt sich zum einen an der vergleichsweise hohen, insgesamt mittleren bis starken Effektstärke von d=0.68 (bei beiden VPN-Gruppen) und vor allem auch mit Blick auf die Einzelauswertung der Aussagenpaare: Für *jedes* Aussagenpaar gilt, dass die bildungssprachliche Version höhere Kompetenzwerte erreicht hat als die weniger bildungssprachliche Version und für beide VPN-Gruppen gilt, dass diese Unterschiede in jeweils acht von zehn Fällen signifikant sind. Die beiden VPN-Gruppen unterscheiden sich zwar nicht in dem Aspekt, dass sie der bildungssprachlichen Aussageversion höhere Kompetenzbewertungen zukommen lassen; die VPN-Gruppe$_{STUD}$ vergibt im Durchschnitt aber höhere Bewertung als die VPN-Gruppe$_{POL}$. Die Korrelationsanalyse hat gezeigt, dass die Variable ‚Kompetenz' in engem Zusammenhang mit der Variable ‚Glaubwürdigkeit' steht. Für die VPN-Gruppe$_{POL}$ liegt die Korrelation bei r=0.72, für die VPN-Gruppe$_{STUD}$ bei einem gleichermaßen starken Zusammenhang von r=0.76. Mit diesen hohen Werten kann auch Hypothese 2.3 angenommen werden:

H 2.3: Der Eindruck von Glaubwürdigkeit korreliert mit dem Eindruck von Kompetenz.

Ein vergleichbarer, geringfügig höherer Zusammenhang besteht zwischen der Kompetenz- und der Vertrauenswürdigkeitsbewertung (r=0.78 bei beiden VPN-Gruppen). Den statistischen Werten selbst lassen sich keine Wirkrichtungen entnehmen; es können keine Aussagen darüber getroffen werden, ob eine hohe Kompetenzbewertung etwa eine hohe Glaubwürdigkeitsbewertung herbeigeführt hat oder, ob sich die VPN ggf. einen zunächst einen Eindruck von Glaubwürdigkeit machen und daraus wiederum die Kompetenz zum Verfassen einer Aussage ableiten. Unter Berücksichtigung der Eindrucksbegründungen ist jedoch davon auszugehen, dass die Kompetenz den Glaubwürdigkeitswert beeinflusst: In den Eindrucksbegründungen wurde am häufigsten das Kriterium der Sprache benannt. Darunter finden sich wiederum hauptsächlich Kommentare, die die Sprachkompetenz des Aussagenden evaluieren. Die VPN selbst geben also an, dass die Sprachkompetenz an mutmaßlicher Indikator für die Glaubwürdigkeit ist; es finden sich keine Anmerkungen, in denen Glaubwürdigkeit oder Vertrauenswürdigkeit als Indiz für Kompetenz benannt werden. Dazu ist allerdings darauf hinzuweisen, dass die beiden VPN-Gruppen teilweise mit unterschiedlichen Auslegungen des Kompetenzbegriffes operieren. Während die Studierenden die Frage nach der Kompetenz des

Verfassers zum Schreiben einer Aussage mit seiner sprachlichen Kompetenz gleichsetzen, begründet die VPN-Gruppe$_{POL}$ ihre Bewertung der Variable ‚Kompetenz' differenzierter. Unter den Anmerkungen zur Kompetenz des Verfassers finden sich bei der VPN-Gruppe$_{POL}$ zwar ebenfalls Kommentare zur Sprachkompetenz, zusätzlich aber auch Anmerkungen zum angenommenen Wissenstand des Aussagenden bezüglich aufklärungsrelevanter Fakten. Beispiele für Anmerkungen der VPN-Gruppe$_{POL}$ zur Kompetenzbewertung – sowohl im Zusammenhang mit der Sprachkompetenz als auch im Zusammenhang mit dem Wissensstand – sind die folgenden (alle Hervorhebungen durch J.S.):

– „Zeuge wirkt aufgrund Rechtschreibung, Grammatik und Ausdruck gebildet. Er ist augenscheinlich unbeteiligt, ein Interesse zur Falschaussage dürfte er nicht haben. *Er ist Zeuge vom Hören und Sehen und daher für die Fallschilderung kompetent.*"
– „Glaubhaft, da es sich bei der Schilderung um die Wahrnehmung der einzelnen Person handelt. *Wenig kompetent, da die Person lediglich ein „Knallzeuge" ist.* Wenig vertrauenswürdig, da in Abwägung der Anonymität der Person und der Sache selbst der Vertrauensvorsprung geringer einzustufen ist."
– „Die Informationen lassen für mich nur einen bedingten Rückschluss zu. *Satzbau, Schreibfehler etc. zwingen zum mehrmaligen Lesen*, erst dann wird das Geschilderte nachvollziehbar. *Darunter leidet die vermutete Kompetenz.*"
– „Nachvollziehbare Schilderung, allerdings aufgrund der *schlechten Rechtschreibung und Ausdrucksschwäche* sicher ungeeignet für einen reinen Anhörbogen. Eine Nachvernehmung scheint hierdurch evtl. erforderlich."

Wie vor allem aus der letzten Anmerkungen hervorgeht, muss die VPN-Gruppe$_{POL}$ die Sprachkompetenz eines Aussagenden beurteilen, um daraus wiederum abzuleiten, ob ergänzend zur Vernehmung auf dem Schriftweg ggf. eine mündliche Vernehmung durchzuführen ist (siehe dazu auch Interview zur Vernehmungspraxis in Kapitel 6).

Ein Fallbeispiel, bei dem die Textmanipulation zu einem besonders großen Bewertungsunterschied geführt hat, ist das Aussagenpaar A7. Bei beiden VPN-Gruppen erreicht die bildungssprachliche Version jeweils den insgesamt höchsten Kompetenzwert (M=5.91 bei der VPN-Gruppe$_{POL}$ und M=6.22 bei der VPN-Gruppe$_{STUD}$). Bei A7 handelt es sich um ein Aussagenpaar, für das vergleichsweise viele Eingriffe vorgenommen wurden; die BSD wurde von 34.04% auf 21.18% reduziert.

**Tab. 26:** Gegenüberstellung $A7_{BS\_auth}$ & $A7_{WBS\_manip}$

| **$A7_{BS\_auth}$** | **$A7_{WBS\_manip}$** |
|---|---|
| Mit diesem Schreiben möchte ich meine Schilderung zum gemeldeten Unfall mit der polizeilichen Vorgangsnummer [Nummer] vervollständigen. Der Unfallhergang: Am Dienstag, 13.09.16, gegen 18 Uhr stand ich mit dem Roller in der [Straßenname1] an der Mündung zur [Straßenname2] und wartete auf eine Gelegenheit links abbiegen zu können. Nach einiger Zeit blieb Herr [Name1] in einem silber-/champagnerfarbenen Familienauto an der gestrichelten Linie stehen und signalisierte mir, dass ich nun abbiegen könne. Daraufhin fuhr ich los. Im selben Moment entschloss sich der Fahrer des schwarzen Golfs, Herr [Name], welcher sich hinter besagtem Herrn befand, ihn zu überholen. | Ich möchte hiermit meine Aussage zu dem Unfall ergänzen. Am Dienstag, 13.09.16 gegen 18 Uhr habe ich mit dem Roller in der [Straßenname1], Ecke [Straßename2] gewartet, bis ich links abbiegen kann. Nach paar Minuten ist ein Mann in einem silbernen Auto an der Linie stehengeblieben und hat mir gewunken, dass ich jetzt abbiegen kann. Dann bin ich losgefahren. Hinter dem silbernen Auto war ein schwarzes Auto. In dem Moment hat sich der Fahrer von dem schwarzen Golf Herr [Name2] entschieden, den Herrn [Name1] zu überholen. |

Für die beiden Aussageversionen liegt nicht nur in quantitativer Hinsicht ein auffälliger Unterschied vor, auch die Bewertungsbegründungen unterscheiden sich bei beiden Versionen sehr stark voneinander. Unter den Kommentaren zu der bildungssprachlichen Version findet sich etwa die Anmerkung „Aufbau der Aussage fast analog eines polizeilichen Berichtes. Wirkt kompetent und zielgenau". Dieser Kommentar kann womöglich als Hinweis auf positive Effekte von *Ähnlichkeiten bzw. von Gemeinsamkeiten* gedeutet werden. Gemeinsamkeiten zwischen Rezipient und Kommunikator können die Glaubwürdigkeitsattribution positiv beeinflussen (Hovland et al. 1953: 22, siehe dazu auch Kapitel 3.3.2). Der Kommunikator wird als *in-group-member* eingeordnet (siehe dazu auch Diskussion der Rolle von *in- und out-group-Zuordnungen* in Kapitel 8.4.1, Phua 2016). Der Verfasser von $A7_{BS\_auth}$ spricht die ‚Sprache der Polizei' und erhält daher hohe Kompetenz- und Glaubwürdigkeitsbewertungen. Unter den Kommentaren zur weniger bildungssprachlichen Aussage $A7_{WBS\_manip}$ finden sich zwar keine expliziten Kommentare zur Sprachkompetenz; es wurde aber auffällig oft bemängelt, dass es sich um eine Ergänzung handelt. *Beide* VPN-Gruppen merkten an, dass Ergänzungen als Indiz von Unglaubwürdigkeit zu werten sind:

- „Nachträgliche Angaben sind oft kritisch zu betrachten"
- „Eine Ergönzung einer so wesentlichen Information sprichr dafür, dass es sich um eine taktsiche eigennützige Aussage handelt."
- „Rechtfertigungsversuch- Nachtrag zur ursprünglichen Aussage: Warum wurde das nicht gleich gesagt?- Verkehrssituation verständlich beschrieben"

- „Warum ergänzen? Hätte er von vornherein angeben können“
- „Nachträgliche Rechtfertigung?“
- „Man wartet selten mehrere MinutenDieses wesentliche Detail des Überholens wäre bereits bei Aussage 1 wiedergegeben worden“
- „Ergänzungen wecken Unglaubwürdigkeit“

Es ist hervorzuheben, dass bezüglich der bildungssprachlichen Aussageversion in keinem Kommentar vergleichbare Zweifel geäußert wurden, obwohl beide Aussagen den Akt des Ergänzens explizit benennen („Mit diesem Schreiben möchte ich meine Schilderung zum gemeldeten Unfall mit der polizeilichen Vorgangsnummer [Nummer] vervollständigen.“ vs. „Ich möchte hiermit meine Aussage zu dem Unfall ergänzen“). Auch wenn Vervollständigungen und Ergänzungen semantisch nicht vollständig deckungsgleich sind – durch den Akt des Vervollständigens wird ein finaler Zustand erreicht, durch Ergänzungen demgegenüber nicht zwingend – mag es durchaus verwundern, dass der weniger bildungssprachlichen Version durch Nachträglichkeit der Aussage derartige Zweifel entgegenkommen und die Vervollständigung in der bildungssprachlichen Version sich wiederum keiner Skepsis ausgesetzt sieht. Mit Rückgriff auf bestehende Erkenntnisse kann dieser Effekt anhand von zwei Mechanismen erklärt werden:

Der Eindruck eines hohen Informationsgehaltes, etwa durch erhöhte Satzlängen kann Glaubwürdigkeitszuschreibungen begünstigen (vgl. D’Angelo/Toma 2015 *uncertainty reduction theory*, siehe auch Interpretation der Variable ‚Glaubwürdigkeit‘ in Kapitel 8.4.1). Die vergleichsweise höhere Satzlänge des bildungssprachlichen Einleitungssatzes sowie die zusätzlichen Informationen wie die Angabe der Vorgangsnummer mindern in dieser Hinsicht – auch wenn diese Details eigentlich nicht nur Falldarstellung beitragen – ggf. die Zweifel, die der Akt des Ergänzens hervorruft.

Dass die Ergänzung in der weniger bildungssprachlichen Version als glaubwürdigkeitsschmälernd empfunden wird und in der bildungssprachlichen Version im Gegensatz dazu nicht, könnte allerdings auch ein Hinweis auf eine *Einstellungsrationalisierung* sein. Die Theorie der Rationalisierung besagt, dass Einstellungsträger sich konative Komponenten, die nicht mit ihrem Selbstbild und ihren Werten vereinbar sind zur Verringerung kognitiver Dissonanzen, nachträglich rationalisieren, indem sie ihre Entscheidung einem mutmaßlich rationalen Grund zuschreiben (siehe dazu Einstellungstheorie in Kapitel 2.1.1). In dem Fallbeispiel könnte dies beispielsweise bedeuten, dass die VPN den ggf. Unsicherheiten hervorrufenden kurzen Sätzen in Aussage $A7_{WBS\_manip}$ eine Ablehnung empfinden, die ihnen aber nicht zugänglich ist und sie deshalb nach anderen rationalen Gründen für ihre

Entscheidung suchen, um ihr Selbstbild zu wahren (siehe auch *ego defensive function* von Einstellungen in Kapitel 2.3).

### 8.4.3 Vertrauenswürdigkeitsbewertung

Für die Variable ‚Vertrauenswürdigkeit' zeigte sich ebenfalls, dass die Textgruppe$_{BS}$ höhere Bewertungen erfahren hat als die Textgruppe$_{WBS}$. Für beide VPN-Gruppen sind die Ergebnisse signifikant (VPN-Gruppe$_{POL}$ $p=<0.001$, $d=0.4$, VPN-Gruppe$_{STUD}$ $p=<0.001$, $d=0.33$). Die Hypothese H 2.2 eines vertrauenswürdigkeitsfördernden Effekts von Bildungssprache kann mit diesem Ergebnis angenommen werden:

> H 2.2: Es besteht ein Bewertungsunterschied hinsichtlich des Eindrucks von Vertrauenswürdigkeit zwischen schriftlichen Aussagen mit bildungssprachlichem Duktus und Aussagen, die als vergleichsweise weniger bildungssprachlich zu bezeichnen sind.

Die Einzelanalyse der Aussagenpaare ergab, dass bezüglich der Vertrauenswürdigkeit *häufiger* signifikante Unterschiede zwischen den einzelnen Aussagepaaren erzielt wurden als bezüglich der Variable ‚Glaubwürdigkeit'. Bei der VPN-Gruppe$_{POL}$ ist die Bewertungsdifferenz in sieben von zehn Fällen signifikant, bei der VPN-Gruppe$_{STUD}$ in fünf von zehn. Zwei weitere Unterschiede zeichnen sich bei einem Vergleich der beiden VPN-Gruppen ab: Bei der VPN-Gruppe$_{POL}$ ist die durchschnittliche Effektstärke mit $d=0.4$ leicht höher als bei der VPN-Gruppe$_{STUD}$ mit $d=0.33$. Die VPN-Gruppe$_{POL}$ vergibt im Durchschnitt etwas geringere Werte ($M=4.24$) als die Studierenden ($M=4.85$). Ein Beispiel für ein Aussagenpaar, für das bei beiden VPN-Gruppen ein signifikanter Unterschied mit sehr starker Effektstärke erzielt werden konnte, ist A2.

**Tab. 27:** Gegenüberstellung A2$_{WBS_auth}$ & A2$_{BS_manip}$

| **A2$_{WBS_auth}$** | **A2$_{BS_manip}$** |
|---|---|
| beim vorbeifahren mit dem Rad, akustisch bemerkt, das der silberne Audi beim zurücksetzen den dunkelen VW touchiet hat. Der Audifahrer dann quer vor den VW gefahren und hat, so wirkte es, aus dem Fenster geschaut. Ich selbe bin erst noch weiter gefahren und habe dann festgestellt das der Audi weiterfährt. | Als ich mit dem Rad vorbeifuhr, bemerkte ich akustisch, dass der silberfarbene Audi beim Zurücksetzen den dunklen VW touchiert hatte. Der Fahrer des Audis fuhr daraufhin quer vor den VW und schaute – so hatte ich den Eindruck – aus dem Fenster. Ich selbst fuhr zunächst weiter und stellte dabei fest, dass der Audi ebenfalls seine Fahrt fortsetzte. |

Bei der VPN-Gruppe$_{POL}$ kann der Effekt der Textmanipulation als besonders groß gelten: Es wurde bei diesem Aussagenpaar mit einer Erhöhung des Mittelwerts von M=4.01 Skalen-Punkten auf M=5.25 Punkten für die bildungssprachliche Version die höchste Bewertungsdifferenz erzielt (Effektstärke der Manipulation d=0.91). Während die VPN-Gruppe$_{POL}$ für die Aussage A2$_{WBS_auth}$ am häufigsten den Wert 4 vergab, erhielt die Aussage A2$_{BS_manip}$ den Modalwert 6. Es ist insofern bemerkenswert, dass ein derart großer Bewertungsunterschied zwischen den beiden Aussageversionen des Falls A2 besteht, als die Textmanipulation bei diesem Beispiel vergleichsweise wenige Eingriffe umfasste – in quantitativer Hinsicht wurde die bildungssprachliche Dichte von 28.39 % in der authentischen Aussage auf 34.48 % in der manipulierten Aussage erhöht. Auf Ebene der qualitativen Manipulation wurden vornehmlich Korrekturen in Bezug auf Syntax und Orthographie vorgenommen. Darin mag zum einen begründet liegen, dass es sich bei dem Aussagenpaar A2 ebenfalls um dasjenige handelt, bei dem bezüglich der Variable ‚Kompetenz' höchsten Differenzen zwischen den beiden Aussageversionen verzeichnet werden konnten. Zum anderen kann daraus aber auch abgeleitet werden, dass das Merkmal *‚Korrektheit'* einen größeren Einfluss auf die Einschätzung der Vertrauenswürdigkeit des Aussagenden hat, als die Frequenz bildungssprachlicher Merkmale (siehe dazu auch Interpretation der Variable ‚Kompetenz' in Kapitel 8.4.2). Obwohl die Bewertung der Vertrauenswürdigkeit in der Regel, wie berechnet wurde, stark mit der Kompetenz- und Glaubwürdigkeitsbewertung korreliert, liegt für das Aussagenpaar A2 bemerkenswerterweise keine signifikante Differenz bezüglich der Variable ‚Glaubwürdigkeit' vor. Aus den Eindrucksbegründungen geht stellenweise ebenfalls hervor, dass das Merkmal ‚Korrektheit' einen stärkeren Einfluss auf die Vertrauenswürdigkeitsbewertung eines Aussagenden als Person als auf die Bewertung der Glaubwürdigkeit als Eigenschaft eines Textproduktes erzielt.

– „Glubhaftigkeit und Komptenz (zur Fallschilderung) ohne Kontext schwer einzuschätzen, Vertrauenswürdigkeit aufgrund der Rechtschreibung etwas geringer."

Entgegen der mittels der Korrelation ermittelten, üblichen Tendenz, Glaubwürdigkeit und Vertrauenswürdigkeit gleichzusetzen bzw. ähnlich hoch oder niedrig zu bewerten, differenziert die VPN ihren Eindruck stark aus. Sie gibt an für die Glaubhaftigkeits- und Kompetenzbewertung mehr Informationen zu benötigen; ihre Vertrauenswürdigkeitsbewertung macht sie aber explizit an der Orthographie des Aussagenden fest.

Das Ergebnis, dass Bildungssprache stärker noch auf die Bewertung der Vertrauenswürdigkeit als Schreiber-Eigenschaft einwirkt als auf die Frage nach der Glaubwürdigkeit als Eigenschaft eines Kommunikats, eröffnet Fragen nach der

Hierarchie der Wirkmechanismen zwischen Bildungssprache und Spracheinstellungen (zur Variable ‚Vertrauenswürdigkeit' wurde gefragt: „Würden Sie *den/die Verfasser/in* als vertrauenswürdig einstufen?", zur Variable ‚Glaubhaftigkeit' wurde gefragt: „Würden Sie *die Aussage* als glaubhaft einstufen?"). Wenn die Einschätzung sprecherbezogene Eigenschaften stärker von dem Einsatz bildungssprachlicher Merkmale beeinflusst ist als die Einschätzung des Textproduktes, lässt sich wiederum davon ausgehen, dass die sprecherbezogene, sozialsymbolische Funktion einen stärkeren Effekt auf Einstellungen erzielt als die textbezogene, kommunikative Funktion. Rezipienten ziehen bildungssprachliche Merkmale heran, um sich ein Bild von einem Kommunikator machen. Sie bewerten den Kommunikator als positiv, wenn er sprachliche Anforderungen erfüllt und als negativ, wenn er an ihrer Erfüllung scheitert – es greift der Einstellungsbildungsmechanismus *des Prestiges*. Sprachen und Sprachverwendungsweisen sind sozial konnotiert und können dazu führen, dass einem Sprecher Prestige zu- oder abgesprochen wird (vgl. auch Begriff des ‚Sprachprestiges' und *social connotation hypothesis* in Kapitel 2.2). Dieses Prestige ist wiederum die Grundlage weiterer Bewertungen.

Auch VPN, die angeben keine Rückschlüsse von korrekter Rechtschreibung auf die Vertrauenswürdigkeit zu ziehen, zeigen mit ihrem Kommentar letztlich, dass sie ‚Korrektheit' als potenziellen Einflussfaktor auf die Bewertung antizipieren. Sie bescheinigen damit letztlich, dass das der Einfluss von Sprachevaluationen und Sprecherevaluationen ein fester Bestandteil des durch Sozialisation erworbenen Sprachwissens ist.

– „Nur weil jemand nicht die korrekte Rechtschreibung, heißt das ja nicht, dass jemand nicht vertrauensvoll ist."

Ein letzter Einflussmechanismus sei ebenfalls an A2 illustriert. Eine VPN merkte für die authentische, weniger bildungssprachliche Version an, dass Diskrepanzen zwischen der gewählten Lexik und der sonstigen (fehlerhaften) Sprachoberfläche auffallen:

– „Die Fehler in der Grammatik passen nicht zu Verwendung des Wortes touchiert"

Dieser Kommentar wirft Fragen nach der Wechselwirkung textinterner Merkmale auf und knüpft an die in Untersuchung 1 eröffnete Problematisierungen an: Die authentischen Aussagen sind nicht ‚einheitlich' bildungssprachlich. Es treten Abweichungen vom bildungssprachlichen Register auf – nicht nur, wie in Beispiel A2, in Form von Abweichung von der für Bildungssprache typischen Korrektheit, sondern auch in Form von umgangssprachlichen Formulierungen. Derartige Uneinheitlichkeiten können, wie der Kommentar der VPN zeigt, die Bewertung beeinflussen.

Darüber hinaus könnten auch textexterne Merkmale zu Wechselwirkungen führen. Mit Blick auf die *expectancy theory* (Kapitel 3.3.4), laut welcher Glaubwürdigkeitsbeurteilungen von der Erfüllung von rezipientenseitig antizipiertem Sprachverhalten eines Kommunikators beeinflusst werden können, könnte es nicht nur wichtig sein, welche sprachlichen Merkmale vorliegen, sondern auch, *von wem* sie stammen. Dies illustriert zum Beispiel der folgende Kommentar:

– „Hat die Person ggf. eine Migrationsbiografie o.ä., sodass dies einen Einfluss auf die Ausdrucksweise hat?"

In den Ermittlungsakten sind in der Regel mehrere Informationen zur Person des Aussagenden enthalten. Mit der Aussagenanforderung erhalten die Deliktbeteiligten Fragebögen, auf denen Informationen wie der Name, die Staatsbürgerschaft, der Beruf (und z.T. sogar das Einkommen[58]) eingetragen werden. Möglich wäre, dass diese Angaben die Erwartungen an sprachliche Merkmale lenken. So könnten aus der Angabe von Staatsbürgerschaften etwa Annahmen über die vermeintlich L1 der Person getroffen werden, was wiederum dazu führen könnte, dass man ihr Fehler im Deutschen eher ‚verzeiht' als einer Person, die als Beruf angibt, Deutschlehrer zu sein.

## 8.5 Untersuchung 2: Rückblick und Ausblick

Untersuchung 2 hat sich mit dem Einfluss von Bildungssprache auf die Glaubwürdigkeitsattribution bei der Vernehmung auf dem Schriftweg befasst und dazu die folgenden Forschungsfragen aufgestellt:

– F 2: Inwiefern beeinflussen Merkmale der Bildungssprache die Glaubwürdigkeitsattribution in Aussagen bei der Vernehmung auf dem Schriftweg?
– F 2.1: Inwiefern beeinflussen Merkmale der Bildungssprache den Eindruck von Kompetenz und den Eindruck und Vertrauenswürdigkeit?
– F 2.2: Inwiefern hängen der Eindruck von Glaubwürdigkeit, der Eindruck von Kompetenz und der Eindruck von Vertrauenswürdigkeit jeweils miteinander zusammen?
– F 2.3: Inwiefern unterscheidet sich die Bewertung der Aussagen durch Experten der Polizei von der Bewertung durch Laien?
– F 2.4: Wie begründen die Versuchspersonen ihre Einschätzung?

58 Informationen zum Einkommen können etwa angefordert werden, wenn im Falle einer Strafe individuelle Tagessätze festgelegt werden müssen.

Diese fünf Fragen seien zusammenfassend wie folgt beantwortet: Die mithilfe eines Semantischen Differentials ermittelten quantitativen Bewertungsunterschiede zwischen bildungssprachlichen und weniger bildungssprachlichen Aussagen haben belegen können, dass der Einsatz bildungssprachlicher Merkmale die Bewertung von Glaubwürdigkeit und auch von ihren beiden Subdimensionen ‚Kompetenz' und ‚Vertrauenswürdigkeit' positiv beeinflussen kann. Es bestehen – wie mit der einschlägigen Forschung anzunehmen war – starke Korrelationen zwischen den drei Bewertungsdimensionen ‚Glaubwürdigkeit', ‚Kompetenz' und ‚Vertrauenswürdigkeit'. Den größten Einfluss – sortiert nach der Effektstärke und der Frequenz signifikanter Unterschiede bei der Einzelauswertung – erzielt Bildungssprache auf die Kompetenzbewertung. In einer Gesamtauswertung zeigte sich, dass die bildungssprachlichen Aussageversionen in allen drei Bewertungsdimensionen signifikant höhere Werte auf der Skala des Semantischen Differentials zugeschrieben bekommen als die weniger bildungssprachlichen Aussageversionen. Einschränkend dazu ist anzumerken, dass sich dieses Ergebnis in einer Einzelauswertung der Aussagenpaare nicht bei allen Fällen widerspiegelte. Im Durchschnitt erhielten die bildungssprachlichen Versionen zwar höhere Bewertungen; die Bewertungsdifferenz zwischen den Aussageversionen ist allerdings nicht in allen Fällen groß genug, um als statistisch signifikant gelten zu können. Dies gilt für beide VPN-Gruppen, die sich in quantitativer Hinsicht vor allem dadurch unterscheiden, dass die VPN-Gruppe$_{STUD}$ im Vergleich zur VPN-Gruppe$_{POL}$ bezüglich aller drei Variablen signifikant höhere Werte vergibt. Wie ein Vergleich der Effektstärken ergab, unterscheiden sich die beiden Gruppen allerdings nicht erwähnenswert hinsichtlich der Bewertungsdifferenzen. Hintergründe des Einflusses von Bildungssprache auf Glaubwürdigkeitsattributionen lassen sich insbesondere aus den qualitativen Daten der Studie bzw. aus den von den VPN angegebenen Eindrucksbegründungen ableiten. Dabei stellte das Kriterium der Sprache das frequenteste Begründungskriterium dar – die VPN evaluierten die ‚Güte' der Sprache und nahmen auf Basis dessen ihre Einschätzung vor. Der positive Effekt bildungssprachlicher Merkmale auf das Empfinden von Glaubwürdigkeit ist u.a. zurückzuführen auf:

- *Prestige*: Die VPN zogen die sprachlichen Merkmale heran, um Rückschlüsse auf den sozialen Status eines Schreibers heran und vergaben eine höhere Punktzahl für ‚gebildet' wirkende Schreiber.
- *Objektivität:* Der Einsatz bildungssprachlicher Mittel führt zu Objektivierung, die eine vermeintlich neutrale Position bzw. die Abwesenheit persuasiver Absichten suggerieren. Dies kann Glaubwürdigkeitszuschreibungen insofern begünstigen, als die Rekonstruktion der Motivlage (insbesondere bei der VPN-Gruppe$_{POL}$) ein relevantes Bewertungskriterium darstellt.

- *Angemessenheit:* Die VPN äußerten eine Erwartungshaltung an die kommunikative Situation und Brüche mit dem Angemessenheitsempfinden, etwa durch umgangssprachliche Formulierungen, führten zu einer negativen Bewertung des Aussagenden.
- *Kommunikativ-funktionale Aspekte*: Der Einsatz von Bildungssprache führte zu einer gesteigerten Nachvollziehbarkeit der Darstellung.

Hervorzuheben ist dabei, dass der theoretisch antizipierte und mit der Untersuchung 2 auch empirisch belegte positive Einfluss von bildungssprachlicher Kompetenz auf die Glaubwürdigkeitszuschreibung nicht für alle bildungssprachlichen Merkmale gilt: Insgesamt kann durch das Studiendesign, bei dem die gegenübergestellten Stimulusobjekte lediglich in ihrer sprachlichen Oberfläche differierten, zwar die Feststellung getroffen werden, dass der Bewertungsunterschied tatsächlich auf die bildungssprachlichen Merkmale zurückgeführt kann, nicht aber, auf welches der Merkmale im Einzelnen. Die Relevanz dessen zeigte sich in den Einzelauswertungen der Aussagepaare, bei der am Beispiel einer Aussage ($A6_{auth\_BS}$) illustriert wurde, dass Verwendung der bildungssprachlichen Kategorie ‚Fachbegriffe' die Einschätzung eines Aussagenden negativ beeinflussen kann. Aussage A6 sticht die durch ihren häufigen Gebrauch von Fach- und Fremdtermini hervor (etwa „onomatopoetisch: klatsch"). Für diesen Fall ergab die quantitative Bewertungsdifferenz, dass die manipulierte, simplifizierte Version höhere Glaubwürdigkeitsbewertungen durch die Versuchspersonen der Polizei erhielt. Die $\text{VPN-Gruppe}_{POL}$ gab an, die Wortwahl für unangemessen zu halten; es fielen negative Kommentare zur Person des Aussagenden. Der glaubwürdigkeitsschmälernde Effekt zeigte sich demgegenüber nicht bei den Studierenden, die wiederum der bildungssprachlichen Version eine höhere Glaubwürdigkeitswerte zuschrieben. Dieser, sehr spezielle Fall, wirft mindestens zwei relevante Gesichtspunkte auf:

Erstens kann mit dem in Untersuchung 2 ermittelten glaubwürdigkeitsschmälernden von Fachwörtern nicht von *dem einen Effekt* von Bildungssprache auf Glaubwürdigkeitszuschreibungen gesprochen werden. Tendenziell begünstigt Bildungssprache zwar das Empfinden von Glaubwürdigkeit; unterschiedliche Merkmale von Bildungssprache können allerdings unterschiedliche Wirkungen auf Glaubwürdigkeitseinschätzungen erzielen. Als relevant erweist sich also, *welches* bildungssprachliche Merkmal bewertet wird. Zweitens können sich Rezipienten in ihrer Einstellung bildungssprachlichen Merkmalen gegenüber unterscheiden. Während die bildungssprachliche Aussageversion von A6 von der $\text{VPN-Gruppe}_{POL}$ negativer bewertet wurde als die simplifizierte Version, verhielt es sich bei den Studierenden gegenteilig. Als relevant erweist sich dementsprechend auch, *wer* das jeweilige bildungssprachliche Merkmal rezipiert.

Aus den quantitativen und qualitativen Daten ergibt sich, dass der Einfluss von Bildungssprache in konkreten Fällen mehreren Kriterien unterliegt. Um diesen Einfluss auf Glaubwürdigkeitsattributionen oder auch generell auf Spracheinstellungen differenziert zu eruieren, muss also gefragt werden:

> Wer bewertet welches bildungssprachliche Merkmal in welcher kommunikativen Situation?

Eine nähere Auseinandersetzung mit einer Verortung der Ergebnisse von Untersuchung 2 in den Forschungsstand, sowie eine Reflexion praktischer Implikationen finden sich in dem nachfolgenden Gesamtfazit.

# 9 Gesamtfazit, Rückblick, Ausblick

Ziel der vorliegenden Arbeit war die Untersuchung von Bildungssprache in Aussagen bei der Vernehmung auf dem Schriftweg und, insbesondere, die Analyse ihres Einflusses bei der Glaubwürdigkeitsbewertung. Eingangs wurden dazu zwei Leitfragen formuliert:

1. Inwiefern lassen sich Aussagen bei der polizeilichen Vernehmung auf dem Schriftweg als bildungssprachlich charakterisieren?
2. Inwiefern beeinflussen bildungssprachliche Merkmale den Eindruck von Glaubwürdigkeit in den Aussagen bei der Vernehmung auf dem Schriftweg?

Mit den Ergebnissen aus Untersuchung 1 zur Bestandsaufnahme bildungssprachlicher Merkmale in den Aussagen und den Ergebnissen aus Untersuchung 2 zur Messung des Einflusses von Bildungssprache auf die Glaubwürdigkeitsattribution lassen sich die Antworten auf die beiden Fragen wie folgt auf den Punkt bringen: Schriftliche Aussagen bei der polizeilichen Vernehmung können insofern als bildungssprachlich bezeichnet werden, als im Durchschnitt in etwa jedem dritten Token eine Eigenschaft zugewiesen werden kann, die vom einschlägigen Forschungskanon als bildungssprachlich bezeichnet wird. Die sprachliche Oberfläche der Aussagen hat Auswirkungen auf ihre Bewertung. Bildungssprachliche Merkmale beeinflussen den Eindruck von Glaubwürdigkeit insofern, als bildungssprachliche Aussagen tendenziell höhere Glaubwürdigkeitswerte zugeschrieben bekommen als Aussagen, die als vergleichsweise weniger bildungssprachlich zu bezeichnen sind. Einen vergleichbaren Effekt erzielen bildungssprachliche Merkmale in Bezug auf die Subdimensionen der Glaubwürdigkeit, d.h. die Dimensionen Kompetenz und Vertrauenswürdigkeit. Für alle drei Variablen der Studie zeigte sich insgesamt ein positiver Einfluss von Bildungssprache auf die Evaluation von Aussagenden und von ihren Texten.

Zur näheren Auseinandersetzung mit der Bedeutung und den Grenzen dieser Ergebnisse, zur Verortung der Ergebnisse im Forschungsstand sowie zur Methodenreflexion und zur Evaluation praktischer Implikationen seien zunächst essenzielle theoretische Erkenntnisse rekapituliert.

https://doi.org/10.1515/9783111379289-009

- Ein geeigneter theoretischer Rahmen für die Operationalisierung von Glaubwürdigkeitsattributionen wurde in *Kapitel 2* mit Rückgriff auf soziolinguistische Erkenntnisse zum Themenkomplex *Spracheinstellungen* geschaffen. Wie aufgezeigt wurde, lassen sich einstellungsbeeinflussende Mechanismen zwei fundamentalen Evaluationsdimensionen zuordnen: Solidarität und Status. In diesem Zusammenhang wurde der Begriff des *Sprachprestiges* erläutert. Die Verwendung prestigereicher Sprache führt zu Status-Zuschreibungen an ihre Sprecher; sie werden als in gebildet und kompetent empfunden.
- Die Rolle von Status und Kompetenz bei der Einschätzung von Kommunikatoren bestätigt auch die in *Kapitel 3* vorgestellte Forschung zu den Mechanismen der *Glaubwürdigkeitsattribution*. Es wurde gezeigt, dass sich Glaubwürdigkeitseinschätzungen faktoriell aus Bewertungen in den Dimensionen Kompetenz und Vertrauenswürdigkeit zusammensetzen. Sprachliche wie außersprachliche Merkmale, die zu einer positiven Einschätzung eines Kommunikators entlang dieser beiden Dimensionen führen, begünstigen wiederum das rezipientenseitige Empfinden von Glaubwürdigkeit. Dieses sogenannte Faktormodell hat maßgeblich zur Hypothesengenese der vorliegenden Arbeit beigetragen.
- In der Rolle der Kompetenzzuschreibung wurde davon ausgegangen, dass Bildungssprache Glaubwürdigkeitsattributionen beeinflusst. Ein Anliegen von *Kapitel 4* war es daher, das Konzept der *Bildungssprache* für soziolinguistische Fragestellungen fruchtbar zu machen. Dazu war es unverzichtbar, Bildungssprache – entgegen der engen Definition als ‚Schulsprache', wie sie in der vornehmlich didaktischen Forschung verbreitet ist – loszulösen und für einen weiten Ansatz zu plädieren: Bildungssprache ist nicht auf Bildungskontexte beschränkt, sie ist die Sprache der formellen, öffentlichen Kommunikation. Ihre Verwendung ist stets im Zusammenhang mit funktionalen Hintergründen zu betrachten. Als für das Thema dieser Arbeit besonders relevante Funktionen wurden in der theoretischen Annäherung an Bildungssprache ihre sozialsymbolische Funktion und die kommunikative Funktion dargestellt.
- *Kapitel 5* hat eine rechtliche und eine linguistische Perspektive auf die *schriftliche Aussage* im Kontext polizeilicher Vernehmungen eingenommen. Dabei wurde aufgezeigt, dass schriftliche Aussagen in der Regel in sogenannten ‚einfachen' Fällen angefordert werden; in komplexen oder schwerwiegenden Fällen ist eine mündliche Vernehmung und ein ‚Gesamteindruck' vom Aussagenden erforderlich. Aus linguistischer Perspektive wurde die schriftliche Aussage nur wenig untersucht. Schriftliche Aussagen wurden bislang nur rudimentär als auf einem persönlichen Erlebnis basierende Narrationen definiert. Kapitel 5 hat deshalb aufgezeigt, welche weiteren *Textdeskriptionskriterien* an

‚unbekannte' Textsorten herangetragen werden können und sich dabei auf stilistische Kriterien konzentriert.

– Durch ein *Experteninterview* in *Kapitel 6* konnte die theoretische Perspektive auf die schriftliche Aussage durch ihren Status in der Praxis der polizeilichen Vernehmung ergänzt werden. Die Beurteilung der Glaubwürdigkeit einer Aussage im Sinne einer Abwesenheit von Täuschungsintentionen erfolgt in der Praxis nicht anhand vorgegebener Glaubwürdigkeitskriterien. Auch wenn die schriftliche Vernehmung einige Nachteile mit sich bringt – etwa, dass der Vernehmende keine direkten Nachfragen zu Aussageinhalten stellen kann – handelt es sich um eine, besonders aufgrund der Arbeitsökonomie, etablierte Ermittlungsvariante.

Zur Erweiterung der bisherigen Forschung zu den drei Themenbereichen Bildungssprache, Glaubwürdigkeitsattributionen und schriftliche Aussagen in Vernehmungskontexten konnten die beiden durchgeführten Untersuchungen wie folgt beitragen:

Untersuchung 1 kam mittels einer Frequenzanalyse zu dem Ergebnis, dass die durchschnittliche bildungssprachliche Dichte einer schriftlichen Aussage 33.07 % beträgt. Aus diesem Wert wurde abgeleitet, dass die sprachliche Oberfläche bzw. der Textstil der sVA als bildungssprachlich bezeichnet werden kann. Dieses Ergebnis bestärkt das im Theorieteil eröffnete Plädoyer für eine weite Definition von Bildungssprache und eine Loslösung des vom einschlägigen Forschungskanon fokussierten *fields* der Schule – alle Merkmale der Bildungssprache finden sich, wie empirisch belegt werden konnte, auch in Kommunikaten außerhalb von Bildungsdomänen. Dies impliziert wiederum, dass die Merkmale nicht nur zum Lernen und Lehren benötigt werden, sondern dass das Beherrschen von Bildungssprache auch außerschulisch eine hohe Relevanz zugesprochen werden muss. Es wurde diskutiert, dass die Interpretation der Frequenz bildungssprachlicher Mittel nicht unproblematisch ist. Anhand der Frequenzen konnte zwar eine (u.a. für Untersuchung 2 benötigte) Binnendifferenzierung innerhalb des Korpus geschaffen werden, darüber hinaus generalisierende Interpretationen sind mangels quantitativer Daten zu den Verwendungsfrequenzen bildungssprachlicher Merkmale allerdings nicht möglich. In diesem Kontext wurden Zweifel an der Registerdistinktivität der von der theoretischen Forschung als bildungssprachlich bezeichneten Merkmalen geäußert. Die von der Theorie benannten Merkmalskategorien erscheinen in ihrer empirischen Anwendung zu grobmaschig. Empirisch zeigt sich etwa, dass Junktionen auch in Texten verwendet werden, die insgesamt eine vergleichsweise geringere bildungssprachliche Dichte aufweisen – Junktionen sind also keine verlässlichen Indikatoren für bildungssprachliche Gesamtstrukturen. Überlegungen dieser Art zeigen, dass in der Inventarisierung bildungssprachlicher Mittel empirische Verankerungen nötig wären. In diesem Zusammenhang wären besonders textsortenkomparative Analysen wünschenswert, bei denen geprüft werden könnte, welche Merkmale tatsächlich mit bildungssprachlichen Gesamtstrukturen in Verbindung gebracht werden können. Auch wenn die quantitative Betrachtung bildungssprachlicher Merkmale, wie umrissen, einige Fragen zu Vergleichswerten mit sich bringt, konnte die Bestandsaufnahme zur näheren, textstilistischen Beschreibung der schriftlichen Aussagen beitragen. Schriftliche Aussagen sind erlebnisbasierte Narrationen (bisheriger Forschungsstand), die sich als bildungssprachlich charakterisieren lassen (diese Studie).

In einer Methodenreflexion wurde die Eignung deduktiver Analysen für sprachoberflächlich bzw. textsortenstilistische Beschreibungen diskutiert. Das, durchaus unerwartete, Vorkommen umgangssprachlicher Merkmale zeigte dazu, dass die Beschreibung von Texten anhand deduktiver Kategorien Gefahr läuft, ein eindimensionales Abbild des Stils zu liefern und Merkmale, die den deduktiven Analysekategorien nicht zugeordnet werden können, auszublenden. Die induktive Ergänzung der Merkmalskategorien erwies sich deshalb als unverzichtbar. Ferner wurde an einigen Beispielen das Potential der im Exkurs dieser Arbeit vorgestellten textsortenklassifikatorischen Kriterien aufgezeigt. Die Aussagenden beschreiben nicht nur den Vorfall, sondern äußern darüber hinaus beispielsweise auch ihre Gefühle, beschuldigen Personen oder entschuldigen sich. Die weitere Bestimmung der sVA könnte also vor allem von funktionalen, handlungstheoretischen Klassifikationskriterien profitieren.

Untersuchung 2 wies nach, dass bildungssprachliche Texte in der Regel höhere Werte bezüglich der Variablen ‚Glaubwürdigkeit', ‚Kompetenz' und ‚Vertrauenswürdigkeit' zugeschrieben bekommen als weniger bildungssprachliche Texte. Die Differenzen waren in einer Gesamtberechnung hinsichtlich aller drei Variablen signifikant. Eine quantitative Einzelwertung der Differenzen zwischen den Aussagepaaren kam allerdings zu dem Ergebnis, dass nicht alle bildungssprachlichen Mittel glaubwürdigkeitsfördernd wirken – ein hoher Gebrauch von Fachtermini kann den gegenteiligen Effekt erzielen. Hintergründe der unterschiedlichen Bewertungsmechanismen konnten vor allem anhand des qualitativen Teils des Einstellungsfragebogens zu den Eindrucksbegründungen eruiert werden. Die Versuchspersonen führten darin u.a. Gründe an, die auch aus theoretischer Perspektive vor der Durchführung der Studie antizipiert worden sind. Dabei handelt es sich beispielsweise um die sprachliche Angemessenheit der Aussagen, die angenommene Objektivität und das Prestige des Aussagenden; die VPN zogen die sprachlichen Merkmale heran, um u.a. Rückschlüsse auf den Bildungsgrad und auf den sozialen Status des Aussagenden zu ziehen. In einer Methodenreflexion ist hervorzuheben, dass die qualitative Ergänzung des in seiner eigentlichen Form rein quantitativen Semantischen Differentials besonders ertragreich war. Anhand der quantitativen Daten konnte zwar belegt werden, dass bildungssprachliche Merkmale einen Unterschied herbeiführen. Weiterführende Überlegungen zu den Einstellungsbildungsmechanismen wären auf rein quantitativer Basis allerdings nicht möglich gewesen.

Das Ergebnis, dass der Einsatz bildungssprachlicher Merkmale insgesamt signifikante Bewertungsunterschiede herbeiführen konnte, zeigt, dass es sich bei der Bildungssprache um einen gewinnbringenden Analysegegenstand für die Spracheinstellungsforschung handelt. In der Glaubwürdigkeitsattributionsforschung liegt der Fokus bislang auf Merkmalen der gesprochenen Sprache und auch im Forschungskanon zur Bildungssprache wurde der Einfluss von Bildungssprache auf Einstellungen soziolinguistisch bislang nur theoretisch diskutiert. Soziolinguistische Überlegungen dieser Art können mit den Ergebnissen der vorliegenden der Studie auch in empirischer Hinsicht als belegt gelten. Wünschenswert wären in diesem Zusammenhang auch weiterführende Studien zum Einfluss auf andere Bewertungsdimensionen. Die vorliegende Studie hat sich auf die Variablen Glaubwürdigkeit, Vertrauenswürdigkeit und Kompetenz konzentriert; interessant wären auch Messungen zum Einfluss auf in der Spracheinstellungsforschung häufig untersuchte Einstellungsdimensionen wie etwa die Sympathie.

In einem Rückblick auf Untersuchung 2 sind vor allem die praktischen Implikationen der Ergebnisse hervorzuheben: Sprachliche Merkmale können die Eindrucksbildung verzerren und so zu ungerechtfertigten Zuschreibungen von Täuschungsintentionen führen. Die Konfrontation mit mehreren sprachlich differierenden Aussagen in der Versuchssituation löste wertvolle Vergleichs- und Reflexionsprozesse aus. Aus mehreren Kommentaren ging hervor, dass die Versuchspersonen ihre Bewertungssituation und mögliche Einflüsse auf ihre Aussagenbewertung durchaus kritisch hinterfragten. Es sei dazu insbesondere an einen Kommentar einer Versuchsperson der VPN-Gruppe$_{\text{POL}}$ erinnert. Die Versuchsperson schrieb: „Ich merke, dass ich geneigt bin, einer guten Ausdrucksweise eher zu glauben und das erschreckt mich ehrlich gesagt gerade etwas.“ Eine explizite Thematisierung bzw. Sensibilisierung für potenzielle Einflüsse auf die Aussagen- und Aussagenden-Bewertung wie sie in der polizeilichen Ausbildungsliteratur etwa für außersprachliche Merkmale (z.B. fremdländisches Erscheinungsbild) bereits vorgenommen wird, könnte stereotypisierenden Einschätzungen gegebenenfalls vorbeugen.

# 10 Literaturverzeichnis


Adams, Susan/ Jarvis, John (2006): Indicators of Veracity and Deception: An Analysis of Written Statements Made to Police. International Journal of Speech, Language and the Law, 13(1), 1–22.

Adamzik, Kirsten (1991): Forschungsstrategien im Bereich der Textsortenlinguistik. Zeitschrift für Germanistik 1(1), 99–109.

Adamzik, Kirsten (1995): Textsorten – Texttypologie. Eine kommentierte Bibliographie. Münster: Nodus.

Adamzik, Kirsten (2004): Textlinguistik. Eine einführende Darstellung. Tübingen: Niemeyer.

Adamzik, Kirsten (2008): Textsorten und ihre Beschreibung. In: Janich, Nina (Hrsg.): Textlinguistik. 15 Einführungen. Tübingen: Narr, 145–175.

Adamzik, Kirsten (2016): Textlinguistik. Grundlagen, Kontroversen, Perspektiven. 2. Aufl. Berlin/ Boston: De Gruyter.

Ahrens, Hans-Jürgen (2014): Der Beweis im Zivilprozess. Köln: Verlag Dr. Otto Schmidt.

Ajzen, Icek/ Fishbein, Martin (1975): Belief, Attitude, Intention and Behavior: An Introduction to Theory and Research. Boston: Addison-Wesley.

Allport, Gordon (1935): Attitudes. In: Murchison, Carl (Hrsg.): Handbook of Social Psychology. Worcester (Mass.): Clark University Press, 798–844.

Allrath, Gaby/ Nünning Ansgar (2005): (Un-)Zuverlässigkeitsurteile aus literaturwissenschaftlicher Sicht: Textuelle Signale, lebensweltliche Bezugsrahmen und Kriterien für die Zuschreibung von (Un-)Glaubwürdigkeit in fiktionalen und nichtfiktionalen Erzählungen. In: Dernbach Beatrice/ Meyer Michael (Hrsg): Vertrauen und Glaubwürdigkeit. Wiesbaden: VS Verlag für Sozialwissenschaften, 173–193.

Ammon, Ulrich (2010): Bildungssprache. In: Glück, Helmut (Hrsg.): Metzler-Lexikon Sprache. 4., neubearb. Aufl. Stuttgart/ Weimar: Metzler, 104.

Ammon, Ulrich (2004): Standard Variety. In: Ammon, Ulrich/ Dittmar, Norbert/ Mattheier, Klaus/ Trudgill, Peter (Hrsg.): Sociolinguistics. An International Handbook of the Science of Language and Society. 2. Aufl., Bd.1. Berlin/ New York: De Gruyter, 273–283.

Arciuli, Joanne/ Mallard, David/ Villar, Gina (2010): „Um, I can tell you're lying". Linguistic Markers of Deception versus Truth-Telling in Speech. Applied Psycholinguistics 31(3), 397–411.

Aristoteles (1980): Rhetorik (Originaltitel: De arte rhetorica). Mit einer Bibliographie, Erläuterungen und einem Nachwort, übersetzt von Sieveke, Franz. München: Wilhelm Fink.

Arntzen, Friedrich (1970): Psychologie der Zeugenaussage. Einführung in die forensische Aussagepsychologie. Göttingen: Verlag für Psychologie Dr. C. J. Hofgrefe.

Auer, Peter/ Dirim, Inci (2000): Das versteckte Prestige des Türkischen. Zur Verwendung des Türkischen in gemischtethnischen Jugendlichengruppen in Hamburg. In: Gogolin, Ingrid/ Nauck, Bernhard (Hrsg.): Migration, gesellschaftliche Differenzierung und Bildung. Wiesbaden: Springer, 97–112.

Bahlo, Nils/ Becker, Tabea/ Kalkavan-Aydin, Zeynep/ Lotze, Netaya/ Marx, Konstanze/ Schwarz, Christian/ Şimşek, Yazgül (2019): Jugendsprache. Eine Einführung. Berlin: J.B. Metzler.

Baird, John (1976): Sex Differences in Group Communication. A Review of relevant Research. Quaterly Journal of Speech 62, 179–192.

Baker, Collin (1992): Attitudes and Language. Clevedon: Mulitilingual matters.

Bechler, Christopher/ Tormala, Zakary/ Rucker, Derek (2021): The Attitude-Behavior Relationship Revisited. Psychological Science 32(8), 1285–1297.


https://doi.org/10.1515/ 9783111379289-010

Bem, Daryl (1972): Self-Perception Theory. In: Berkowitz, Leonard (Hrsg.): Advances in Experimental Social Psychology. New York: Academic Press, 1–62.

Best, Karl-Heinz (2002): Satzlänge. In: Köhler, Reinhard/ Altmann, Gabriel/ Piotrowski, Rajmund (Hrsg.): Quantitative Linguistik. Ein internationales Handbuch. Berlin/ New York: De Gruyter, 298–304.

Bentele, Günter (1988): Der Faktor Glaubwürdigkeit. Forschungsergebnisse und Fragen für die Sozialisationsperspektive. Publizistik 33, 406–426.

Bentele, Günter/ René Seidenglanz (2005a): Glaubwürdigkeit. In: Weischenberg, Siegfried/Hans J. Kleinsteuber/Bernhard Pörksen (Hrsg.): Handbuch Journalismus und Medien. Konstanz: UVK, 86–91.

Bentele, Günter/ Seidenglanz, René (2005b): Vertrauen und Glaubwürdigkeit. In: Bentele, Günter/ Fröhlich, Romy /Szyszka, Peter (Hrsg.): Handbuch der Public Relations. Wissenschaftliche Grundlagen und berufliches Handeln. Wiesbaden: VS Verlag für Sozialwissenschaften, 346–360.

Berger, Charles/ Calabrese, Richard (1975): Some Explorations in Initial Interaction and Beyond: Toward a Developmental Theory of Interpersonal Communication. Human Communication Research, 1(2), 99–112.

Bernstein, Basil (1968): Elaborated and Restricted Codes: An Outline. Sociological Inquiry 36, 254–261.

Beyer, Andrea (2015): Wenn zwei sich streiten, freut sich dann der Dritte? Bildungssprache vs. Schulsprache – eine terminologische Untersuchung. Pegasus-Onlinezeitschrift XV(2), 1–39.

Blankenship, Kevin/ Holtgraves, Thomas (2005): The Role of Different Markers of Linguistic Powerlessness in Persuasion. Journal of Language and Social Psychology 24(1), 3–24.

Bourdieu, Pierre (1979/2006): Die drei Formen des kulturellen Kapitals. In: Bourdieu, Pierre/ Steinrücke, Margarete (Hrsg.): Wie die Kultur zum Bauern kommt. Über Bildung, Schule und Politik. Unveränderter Nachdruck. Hamburg: VSA-Verlag, 112–120.

Bradac, James/ Mulac, Anthony/ House, Ann (1988): Lexical Diversity and Magnitude of Convergent versus Divergent Style-Shifting. Perceptual and evaluative consequences. Language & Communication 8(3/4), 213–228.

Bradac, James/Mulac, Anthony (1984): A Molecular View of Powerful and Powerless Speech Styles: Attributional Consequences of Specific Language Features and Communicator Intentions. Communication Monographs 51(4), 307–319.

Brinker, Klaus (1983): Textfunktionen. Ansätze zu ihrer Beschreibung. Zeitschrift für Germanistische Linguistik 11(2), 127–148.

Brinker, Klaus (2002): Textsortenbeschreibung auf handlungstheoretischer Grundlage (am Beispiel des Erpresserbriefs). In: Adamzik, Kirsten (Hrsg.): Texte, Diskurs, Interaktionsrollen. Analysen zur Kommunikation im öffentlichen Raum. Tübingen: Stauffenburg, 41–61.

Brinker, Klaus (2010): Linguistische Textanalyse. Eine Einführung in Grundbegriffe und Methoden. Berlin: Erich Schmidt Verlag.

Brinker, Klaus/ Cölfen, Hermann/ Pappert, Steffen (2014): Linguistische Textanalyse. Eine Einführung in Grundbegriffe und Methoden. 8., neu bearbeitete und erweiterte Aufl. Berlin: Erich Schmidt Verlag.

Burgoon, Judee/ George, Joey/ Kruse, John/ Marett, Kent/ Adkins, Mark (2015): Maintaining Credibility in Group Collaboration. Detection of Deception. In: Nunamaker, Jay/ Briggs, Robert/ Romano, Nicholas (Hrsg.): Collaboration Systems. Concept, Value, and Use. New York: Routledge, 109–127.

Burgoon, Judee (2015): Expectancy Violations Theory. In: Berger, Charles/ Roloff, Michael/ Wilson, Steve/ Dillard, James/ Caughlin, John/ Solomon, Denise (Hrgs.): The International Encyclopedia of Interpersonal Communication, abrufbar unter: https://onlinelibrary.wiley.com/doi/10.1002/9781118540190.wbeic102, letzter Zugriff: 01.05.2024.

Burgoon, Judee (2018): Predicting Veracity from Linguistic Indicator. Journal of Language and Social Psychology 37(6), 603–631.

Burgoon, Michael/ Denning, Vickie/ Umphrey, Laura (2002): Language Expectancy Theory. In: Dillard, James/ Pfau, Michael (Hrsg): The Persuasion Handbook. Theory and Practice. Sherman Oaks, CA: Sage, 117–136.

Busse, Dietrich (2008) Textsorten des Bereichs Rechtswesen und Justiz. In: Brinker, Klaus/ Antos, Gerd/ Heinemann, Wolfgang/ Sager, Sven (Hrsg.): Text- und Gesprächslinguistik. Berlin/ Boston: De Gruyter, 658–675.

Cargile, Aaron/ Howard, Giles/ Ryan, Ellen/ Bradac, James (1994): Language Attitudes as a Social Process. A Conceptual Model and New Directions. Language & Communications 14(3), 211–236.

Casper, Klaudia (2002): Spracheinstellungen. Theorie und Messung. Heidelberg: Schriften zur Sprache und Kultur.

Chaiken, Shelly (1979): Communicator Physical Attractiveness and Persuasion. Journal of Personality and Social Psychology, 37(8), 1387–1397.

Clauß, Günter (1981): Wörterbuch der Psychologie. 3. Aufl. Leipzig: Bibliographisches Institut.

Cox, Eli (1980): The Optimal Number of Response Alternatives for a Scale: A Review. Journal of Marketing Research 14(4), 407–422.

Crystal, David (1995): Die Cambridge Enzyklopädie der Sprache. Frankfurt/ New York: Campus Verlag.

Cummins, Jim (2008): BICS and CALP. Empirical and Theoretical Status of the Distinction. In: Street, Brian/ Hornberger, Nancy (Hrsg): Encyclopedia of Language and Education, Bd. 2. New York: Springer, 71–83.

Czicza, Dániel/ Emmerich, Volker/ Hennig, Mathilde/ Niemann, Robert (2012): Zur Verortung von Texten zwischen den Polen maximaler und minimaler Wissenschaftlichkeit. Ein Operationalisierungsvorschlag. Fachsprache 35, 2–44.

D'Angelo, Jonathan/ Toma, Catalina (2015): Tell-tale Words. Cues Used to Infer the Expertise of Online Medical Advice. Journal of Language and Social Psychology 32(1), 25–45.

Da Silva, Cayla/ Leach, Amy-May (2013): Detecting Deception in Second-Language Speakers. Legal and Criminological Psychology 18, 115–127.

Davidson, Andrew/ Jaccard, James (1979): Variables that Moderate the Attitude-Behavior Relation. Results of a Longitudinal Survey. Journal of Personality and Social Psychology 37(8), 1364–1376.

Deppermann, Arnulf (2002): Textsortenklassifikation aus kognitiver Sicht. In: Drescher, Martina (Hrsg.): Textsorten im romanischen Sprachvergleich. Tübingen: Stauffenburg, 257–261.

Deppermann, Arnulf (2005): Glaubwürdigkeit im Konflikt. Rhetorische Techniken in Streitgesprächen Prozessanalysen von Schlichtungsgesprächen. Radolfzell: Verlag für Gesprächsforschung.

Diewald, Gabriele Maria (1991): Deixis und Textsorten im Deutschen. Tübingen: Niemeyer.

Dittmar, Norbert (1997): Grundlagen der Soziolinguistik. Berlin/ Boston: De Gruyter.

Dittmar, Norbert (2008): Register. In: Ammon, Ulrich/ Dittmar, Norbert/ Mattheier, Klaus/ Trudgill, Peter (Hrsg.): Sociolinguistics: An International Handbook of the Science of Language and Society, Bd. 1. Berlin/ New York: De Gruyter, 216–226.

Dragojevic, Marko (2017): Language Attitudes. Oxford Research Encyclopedia of Communication, abrufbar unter: https://oxfordre.com/communication/view/10.1093/acrefore/9780190228613.001.0001/acrefore-9780190228613-e-437, letzter Zugriff: 01.05.2024.

Dragojevic, Marko/ Fasoli, Fabio/ Cramer, Jennifer/ Racik, Tamara (2021): Toward a Century of Language Attitudes Research: Looking Back and Moving Forward. Journal of Language and Social Psychology 40(1), 60–79.

Duran, Nicholas/ Hall, Charles/ McCarthy, Philip/ McNamara, Danielle (2010): The Linguistic Correlates of Conversational Deception. Comparing Natural Language Processing Technologies. Applied Psycholinguistics 31(3), 439–462.

Eagly, Alice/ Chaiken, Shelly (1993): The Psychology of Attitudes. San Diego: Harcourt Brace Jovanovich.

Ekman, Paul/ Frisen, Wallace/ Scherer, Klaus (1976): Body Movement and Voice Pitch in Deceptive Interaction. Semiotica 16(1), 23–27.

Edwards, John (2008): Language, Prestige and Stigma. In: Goebl, Hans/ Nelde, Peter/ Starý, Zdeněk/ Wölck, Wolfgang (Hrsg.): Kontaktlinguistik. Ein internationales Handbuch zeitgenössischer Forschung. Berlin/ New York: De Gruyter, 703–708.

Ehlich, Konrad (2007): Sprache und sprachliches Handeln. Bd. 3: Diskurs – Narration – Text – Schrift. Berlin/ Boston: De Gruyter.

Eisenberg, Ulrich (2002): Beweisrecht der StPO Spezialkommentar. Beck: München

Eisend, Martin (2003): Glaubwürdigkeit in der Marketingkommunikation. Konzeption, Einflussfaktoren und Wirkungspotenzial. Wiesbaden: Deutscher Universitäts-Verlag.

Erickson, Bonnie/ Lind, Allan/ Johnson, Bruce/ O'Barr, William (1978): Speech Style and Impression Formation in a Court Setting. The Effects of „Powerful" and „Powerless" Language. Journal of Experimental Social Psychology 14, 266–279.

Eßer, Paul (1983): Dialekt und Identität. Diglottale Sozialisation und Identitätsbildung. Frankfurt: Peter Lang.

Falkenberg, Gabriel (1982): Lügen. Grundzüge einer Theorie sprachlicher Täuschung. Tübingen: Niemeyer Verlag.

Fallis, Don (2012): Lying as a Violation of Grice's First Maxim of Quality. Dialectica 66(4), 563–581.

Fazio, Russell/ Williams, Carol (1986): Attitude Accessibility as a Moderator of the Attitude–Perception and Attitude–Behavior Relations. An Investigation of the 1984 Presidential Election. Journal of Personality and Social Psychology 51(3), 505–514.

Feilke, Helmuth (2010): Schriftliches Argumentieren zwischen Nähe und Distanz – am Beispiel wissenschaftlichen Schreibens. In: Ágel, Vilmos/ Hennig, Mathilde (Hrsg.): Nähe und Distanz in variationslinguistischer Forschung. Berlin/ New York: De Gruyter, 209–231.

Feilke, Helmut (2012): Bildungssprachliche Kompetenzen – fördern und entwickeln. Praxis Deutsch 233, 4–13.

Feilke, Helmut/ Hennig, Mathilde (2016) (Hrsg.): Zur Karriere von ‚Nähe und Distanz'. Rezeption und Diskussion des Koch-Oesterreicher-Modells. Berlin/ Boston: De Gruyter.

Feilke, Helmut (2019): Bildungssprache. Sprache im Fach. München: Eichstätt. Abrufbar unter https://epub.ub.uni-muenchen.de/61963/1/Feilke_Bildungssprache.pdf, letzter Zugriff am 01.05.2024

Flanagin, Andrew/ Metzger, Miriam (2007): The Role of Site Features, User Attributes, and Information Verification Behaviors on the Perceived Credibility of Web-Based Information. New Media & Society 9(2), 319–342.

Fobbe, Eilika (2011): Forensische Linguistik. Eine Einführung. Tübingen: Narr Francke Attempo Verlag.

Fobbe, Eilika (2017): Forensische Linguistik. In: Felder, Ekkehard/ Vogel, Friedemann (Hrsg.): Handbuch Sprache im Recht. Berlin/ Boston: De Gruyter, 271–290.

Fornol, Sarah (2017): Bildungssprache – mehr als konzeptionelle Schriftlichkeit? In: Heinzel, Friederike/ Koch, Katja (Hrsg.): Individualisierung im Grundschulunterricht. Jahrbuch Grundschulforschung 21. Wiesbaden: Springer, 178–182.

Fornol, Sarah (2020): Bildungssprachliche Mittel. Eine Analyse von Schülertexten aus dem Sachunterricht der Primarstufe. Empirische Forschung im Elementar- und Primarbereich. Dissertation Koblenz-Landau, abrufbar unter: https://doi.org/10.25656/01:18413, letzter Zugriff: 01.05.2024.

Frumkin, Lara (2007): Influences of Accent and Ethnic Background on Perceptions of Eyewitness Testimony. Psychology Crime and Law Crime & Law 3, 317–331.

Gansel, Christina/ Jürgens, Frank (2007): Textlinguistik und Textgrammatik. Eine Einführung. 2., überarbeitete und ergänzte Aufl. Göttingen: Vandenhoeck und Ruprecht.

Gantefort, Christoph/ Roth, Hans-Joachim (2010): Sprachdiagnostische Grundlagen für die Förderung bildungssprachlicher Fähigkeiten. Zeitschrift für Erziehungswissenschaft 13(4), 573–591.

Giles, Howard/ Bourhis, Richard/ Davies, Ann (1979): Prestige Speech Styles. The Imposed Norm and Inherent Value Hypotheses. In: McCormack, William/ Wurm, Stephen (Hrsg.): Language and Society. Berlin/ New York: De Gruyter, 589–596.

Giles, Howard/ Harrison, Chris/ Creber, Clare/ Smith, Philip/ Freeman, Norman (1983): Developmental and Contextual Aspects of Children's Language Attitudes. Language and Communication 3, 141–146.

Giles, Howard/ Rakic, Tamara (2014): Language Attitudes: The Social Determinants and Consequences of Language Variation. In: Holtgraves, Thomas (Hrsg.): The Oxford Handbook of Language and Social Psychology. Oxford: Oxford University Press, 11–26.

Gregory, Stanford/ Gallagher, Timothy (2002): Spectral Analysis of Candidates' Nonverbal Vocal Communication: Predicting U.S. Presidential Election Outcomes. Social Psychology Quaterly 65(3), 298–308.

Glasman, Laura/ Albarracin, Dolores (2006): Forming Attitudes That Predict Future Behavior: A Meta-Analysis of the Attitude–Behavior Relation. Psychological Bulletin 132(5), 778–822.

Gluszek, Anna/ Dovidio, John (2010): The Way They Speak. A Social Psychological Perspective on the Stigma of Nonnative Accents in Communication. Personality and Social Psychology Review 14(2), 214–237.

Gogolin, Ingrid (2007): Herausforderung Bildungssprache. Textkompetenz aus der Perspektive Interkultureller Bildungsforschung. In: Bausch, Karl-Richard/ Burwitz-Melzer, Eva/ Königs, Frank/ Krumm, Hans-Jürgen (Hrsg.): Textkompetenzen. Tübingen: Narr, 73–80.

Gogolin, Ingrid (2009): Bildungssprache – The Importance of Teaching Language in Every School Subject. In: Tajmel, Tanja; Starl, Klaus (Hrsg.): Science Education Unlimited. Approaches to Equal Opportunities in Learning Science. Münster/ New York: Waxmann-Verlag, 91–102.

Gogolin, Ingrid (2010): Bildungssprache. In: Barkowski, Hans/ Krumm, Hans-Jürgen (Hrsg.): Fachlexikon Deutsch als Fremd- und Zweitsprache. Tübingen/ Basel: Narr, 29.

Gogolin, Ingrid/ Duarte, Joana (2016): Bildungssprache. In: Kilian, Jörg/ Brouer, Birgit/ Lüttenberg, Dina (Hrsg.): Handbuch Sprache in der Bildung. Berlin/ Boston: De Gruyter, 478–499.

Grice, Paul (1989): Studies in the Way of Words. Cambridge, Mass.: Harvard University Press.

Grob, Lindsey/ Meyer, Renee/ Schuh, Renee (1997): Powerful/ Powerless Language Use in Group Interactions. Sex Differences or Similarities. Communication Quaterly 45(3), 282–303.

Große, Ernst Ulrich (1985): Text und Kommunikation. Eine linguistische Einführung in die Funktionen der Texte. Stuttgart: Kohlhammer.

Gülich, Elisabeth (1986): Textsorten in der Kommunikationspraxis. In: Kallmeyer, Werner (Hrsg.): Kommunikationstypologie. Handlungsmuster, Textsorten, Situationstypen. Jahrbuch des Instituts für deutsche Sprache 1985. Düsseldorf: Schwann, 15–46.

Gumperz, John (1992): Contextualization and Understanding. In: Duranti, Alessandro/ Goodwin, Charles (Hrsg.): Rethinking Context. New York: Cambridge University Press, 229–252.

Guyer, Joshua/ Fabrigar, Leandre/ Vaughan-Johnston, Thomas (2019): Speech Rate, Intonation, and Pitch. Investigating the Bias and Cue Effects of Vocal Confidence on Persuasion. Personality and Social Psychology Bulletin, 45(3), 389–405.

Haarmann, Harald (1990): Sprache und Prestige. Sprachtheoretische Parameter zur Formalisierung einer zentralen Beziehung. Zeitschrift für Romanische Philologie 106, 1–21.

Habermas, Jürgen (1978): Umgangssprache, Wissenschaftssprache, Bildungssprache. Merkur Zeitschrift für europäisches Denken 32(359), 327–342.

Haberzettel, Stefanie (2016): Bildungssprache im Kontext von Mehrsprachigkeit. Eine Untersuchung von Berichtstexten ein-und mehrsprachiger Schüler. Journal of Childhood and Adolescence Research 11(1), 61–80.

Habscheid, Stephan (2018): Konversation, Small Talk, ‚Bildungssprache'. In: Gerwinski, Jan/ Habscheid, Stephan/ Linz, Erika (Hrsg.): Theater im Gespräch. Sprachliche Publikumspraktiken in der Theaterpause. Berlin/ Boston: De Gruyter, 164–202.

Hackett, Louisa/ Day, Andrew/ Mohr, Philip (2008): Expectancy Violation and Perceptions of Rape Victim Credibility. Legal and Criminological Psychology 13(2), 323–334.

Haddock, Geoffrey/ Maio, Gregoriy (2010): The Psychology of Attitudes and Attitude Change. London: Sage Pulications.

Haddock, Geoffrey/ Maio, Gregory (2014): Einstellungen. In: Jonas, Klaus/ Stroebe, Wolfgang/ Hewstone, Miles/ Lebherz, Carmen Ina/ Reiss, Matthias (Hrsg): Sozialpsychologie. Eine Einführung. 5., vollst. überarb. Aufl. Heidelberg: Springer, 197–230.

Halliday, Michael (1978): Language as Social Semiotic. The Social Interpretation of Language and Meaning, London: Edward Arnold.

Hancock, Jeffrey/ Curry, Lauren/ Woodworth, Michael/ Goorha, Saurabh (2008): On Lying and Beeing Lied to. A Linguistic Analysis of Deception in Computer-Assisted Communication. Discourse Processes 45(1), 1–23.

Hansen, Karolina/ Rakić, Tamara/ Steffens, Melanie (2016): Competent and Warm? How Mismatching Appearance and Accent Influence First Impressions. Experimental Psychology 64(1), 27–36.

Hard, Gerhard (1970): Die „Landschaft" der Sprache und die „Landschaft" der Geographen. Semantische und forschungslogische Studien zu einigen zentralen Denkfiguren in der deutschen geographischen Literatur. Bonn: Dümmler Verlag.

Hauch, Valerie/ Blandon-Gitlin, Iris/ Masip, Jaume/ Sporer, Siegried (2015): Are Computers Effective Lie Detectors? A Meta-Analysis of Linguistic Cues to Deception. Personality and Social Psychology Review 19(4), 307–342.

Heinemann, Margot/ Heinemann, Wolfgang (2002): Grundlagen der Textlinguistik. Interaktion, Text, Diskurs. Tübingen: Niemeyer.

Heinemann, Wolfgang/ Viehweger, Dieter (1991): Textlinguistik. Eine Einführung. Tübingen: Niemeyer.

Hellwig, Peter (1984): Titulus oder über den Zusammenhang von Titeln und Texten. Titel sind ein Schlüssel zur Textkonstitution. Zeitschrift für germanistische Linguistik 12(1), 1–20.

Hendriks, Berna/ Meurs, Frank/ Meij, Els (2015): Does a Foreign Accent Sell? The Effect of Foreign Accents in Radio Commercials for Congruent and Non-Congruent Products. Multilingua – Journal of Cross-Cultural and Interlanguage Communication 34, 119–130.

Henne, Helmut/ Rehbock, Helmut (2001): Einführung in die Gesprächsanalyse. Berlin/ Boston: De Gruyter.

Heppt, Birgit/ Haag, Nicole/ Böhme, Katrin/ Stanat, Petra (2015): The Role of Academic-Language Features for Reading Comprehension of Language Minority Students and Students From Low-SES Families. Reading Research Quarterly, 50(1), 61–82.

Heringer, Hans Jürgen (2019): Politische Glaubwürdigkeit – Betrachtungen eines moralisierenden Linguisten. Deutsche Gegenwartssprache. Berlin/ Boston: De Gruyter, 30–44.

Hermanns, Fritz (2012): Der Sitz der Sprache im Leben. Beiträge zu einer kulturanalytischen Linguistik. Berlin: De Gruyter.

Hippler, Hans-Jürgen/ Schwarz, Norbert/ Noelle-Neumann, Elisabeth/ Knäuper, Bärbel/ Lesli, Clark (1991): Der Einfluß numerischer Werte auf die Bedeutung verbaler Skalenendpunkte. ZUMA Nachrichten 15(28), 54–64.

Hoffmann, Ludger (1980): Zur Pragmatik von Erzählformen vor Gericht. In: Ehlich, Konrad (Hrsg.): Erzählen im Alltag. Frankfurt: Suhrkamp, 28–64.

Hoffmeister, Toke/ Hundt, Markus/ Naths, Saskia (2021): Theorien, Methoden und Domänen der Folk Linguistics im deutschsprachigen Raum. In: Hoffmeister, Toke/ Hundt, Markus/ Naths, Saskia (Hrsg.): Laien, Wissen, Sprache. Berlin/ Bosten: De Gruyter, VII–XXII.

Hofstätter, Peter (1955): Über Ähnlichkeit. Psyche – Eine Zeitschrift für psychologische und medizinische Menschenkunde 9(1), 54–80.

Holly, Werner (2001): „Gehobener Stil“ als sozialer Stil. „Das neue Notizbuch“ von Johannes Gross als Textbeispiel. In: Jakobs, Eva-Maria/ Rothkegel, Annely (Hrsg.): Perspektiven auf Stil. Berlin/ Boston: Max Niemeyer Verlag, 423–442.

Hopper, Robert/ Bell, Robert (1984): Broadening the Deception Construct. Quaterly Journal of Speech 70(3), 288–302.

Hovland, Carl/ Weiss, Walter (1951): The Influence of Source Credibility on Communication Effectiveness. Public Opinion Quarterly 15, 635–650.

Hovland, Carl/ Janis, Irving/ Kelley, Harold (1953): Communication and Persuasion. Psychological Studies of Opinion Change. New Haven: Yale University Press.

Hövels, Katharina (2018): Letzte Worte. Eine textsortenlinguistische Beschreibung von Suizid-Abschiedsbriefen, abrufbar unter: https://publications.rwth-aachen.de/record/731011/files/731011.pdf?subformat=pdfa, letzter Zugriff: 01.05.2024.

Hüttis-Graff, Petra/ Klenz, Stefanie/ Merklinger, Daniela/ Speck-Hamdan, Angelika (2010): Bildungssprache als Bedingung für erfolgreiches Lernen. In: Bartnitzky, Horst/ Hecker, Ulrich (Hrsg.): Allen Kindern gerecht werden. Aufgabe und Wege. Frankfurt am Main: Grundschulverband – Arbeitskreis Grundschule, 238–265.

Infante, Dominic (1980): The Construct of Validity of Semantic Differential Scales of the Measurement of Source Credibility. Communication Quaterly 28(2), 19–26.

Jakob, Karlheinz (2010): Swâben ir wörter spaltent. Ein Überblick über die Dialektbewertungen in der deutschen Sprachgeschichte. In: Anders, Christina/ Hundt, Markus/ Lasch, Alexander (Hrsg.): Perceptual Dialectology. Neue Wege der Dialektologie. Berlin/ New York: De Gruyter, 51–66.

Kang, Seung-Man/ Lee, Hyoungkeun (2014): Detecting Deception by Analyzing Written Statements in Korean. LESLI – Linguistic Evidence in Security, Law and Intelligence 2(2), 1–10.

Katz, Daniel/ Stotland, Ezra (1959): A Preliminary Statement to a Theory of Attitude Structure and Change. In: Koch, Sigmund (Hrsg.): Psychology. A study of a science. Formulations of the person and the social context. New York: McGraw-Hill, 423–475.

Katz, Daniel (1967): The Functional Approach to the Study of Attitude. In: Fishbein, Martin (Hrsg.): Readings in Attitude Theory and Measurement. New York: Wiley, 457–468.

Kaufmann, Göz (1997): Varietätendynamik in Sprachkontaktsituationen. Attitüden und Sprachverhalten rußlanddeutscher Mennoniten in Mexiko und den USA. Frankfurt am Main: Peter Lang.

Kinzler, Katherine/ Shutts, Kristin/ DeJesus, Jasmine/ Spelke, Elisabeth (2009): Accent Trumps Race in Guiding Children's Social Preferences. Social Cognition 27(4), 623–634.

Kleiber, Georges (1993): Prototypensemantik. Eine Einführung. Tübingen: Narr.

Knape, Joachim (2013): Narratio. In: Ueding, Gert (Hrsg): Historisches Wörterbuch der Rhetorik Online. Berlin/ Boston: De Gruyter, abrufbar unter: https://www.degruyter.com/database/HWRO/entry/hwro.6.narratio/html, letzter Zugriff: 01.05.2024.

Koch, Peter/ Oesterreicher, Wulf (1994): Funktion und Aspekte der Schriftkultur. In: Günther, Helmut/ Ludwig, Otto (Hrsg.): Schrift und Schriftlichkeit. Ein interdisziplinäres Handbuch internationaler Forschung, 1. Halbband. Berlin/ New York: De Gruyter, 587–604.

Kolde, Gottfried (1981): Sprachkontakte in gemischtsprachigen Städten. Vergleichende Untersuchungen über Voraussetzungen und Formen sprachlicher Interaktion verschiedensprachiger Jugendlicher in den Schweizer Städten Biel/Bienne und Fribourg/Freiburg. Wiesbaden: Steiner.

Köhnken, Günter (1982): Sprechverhalten und Glaubwürdigkeit. Eine experimentelle Studie zur extralinguistischen und textstilistischen Aussageanalyse. Dissertation Christian-Albrechts-Universität: Kiel.

Köhnken, Günter (1990): Glaubwürdigkeit. Untersuchungen zu einem psychologischen Konstrukt. München: Psychologie-Verlags-Union.

König, Lars/ Jucks, Regina (2019): Influence of Enthusastic Language on the Credibility of Health Information and the Trustworthiness of Science Communicators: Insights from a Between-Subject Web-Based Experiment. Interactive Journal of Medical Research 8(3), abrufbar unter: https://www.i-jmr.org/2019/3/e13619/, letzter Zugriff: 01.05.2024.

König, Lars/ Jucks, Regina (2020): Effects of Positive Language and Profession on Trustworthiness and Credibility in Online Health Advice: Experimental Study. Journal of Medical Internet research 22(3), abrufbar unter: https://www.ncbi.nlm.nih.gov/pmc/articles/PMC7093771/, letzter Zugriff 01.05.2024.

Kuckartz, Udo/ Rädiker, Stefan (2022): Qualitative Inhaltsanalyse. Methoden, Praxis, Computerstützung. 5. Aufl. Weinheim/ Basel: Beltz Juventa.

Kuhnhenn, Martha (2014): Glaubwürdigkeit in der politischen Kommunikation. Gesprächsstile und ihre Rezeption. Konstanz, München: UVK Verlagsgesellschaft.

Labov, William (1997): Some Further Steps in Narrative Analysis. The Journal of Narrative and Life History 7, 395–415.

Labov, William (2001): Principles of Linguistic Change, Volume II: Social Factors. New Jersey: Wiley-Blackwell.

Lakoff, Robin (1975): Language and Women's Place. New York: Harper & Row.

Lambert, Wallace/ Hodgson, Richard/ Gardner, Robert/ Fillenbaum, Samuel (1960): Evaluational Reactions to Spoken Language. Journal of Abnormal and Social Psychology 1(60), 44–51.

LaPiere, Richard (1934): Attitudes Versus Actions. Social Forces 13, 230–237.

Lev-Ari, Shiri/ Keysar, Boaz (2010): Why don't we Believe Non-Native Speakers? The Influence of Accent on Credibility. Journal of Experimental Social Psychology 46(6), 1093–1096.

Lev-Ari, Shiri/ San Giacomo, Marcela/ Peperkamp, Sharon (2014): The Effect of Domain Prestige and Interlocutors' Bilingualism on Sound Adaption. Journal of Sociolinguistics 18(5), 658–684.

Likert, Rensis (1932): A Technique for the Measurement of Attitudes. Archives of Psychology 22, 5–55.

Lindner, Hermann/ Sowinski, Bernhard (2013): Epochenstil. In: Ueding, Gert (Hrsg.): Historisches Wörterbuch der Rhetorik Online. Berlin, Boston: De Gruyter, abrufbar unter: https://www.degruyter.com/database/HWRO/entry/hwro.2.epochenstil/html, letzter Zugriff: 01.05.2024.

Linn, Michael/ Pichè, Gene (1986): Black and White Adolescent and Preadolescent Attitudes Toward Black English. Research in the Teaching of English 16(1), 53–69.

Maas, Utz (2016): Was wird bei der Modellierung mit Nähe und Distanz sichtbar und was wird von ihr verstellt? In: Feilke, Helmut/ Hennig, Mathilde (Hrsg.): Zur Karriere von Nähe und Distanz. Rezeption und Diskussion des Koch-Oesterreicher-Modells. Berlin/ Boston: De Gruyter, 89–112.

Mangasser-Wahl, Martina (2019): Prototypentheorie in der Linguistik. Anwendungsbeispiele, Methodenreflexion, Perspektiven. Tübingen: Stauffenburg.

Mattheier, Klaus (2019): Standardsprache als Sozialsymbol. Über kommunikative Folgen gesellschaftlichen Wandels. In: Wimmer, Rainer (Hrsg.): Das 19. Jahrhundert. Sprachgeschichtliche Wurzeln des heutigen Deutsch. Berlin/ Boston: De Gruyter, 41–72.

Mayring, Phillip (2022): Qualitative Inhaltsanalyse. Grundlagen und Techniken. 13. überarb. Aufl. Weinheim/Basel: Beltz Verlag.

McDermott, Yvonne (2013): The Admissibility and Weight of Written Witness Testimony in International Criminal Law: A Socio-Legal Analysis. Leiden Journal of International Law, 26(4), 971–989.

Meibauer, Jörg (2014): Lying at the Semantics-Pragmatics Interface. Berlin/ Boston: De Gruyter.

Meibauer, Jörg (2015): Konzepte des Lügens. Zeitschrift für Sprachwissenschaft 34(2), 175–212.

Meibauer, Jörg (2016): Topics in a Linguistic Theory of Lying. A Reply to Marta Dynel. Intercultural Pragmatics 13(1), 107–123.

Meibauer, Jörg (2018a): Lügen. In: Liedtke, Frank/ Tuchen, Astrid (Hrsg): Handbuch Pragmatik. Stuttgart/ Weimar: Metzler, 334–344.

Meibauer, Jörg (2018b): The Linguistics of Lying. Annual Review of Linguistics 4, 357–375.

Meibauer, Jörg (Hrsg.) (2019): The Oxford Handbook of Lying. Oxford: Oxford University Press, 334–341.

Meier, Simon (2015): Angemessenheit. Pragmatische Perspektiven auf ein linguistisches Bewertungskriterium. Bericht zur Tagung der Arbeitsgemeinschaft Linguistische Pragmatik (ALP e. V.) an der Universität Leipzig am 3. März. Zeitschrift für germanistische Linguistik 43(2), 345–351.

Menge, Heinz (1982): Was ist Umgangssprache? Vorschläge zur Behandlung einer lästigen Frage. Zeitschrift für Dialektologie und Linguistik 49(1), 52–63.

Menold, Natalja/ Bogner, Kathrin (2015): Gestaltung von Ratingskalen in Fragebögen. Mannheim, GESIS – Leibniz-Institut für Sozialwissenschaften (SDM Survey Guidelines), abrufbar unter: https://www.ssoar.info/ssoar/handle/document/39366.2, letzter Zugriff: 08.01.2023.

Miller, Gerald/ Hewgill, Murry (1964): The Effect of Variations in Nonfluency on Audience Ratings of Source Credibility. Quaterly Journal of Speech 50(1), 36–44.

Miller, Norman/ Maruyama, Geoffrey/ Beaber, Rex/ Valone, Keith (1976): Speed of Speech and Persuasion. Journal of Personality and Social Psychology 34(4), 615–624.

Mills, Judson/ Jellison, Jerald (1967): Effect on Opinion Change of how Desirable the Communication is to the Audience the Communicator Addressed. Journal of Personality and Social Psychology 6(1), 98–101.

Moosmüller, Sylvia (1991): Hochsprache und Dialekt in Österreich. Soziophonologische Untersuchungen zu ihrer Abgrenzung in Wien, Graz, Salzburg und Innsbruck. Wien/ Köln/ Weimar: Böhlau.

Morek, Miriam/ Heller, Vivien (2012): Bildungssprache – Kommunikative, epistemische, soziale und interaktive Aspekte ihres Gebrauchs. Zeitschrift für Angewandte Linguistik 57 (1), 67–101.

Morek, Miriam/ Heller, Vivien (2019): Bildungssprachliche Praktiken. In: Ballis, Anja/ Meixner, Johanna/ Heithorst, Melanie (Hrsg.): Online Lexikon Sprache im Fach, abrufbar unter: https://spracheimfach.de/bildungssprachliche-praktiken/, letzter Zugriff: 01.05.2024.

Müller, Anja/ Schulz, Petra/ Tracy, Rosemarie (2018): Spracherwerb. In: Titz, Cora (Hrsg.): Konzepte zur Sprach- und Schriftsprachförderung entwickeln. Stuttgart: Kohlhammer, 53–68.

Nagle, Jacklyn/ Brodsky, Stanley/ Weeter, Kaycee (2014): Gender, Smiling, and Witness Credibility in Actual Trials. Behavioral Science & the Law 32(10), 195–206.

Nawratil, Ute (2006): Glaubwürdigkeit in der sozialen Kommunikation. 2. Aufl. München: Digitale Ausgabe, abrufbar unter: http://epub.ub.uni-muenchen.de/archive/00000941/, letzter Zugriff: 01.05.2024.

Neuland, Eva (1993): Sprachgefühl, Spracheinstellungen, Sprachbewusstsein. Zur Relevanz „subjektiver Faktoren" für Sprachvariation und Sprachwandel. In: Mattheier, Klaus/ Wegera, Klaus/ Hoffmann, Walter/ Macha, Jürgen (Hrsg.): Vielfalt des Deutschen. Festschrift für Werner Besch. Frankfurt am Main: Lang, 699–722.

Niehaus, Susanne (2008): Glaubwürdigkeitsattribution. In: Volbert, Renate/ Steller, Max (Hrsg.): Handbuch der Rechtspsychologie. Göttingen: Hofgrefe, 497–506.

Niehaus, Michael (2017): Narration im Recht und vor Gericht. In: Huber, Martin/ Schmid, Wolf (Hrsg.): Grundthemen der Literaturwissenschaft: Erzählen. Berlin/ Boston: De Gruyter, 514–527.

Niemann, Robert (2015): Bildungssprache und intertextuelle Kompetenzen – Erwerb und Förderung in Schule und Hochschule. Bericht über das Symposium des GAL Kongresses 2014 in Marburg. Zeitschrift für germanistische Linguistik 43(1), 137–143.

O'Barr, William/ Conley, John/ Lind, Allan (1979): The Power of Language. Presentational Style in the Courtroom. Duke Law Journal 6, 1375–1400.

Oleszkiewicz, Anna/ Pisanki, Katarzyna/ Lachowicz-Tabaczek, Kinga/ Sorokowska, Agnieszka (2017): Voice-Based Assessments of Trustworthiness, Competence, and Warmth in Blind and Sighted Adults. Psychonomic Bulletin & Review 24, 856–862.

Ortner, Hanspeter (2009): Rhetorisch-stilistische Eigenschaften der Bildungssprache. In: Fix, Ulla/ Gardt, Andreas/ Knape, Joachim (Hrsg.): Rhetorik und Stilistik. Ein internationales Handbuch historischer und systematischer Forschung, Bd. 2. Berlin/ Boston: De Gruyter, 2227–2240.

Osgood, Charles (1952): The Nature and Measurement of Meaning. Psychological Bulletin 49(3), 197–237.

Özyildirim, Işil (2009): Narrative Analysis. An Analysis of Oral and Written Strategies in Personal Experience Narratives. Journal of Pragmatics 41(6), 1209–1222.

Pankau, Johannes (2013): Bericht. In: Ueding, Gert (Hrsg.): Historisches Wörterbuch der Rhetorik Online. Berlin, Boston: De Gruyter, abrufbar unter: https://www.degruyter.com/database/HWRO/entry/hwro.1.bericht/html, letzter Zugriff: 01.05.2024.

Phua, Joe (2016): The Effects of Similarity, Parasocial Identification and Source Credibility in Obesity Public Service Announcements on Diet and Exercise Self-Efficacy. Journal of Health Psychology 21(5), 699–708.

Picornell, Isabel (2013a): Analysing Deception in Written Witness Statements. Linguistic Evidence in Security, Law and Intelligence 1(1), 41–50.

Picornell, Isabel (2013b): Cues to Deception in Textual Narrative Context: Lying in Written Witness Statements. Phd-Thesis, Aston University, abrufbar unter: https://research.aston.ac.uk/en/studentTheses/cues-to-deception-in-a-textual-narrative-context, letzter Zugriff: 01.05.2024.

Porter, Stephen/ ten Brinke, Leanne (2009): Dangerous Decisions. A Theoretical Framework for Understanding How Judges Assess Credibility in the Courtroom. Legal and Criminological Psychology 14(1), 119–134.

Prechtel, Günter (2017): Die Bedeutung der Glaubwürdigkeit und des persönlichen Eindrucks für die Beweiswürdigung. ZJS 4, 381–395.

Quintilianus, Marcus Fabius (2015): Ausbildung des Redners. Zwölf Bücher. Herausgegeben und übersetzt von Helmut Rahn. 6. Aufl. Darmstadt: Wissenschaftliche Buchgesellschaft.

Reinmuth, Marcus (2006): Vertrauen schaffen durch glaubwürdige Unternehmenskommunikation. Von Geschäftsberichten und den Möglichkeiten und Grenzen einer angemessenen Sprache. Dissertation Heinrich-Heine-Universität Düsseldorf, abrufbar unter: https://docserv.uni-duesseldorf.de/servlets/DerivateServlet/Derivate-3547/1547.pdf, letzter Zugriff: 04.05.2024.

Reinmuth, Marcus (2009): Vertrauen und Wirtschaftssprache: Glaubwürdigkeit als Schlüssel für erfolgreiche Unternehmenskommunikation. In: Moss, Christoph (Hrsg.): Die Sprache der Wirtschaft. Wiesbaden: Verlag für Sozialwissenschaften, 127–145.

Rieke, Richard/ Sillars Malcom (1975): Argumentation and the Decision Making Process. New York: Scott Foresman.

Rolstad, Kellie (2005): Rethinking Academic Language in Second Language Instruction. In: Cohen, James Cohen (Hrsg.): Proceedings of the 4th International Symposium on Bilingualism. Sommerville: Cascadilla Press, 1993–1999.

Rosenberg, Milton/ Hovland, Carl (1960): Cognitive, Affective and Behavioral Components of Attitudes. In: Rosenberg, Milton/ Hovland, Carl (Hrsg.): Attitude Organization and Change: An Analysis of Consistency among Attitude Components. Yale University Press: New Haven, 1–14.

Rosenberg, Benjamin/ Navarro, Mario (2018): Semantic Differential Scaling. In: Frey, Bruce (Hrsg.): The Sage Encyclopedia of Educational Research, Measurement, and Evaluation, Thousand Oaks: Sage Publications, 1504–1507.

Sandig, Barbara (1986): Stilistik der deutschen Sprache. Berlin/ Boston: De Gruyter.

Sandig, Barbara (2001): Stil ist relational! Versuch eines kognitiven Zugangs. In: Jakobs, Eva-Maria/ Rothkege, Annely (Hrsg): Perspektiven auf Stil. Berlin/ Boston: Max Niemeyer Verlag, 21–34.

Sandig, Barbara (2006): Textstilistik des Deutschen. 2. Aufl. Berlin/ New York: De Gruyter.

Sapir, Avinoam (2005): The Lsi Course of Scientific Content Analysis (Scan). Phoenix: Laboratory for Scientific Interrogation.

Podlipský, Václav/ Šimáčková, Šárka/ Petráž, David (2016): Is there an Interlanguage Speech Credibility Benefit? Topics in Linguistics, 17(1), 30–44.

Sarnoff, Irving (1970): Social Attitudes and the Resolution of Motivational Conflict. In: Jahoda, Marie/ Warren, Neil (Hrsg.): Attitudes: Selected Readings. Harmondsworth: Penguin, 279–284.

Schank, Roger (1990): Tell me a Story. Narrative and Intelligence. Illinois: Northwestern University Press.

Schäfer, Pavla (2016): Linguistische Vertrauensforschung. Eine Einführung. Mit einem Kapitel „Vertrauen und Gespräch" von Martha Kuhnhenn. Berlin/ Boston: De Gruyter.

Schendzielorz, Cornelia (2011): Anerkennung im Sprechen. Eine theoretische und empirische Analyse der sozialen Dimension des Sprechens, abrufbar unter: https://www.fachportal-paedagogik.de/literatur/vollanzeige.html?FId=956123, letzter Zugriff: 01.05.2024.

Schleppegrell, Mary (2001): Linguistic Features of the Language of Schooling. Linguistics and Education 12(4), 431–459.

Schleppegrell, Mary (2010): The Language of Schooling. A Functional Linguistics Perspective. New York: Routledge.

Schmitt, Manfred/ Altstötter-Gleich, Christine (2010): Differentielle Psychologie und Persönlichkeitspsychologie kompakt. Weinheim: Beltz Verlagsgruppe.

Schneider, Frank/ Frister, Helmut/ Olzen, Dirk (2010): Begutachtung psychischer Störungen. 2. Aufl. Berlin: Springer.

Schwarz, Norbert/ Knäuber, Bärbel/ Hippler, Hans/ Noelle-Neumann, Elisabeth/ Clark, Lesli (1991): Rating Scales Numeric Values May Change the Meaning of Scale Labels. Public Opinion Quarterly 55(4), 570–582.

Selting, Mageret (2001): Stil in interaktionaler Perspektive. In: Jakobs, Eva-Maria/ Rothkegel, Annely (Hrsg.): Perspektiven auf Stil, Berlin, Boston: Max Niemeyer Verlag, 3–20.

Selting, Margret (1983): Institutionelle Kommunikation. Stilwechsel als Mittel strategischer Interaktion. Linguistische Berichte 86, 29–48.

Siebert-Ott, Gesa (2017): Teilhabe an kultureller Bildung. Bildungssprache als Leitvokabel im aktuellen bildungspolitischen und pädagogischen Diskurs. Bielefeld: transcript Verlag.

Simons, Herbert/ Berkowitz, Nancy/ Moyer, John (1970): Similarity, Credibility, and Attitude Change. A Review and a Theory. Psychological Bulletin, 73(1), 1–16.

Snyder, Mark (1974): Self-Monitoring of Expressive Behavior. Journal of Personality and Social Psychology 30(4), 526–537.

Spillner, Bernd (1980): Stilforschung und Rhetorik im Rahmen der Angewandten Linguistik. In: Kühlwein, Wolfgang/ Raasch, Albert (Hrsg.): Angewandte Linguistik. Positionen – Wege – Perspektiven. Tübingen: Narr, 83–90.

Stahns, Ruven (2016): Bildungssprachliche Merkmale von Texten und Items. Zur Operationalisierung des Konstrukts „Bildungssprache". Didaktik Deutsch 21 (41), 44–54.

Steinig, Wolfgang (2016): Sprache, Bildung und soziale Herkunft. In: Kilian, Jörg/ Brouer, Birgit/ Lüttenberg, Dina (Hrsg.): Handbuch Sprache in der Bildung. Berlin/ Boston: De Gruyter, 68–98.

Steller, Max/ Köhnken, Günter (1989): Statement Analysis. Credibility Assessment of Children's Testimonies in Sexual Abuse Cases. In: Raskin, David (Hrsg.): Psychological Methods in Criminal Investigation and Evidence. New York: Springer, 217–245.

Steller, Max/ Wellershaus, Petra/ Wolf, Thomas (1992): Realkennzeichen in Kinderaussagen. Empirische Grundlagen der Kriterienorientierten Aussageanalyse. Zeitschrift für Experimentelle und Angewandte Psychologie 39(1), 151–170.

Strasser, Herman / Brömmer, Norbert (2004): Prestige und Stigma. In: Ammon, Ulrich (Hrsg.): Soziolinguistik. Ein internationales Handbuch zur Wissenschaft von Sprache und Gesellschaft. 2. Aufl., 1. Teilband. Berlin/ New York: De Gruyter, 412–417.

Stubbs, Michael (1986): Lexical Density. A Technique and Some Findings. In: Coulthard, Malcom. (Hrsg.): Talking about Text. University of Birmingham Press: Birmingham, 27–48.

Szewczyk, Hans (1973): Kriterien der Beurteilung kindlicher Zeugenaussagen. Probleme und Ergebnisse der Psychologie 46, 47–66.

Thon, Franziska/ Jucks, Regina (2017): Believing in Expertise. How Authors' Credentials and Language Use Influence the Credibility of Online Health Information. Health Communication 32(7), 828–836.

Thurstone, Louis/ Chave, Ernest (1929): The Measurement of Attitudes. Chicago: University Chicago Press.

Tietze, Sabrina/ Rank, Astrid/ Wildemann, Anja (2016): Erfassung bildungssprachlicher Kompetenzen von Kindern im Vorschulalter. Grundlagen und Entwicklung einer Ratingskala (RaBi). Pedocs Open Access Erziehungswissenschaften, abrufbar unter https://www.pedocs.de/frontdoor.php?source_opus=12076, letzter Zugriff: 01.05.2024.

Toma, Catalina (2014): Counting on Friends. Cues to Perceived Trustworthiness in Facebook Profiles. Proceedings of the 8th International Conference on Weblogs and Social Media, 495–504.

Toma, Catalina/ Hancock, Jeffrey (2012): What Lies Beneath: The Linguistic Traces of Deception in Online Dating Profiles. Journal of Communication 62(1), 78–97.

Tsantani, Maria/ Belin, Pascal/ Paterson, Helena/ McAleer, Phil (2016): Low Vocal Pitch Preference Drives First Impressions Irrespective of Context in Male Voices but not in Female Voices. Perception 45(8), 946–963.

Undeutsch, Udo (1967): Beurteilung der Glaubhaftigkeit von Aussagen. In: Undeutsch, Udo (Hrsg): Handbuch der Psychologie Bd 11. Forensische Psychologie. Göttingen: Hogrefe, 26–181.

Vandermeeren, Sonja (2005): Research on Language Attitude. In: Ammon, Ulrich (Hrsg.): Soziolinguistik. Ein internationales Handbuch zur Wissenschaft von Sprache und Gesellschaft. 2. Aufl., 2. Teilband. Berlin/ New York: De Gruyter, 1318–1332.

Verplanken, Bas/ Holland Rob/ van Knippenberg, Ad (2002): On the Nature of Attitude-Behavior Relations: The Strong Guide, the Weak Follow. European Journal of Social Psychology 32(6), 869–876.

Visser, Penny/ Krosnick, Jon (1998): Development of Attitude Strength over the Life Cycle. Surge and Decline. Journal of Personality and Social Psychology 75(6), 1389–1410.

Vollmer, Helmut/ Thürmann, Eike (2013): Sprachbildung und Bildungssprache als Aufgabe aller Fächer der Regelschule. In: Becker-Mrotzek, Michael/ Schramm, Karen/ Thürmann, Eike/ Vollmer, Helmut (Hrsg.): Sprache im Fach. Münster/ München/ Berlin: Waxmann, 41–57.

von Polenz, Peter (1983): Sozialgeschichtliche Aspekte der neueren deutschen Sprachgeschichte. In: Cramer, Thomas (Hrsg.): Literatur und Sprache im historischen Prozeß, Bd. 2. Tübingen: Niemeyer, 3–24.

Wawra, Daniela (2016): Umgangssprache. In: Glück, Helmut/ Rödel, Michael (Hrsg.): Metzler Lexikon Sprache. 5. Aufl., Stuttgart: Metzler, 733.

Weber, Ursula (2001): Sprache und Gesellschaft, abrufbar unter: https://www.phil-fak.uni-duesseldorf.de/ew/bf/bf_veranstaltungen/ss06/HS_Bildungssoziologie/sprache_und_gesellschaft.pdf, letzter Zugriff: 04.05.2024.

Weibel, David /Wissmath, Bartholomäus/ Groner, Rudolf (2008): How Gender and Age Affect Newscasters' Credibility – An investigation in Switzerland. Journal of Broadcasting & Electronic Media 53(3), 466–484.

Weinrich, Harald (1966): Linguistik der Lüge. Heidelberg: Verlag Lambert Schneider.

Weisgerber, Bernd (2008): Mundart, Umgangssprache, Standard. In: Goebl, Hans/ Nelde, Peter/ Starý, Zdeněk/ Wölck, Wolfgang (Hrsg.): Kontaktlinguistik. Ein internationales Handbuch zeitgenössischer Forschung, 1. Halbband. Berlin/ New York: De Gruyter, 258–271.

Wellershoff, Dieter (1975): Zur Frage der linguistischen Beispielsätze. In: Weinrich, Harald (Hrsg.): Positionen der Negativität. München: Fink, 437.

Wendler, Alex/ Hoffmann, Helmut/ Maurer, Frank (2021): Technik und Taktik der Befragung. Stuttgart: Kohlhammer.

Wittgenstein, Ludwig (1991): Vorlesungen über die Philosophie der Psychologie 1946/47. Frankfurt am Main: Suhrkamp.

Zeman, Sonja (2020): Narrativität als linguistische Kategorie. Schlaglichter auf ein sprachliches Grundkonzept. Zeitschrift für germanistische Linguistik 48(3), 447–456.

Ziegler, Evelyn (2021): Wissenskonstruktion in Spracheinstellungsäußerungen zu Mehrsprachigkeit in der Linguistic Landscape Metropole Ruhr. In: Hoffmeister, Toke/ Hundt, Markus/ Naths, Saskia (Hrsg.): Laien, Wissen, Sprache: Theoretische, methodische und domänenspezifische Perspektiven. Berlin/ Boston: De Gruyter, 471–490.

Zuckerman, Miron/ DePaulo, Bella/ Rosenthal, Robert (1981): Verbal and Nonverbal Communication of Deception. Advances in Experimental Social Psychology 14, 1–59.

## Rechtsquellenverzeichnis

BGB – Bürgerliches Gesetzbuch in der Fassung der Bekanntmachung vom 2. Januar 2002 (BGBl. I S. 42, 2909; 2003 I S. 738), das zuletzt durch Artikel 4 des Gesetzes vom 15. Juli 2022 (BGBl. I S. 1146) geändert worden ist.

StGB – Strafgesetzbuch in der Fassung der Bekanntmachung vom 13. November 1998 (BGBl. I S. 3322), das zuletzt durch Artikel 1 des Gesetzes vom 11. Juli 2022 (BGBl. I S. 1082) geändert worden ist.

StPO – Strafprozessordnung in der Fassung der Bekanntmachung vom 7. April 1987 (BGBl. I S. 1074, 1319), die zuletzt durch Artikel 2 des Gesetzes vom 25. März 2022 (BGBl. I S. 571) geändert worden ist.

ZPO – Zivilprozessordnung in der Fassung der Bekanntmachung vom 5. Dezember 2005 (BGBl. I S. 3202; 2006 I S. 431; 2007 I S. 1781), die zuletzt durch Artikel 1 des Gesetzes vom 24. Juni 2022 (BGBl. I S. 959) geändert worden ist.

UWG – Gesetz gegen den unlauteren Wettbewerb in der Fassung der Bekanntmachung vom 3. März 2010 (BGBl. I S. 254), das zuletzt durch Artikel 20 des Gesetzes vom 24. Juni 2022 (BGBl. I S. 959) geändert worden ist.

BGH, Urt. v. 18.8.2009 – 1 StR 155/09.

OLG Saarbrücken, Urt. v. 13.7.2011 – 1 U 32/08–9, 1 U 32/08.

## Online-Quellen/ Links

Landgericht Münster: https://www.lg-muenster.nrw.de/infos/Zeugen/index.php, letzter Zugriff 01.05.2024.

Beschluss der Kultusministerkonferenz vom 05.12.2019: Empfehlung Bildungssprachliche Kompetenzen in der deutschen Sprache stärken, abrufbar unter https://www.kmk.org/fileadmin/Dateien/veroeffentlichungen_beschluesse/2019/2019_12_05-Beschluss-Bildungssprachl-Kompetenzen.pdf, letzter Zugriff: 01.05.2024.

Duden Wortfrequenzen: https://www.duden.de/hilfe/haeufigkeit, letzter Zugriff: 08.01.2023.

## Tools

Amberscript – Transkription Amberscript Global B.V, URL: https://www.amberscript.com

DATAtab Team (2023): DATAtab. Online Statistics Calculator. DATAtab e.U. Graz, Austria. URL: https://www.datatab.de

Lamano GmbH & Co. KG – Lamapoll URL: https://www.lamapoll.de

R Core Team (2022): R. A language and environment for statistical computing. R Foundation for Statistical Computing, Vienna, Austria. URL: https://www.R-project.org

Verbi Software (2022): MAXQDA, Software für qualitative Datenanalyse, 1989 – 2021, VERBI Software. Consult. Sozialforschung GmbH, Berlin, Deutschland.

# Register



https://doi.org/10.1515/9783111379289-011

www.ingramcontent.com/pod-product-compliance
Lightning Source LLC
LaVergne TN
LVHW010546300926
849162LV00002B/246